｜光明社科文库｜

贵州史学的回顾与展望

——纪念周春元先生诞辰110周年学术研讨会论文集

严奇岩　　安尊华◎主编

光明日报出版社

图书在版编目（CIP）数据

贵州史学的回顾与展望：纪念周春元先生诞辰 110 周年学术研讨会论文集 ／ 严奇岩，安尊华主编 . -- 北京：光明日报出版社，2022.6

ISBN 978 - 7 - 5194 - 6648 - 0

Ⅰ . ①贵… Ⅱ . ①严… ②安… Ⅲ . ①史学—贵州—文集 Ⅳ . ①K092.6-53

中国版本图书馆 CIP 数据核字（2022）第 095659 号

贵州史学的回顾与展望：纪念周春元先生诞辰 110 周年学术研讨会论文集

GUIZHOU SHIXUE DE HUIGU YU ZHANWANG：JINIAN ZHOUCHUNYUAN
XIANSHENG DANCHEN 110 ZHOUNIAN XUESHU YANTAOHUI LUNWEN JI

主　　编：严奇岩　安尊华

责任编辑：杨　茹　　　　　　　责任校对：张慧芳

封面设计：中联华文　　　　　　责任印制：曹　净

出版发行：光明日报出版社

地　　址：北京市西城区永安路 106 号，100050

电　　话：010 - 63169890（咨询），010 - 63131930（邮购）

传　　真：010 - 63131930

网　　址：http：// book. gmw. cn

E - mail：gmrbcbs@ gmw. cn

法律顾问：北京市兰台律师事务所龚柳方律师

印　　刷：三河市华东印刷有限公司

装　　订：三河市华东印刷有限公司

本书如有破损、缺页、装订错误，请与本社联系调换，电话：010-63131930

开　　本：170mm×240mm

字　　数：415 千字　　　　　　印　　张：23

版　　次：2023 年 3 月第 1 版　　印　　次：2023 年 3 月第 1 次印刷

书　　号：ISBN 978 - 7 - 5194 - 6648 - 0

定　　价：99.00 元

前　言

　　《贵州史学的回顾与展望——纪念周春元先生诞辰110周年学术研讨会论文集》是纪念周春元先生诞辰110周年学术研讨会的论文集。

　　贵州史学，既包括贵州学者的史学研究，也包括有关贵州的区域历史研究。作为学者，周春元先生既是贵州学者史学研究的标杆人物，也是有关贵州地方史研究的主要奠基人。周春元先生无疑是贵州史学的重要开创者。

一

　　周春元（1911—1984），名光荣，字义德，湖北潜江人，是我国知名的史学家和教育家。1937年考入西北联合大学（原北平师范大学）历史系，1941年毕业后在成都齐鲁大学国学研究所任助理研究员。该所由著名史学家顾颉刚先生主持，钱穆、傅斯年等先生指导。在诸多先生的指导下，周春元倾全力标点《晋书》。1942年随顾颉刚教授到重庆，任《文史杂志》编辑。1943年，周春元考取四川乐山武汉大学文科研究所研究生，由贺昌群先生指导。1946年论文《南北朝交聘考》通过答辩，获硕士学位。毕业后任国立湖北师范学院史地系讲师、副教授。1948年到国立贵阳师范学院（今贵州师范大学）史地系任教。1953年起长期担任贵阳师范学院历史系主任。

　　周春元执教贵州师大30余年，曾任图书馆馆长、副教务长，兼任中国史学会理事、中国教育学会历史研究会副理事长，贵州民族学会常务理事、贵州省社会科学联合会副主席、贵州省历史学会理事长等职。周春元在魏晋南北朝史、贵州地方史和史学史等方面均有较高造诣，在学术界有较大影响。

　　周春元与顾颉刚、钱穆、傅斯年、蒙文通、丁山、吕叔湘、商承祚、胡厚宣、严耕望、李为衡、史念海、魏建猷等史学名家，均有交往。

　　据1984年的周春元《自传》记载，20世纪50年代，四川大学、山西大学有意引进周春元，并直接聘为教授，但由于各种原因，周春元先生没有离开贵州，而是扎根贵州大地。因"文化大革命"前后贵阳师范学院一直没有评聘职称，直到1981年周春元才被聘为教授。周先生作为历史系主任，带领贵阳师范学院研究团队从事贵州地方史研究。先后主编《贵州古代史》《贵州近代史》《遵义人民革命史》等著作，为贵州史学的发展做出了突出贡献。正如下文张新民老师指出，方国瑜与周春元两先生，一在云南，一在贵州，分头研究两地民族历史文化，共同推动了地方社会地理、经济、民族、历史、文化等多方面的研究工作，从而极大地提高了"西南学"的学术地位。如果说方国瑜先生是云南地方史的拓荒者和奠基人①，周春元先生无疑是贵州地方史研究的开拓者。

二

2021年10月，在贵州师范大学建校80周年之际，我们举办了"贵州史学的回顾与展望暨纪念周春元先生诞辰110周年"学术研讨会。来自北京大学、吉林大学、厦门大学、西南大学、云南大学、贵州大学、贵州民族大学、贵州财经大学、贵州省社科院、四川省社科院、贵州师范大学、重庆工商大学等20多所高校共100多位专家代表，提交论文75篇，围绕纪念周春元先生专题、民间文献和区域史研究等专题进行探讨。

被邀请的多是学界顶尖大家，但因遵义突发疫情，亲临贵阳的省外代表不多（个别专家代表因疫情不能亲临现场，只能线上发言）。

开幕式上，贵州师范大学副校长欧阳恩良教授代表主办方致辞，回顾了贵州师范大学的建校历史、办学规模和学科建设，指出周春元先生为我校乃至贵州省历史学的发展做出重大贡献。贵州史学会会长杨斌教授回忆了自己学术生涯中，正是周春元著《贵州古代史》将他引入史学研究的殿堂。历史与政治学院院长陈华森教授向各位与会专家介绍学院相关情况，勉励研究生虚心向诸位专家学习。

大会主旨发言阶段，先后有贵州省社科院原副院长冯祖贻研究员、北京大学辛德勇教授、厦门大学王日根教授、吉林大学冯胜君教授、贵州大学张新民教授和贵州师范大学陈奇教授等6位专家做主旨发言。

---

① 云南省地方志编纂委员会办公室人物志编辑组. 云南省志（卷80：人物志）［M］. 昆明：云南人民出版社，2002：593.

冯祖贻先生的《周春元先生与贵州近代史研究》，追思与周春元先生相识相交的情景，强调周先生对贵州史学，特别是贵州近代史学的发展所做出的杰出贡献。

辛德勇教授的报告题目是《周春元先生的史学史研究与我对秦汉史学发展状况的一点认识》，回忆20世纪80年代随导师史念海先生到贵阳师院拜访周春元先生的往事，并结合周先生对史学史的研究，着重以秦、西汉、东汉三阶段阐述了早期中国史学史的发展状况。

厦门大学王日根教授汇报题目《各地云贵会馆及其信仰简论》，汇报云贵会馆分布，指出会馆来源于做官、移民、经商、求学四种途径，各种会馆相互扶持并拥有与时俱进的管理方式。

吉林大学冯胜君教授通过线上做了《试论孔壁古文〈尚书〉的文本性质》的发言，向与会嘉宾和研究生论证孔壁古文《尚书》是用战国齐鲁地区文字抄写的秦官本的全本和定本。伏壁《尚书》与孔壁古文《尚书》本子一样，所亡佚的篇目就是孔壁古文《尚书》多出来的十六篇。

贵州大学张新民教授作为周春元指导的唯一研究生，以《我所知道的周春元先生》为题，深情追念与先生的师生往事以及周先生的学术交流圈，指出周先生在魏晋南北朝史、贵州地方史和史学史等方面均有较高造诣。

贵州师范大学陈奇教授的报告题目是《周春元先生二三事》，回忆起大学本科时周春元先生的板书绝活，生动地再现周春元先生一丝不苟的敬业精神。

下午专题研讨会分贵州区域史、民间文献和研究生论坛等三个小组进行。

这次研讨会有以下亮点：

一是在研究内容方面，贵州区域史，尤其是贵州民族史和贵州民族民间文献整理与研究的论文最多。作为地方高校，必须彰显研究的区域特色。在周春元、张新民等先生的引领下，贵州师范大学的贵州地方史研究有深厚的学术基础。参会代表以贵州区域史为中心，坚持把双脚踏在贵州大地上，把学术论文写在贵州大地上，将历史研究与服务地方经济社会发展结合起来。区域史研究也是贵州师范大学中国史学科的努力发展方向。

二是在研究方法方面，论坛主题体现了微观史学与宏观史学的有机结合，而田野调查法是本次论坛最常见的研究方法。无论是清水江文书还是碑刻的搜集与解读，都离不开田野调查，田野调查成为获取新材料的一大来源，给区域史研究开辟了广阔的天地。

三是学科的交叉性。本次论坛的民间文献研究专题是历史学和文学都关注的领域。研讨会中，诸如清水江文书、碑刻和竹枝词等主题的探讨集中了文学、民族学、历史学等学科领域的专家学者，从不同学科进行研究，有利于问题的深化。

四是体现了学术的薪火相传。研讨会专设研究生论坛是本次会议的一大亮点。贵州师范大学、贵州大学和贵州民族大学参会的 20 多名研究生提交论文并参与发言讨论，使我们看到了学术的薪火相传。同时，会议也见证了贵州师范大学四代师生与贵州史学的发展。如果说周春元先生是第一代，那么张新民老师等是第二代，我们年轻一代教师是第三代，参会的研究生则是第四代。我们年轻一代应当努力继承和弘扬周春元先生的治学精神与治史方法。

三

会后我们决定遴选部分与周春元先生及贵州史学相关的论文出版，以示对周先生的纪念。

论文集包括纪念周春元先生专题（8 篇）、贵州区域史研究（12 篇）和贵州民间文献研究（8 篇）等三部分，共 28 篇论文。

作为历史与政治学院庆祝贵州师范大学建校 80 周年的系列活动之一，纪念周春元先生诞辰 110 周年活动，就是要继承和发扬老一辈史学家的学术传统和治学精神，挖掘和利用贵州学术资源，强化贵州史学的研究。

20 世纪 80 年代前，贵州师范大学历史学先后有周春元、吴雁南、项英杰、王燕玉、张新民和蓝琪等知名历史学家，成为贵州史学的代表性人物，为贵州师范大学的历史学学科发展奠定了良好的基础。特别是周春元和张新民等先生的地方史研究为贵州师大中国史学科奠定了良好的学术基础。

目前贵州省仅贵州师范大学、贵州大学有中国史一级学科硕士学位授权点，历史学门类的博士点尚属空白。贵州省是我国目前尚没有中国史博士学位授权点的七个省区之一，这与实现西部民族地区与全国同步发展、均衡发展的要求不太适应。

抚往追今，我们责任重大。

贵州师范大学中国史学科仍应强化研究的区域特色。

由于自然条件和历史人文的原因，贵州处于中国历史叙述的边缘。即使明代贵州建省，贵州在我国明清史研究中也长期"失语"。贵州是精准扶贫的主战场，也是精准扶学的主阵地。

明代建省以来，贵州在历史上发出了好些声音，却很少有人关注或研究，事实上贵州有很多值得研究的地方，但由于至今关注不够，贵州学术研究也相应落后。

笔者曾经指出，近年来，随着区域史兴起，贵州的历史文化逐渐被挖掘，一些专门的地方学陆续产生，其中最典型的是清水江学、土司学、屯堡学和走廊学等，这些地方专门学研究在贵州有得天独厚的条件，给贵州历史研究奉献出一个走向全国的学术平台，这些地方学大大提升了我国明清史研究的"贵州话语"地位，贵州的历史开始从边缘到走向中心①。

贵州少数民族地区历史上曾被视为"蛮夷之地"，受汉文化影响相对较晚，故而遗存汉文献数量不多，史志编写也较为落后，方志记载大多较为简略。因此，传统文献对于贵州民族地区的历史多是缺载，或语焉不详。故贵州少数民族历史长期处于"失语"的状态。贵州的历史有赖于民间文献的挖掘整理与研究。

贵州师范大学中国史学科致力于贵州民间文献和区域史（民族史）的研究。贵州民间文献主要集中于清水江文书、碑刻和竹枝词的整理与研究，区域史研究主要集中于以贵州为中心的西南民族史研究。为彰显两个特色方向，扩大学科影响，近几年我们多次承办相关学术会议。如2017年10月，中国民族史学会和贵州师范大学主办、贵州师范大学历史与政治学院承办的"中国民族史学会第九届会员代表大会暨第二十次学术研讨会"，2019年我们在民族出版社出版论文集《贵州民族史论集》；2019年7月11—13日，贵州师范大学历史与政治学院主办的"新时代民间文献整理与研究"学术研讨会，会后2021年我们在光明日报出版社出版会议论文集《贵州民间文献论集》。

我们希望以我校中国史博士点申报为契机，加强中国史学科建设，弘扬师大老一辈史学家的治学精神，继承他们的学术传统，加强学科队伍建设，不断凝练特色方向，以区域史研究为中心，突出西南民族史和民间文献两个研究方向，让区域史学研究发出贵州学者的好声音。

---

① 严奇岩. 地方学的兴起与明清史研究中的"贵州话语"［J］. 理论与当代，2019（1）：2.

目 录
CONTENTS

纪念周春元先生专题

贵州区域史研究

贵州民间文献研究

纪念周春元先生专题

周春元先生学术传略

张新民*

题记：本文乃1992年贵州师范大学50周年校庆，应学校校庆办公室之约，为纪念先师周春元先生，匆匆撰就之专文，曾刊发于《史志林》1993年第3期。今值先生冥寿110周年，学界有倡导召开学术纪念会之举，乃将旧稿检出，略加修润补充，以应大会讨论参考之用。余尝从先生游，受其感染熏陶，潜移默化，举凡为人治学，获益可谓深且钜矣。惟先生之学博矣富矣，茫茫无津涯矣，余才拙识笨，不能窥其学问之万一，一生碌碌无成就，则有愧于先生耳。然前贤教泽犹在，至今记忆仍新，栽培之恩不敢一日或忘，读文者于字里行间，自可识而知之。

辛丑年秋日不肖弟子新民谨识，时恰值先生诞辰110周年。

周春元先生，湖北潜江县袁桥村人，生于1911年7月24日，卒于1984年10月9日，享年74岁。

先生出生时，家道衰微，渐入困顿，原有田地三十一亩，因豪右地主强占，族内纠纷，仅剩二十亩。父亲以种田为业，兼营小本豆腐生意，以弥补家用。先生于家居长，幼年即喜听长辈谈论历史掌故，兴趣很浓，及读私塾，习《四书》《五经》，皆能成诵。1924年就读潜江县第一高等小学，目睹家庭艰难，益加有志于学。当时学堂设有"修身"（即后来的"常识"）课，先生嫌历史知识太浅，乃广泛阅读小说笔记。1931年考入湖北省立师范学校后，浏览范围更为广泛，手边无书，就到处借阅，废寝忘食，手不释卷。先生读书，喜欢独立思考，意见常和别人不同，如读《孙庞演义》，别人都只注意谁和谁战，谁胜谁

---

* 作者简介：张新民，贵州大学中国文化书院教授。

负，谁是英雄，谁是败将。他却考虑主将是谁，兵马多少，何时发生，战于何地，战争的起因和结果如何，胸中构成一幅历史图景，了如指掌，然后分析评价，头头是道，并总结出时间、地点、人物，此乃历史三要素，缺一不可。分析历史事件，必须综合考虑各种条件，任何要素都不可或缺，从而主次条理清楚，不断提高理解能力，透悟其中消息意义，不能仅限于贪图增长零碎片面知识，必须形成一定的脉络系统，涵养胸襟心智，浚发历史智慧。成年后受顾颉刚先生影响，凡研究历史问题，总要注意其前后左右相互关系，遂在方法论更上一层新境，但也与其早年读书求学经历有关。

1937 年，先生考入国立北平师范大学历史系。时值陈援庵先生执掌教职，讲授中国史学名著选读、中国史学名著评论、史源学实习等课，对先生影响甚大。其他教师授课，各据其专长，一概以朝代分期，受益亦多。不久卢沟桥事变爆发，北师大与北洋工学院、北平大学等高校，组成西北临时大学，改名联合大学，迁入陕西城固。先生随校迁移，因痛感国艰，益专心史籍，发愤读书，以期钩稽史事，用民族自强精神，激励人心，奋起救亡，国家必有期望。时北京图书馆为躲避日本飞机轰炸，从西安迁至距城固二三里的杜家槽古庙，先生经黎锦熙介绍，借住庙内，白天到校上课，课余则回到庙内，自饮自食，夜以继日，阅读古籍，打下了文字学、目录学、版本学、史源学等研制古史必具的基础。

大学毕业后，先生任成都齐鲁大学国学研究所助理研究员。该所由校长刘世传礼聘著名史学家顾颉刚先生主持，钱穆、傅斯年等先生负责具体指导，其他名家如蒙文通、丁山、吕叔湘、商承祚等，亦时常前来授课。顾颉刚先生一再嘱咐，年轻时学术思想不成熟，最好不发或少发表文章，以免老来后悔。而治学必从史料出发，标点二十四史，熟悉正史文献系统，最为重要；此外，加强边疆史研究，扩大认知视野，不忘时代危机，亦属必要。先生受顾先生影响，乃在其指导下，倾全力标点《晋书》，后来关注贵州史研究，亦与当时之治学经历有关。其时钱穆虽受顾先生礼聘，然仍在个别问题上时有争执，先生虽尊重钱穆之人品学问，然更维护师门顾先生之学术主张。一次研究所召开学术研究汇报会，先生因主张融贯东西文化进行比较研究，与钱穆先生意见相左而发生争执，遂离开研究所，随顾颉刚先生转到重庆，名义上任《文史杂志》编辑，实际仍继续标点《晋书》。《文史杂志》先后由独立出版社、中华书局刊行，参加编务者有史念海、魏建猷等名家，均与先生交好，时常切磋学问，相互受益颇多。其他交往者，如胡厚宣、严耕望、李为衡等，皆一时名流，屡见于《顾颉刚日记》，往来颇为频繁。

1943 年，先生欲继续深造，征得顾颉刚同意，考入四川乐山武汉大学文科研究所研究生，攻读硕士学位，由著名学者贺昌群先生负责指导，陈寅恪先生为校外指导教师，专治魏晋南北朝史。贺先生乃四川乐山本地人，其时协助马一浮先生创办乐山复性书院方离去，改任中央大学历史系教席，然指导教师不在武大，质疑答问全凭通信。贺先生专治敦煌学、简帛学，又长于魏晋南北朝史，曾刊发《敦煌千佛洞应归国有赞议》《魏晋清谈思想初论》等著述，均一时名构，学界争相争传，先生受其影响亦深。

早在大学读书朝间，先生即好读清人考据之书，尤其读《考信录》《十七史商榷》《二十二史考异》《廿二史札记》等，服膺撰者学识的渊博，考证的精审，同时受疑古派思想熏染，乃仰慕乾嘉学者，嗜好考据实证之学。又因魏晋南北朝祸患频仍，轩黄胄裔，弱而能存，灭而能兴，沧桑艰难，绵延至今，最能唤起救亡报国之心，遂潜心汉魏六朝史事，撰成《魏晋南北朝部曲考》长篇论文，此后标点《晋书》，仍不断继续研究。读研究生期间，与先生同学撰成毕业论文者，如赵君诒的《春秋赋诗考》、郭守田的《涉貂源流考》、谭英华的《唐元明三代对藏关系考》，无不承袭乾嘉考据学风，以考据辨析功夫见长。先生则以《南北朝交聘考》为题，撰成十万余言的论著，获硕士学位。稿本今仍存武汉大学图书馆，手泽犹新，人已故去，读之不禁令人唏嘘怅叹。

先生之所以选择《南北朝交聘考》为硕士论文题目，乃是因为自晋迄隋三百载，虽然南北对峙，局势混乱，外面攻战无已，内则篡夺相继，但民族融合仍为历史主流，南北往返交聘始终不断，即是民族融合、人心归向之重要表现。交聘为战争之休止，战争为交聘之恶化，两相交替，变化错综，构成一部南北朝交涉史。交聘固然是政治活动，但也重视礼仪行为，有利于经济文化之交流，虽政权交恶、山川阻隔，亦难以中断。聘使往返，责艰任巨，必兼风仪才辩，具足学识眼光，才能受遣充任。故其多为一时之选，交涉谈判，折冲樽俎，不名高雅，即号风流，均可称述。而历来史籍记载，多有忽略，纵有零星笔录，也为战事淹没，年月不具，首尾难详，参差讹谬，俯拾皆是，读史者亦鲜少寓意。即如赵翼《廿二史札记》，虽有《南北朝通好以使金为重》二则，极具眼光，也不过仅就显著事例汇而言之，未能精细详审。先生此书分导言、溯源、交聘、聘使、聘仪、结论六章，附《南北朝交聘表》《南北朝聘使一览表》《南北朝司宾一览表》，广征博引，表隐阐微，从纷繁复杂之史料中，爬梳出各国聘使往来交涉情状，真切具体，发前人所未发。文中谈到"南方既不能还都洛阳，惟据历史与种族之线索，以正统政府自居；而北方胡人又在取得古都——洛阳或长安，据地理之线索，亦以正统自居"。则可见南北互争正统，正统固然与地理中心位置有关，但也牵连历史与文化问题。《结语》说："由是检验，明其分合久暂，由空间言，知其疆域伸缩；由和战言，测其国力强弱，三者皆寓有促进混同之因素，而交聘实为混同之'主动力'。易言之，混同之'潜势力'早渗透于交聘过程中，混同实含有水到渠成之必然性，但水何由而到，渠何由而成，交聘调和之功也。"将交聘视为民族融合的主动力，或尚有商榷讨论之余地，南北对峙纷争之际，交聘的确带来和平相处之新气象，表明对立或分裂并非历史发展应之常态，人心之归向与认同仍是和平与统一，反战声音始终不绝于耳，战争反而强化了和平统一之愿望。尤其透过长时段历史进行观察，更可说统一与交流乃是长期的常态的，分裂和对峙则是短暂的非常态的。分裂只是统一的过渡阶段，统一才是历史发展的主流趋势，无论身在北方或南方，统一都是各个民族共同的心理愿望。

除《南北朝交聘考》的撰写花费大量时间精力，其书完全可与聂崇岐先生的《宋辽交聘考》相媲美外，先生此一时期所写的相关文章，如《部曲释义》《部曲溯源》《晋史十八家补正》等，均立足于史料，展开多方面讨论，前后相互关联，实已形成一定系统，代表了魏晋南北朝研究方面的成就。其他文章可举者，如《论商鞅的耕战政策》《傅玄的经济思想》等，亦都极具慧识卓见，有待重新结集整理出版。

研究生读书期间，先生经同学彭泽益介绍，参加了地下党领导的中国近代史研究会。彭泽益是著名经济学家，撰有《太平天国革命思潮》《中国近代手工业史资料》《十九世纪后半期的中国财政与经济》《清代工商行业碑文集粹》等，与先生同时先后获武汉大学硕士学位。二人志向投合，学术旨趣亦相近，潜心治学之余，多讨论国家前途问题。当时武大进步教授参加中国近代史研究会，受五四以来西方学术思潮影响，分析评价中国社会历史发展趋势，往往运用唯物史观加以总结归纳，为先生早年读书所未曾闻，一时引起强烈认知兴趣与热情，受到极大启发和震动，治史风格也开始有了明显变化。

武汉大学硕士毕业后，先生受聘湖北师范学院史地系讲师、副教授，讲授中国通史与中国上古史，湖北师院院长王治宇派秘书几次要先生登记参加国民党，都遭先生断然拒绝；王治宇竞选国大代表，请客拉选票，先生也屡次严厉斥退。1948年，王治宇贪污学生伙食费，群情愤慨，进步学生结队高呼，涌入王家质问，捣毁门窗及室内陈设，王治宇以有异党操纵为名，通知警备司令逮捕学生数十人，同时解聘包括先生在内的八名进步教授，先生被迫辗转流徙，最后赴黔受聘于贵阳师范学院史地系。时值国民党发动内战，货币贬值，民不聊生，先生愤然于胸，积极参加教授会辩论，投入反内战、反饥饿、反迫害运动。临近解放，又参加护校活动，轮流值班。1949 年 11 月 14 日，贵阳解放，先生闻讯奔往街头，欢迎解放军。

新运肇启，先生精神振奋，在《新黔日报》上多次发表专文，根据自己切身经历，对比各种社会流派思潮，畅谈辩证唯物主义与历史唯物主义在方法论上的重要意义，以后一生治学，都贯彻此一方法论宗旨，丝毫没有动摇。"文化大革命"结束后，先生曾赋诗抒怀："逝水悠悠羁旅情，襟怀坦荡任枯荣；千秋青史贤愚辨，一片丹心功过明。老马识途难负重，疲牛跬步易停耕；严冬历尽知春暖，愿趁夕阳赶一程。"表达了先生趁余年做出更大贡献的愿望，直到临终弥留之际，还多次谈及计划中的科研项目。

中华人民共和国成立后，先生除任贵州师范大学历史系副教授、教授外，还担任校图书馆馆长、副教务长，以及省政协常委、贵州社科联副主席、贵州史学会理事长、中国史学会理事、中国教育学会历史研究会副理事长等多种职务。他忙于行政，勤于教学，读书不断，著述不辍，讲学教人，循循善诱，受益的不但有在校学生，还有社会上的中青年，并以集体科研的方法，培养了一批青年学者。

由于辩证唯物史观方法论上的自觉，先生治学渐入新境，研究领域不断拓展。他认为考证一个字或一个祭器，成就虽然大，但容易消磨意志时光，必须跳出史料的圈子，揭示历史发展通则，多次强调理论与史料不可分割，史料不是理论的注脚，理论不是史料的标签，务必论从史出，寓论于史。故所撰论著都资料丰富，内容翔实，方法严谨，观点明确，特别对重大学术问题，从不随波逐流，放弃原则，都深思熟虑，慎重表明自己的观点，表现了追求真理、坚持真理的勇气。譬如 20 世纪 50 年代末，史学界有人主张"打倒皇朝体系"，把帝王将相从历史著作中一笔勾销。先生在《学术月刊》1961 年第 11 期发表《关于打破王朝体系问题》长文，认为王朝体系是客观存在，表明时代先后次序，谁也臆造不了，谁也否认不了。历史学家有研究处理史料或史实的责任，没有抹杀、歪曲、涂改史料或史实的权力。一部中国史只有几次农民起义或农民战争，学生听课连朝代都弄不清，又如何能了解中国社会实际，揭示中国历史发展规律？王朝不是什么体系，是一种标志时代顺序的符号，用不着打破，也无须打破。"文化大革命"中，历史系与贵州洪峰村机械厂合编儒法斗争史，要先生写《论张居正改革》一章，时先生身处逆境，乃据事直书，从史料出发，有褒有贬，如实评价，不为当时潮流所动。文章写好后，自然不合要求，未被采用，有人好心送到学报编辑部，也被退回，直到 1981 年才编进历史系编辑的论文集。这些在今天看来都很寻常，但当时却承担了极大的压力和风险。

在漫长的治学生涯中，先生长期读书探讨，始终在中国历史文化的园地中辛勤耕耘，尤其入黔执教后，更以培养人才为终生职志。其中用力最多的，当为地方史、史学史、历史教学法。

先生之所以重视包括贵州在内的西南史地研究，是因为九一八事变后，边疆危机日益深重，顾颉刚先生遂倡导开展边疆塞外的研究，认为国人对疆域的历史演变过程不能不有所了解或认识，期以此激起海内外同胞的爱国热忱，共同团结以应对日本人的侵略。然其时顾先生所关心和研究的重点在西北，西南尚未有时间涉及或重视。贵州作为西南边陲少数民族聚居地区，长期均被人视为边裔或边地，今人也多称其为"内边疆"或"内地边疆"，其在历代中国版图中，尽管虽只是一个局部，但其历史发展仍与全国形势及其他兄弟民族息息相关，有自己的丰富文化个性，做出过特殊历史贡献。过去传统史家出于"内王外霸"的民族偏见，仅注重王朝一姓之兴亡及中原地区的统治设施，对贵州少数民族历史少有记载，更鲜有专精毕力从事研究者。先生既入黔省，视黔地为故乡，受顾颉刚边疆史地之学成果的影响，遂关心贵州史地沿革，拓荒性地开展贵州历史文化的研究工作，发表了《夜郎略论》《略论夜郎族属问题》《略论古牂牁、夜郎的政治》《关于贵州红崖碑古迹》《辛亥革命时期贵州两党之争》《辛亥革命时期的贵州哥老会》《太平天国革命时期的贵州号军起义》《论白旗起义》《张百麟传略》《李白流放夜郎考》等一系列颇见功力的论文。其中影响最大的，则是先生主编的《贵州古代史》《贵州近代史》《遵义人民革命史》三部专著。

20 世纪 60 年代《贵州史》编写之初，尚在大量搜集查考资料阶段，周恩来总理就极为重视和关心，指示一定要做好这项工作。十年动乱，受到干扰，工作只得停止。"文化大革命"结束后，先生振奋精神，重新组织班子修改编写，在进一步丰富已有文献资料并开展社会调查、吸收考古最新成果的基础上，经过反复讨论，五易其稿，始于 1981 年完成古代部分的定稿，交由贵州人民出版社出版。全书共九章三十万字，上起远古，下迄鸦片战争，对鬼方、牂牁、夜郎等重大问题，都有自己的一家之说，对明清地方史事，叙述尤详。既揭示了地方历史发展的大势脉络，又突出了贵州各族人民对祖国的特殊贡献，充分反映了贵州史地研究的最新成果，是全国地方通史著作中较早而又成功的一部。

《贵州古代史》完稿后，先生又主持编写了三十余万字的《贵州近代史》。该书分清代后期的贵州（1840—1911），军阀统治时期的贵州（1911—1935），国民党统治时期的贵州（1935—1949）三编，全面叙述了贵州旧民主主义革命时期和新民主主义时期的政治、经济、文化，突出了贵州各族人民在反帝反封建过程中的英勇斗争精神，是贵州各族人民近代生活的一份重要实录，既为爱国主义教育提供了乡土教材，也为进行中的现代化建设展示了历史参考。

《遵义人民革命史》是在历史系师生长期调查搜讨资料的基础上，由先生主编定稿的。遵义人民的革命斗争是贵州地方史的一个组成部分，又是中国近现代史的灿烂篇章，尤其是遵义会议留下了中国现代历史的辉煌一页。该书生动地叙述了遵义人民的光辉斗争历程，不仅反映了遵义人民的革命传统，而且对了解贵州历史的发展规律、人民革命的艰苦和光荣，都有一定的帮助或参考价值。

史学史是先生长期致力研究的另一重要领域。1963 年，先生在《贵阳师范学院学报》上发表《孔子的史学》长篇论文，条举证据，论述了孔子在历史编纂、史料积累、历史观点、史学方法等四个方面的得失。认为孔子在《鲁春秋》的基础上，寓作于述，编修《春秋》。寓褒贬，辨善恶，发挥了正名主义精神；删诗书，定礼乐，积累了大量古代史料；根据当时政治需要，阐释了自己的历史观点，总结古代史学经验，明确了史书编纂方法，促使史学进步发展。由于孔子政治上不得志，不见用于当时诸侯，退而编修世界上最早的一部完整编年史，时间早、成就大，不仅在中国史学发展史上有重要地位，而且在世界史学发展史上也有重大贡献。虽然《春秋》在体例编写上还存在很多缺点和问题，但并不影响它的重要历史地位。文章立论坚实，理据充分，创获颇多，是一篇精心结撰的名篇佳作。

《传体的起源、发展及其特点》与《论古史辨派的史学》是先生发表在《史学史研究》上的两篇重要论文。前者驳正刘知几、赵翼等人司马迁创始传体的旧说，考证传体的确立当不晚于战国，司马迁只是承袭前人史籍体例，整齐排比，创纪传体正史，成为二十四史的楷模。传体运用广泛，变化歧异，支流蔓行，情况复杂，先生一一推绎归纳，总结为经传之传，纪传之传，单行之传，散传之传四大类，说明其源流，介绍其特点，总结其得失。过去研究者一般并提"经传""纪传""传记"，很少单独研究传体。先生此文实为史学史研究辟一新径。后者讨论古史辨派史学的成就得失，充分肯定古史辨派作为五四新文化运动的一个组成部分，敢冒天下之大不韪，向神圣不可侵犯的圣经圣贤传挑战的精神与辨伪成绩。同时指出古史辨派没有完全突破旧史学束缚，未能以社会发展史的观点去论证古史传说，追究古史传说的演变分化与社会生产发展的关系，探清古史发展的内在联系和规律、理论和方法都有缺陷。文中讨论顾先生的五德终始观下的政治历史之说，引及钱穆、童书业、杨向奎、范文澜、郭沫若诸家之文，认为无论赞同或反对，各种意见不一，本来十分自然，学术需要有见解的争鸣，才能实现进步或发展的目的，正可见先生治学态度的宽容和胸襟眼界的广大。而其每下一字，每立一论，都实事求是，不枝不蔓，深中肯綮，盖先生跟随顾颉刚先生多年，了解其为学风格与个性，熟悉其思想取向和立场主张，尤其是其古史累层说及辨伪方法进路，故能道别人所不能道，言别人所不能言，可谓入室操戈，直探其旨，精要毕具，缺失亦显。

1980 年，先生为四年级学生开中国史学史选修课，为满足学生印发讲义的要求，以一年的辛劳赶写了二十万字的《中国史学史》讲义，刊行后受到师生和国内同行专家的一致好评。

《中国史学史》与其他同类著作相较，有自己的鲜明特色。首先，在内容上，简述了中国史学理论的主要内容及其发展过程，说明了各种史学观念的演变，同时介绍历代主要史著，给予相应的评价。对修史机构和制度，史学家和史学流派在史学领域的活动，他们的成绩和史学地位、史学思想，也有详略不同的叙述。先生认为中国史学史要研究中国史学发展的规律，总结前人在史学上的重要成就和贡献，指出新史学的发展方向，为批判继承祖国丰富的史学遗产和学术资源提供有利条件。而史学史涉及的范围比较广泛，诸如史部目录学、历史编纂学、史学家传记，以及史论、史评、历史哲学等，都一概不能忽视，截然切断分开，必须结合一定的社会背景适当阐述。可以说，这些观点都很好地融化在书中，做到论从史出，不泛泛而言，大而无当，徒发空论。其次，在分期问题上，先生认为中国史学史属于中国社会形态的上层建筑之一，其分期与中国社会发展阶段密切关联，特征也与社会发展阶段相合，因而中国史学史应划分为五个阶段：一是殷周至春秋战国之际，为中国古代史学的原始形成时期；二是战国秦汉至魏晋南北朝，为封建主义史学发展时期；三是隋唐至鸦片战争以前，为封建主义史学的继续发展与繁荣时期；四是鸦片战争至五四运动，为封建主义史学衰落，资产阶级史学兴起时期；五是五四运动至现在，为马克思主义史学传播和胜利时期。

关于史学史的分期及其划分标准，史学界迄今尚有争论。应该说，先生力图按社会发展阶段进行分期，同时又注意史学自身相对独立的演进规律，这种划分标准是较符合历史实际又有自己的特点的。和其他只述及清末的同类著作不同，先生下限一直写到五四时期现代新史学的曙光——李大钊的史学思想。并计划续写到十年动乱后"史学的拨乱反正阶段"，为此他广泛搜集资料，写了《论古史辨派的史学》《马克思主义史学在中国的传播》《马克思主义史学在我国新民主主义革命进程中的作用》等内容，作为续编的纲要。惜逝世未克毕役，临终仍摩挲讲义，感慨再三，引为憾事。

由于长期在师范院校工作，先生又重视历史教学的研究。他认为历史教学是介乎历史科学与教育科学之间的边缘学科，主要研究历史教学过程中的规律，选择适当的原则、形式和方法，有计划地对学生传授历史知识。高等师范院校的任务是培养中等学校的合格师资，肩负指导中学教学实践的责任。因此，先生早在20世纪50年代即应出版社之约，编写了历史教学法的讲义，后因极"左"思潮的影响，历史教学法课一概停开，讲义也不幸散失。1980年，历史系重新设置这门课程，因无教材可用，深感临渴掘井，难济燃眉之急，只好多方搜寻，在以前的毕业生手中找回讲义，重新修改，印发讲授，同时带到河南开封首届全国历史教学研讨会上交流，受到与会同行专家的好评。而先生仍不满足，认为自己对中学历史教学不熟悉，难免理论脱离实际，又邀约几位历史系20世纪五六十年代毕业的同学，总结他们长期在中学进行历史教学的实践经验，反复修改补充，讲义焕然一新。这份讲义铅印后又带到山西太原全国历史教学研讨会上交流，被不少高等师范院校采用为教材，《史学月刊》也有人撰专文介绍。惜正式出版时，先生墓木已拱，未能亲眼获睹。

综观先生一生，尽管其学术路径不可避免地带有时代痕迹，留下某种非个人所能幸免的"缺憾"，然一生教书治学，深苦钻研，独立运思，追求真理，与时俱进，奖掖后进，著述甚丰。其一生出处行止，仍足为学者楷模。先生常说："在停止呼吸前，有一分热，发一分光，愿将自己学得的一点知识，毫无保留地贡献给社会，不带进火葬场，至于个人功过是非，且待后人评价，用不着自己去考虑。"先生辛苦劳作半个多世纪，直到逝世前仍念念不忘工作，尽管十年浩劫耽误了不少学术研究的宝贵时光，最终仍践履了自己的理想和追求。其智慧风范，足以启后学！

顾颉刚早年曾以"晚成堂"题名自己的书斋，先生一生之学亦可以"晚成"两字来加以总结。

附：周春元先生著述目录

一、论文

1.《南北朝部曲考》，1941年稿本，藏武汉大学。

2.《傅玄的经济思想》，重庆《贵善半月刊》1942年4期。

3.《晋史十八家补正》，《武汉日报》1946年5月16日。

4.《南北朝交聘考》（硕士论文），1946 年武汉大学排印本。

5.《论商鞅的耕战政策》，湖北师院《史地丛刊》1947 年 2 期。

6.《部曲释义》，《武汉日报》1947 年 6 月 19 日。

7.《部曲溯源》，《武汉日报》1947 年 8 月 5 日。

8.《永远跟着共产党前进》，《新黔日报》1950 年 5 月 5 日。

9.《批判胡适的反动英雄观》，《新黔日报》1954 年 10 月 4 日。

10.《批判胡适的反动唯心主义历史观》，《新黔日报》1954 年 12 月 7 日。

11.《联系现实要依据的原则：目的性、科学性、系统性和量力性》，《历史教学》1957 年 4 期。

11.《评秦始皇》，《贵州史学》1959 年 3 期。

12.《辛亥革命时期贵州两党之争》，中华书局 1962 年《辛亥革命五十周年纪念论文集》。

13.《秦开阡陌置辕田废井田辨》，《贵阳师范学院学报》1961 年 2 期。

14.《屈原》，《贵州日报》1961 年 4 月 11 日。

15.《关于打破王朝体系问题》，《学术月刊》1961 年 11 期。

16.《孔子的史学》，《贵阳师范学院学报》1963 年 1 期。

17.《太平天国革命时期的贵州号军起义》，《贵阳师范学院学报》1979 年 1 期。

18.《夜郎略论》，贵阳：贵州人民出版社 1979 年《夜郎考》讨论文集（一）。

19.《关于贵州红崖碑古迹》，《贵阳师范学院学报》1980 年 3 期。

20.《关于贵州史的几个问题》，《贵阳师范学院学报》1980 年 4 期。

21.《李白流放夜郎考》，《贵阳师范学院学报》1981 年 2 期。

22.《辛亥革命时期的贵州哥老会》，《贵阳师范学院学报》1981 年 3 期。

23.《略论夜郎族属问题》，贵阳：贵州人民出版社 1981 年《夜郎考》讨论文集（二）。

24.《略论地方史志的重要意义》，《贵州方志》1981 年 3 期。

25.《传体的起源、发展及其特点》，《史学史研究》1982 年 2 期。

26.《略论贵州少数民族地区历代统治政策的演变》，《贵州民族研究》1982 年 4 期。

27.《论白旗起义》，贵州师范大学 1982 年《学报丛书》。

28.《历史研究与历史教学》，《贵州教育研究》1983 年 1 期。

29.《论张居正改革》，贵州师范大学 1983 年《史学论文集》。

30.《略论古牂牁、夜郎的政治》，贵阳：贵州人民出版社 1983 年《夜郎考》。

31.《马克思主义史学在我国新民主主义革命进程中的作用》，《贵州师范大学学报》1983 年 1 期。

32.《马克思主义史学在中国的传播》，贵州师范大学 1983 年铅印单行本。

33.《论古史辨派的史学》，《史学史研究》1984 年 1 期。

34.《学习历史的回顾》，辽宁人民出版社 1984 年《在茫茫的学海中》。

35.《张百麟传略》，贵阳：贵州人民出版社 1985 年《文史资料集》。

36.《萧子显》，中州古籍出版社 1985 年《中国史学家评传》（上）。

二、专著类

1.《贵州古代史》，周春元主编，贵州人民出版社 1982 年出版。

2.《方志学概论》，周春元参编，福建人民出版社 1983 年版。

3.《贵州近代史》，周春元主编，贵州人民出版社 1987 年出版。

4.《遵义人民革命史》，周春元主编，贵州师范大学 1984 年《贵州师范大学学报丛书》。

5.《中国史学史》，周春元撰，贵州师范大学 1989 年《贵州师范大学学报丛书》。

6.《南北朝交聘考》，周春元撰，贵州师范大学 1989 年《贵州师范大学学报丛书》。

7.《中学历史教学法》，周春元主编，贵州人民出版社 1986 年出版。

继承和发扬光大前贤的治学精神及成就

——我所知道的周春元先生①

张新民*

今年是先师周春元先生 110 周年诞辰，我作为先生的入室弟子，一方面回忆起不少往事，深切地缅怀先生；另一方面也感谢到会的各位学界同人，真诚地向大家致以谢意。而追思前贤的目的，正是为了昭告来兹。因此借此难得的因缘盛会，想围绕周春元先生一生的学术经历谈一些感想或体会。

一、"旧学"与"新知"汇集于一身

周春元先生出生于 1911 年，1984 年去世，如果他还在世，如刚才所说，应该有 110 岁了。

由周春元先生而想起我的父亲②，他与周春元先生同岁，二人交往极深，似乎也有不少趣话。记得 1985 年初夏，华中师范大学的张舜徽先生主动来函，邀请我的父亲与何兹全、程千帆等先生共赴武昌，参加主持他的两位首届博士生的毕业论文答辩。因为父亲年事已高，我作为助手陪同前往。当时还很年轻的两位博士研究生，一位是张三夕，论文题目是《批判史学的批判：刘知几〈史通〉研究》；一位是周国林，题目是《战国迄唐田租制度研究》，都是很有分量的学术论著，现在他们是国内一流的大家了。首届博士学位论文答辩自然引起武汉学界的广泛关注，会场被前来旁听的师生挤得水泄不通，校长章开沅也侧坐一旁，静静聆听。程千帆、陈钟凡两位先生，因病临时缺席，请人代为宣读了评审意见。会后张舜徽先生、何兹全先生与我父亲一起，共同在庭院中

---

① 本文是 2021 年 10 月 23 日在"贵州史学的回顾与展望暨纪念周春元先生诞辰 110 周年"学术研讨会上的演讲，初由吴政刚同志根据录音整理，然后再由演讲者据此录音修改润色而成文。特向吴政刚同志致以衷心的谢意。

* 作者简介：张新民，贵州大学中国文化书院教授。

② 编者注：张新民老师的父亲张振珮，系贵州大学历史系知名教授。

携手散步交谈，相互询及年寿，竟然都出生于 1911 年。张舜徽先生颇为风趣地说："三老同年，我们都是清朝人啊！"何兹全先生笑着补充："胡厚宣先生也是辛亥年出生，应该是四老同年。"我那时是后辈晚生，站在一旁不敢插话，但心中暗想，周春元先生也是 1911 年出生，又与胡厚宣先生有交往，尽管已经去世，但不正是五老同年吗？

当时，我之所以会联想到周春元先生，乃是因为他们那一代人从小就熟读传统经典，以后无论自修或入学，又都受过严格的学术训练，都深爱自己的国家、民族和历史文化，熟谙传统旧学又不断地反思批判传统旧学，接受西方新知又不愿全盘因袭西方新知。所谓"旧学商量加邃密，新知培养转深沉"，面对时事政局的变动震荡，尤其是中西方思想文化的交汇冲击，"旧学"与"新知"也在他们个人的思想天地中经常碰撞整合，从而铸就了他们那一代学者的特殊人格风范，形成了与后来年轻学子迥然有别的知识结构。其中不少人成就之高，至今仍难望其项背。周春元先生就是从那个时代走过来的人，他一生受"旧学"熏染极深，早年治学颇有乾嘉学派遗风，但不断接受"新知"也引发了治学路径的深刻转变，晚年的学问完全可以归属为马克思主义学派。他的学思历程与我父辈一代的学者颇多类似之处，无论幸与不幸都浓缩了一个时代或社会的大量信息，留下的精神文化遗产，至今仍值得认真总结和继承发展。

我是 1981 年考上周春元先生的研究生的。有人问我是不是周春元先生的关门弟子，其实周春元先生就带了我一个研究生，开门弟子是我，关门弟子也是我。然而因父亲的关系，我认识周春元先生却很早。中华人民共和国成立前我父亲就在贵州大学历史系任教，1953 年拆掉贵州大学，校属历史系并入贵阳师范学院（今贵州师范大学），贵阳师范学院为此修了几栋教授平房，我们家就与周春元先生家比邻而居。加上父亲与周春元先生同在一系执教，我因此在童年时代就知道了周春元先生，称他为周伯伯。同时互为邻居的一位是项伯伯即项英杰先生，一位是张伯伯即张宗和先生。前者寿长，现在大家都知道；后者去世稍早，似乎被人们遗忘了，但我童年时对他们都有记忆。

其实张宗和先生与其他老辈学者一样，其学术造诣也很高，将来如果有机会，也应该以会议的形式纪念一下。为什么如此说呢？现在张家四姐妹，可以说是无人不晓。她们都长于文学、艺术、诗词、书法，都是影响时代极大的名流才女。其中大姐张元和，嫁给了昆曲名家顾传玠；二姐张允和，嫁给了语言文字学家周有光；三姐张兆和，嫁给了文学大家沈从文；四妹张充和，嫁给了汉学家傅汉思。张充和先生著述最多，成就亦最高，大半生在美国度过，人称"最后的才女"。但是我们都知道张家四姐妹，却遗忘了她们四姐妹的大弟张宗和。张宗和长期执教于贵州师大，他的曾祖父是张树声，曾任过两广总督，夫人刘文思，我小时候称她为刘阿姨，她的曾祖父是刘铭传，做过台湾首任巡抚。张先生既与周春元先生及我父亲三家互邻，均同在历史系任教，相互过从甚密，交谊亦深。我小时候看他们，只觉得是宽厚温和的长者，不觉得是什么了不起的大学者，但其实他们都是当时一流的名师，各有著述传世，在学界声名很大。如果加上一时难以具体列举的其他老先生，我想强调的是，贵州史学界其实已形成了一个庞大的知识精英群体，即使将他们置于全国范围内进行比较，当也有一定的学术地位，周春元先生即其中最有代表性的一位，张宗和先生的社会影响也不容低估。作为一个极为重要的知识精英群体，今天还缺乏对他们的整体性研究。

二、难忘的师生因缘情谊

当时报考研究生，我固然可以有多种学校的选择，但父亲说周春元先生是"科班"出身，一生都在从事教学和科研工作，从未有过任何中断，认为选择学者比选择学校重要，让我就跟着周春元先生专心念书。因此，我是周春元先生的第一届研究生，由于他过早离开了人世，也可说是最后一届研究生。我在周春元先生门下是81级，但实际82年初才进校。一进校周春元先生就带着我到苏州参加了全国第一届方志研讨班，同时编写一部叫作《方志学概论》的教材。参与编写的除周春元先生外，还有来新夏、吴奈夫、林衍经等一批高校学者，当时周春元先生已经72岁了，来新夏先生不过59岁，但周春元先生主动谦让，仍推来新夏先生为主编，周春元先生及其他学者分任参编。当时的研讨班由中国地方史志协会主办，前来听课的人来自全国各地高校或修志机构，我既然已是在读研究生了，因而自始至终参加了导师组的活动，接触了不少高校著名学者。授课者如杨志玖、杨翼骧先生等，都很受大家欢迎。周春元先生也曾有过一次专题演讲，学员反响非常好。我与周春元先生在东吴大学（今苏州大学）同住一室，前后接近一月的时间，每日蒙其耳提面命，受益良多。会毕返归时，我陪周春元先生由苏州乘船经运河抵杭州，拜访了不少他昔日的学界老友。每到一地，他都动情地告诉我，这是告别式的旅游，年衰不可能再来了。不幸他的话竟成为谶语，两年后未等我毕业，他就溘然告别了人世。至今回忆起当时的情景，仍不禁泪水潸然。

我读研究生期间，周春元先生因为行政职务较多，又要抓紧自己晚年的著述撰作和整理，实际并没有为我单独授课，但要求我读书却极为严格。我当时主要是取正史与《通鉴》比对着读，也读了不少乾嘉学者的考证专书，每月交一次读书笔记，由周春元先生亲笔批改。记得他阅后批得最多的，就是"用功尚勤"四个遒劲有力的大字。

回头再看，自己之所以研究地方志，或许与参与来新夏主持的《方志学概论》教材的编写有关。后来恰逢吉林省图书馆馆长金恩辉先生想编一套《中国地方志详论》丛书，礼邀各省专家参与其事，周春元先生要求我必须撰写。当时，我并没有研究地方志的任何想法，因为父亲正在撰写《史通笺注》，稿件已大体完成，我协助他查阅各种资料，接触了不少古典名著，很想以此为基础继续一部又一部地阅读，在专书或专题研究的基础上撰写中国史学史。这是父亲内心最大的希望，我不能按他的愿望去做，以致一拖就是几十年，至今思之仍感到心中有愧，以为孝道早已有亏。尽管师命难违，我不能不改作地方志的研究，而由地方志再到地方史，以后又醉心于儒释两家思想的探讨，不知不觉时间花在其中，已耗费了大半生的精力了。

"文化大革命"结束后，百废待兴，不仅学术界的方志学研究成果极少，甚至不少人连"方志"这个概念也已完全陌生，一切都必须拓荒式地从头开始。我当时的工作是一部一部地研读方志，然后一部一部地按照传统目录学的方法，无论其书是存是佚，都要寻根探源地考证做提要。当时学校图书馆开馆迟而下班早，因而严格地说，我的方志研究工作是在贵州省图书馆泡出来的。当然，学校历史系资料室的线装书，也可以整部整部地借出来慢慢读。稿件积累到一定程度后，即呈周春元先生过目核定，并转朱建华老师蜡纸刻印，以便将来分册油印装订。不料初稿刚撰毕，我即因用眼过度，突罹视网膜剥离严重眼疾，住进了贵阳医学院附属医院，后来又因病情严重转到了上海第一人民医院进行手术治疗。记得我躺在贵阳医学院附属医院的眼科病床上，周春元先生与我父亲一起来探视，坐在床边说了不少安慰的话，给了我很多战胜疾病痛苦的信心。但令人意想不到的是，这竟是我与周春元先生的最后一面，所谓"一面"其实并不确切，因为当时我的双眼蒙着纱布，根本就不能视物，只是静静地躺着听他的叮咛，感觉到他关怀的心跳和呼吸。后来我从上海辗转治疗归来，周春元先生也住进了医院，由于病情严重，很快就在医院去世了。我的眼睛从此坏了，周春元先生从此走了，先是师生同病，后是幽明两隔，世事无情伤痛如此，心中真感无限悲凉。

在一部不漏大量通读贵州地方志的基础上，我撰写了近六十万字的《贵州地方考稿》，曾由历史系盒装五册油印，分送国内各高校及学术机构征求意见，反馈回来的意见都很好，遗憾的是周春元先生已不能亲睹。在研读地方志的过程中，发现播州的土地经济文化资料很丰富，社会经济形态也很特殊，曾一度与周春元先生商量，拟以此为题展开研究，撰写硕士毕业论文，也因为眼疾无法继续阅读资料，只好惘然兴叹作罢放弃。最后则在全面考证方志源流演变的基础上，另行撰写了十万余字的方志学论文，毕业答辩时周春元先生已不在场；之后印成《贵州地方志论纲》小册子出版，周春元先生同样不能获睹，只能在心中默默祈祷，以告慰天上的周春元先生了。

三、早年读书治学经历

周春元先生早年求学很用功，他曾就读北平师范大学，当时陈垣先生任教于辅仁大学，同时也在北平师范大学兼课，讲授"史源学实习""中国史学名著评论"等课程。民国时期考据的学风依然十分浓厚，其中尤以陈垣先生的考据成果最显得突出，时人认为即使较诸乾嘉时代之诸老，他的成就也可说是更上了一层楼。"史源学实习"课授课时，要求学生必须学会"沿流溯源，究其首尾"①，举例则多引证《日知录》《鲒琦亭集》《廿二史札记》。周春元先生后来治史重视探寻原初史源，强调多方取证，提倡多读清人的考史撰作，既不轻易迷信古人，也不随意妄诋古人，显然与陈垣先生的影响有关，治史态度严谨而不失宽容。

从北平师范大学毕业后，周春元先生曾长期跟随顾颉刚先生，最先是到成都齐鲁大学国学研究所任助理研究员，实际亦为顾颉刚先生的助手。顾颉刚先生当时已任国学研究所主任一职，所长则由齐鲁大学校长刘世传兼任。顾颉刚先生以整理"二十四史"为国学研究所工作的主旨，周春元先生在其门下主要负责《晋书》的点校任务。研究所的学者有吕思勉、钱穆、傅斯年、顾廷龙、杨向奎、胡厚宣、杨宽、严耕望、张维华、沈镜如等先生，均为颇有影响力的大家名流；创办的相关学术刊物如《责善半月刊》《齐大国学季刊》《齐鲁学报》等，也颇受学界普遍欢迎。周春元先生作为顾颉刚先生的学生与助手，与所内学者多有交往，受所内学术风气影响亦深。其中胡厚宣先生为研究所秘书，与周春元先生最为意气相投，他后来撰《齐鲁大学国学研究所回忆点滴》一文，还特别提到了周春元先生②。而钱穆先生学问渊博，识见不凡，所著《先秦诸子系年》一书，在学界影响尤大，颇受学生和青年教师尊重，在所内的威望也很高。先是顾颉刚先生曾推荐钱穆先生到中山大学、燕京大学任教，后又引荐

---

① 白寿彝，等. 励耘书屋问学记：史学家陈垣的治学生活 [M]. 北京：生活·读书·新知三联书店，1982：115-116；柴德赓. 史学丛考 [M]. 增订本. 北京：商务印书馆，2017：502.

② 胡厚宣. 齐鲁大学国学研究所回忆点滴 [J]. 中国文化，1996（2）：225-277.

其入齐鲁国学研究所为研究员。两人交往甚密，钱穆先生时常拜望顾颉刚先生，其事则屡见于《顾颉刚日记》，今日稍检即不难知之。但二人在古史传说上的看法不同，钱穆先生并不赞同顾颉刚先生的"古史累层说"，重建构而非解构，二人关系开始出现裂隙。周春元先生有可能已开始接受马克思主义史学观，主张中学与西学会通，加上年轻气盛好辩。据《顾颉刚日记》，一次与所内其他学者吵架，顾颉刚先生还出面多方调停。顾颉刚先生与钱穆先生矛盾公开后，与胡厚先生偏向钱穆先生一边有别，周春元先生则明显偏向顾颉刚先生一边。果然，在所内召开的一次研讨会上，周春元先生便与钱穆先生意见分歧甚大，以致两人发生激烈争辩。此后顾颉刚先生离开国学研究所，转到重庆办《文史杂志》，周春元先生也不愿留在所内，遂追随顾颉刚先生一起到了重庆。

顾颉刚先生应朱家骅的邀请担任《文史杂志》主编，办刊的目的是提高民众的"史地智识"，激发民众"自尊自爱之心"，唤起国民共同抗战的热情。担任编委的有史念海、魏建猷等先生。刚才辛德勇教授提到史念海先生，他"文化大革命"结束后，曾赴贵阳看望过周春元先生，其实早在重庆期间，他们就是朋友了。尽管《文史杂志》是官办刊物，然时值抗日战争最艰难的时候，办刊仍充满了各种困难。周春元先生虽也热心参与编务，却始终远离政治，主要精力仍用于点校《晋书》。《文史杂志》的作者群体如金毓黻、黎锦熙、杨钟健、陈钟凡、罗香林、袁同礼、傅振伦等，都是当时学界的名流，周春元先生既参加编务，必与他们多有文字交往上的因缘。顾颉刚先生历来重视人才的培养，自称"胜过于爱才，人有一长，必使之发展而后快"①。点校"二十四史"不只是为了整理古籍，更是他培养人才的一种方法。史念海先生就曾感慨顾颉刚先生"自来对于青年学子，培育提携不遗余力，这是人所共知的"②。"二十四史"的系统整理工作，虽至20世纪50年代后期才正式开始，然仍可溯至更早的30年代，是时顾颉刚先生便已开始点校《史记》，当可看成是"二十四史"整理工程的早期发端。而以整理古籍的方式培养年轻人才，也是他长期一贯的做法。周春元先生在顾颉刚先生的指导下点校《晋书》，显然也打下了扎实的学问基础。他后来之所以要精研魏晋南北朝史，也与点校《晋书》的扎实知识积累有关。"二十四史"的点校工作的最终完成是在1978年，是年《清史稿》的点校工作也宣告完成并正式出版，至此"二十五史"点校本全部出齐，总成其

---

① 顾颉刚. 顾颉刚书信集［M］. 北京：中华书局，2011：17.
② 史念海. 顾颉刚创立禹贡学会及其以后的二三事［M］//张世林. 学林往事（上册）. 北京：朝华出版社，2000：256-264.

事者仍为顾颉刚先生。顾颉刚先生年纪虽长，却喜欢与年轻人接近，随和而无架子，当也是他颇具号召力的原因。读他的《日记》，可知他经常与年轻学者聚餐，《日记》详载哪些人参加，主人是谁，客人是谁，周春元先生经常在座，常客还有胡厚宣、蒙文通等先生。

周春元先生长期追随顾颉刚先生，因而亦深受古史辨派史学思想的影响。古史辨派尽管"破"远大于"立"，但勇于疑古的批判精神，尤其是古史资料考信而后用的原则，以及文献资料与考古资料结合的研究方法，至今仍是值得珍惜的重要学术遗产。周春元先生逝世前一年所撰《论古史辨派的史学》一文，既可看成是对古史辨派史学的批判性总结，也可视为是对自己早年学术经历的反思性回顾。文中讨论古史辨派史学的利弊得失，依据当时的历史事实说话，虽重视古史辨派优秀史学遗产的继承，着眼点仍为未来新古史体系的建设，实得力其熟悉顾颉刚先生的学术思想，持论亦相对平和与公允①。

周春元先生参与《文史杂志》编务一段时间后，仍希望能继续读书深造，正好武汉大学迁到四川乐山，因而就报考了该校文科研究所，攻读硕士学位。武汉大学文科研究所由著名学者刘永济主持创办，下设文学门和史学门，面向全国广揽生源，一时人才济济。其中史学门强调断代史研究的重要，而尤以汉、唐两代为重点，同时注意历代史学方法及史学史的研究，其他如典章制度、民俗文化等，亦不可忽视。周春元先生入校后，专攻魏晋南北朝史，毕业论文的撰写由贺昌群先生担任指导老师，陈寅恪先生则为校外通讯指导老师。贺昌群先生曾协助马一浮先生创办乐山复性书院，是时已离开乐山执教重庆中央大学历史系，在居延汉简和敦煌学研究方面成就突出，对魏晋南北朝史研究方面的影响亦较大。他的《魏晋清谈思想初论》，乃是继汤用彤、陈寅恪之后，又一部研究魏晋玄学的重要学术著作，至今读其书仍感到充满睿识卓见。周春元先生与贺昌群先生虽分处两地，但师生通信往返，时常讨论疑难问题，受益依然颇多。毕业论文遂以《南北朝交聘考》为题，广搜各种文献资料，撰成十万余字长文，亦为研究魏晋南北朝史之重要力作。

在武汉大学文科研究所获得硕士学位后，周春元先生即受聘到湖北师范学院史地系执教，是时其已完全接受马克思唯物史观，因支持学生正义行为与爱国运动，受到国民党当局的迫害，遂毅然由楚入黔，执教于贵阳师范学院。其后半生时间都在黔省度过，不仅推动了地方学术研究的发展，而且培养造就了无数优秀青年人才，前后几近四十年。

---

① 周春元. 论古史辨派的史学 [J]. 史学史研究，1984 (1)：10.

四、一代学者的风骨

周春元先生在黔期间的史迹，早已为大家所熟稔，似无必要再重复叙述，将来有机会还可写成专文来介绍。我只想强调一件事，就是 20 世纪 60 年代初，他发表的《孔子的史学》一文，如刚才冯祖贻先生所说，引起了白寿彝先生的重视。白寿彝先生与周春元先生早在 20 世纪 30 年代时就认识，很可能是周春元先生直接将文章寄给白寿彝先生的。这篇文章实事求是地评价了孔子修《春秋》、删诗书、定礼乐对华夏文明的贡献，尤其肯定了《春秋》作为世界上最早的编年史，不仅成就极为巨大，影响亦颇为深远。不意文章在"文化大革命"期间，经过有意识地歪曲性解读，却成为他的"罪行"，遭到了激烈批判，将他定性为尊孔派，是保守落后的典型，要他做自我检查。其实顾颉刚先生早就说过，各时代有各时代的孔子，每一个独立的学者都可以有自己的看法，但民族集体的认同仍当尊重。周春元先生不过是发表了自己的看法，但看法的依据却是客观历史事实，因而不仅不检查，反而坚持自己的固有观点，风骨凛凛，正气浩然，表现出一代学人的风骨。

综观周春元先生的学术道路，他以"科班"出身而长期治史，早年由于时局震荡和中西文化的激烈踫撞，一方面受到传统史学的深刻影响，具有丰富的古典学知识；另一方面又不断追求新学新知，开始接受辩证唯物史观，最终成为马克思主义历史学派史家，其身上也浓缩了不少传统史学向现代史学转型的特点。这一特点在顾颉刚、贺昌群两先生的身上也有体现，他们都受梁启超"新史学"的影响，其中顾颉刚先生在其《自传》中就视梁启超为自己思想学问的重要渊源，"层累说"也暗含了进化史观的特征，明显有了现代新史学的特征，影响了整整一代学人，甚至掀起了学界罕见的"古史辨"运动。不用说，贺昌群先生也长期浸染于中国传统之中，同时也接受了大量西方新的思想。他强调"历史学为通儒之学，为古今合一之学，故往往言远而意近"①。即可见他虽治古典之学，关怀却在当下之现实。而在学问体系上，无论两汉经学或乾嘉考据之学，乃至域外各种流派之汉学，他都有综合性的大量吸收，尤其后来在讨论中国古代土地关系及所有制形态方面，更显示了对马克思主义的稔熟。周春元先生在他们的影响下，同样经历了 20 世纪各种社会和思想震荡变动的大潮，尽管各人的治学路径仍有差别，但身上都有传统士大夫的某些特征，又能

---

① 贺昌群. 魏晋清谈思想初论［M］//贺昌群文集：第 2 卷. 北京：商务印书馆，2003：序言 3.

与时偕行不断主动改造自己，一生际遇仍可说是时代变迁的缩影。

五、南北朝史研究的力作

总结周春元先生一生的学术成就，首先应该提到的就是魏晋南北朝史的研究。他的硕士论文《南北朝交聘考》，可视为民国时期实证史学的代表作之一。大家知道，南北朝长期对立，"宋、齐、陈、齐、周、隋，南北分隔，南书谓北为索虏，北书指南为岛夷，又各以其本国周悉，书别国并不能备，亦往往失实"①。以致在后来的学者看来，"太熙（290年）之后，述史者几乎骂矣，故君子没称焉"②。所谓"虏岛夷之呼，如诟骂然"③，一部南北朝史或《十六国春秋》，似乎成了相互对骂之史。周春元先生有感于当时之乱局，认为"胡人入侵，中原鼎沸，强者得肆意暴行，老弱则转手沟壑，天灾人祸，交相煎迫，民不堪命矣。而于种族异类，文化悬殊，求其融合混交，自不能一蹴而就，且其间变化多端，层出不穷，读史者欲了若指掌，亦非易事"④。遂决心以整个南北朝史为研究对象，选择其南北双方交聘史迹为考证内容，期读者在一派乱局中，仍能看到民族融合之历史发展整体趋势。而南北聘使的频繁往返与交流，正是促成民族融合的一大重要历史原因。诚如顾颉刚先生所言，经过五胡南北朝的纷乱，前后长达"三百年的鼓荡迎拒，各方面固有的优点便得相互调和而另生种新的文化。隋、唐两朝的所以蔚为大一统的帝国，而且都奋起在北方，便是这异族同化的结果"⑤。

因此，大量查阅史书即不难发现，尽管在南北政权互相敌视乃至战争不断的情况下，民间和平交流仍始终不断，官方的遣使活动亦也颇为频繁，然历来史家仍殊少重视。例如南北朝诸家史籍，其于交聘之事虽不能说毫无涉及，仍不过"显著略及，次则阙如，参差谬误，屡见不鲜"⑥。清人赵翼虽也论及"南北通好"之事，然认为双方之目的，乃在"藉使命增国之光，必妙选行人，择其容止可观，文学优赡者，以充聘使"⑦。着眼点并不在民族融合，而在聘使仪

① 李延寿. 北史卷一〇〇·李大师传 [M]. 北京：中华书局，1974：3343.

② 王通. 中说校注·述史篇 [M]. 张沛，校注. 北京：中华书局，2013：177.

③ 阎若璩. 尚书古文疏证（卷七）[M]. 钱文忠，整理，上海：上海书店，2012：205.

④ 周春元. 南北朝交聘考·导言 [M]. 贵阳：贵州师大学报编辑部，1989：249.

⑤ 顾颉刚. 现代初中教科书·中学历史 [M]. 顾颉刚全集. 卷12. 北京：中华书局，2011：83.

⑥ 周春元. 南北朝交聘考·导言 [M]. 贵阳：贵州师大学报编辑部，1989：250.

⑦ 赵翼. 廿二史札记校证（卷一四《南北朝通好以使命为重》）[M]. 王树民，校. 北京：中华书局，2013：294.

容才辩，况寥寥千言，例证不多，难厌人意，仍嫌简略。周春元先生有鉴于此，遂广搜资料，旁征博引，撰成此详述交聘史迹之专篇。从中不难看到，不仅出于政治目的交聘人次数量极为可观，更要者乃在促进了学术文化的广泛交流。揆以当时的史实，也可说"南北通好，务以俊乂相衿，衔命接客，必尽一时之选，无才地者不得与焉。梁使每入，邺下为之倾动，贵胜子弟盛饰聚观，礼赠优渥，馆门成市。宴日，齐文襄使左右觇之，宾司一言制胜，文襄为之拊掌。魏使至梁，亦如梁使至魏，梁武亲与谈说，甚相爱重"①。可见南北政权之间的交聘活动，固然首先是一种政治活动，但又未尝不是一种国家礼仪行为②，必然有利于和平友好交流。周春元先生书中所举，其例证可参者尤多，要皆可见当时南北遣使风尚，了解双方文化交流盛况。如果将视野进一步扩大到经济贸易等方面的活动，则可看到民间通商互市行为十分活跃，史书所载例证不胜枚举，完全可以断言自东晋以来，即大量胡人汉化及汉人胡化历史现象出现之后，南北双方和平交流仍是时代的主流，民族融合更是历史发展的主流大势，二者在南北统一过程中所发挥的作用均不容低估。周春元先生是书不仅论证了前人大量的舛误讹漏，而且一代交聘史迹从此亦得以彰显，至今看来仍是此一问题最为系统的研究。贺昌群先生尝谓："历史之学，非故纸之钻研，而为生命之贯注。生命起于现在，古人之生命入于现在，而后现在之生命乃能发扬而光大。"③ 读周春元先生是书，亦令人每生此想。设若无生命之投入，而生命又不能将古今融为一体，乃至谈古史亦难以令人反思今典，似问何能成此洋洋十万余言之宏著？

六、地方史研究的早期开拓者

周春元先生既入黔地，则极为关心黔地史迹，不仅发表了一系列的论文，而且出版了不少专书，均在学界产生重大影响。他的《辛亥革命时期贵州两党之争》一文，引用大量时人罕见的材料，分析自治学社与宪政预备会两党之间的斗争④，曾提交辛亥革命五十周年学术研讨会研讨，引起与会者很大的反响。

---

① 李延寿. 北史：卷四十三《李谐传》[M]. 北京：中华书局，1974：1604.

② 汤勤福. 中国礼制变迁及其现代价值研究（东北卷）[M]. 上海：上海三联书店，2016：128.

③ 贺昌群. "历史学社"题辞 [M] // 贺昌群文集：第 3 卷. 北京：商务印书馆，2003：76.

④ 周春元. 辛亥革命时期贵州两党之争 [M] // 湖北省哲学社会科学学会联合会. 辛亥革命五十周年纪念论文集（下册）. 北京：中华书局，1962：545-563.

而《略论贵州少数民族地区历代统治政策的演变》一文，历述王朝中央对贵州民族地区统治政策的演变过程，将其分为推广郡县制度、扶持豪强大姓、实行羁縻策略、设置土司土目、进行"改土归流"等不同的历史阶段①，或可将其看成《贵州古代史》及《贵州近代史》的大纲提炼，如果结合此文阅读今人所编之各种贵州通史，则如画论所云，能够"远观其势，近观其质"。而由周春元先生主编的《贵州古代史》《贵州近代史》，两书贯通古今。前者叙述自远古以迄鸦片战争时的地方历史，诸如疆域的沿革变化、经济的荣瘁升降、社会的兴衰治乱、民族的融突发展、文化的丰富多样，都有或详或略的介绍，虽有个别地方如兴义出土的汉代"水稻模型"陶器，应准确更名为"水塘稻田"陶器模型，显得不够准确，但仍为全国早期拓荒性的地方史专书，乃是多年心血积累而成的著述精品。后者则自鸦片战争以迄中华人民共和国成立前，亦涉及政治、经济、文化多方面的情况。两者前后衔接，略古详今，脉络清晰，首尾一贯，实已具备了通史规模。而参编队伍老中青结合，周春元先生年龄最大，亦可谓前后接棒传力，通过互助协作培养了一支学术队伍。可见周春元先生不仅是学术研究的从事者与开拓者，也是学术研究的倡导者与组织者。

周春元先生之所以关心黔地人文史地之研究，溯源仍可追至顾颉刚、陈垣、贺昌群三家的影响。顾颉刚先生擅长先秦古史研究，本不读秦汉以下之书，但有感于日寇入侵及当时之边疆危机，遂以为学问之外，还应做些救国救民的事，开始意识到边疆问题的重要，并着手展开了多方面的调查研究。而边疆地区往往是少数民族聚居区，研究边疆不能不关注少数民族问题，则如何重估少数民族在中国历史上的地位与作用，以推动边疆问题的研究，在顾颉刚先生看来亦显得十分重要。有关历代边疆问题的研究成果，则以他与史念海合撰的《中国边疆沿革史》最具代表性。是书历述各代边疆行政制度之得失，虽今日看来仍时有可商榷之处，但依然不失为早期颇多新意的学术力作，长期以来始终受到学术界的重视。周春元先生既在顾颉刚先生门下，又与史念海交好，必受其影响，当断无疑义。但顾颉刚先生关于边疆民族史地研究的成果，仍主要集中在西北边疆地区。尽管其《浪口村随笔》也涉及不少西南边地民族文化史迹，然而整体地看，贵州乃至整个西南，作为"内边疆"或"内地边疆"，亦即与"外边"相对的"内边"，较之西北边疆史地的研究，仍显得相对薄弱。周春元先生既在黔地高校执教，遂利用地利之便研究和建构贵州史，以期改变西北学

---

① 周春元. 略论贵州少数民族地区历代统治政策的演变 [J]. 贵州民族研究，1982 (4)：95-102, 39.

和西南学研究轻重失衡的局面，根据我对其学术思想的了解，衡以其一生的治学经历，相信也是合乎情理的不易之论。

与顾颉刚、史念海两先生合著《中国边疆沿革史》同时先后，陈垣先生亦有《明季滇黔佛教考》一书出版问世。陈垣先生自谓是书"之着眼处不在佛教本身，而在佛教与士大夫遗民之关系，及佛教与地方开辟、文化发展之关系"①。足证他的撰述宗旨乃在表彰逃禅之士大夫遗民，尤为关心佛教对边地的拓殖与开发，适可见儒道两家文化在边地的传播，亦能影响转移一时之世道人心。而凭借传统中国主流文化以治边，实有徒逞武力所不能达致的特殊效果。故书中特别强调"滇黔新辟，交通梗阻，人迹罕至，舍僧固无引路之人，舍寺更无栖托之地，其不能不以僧为伴，以寺为住者，势也"。并专列"僧徒拓殖本领"一卷，引证大量史料，说明"无人到处惟僧到，无人识路惟僧识"。而"政治势力不到之处，宗教势力恒先到之"；"滇黔之开辟，有赖于僧侣"②。则是书固然可以作为政治兴衰史来反复阅读，但亦不妨作为边疆开发史来主动领会。

满含国家民族忧患意识的陈寅恪先生，更历来重视中国政治文化之兴衰得失，关心中国内地政治中心与边疆民族之关系，并以"外族盛衰之连环性"来观察和分析王朝国家边疆体系治理问题③。他之所以阅读大量蒙、满、维、西夏等民族典籍，实际也是在为研究国家内政与边患互动关系做语言和资料准备。至于陈垣先生之《明季滇黔佛教考》，陈寅恪先生撰序称："明末永历之世，滇黔实当日之畿辅，而神州正朔之所在也。故值艰危扰攘之际，以边徼一隅之地，犹略能萃集禹域文化之精英者，盖由于此。"④ 政治文化中心转移及大批知识精英涌入的原因，主要为战乱所导致的王朝正统南迁，然亦可见边地与中心本来即存在着复杂互动关系，边地亦俨然有了神州正朔的象征意义，不仅成为人心向往的西南畿辅，而且萃集了大量禹域遗民，在政治和文化上发出巨大的声光电响。与陈垣、陈寅恪两先生一样，贺昌群先生也极为重视西北边疆史地的研究，发表了《近年西北考古成绩》《西北的探险事业》《流沙坠简校补》《烽燧

① 陈垣. 家书（1940年5月3日）［M］//陈垣全集，合肥：安徽大学出版社，2009：23，814.

② 陈垣. 明季滇黔佛教考（卷四《僧徒拓殖本领》）［M］. 北京：科学出版社，1959：156-177. 按其书所引证颇多，均无不允治具体，翔实可信，唯不遑一一列举，读者自可比对参阅.

③ 陈寅恪. 唐代政治史述论稿［M］. 北京：生活·读书·新知三联书店，1956：128-152.

④ 陈寅恪. 陈垣《明季滇黔佛教考》序［M］//陈寅恪. 金明馆丛稿二编. 北京：生活·读书·新知三联书店，2001：272.

考》等一系列论文。周春元先生既与上述诸人有着或近或疏的师生情谊，无论直接间接均必受其影响，而从西北与西南乃是相互关联的盛衰连环体系的角度看，遂将研究的眼光从西北移向西南，从而弥补相关学术研究成果之不足，当然也是符合学术脉络时代变化发展之实际的。

民国时期边疆研究的学术成就是多方面的，尤其是受外敌入侵忧患意识的强烈刺激，实已形成了边疆学研究的热潮，受其熏染而预流者当然不止周春元先生一人。譬如方国瑜先生就曾在北京师范大学听过陈垣先生的史学名著评论、史学名著选读等课，又在昆明与当时南下的顾颉刚先生、陈寅恪先生有过交往，尤其在边疆史地研究问题上，最受益于陈垣先生。陈先生撰《明季滇黔佛教考》，方国瑜也曾协助搜集了不少资料。较之周春元先生的贵州史地文化研究，他的云南边疆史研究可谓起步早而成就大，但在其求学和治学的过程中，与周春元先生一样也多方面地受益上述学者。方国瑜先生强调以"中国历史发展整体性"的观察视域来处理汉与非汉各种复杂的历史关系问题，其本身就是立足于国家与边疆及地方族群互动的立场来立论的。他与周春元先生，一在云南，一在贵州，分头研究两地民族历史文化，皆做了自己应有的贡献。顾颉刚先生曾强调西南地区"是研究学问的一个大宝藏"，认为开发此宝藏如"千斤担子就压在我们的肩上"，不能不说"是时代给付的责任"。方国瑜先生与周春元先生，他们两人虽各在一地，却共同推动了地方社会地理、经济、民族、历史、文化等多方面的研究工作，从而极大地提高了本来即可与"西北学"并埒的"西南学"的学术地位，不仅深化了人们对西南边疆或内地边疆的历史认知，同时也强化了学界对中国历史或文化全面整体的了解。

尚有必要提及的是，20 世纪 50 年代费孝通带领中央访问团赴贵州，开展民族识别调查工作。为了全面了解地方民族社会、历史、文化、语言等各方面的情况，尤其是与其他地区有别的发展道路、习俗生活等复杂多样的特点，当时曾动员贵阳师范学院历史系全体师生积极配合，做了大量资料卡片摘录抄写的协助性工作，周春元先生与我的父亲都曾参与其中，为民族识别工作提供了不少文献参考依据。事隔三十年我读研究生期间，父亲要我去查一下资料是否尚在，但或许是"文化大革命"破坏的原因，查找的结果是片纸无存。但通过当年的资料查抄协助工作，也深化了周春元先生与费孝通的友谊。周春元先生生前曾告诉我说，反右运动期间，费孝通先生遭到批判，他去北京看望费先生，刚到家门就看见墙上挂了一个黑牌："这是费孝通的狗窝。"费孝通先生显然是为了更好地保护自己，不得已而采取的一种悲剧性策略方法。由于协助费先生查抄大量文献资料，无意中也促成了贵州史专书的尝试性编写，因而早在"文化大革命"前就编写了《贵州史讲义》的试用性教材，"文化大革命"后又以此为基础正式撰成了《贵州古代史》《贵州近代史》两部专书。

七、史学史与历史教学法的辛勤耕耘者

早在武汉大学文科研究所读书期间，由于所内盛行重视史学史及史学研究方法的风气，因而有关中国史学史方面的研究，当也是周春元先生较早关心和重视的领域。或许与在座的各位学者相较，我是最早读到周春元先生的《中国史学史》的。记得"文化大革命"刚结束，父亲带我进城的第一件事，就是拜访周春元先生。那时父亲正在笺注《史通》，很想邀请周春元先生参与合作。但周春元先生正在专心撰写他的《中国史学史》，暂时无法分身，只好婉言抱歉推辞。以后他的《中国史学史》初稿刚成，曾送来请我父亲提修改意见。父亲看后写了密密麻麻七八页纸的意见，坦诚直率地转给了周春元先生。我在一旁通看了这本大著的手稿，因而较诸在座的各位同道，既有可能是最早的读者，也有可能是最早的受益者。

有关中国史学史的研究，尽管"中国史籍之富，并世诸国，莫能与抗，而究论作史之法，亦以中国为最先"①，但作为一门独立的专门学科，与文学史或文学批评史相较，则不仅相关专著从来少见有成书者，而且有此自觉者亦历来罕见其人。直到梁启超提出以史官、史家及史学的成立为叙事对象或编纂方法②，才开始有了建构中国史学史专门学科的方法论主体自觉。以后朱希祖撰写《中国史学史通论》，多致力于史书体裁的源流演变，并评价其人其书之优劣得失，笔力畅达雄健，大有首开风气之功。金毓黻撰写《中国史学史》，则得力于刘知几、章学诚的史法义例，乃是早期较为成功的一部，可视为梁启超方法论设想的具体落实。继朱、金二氏之后，尚有王玉璋的《中国史学史概论》、董允辉的《中国史学史初稿》、李宗侗的《中国史学史》等。周春元先生的《中国史学史》是20世纪后期撰写得较早的一部，1982年我跟周春元先生到杭州师范学院访问他的几位老朋友，前来迎接我们的仓修良先生当时还是年轻学者，他说他的《中国古代史学史简编》还在撰写之中。周春元先生跟白寿彝先生是老朋友，他们在学术上多有交流。白寿彝先生是中国史学史撰写的重要倡导者和推动者，他后来主编的多卷本《中国史学史》，在学术界产生很大的影响。更

---

① 蒙文通. 中国史学史［M］//蒙默. 蒙文通全集（第2册）. 成都：巴蜀书社，2015：381.

② 梁启超. 中国历史研究法［M］. 北京：东方出版社，1996：318.

早的顾颉刚先生，他也有一部《当代中国史学》，主要介绍民国史学转旧为新的整体历史发展进程，尤其重视实物史料及其对扩大治史空间的意义和作用。周春元先生受顾先生的影响，他的《中国史学史》，上至先秦古史的起源，下则写到五四时期的李大钊，不过按其原有计划，实际是要写到当代的，显然也受到顾颉刚先生敢于对当史学现象发论的启发。他后来一系列马克思主义史学在当代中国传播发展的文章，严格讲都是为续写当代中国史学史准备的。这件事我曾与北师大已故的朱仲玉先生谈过，他对周春元先生的书评价很高，与我一样也为未能续稿成书深感遗憾。

周春元先生认为，学习和研究中国史学史的目的主要是"了解中国史学发生和发展的过程，并从其长期发展和复杂变化过程中，认识中国史学发展的规律"。而"中国史学史属于中国社会形态的上层建筑，其分期是与中国社会发展阶段密切关联着的，中国史学史本身的特征须与中国社会发展阶段相结合"①。具见他观察中国史学史的发展方向和特征，始终有不能脱离社会史的观察分析立场，而在具体的阶段分期问题上，也有自己特殊的一套见解。毫无疑问，周春元先生受到了马克思主义和现代科学方法的深刻影响，他的史学观乃是马克思主义的史学观。我们今天固然可以进一步将研究的范围扩大，注意史家的史学活动及对史学发展现象的论说，重视史学观念的产生及其变化发展和不断深化的整体历史过程，深入探讨史学思想或史学理论体系与史学社会实践活动的关系，客观分析史学行为及与之相应的史学成果的学术意义与社会价值，如实评价并适当区分史家精神及其实践活动高下有别的类型和层次。时代不同，地域有异，质文互变，盛衰各别，史学发展的内在理路与社会时代的互动关系，无论任何时候都不能轻易忽视。只有通晓了古今乃至中西之变，才能更好地把握历史发展的轨迹。周春元先生当年对史学发展规律的看法依然是值得充分肯定的，他对史学发展分期标准的分判也是值得正面重视的。前人的研究成果或思想资源层层积累增多，显然都是后人再出发或再发展的重要历史前提。

由于长期执教于师范院校，周春元先生也极为重视历史教学法的经验总结和学理研究。他主编的《中学历史教学法》一书，是"文化大革命"前就印发给学生的课堂讲义，虽在"文化大革命"结束后才反复修订并正式出版，仍是全国同类教材成书较早的一部。这本教材曾多次提交各种全国性会议讨论交流，均受到广泛一致的好评。周春元先生在书中反复强调，历史教育固然要为学生

---

①　周春元. 中国史学史［M］. 贵阳：贵州师大学报编辑部，1989：1-2.

传授历史知识，但更要透过历史知识培养学生的爱国情操①。事实上，只有凭借深厚的历史感生发出来的爱国情操，才是深沉、可靠、真诚和矢志不渝的。古人所谓"国可亡，史不可亡；身可死，史不可死"②，即是因为尽管国家灭亡了，只要记录历史文化的"史"还在，对国家民族的历史记忆与情感尚存，就终有一天可以重新振起复国。因此，无论付出多大的代价，甚至牺牲一己之生命，也要竭尽一切力量保存既往的国家民族历史或文化掌故。而爱国必自爱家乡始，以乡土教材培养学生爱国情操，在周春元先生一贯的史家立场看来，也是历史教学法必须重视的大事③。诸如此类，可举者尚多，要皆可见他对青年学子和人才培养的关心，始终不失热心教育事业的长者风范，因而表现在历史教学法方面，他也有较为突出的学术贡献。

八、余论：整理前贤遗著是时代赋予的责任

周春元先生一生从未脱离过学术界和教育界，无论是做学生求学或在高校授课任教，他都始终以学术职志，积极从事科研和教学工作，始终不忘自己身上肩负的人生和社会责任，表现出一代学者应有的学术操守和人格风范。尽管十年"文化大革命"耽误了他大量宝贵的学术研究岁月，但"文化大革命"一结束他就争分夺秒抢回了不少浪费了的著述和教学时间。他的大量著述都是"文化大革命"结束后才完成的。惜天不假年，"文化大革命"结束后，留给他的时间实际只有八年，其中尚有大量的著述科研计划根本就来不及着手，他便溘然告别了人世。假如上天再给他十年时间，以他的学术资源积累和勤奋劳作而言，当然也包括学术气候及环境的改善，其贡献给国家和社会的学术成果必定会更多。我感受过问学无人的苦楚，当然更痛惜周春元先生的早逝。

能够团结学界同人共同从事科研工作，显然也是周春元先生善于治学的一大特点。他在世时编写的《贵州古代史》《贵州近代史》《中学历史教学法》等书，都是团结一批当时的中青年学者，共同取长补短合作的结果。其中如王燕玉、胡克敏、张祥光等几位先生，都是各有其专长的当代名家，他们不仅在周春元先生的带领下通力合作，更重要的还树立了集体科研的时代典范。尽管时光的消逝似乎带走了一切，但今天仍可通过他们学到不少东西，历史留给后人

---

① 周春元. 中学历史教学法［M］. 贵阳：贵州人民出版社，1986：1.

② 元好问. 元好问全集（卷五十九《附录五·元遗山年谱汇纂下》）［M］. 姚奠中，主编. 李正民增订. 太原：三晋出版社，2015：1224.

③ 周春元. 中学历史教学法［M］. 贵阳：贵州人民出版社，1986：193.

的记忆是不容忽视的，我们今天能在此怀念他就是铁的明证。

我早年受益于周春元先生的学问，可说是既多又深。记得"文化大革命"刚结束时，他从"牛棚"搬出，因为暂时无房可居，遂在城区龙井巷买了一间房子住下。父亲时常带我去他家聊天，话题天南地北，多涉及人生学术问题，我在一旁侍坐倾听，真有如沐春风的感受，实际就是在跟随他读书学习了。以后的在校研究生学习生活，不过是体制化学历的延长而已。因此，从我所了解的周春元先生的一生事履看，尽管他也经历了不少人生的磨难和坎坷，但即使身处逆境也始终乐观旷达，念念不忘自己的科研和教学，关心学生的成长与发展，克服各种社会环境和不利条件的限制，最终做出了巨大的学术贡献。我们今天纪念或缅怀他，最重要的仍是不忘他的人格风范与治学精神。

周春元先生的一生，无论他的治学方法或学术成就，都是在大量阅读古籍——尤其是早年点校《晋书》——重视原始史料的搜集与整理，受到严格的实证史学训练的基础上，多方转益交友求师，呼吸时代健康的新鲜空气，一点一滴渐次积累，一步一步踏实提高，不敢半点偷懒，无有一毫松怠，然后才有所谓成果的取得或收获。他去世以后，师母仍健在，书籍和不少著作手稿都捐给了贵州师范大学，不少遗稿还有整理的必要。尤其是他较为完整的日记，记录自己一生生活学习和科研教学的经历，从个人的角度见证了时代的变化，显然应该组织力量认真加以整理。他的《南北朝交聘考》手写本，字迹守规中矩，持重庄严，今仍珍藏于武汉大学，如果能够重新整理出版固然最好，否则影印存真刊出效果亦必不错。又据《顾颉刚日记》所载，顾颉刚先生曾多次有函致周春元先生，周春元先生作为学生去函必然更多。他与史念海、彭泽益等人交谊甚深，往返书信不断，部分书信我曾看过，以后均捐赠给了贵州师范大学。昔黔中大儒郑子尹曾有诗云："古人已入长夜室，不赖后死固无术。"① 我们今天作为后学，举凡春元的著述，无论已刊未刊，包括他的日记和书信，都有必要适当组织力量，结集整理并及时出版。我相信贵州师范大学的同道学者，是能竭尽全力做好这项工作的。

---

① 郑珍. 巢经巢诗钞·后集（卷三《前八九年访得明清平孙文恭公〈教秦绪言〉一卷诗》）[M] //郑珍全集. 上海：上海古籍出版社，2012：287.

周春元先生与贵州近代史研究

冯祖贻*

周春元先生是一位在史学领域涉及面广并做出多方面贡献的史学家。这里仅就他在贵州近代史方面的成就谈一点意见。

我个人认为,周春元先生对贵州近代史研究影响大的论文是《辛亥革命时期贵州两党之争》。①

辛亥革命时期的贵州两党是指当时活跃于贵州社会上的两个组织:自治学社与宪政预备会。据现在的研究,两个组织起初都是受梁启超立宪思想影响而成立的,政治主张并无差别,但成员组成却大有区别,宪政预备会成员大多是退休官吏、上层商人,自治学社成员大多是学校教员、学生或新政组织的下层职员。向有"贵族派"与"平民派"之分。随着新政推行两派在学校办理权(含校产和经费)、谘议局选举、教育总会、农学会、商务总会领导人选上产生了激烈斗争,这是两党斗争初期情况。发展到辛亥革命前夕,自治学社为"嘤鸣求友",通过同盟会贵州分会与日本同盟会总部发生联系,两党斗争才具有不同性质。

周春元先生文章对两党斗争性质的把握,由于掌握史料的不足,除对自治学社由立宪转向革命一节缺少分析外,其余都是正确的。其中对两党斗争阶段区分:早期(1903年至1910年)、中期(贵州军政府时期)、后期("二二事变"之后),具有重要启示意义,以后研究贵州辛亥革命史著作、文章大致都没有脱离这个时期的划分。

《辛亥革命时期贵州两党之争》一文重要性还在于,这是一篇以史学家身份和角度写成的学术论文。贵州辛亥革命的叙写,从自治学社失败时便已开始,

---

* 作者简介:冯祖贻,贵州省社会科学院原副院长,研究员。研究方向为中国古代史、中国近现代史、地方史。

① 周春元. 辛亥革命时期贵州两党之争 [M] //湖北省哲学社会科学学会联合会. 辛亥革命五十周年纪念论文集(下册). 北京:中华书局,1962:545-563.

著名的是周素园的《贵州民党痛史》，此文被收入《中国近代史资料丛刊·辛亥革命》第六册，影响很大，属于此类记述的还有平刚的《贵州革命先烈事略》等，此类记述的共同特点是作者本人都是亲历者，所记资料极为珍贵，但不可避免会带来个人或派别偏见，严格地说他们不是历史著作，周春元先生是受过专门训练的历史学家，中华人民共和国成立后，又努力学习马克思主义和历史唯物主义，因此便能对上述回忆资料进行鉴别、取舍，该文给人最深刻的印象便是取材极为谨慎，对两派的主张多加以对比，然后做出比较客观的结论。此文是周春元先生参加1961年全国纪念辛亥革命五十周年学术讨论会的论文，后收入该会的论文集。翻开论文集，可见其作者均为当时或以后史学界一流学者，如刘大年、戴逸、李文海、章开沅、吴雁南等，周春元先生论文影响之大可见一斑。

周春元先生在贵州近代史研究上的贡献更不能忽视的是他任主编的《贵州近代史》。《贵州近代史》除周春元先生任主编外还有何长凤、张祥光两位老师。该书出版后，我曾写过一篇书评发表于1988年第7期的《贵州师范大学学报（社会科学版）》，题目叫《贵州史研究的新收获——评〈贵州近代史〉》。

我认为《贵州近代史》最大特色是在它的体例上，严谨、完整并富于变化，体例正是衡量主编水平的地方。

《贵州近代史》严格按照政治、经济、文化的构架进行阐述，这是我国历史编纂上的优良传统。但这个传统用在《贵州近代史》上又有变化，如政治史的安排是从贵州行政区划入手的，民国时期的贵州由于新旧军阀的统治，行政区划变动极大，该书便用图表表示。这种从行政区划开始的政治史写作是别开生面的，它既与《贵州古代史》一致，又写出了自己的特色，作为一部地方史它明白准确地告诉读者，后面篇章中所发生的历史事件就是在这块土地上发生的，这是地方史写作的一种创新。

《贵州近代史》成书于20世纪80年代，当时史学界对中国近代史是否包含新民主主义时期尚有争议，因为传统的近代史是从鸦片战争到五四运动（即从1840年到1919年），只有80年，五四运动到中华人民共和国成立（1919年到1949年）则划到现代史中去了。本书则将近代直接从鸦片战争写到中华人民共和国成立（1840年到1949年），这在当时也是一个创举。我在"书评"中曾称："《贵州近代史》的写作是在基本无章可循的情况下，提出了作者对这一历史时期处理意见的。作者对于打破传统，根据自己对历史发展规律的理解及贵州历史事实的研究，写出了具有新框架的《贵州近代史》，这本身就是创新，它为研究贵州这一时期的历史走出了新路子，对于如何写好一部从1840年到1949

年新型的中国近代史也做了可贵的探索。"今天，史学界对于中国近代史的时限问题，争论已趋一致，但我们只要回顾 20 世纪的讨论及《贵州近代史》的成就，我相信，人们是会同意我的意见的。

周春元先生作为《贵州近代史》的主编（自然应包括何长凤、张祥光二位同志），还在充分调动、发挥各章节执笔同志研究所长上下了功夫，如王燕玉同志的政治和文化教育上的研究，胡克敏、杨开宇同志在经济上的研究，冯之锐、陈德諟同志在革命史上的研究，张宪瑞同志对军阀统治时期的研究等，将各家之长集于一书，终成了这部内容充实、丰富的《贵州近代史》。

周春元先生在贵州近代史研究的贡献还有他主编的《遵义人民革命史》，他撰写的《论白旗起义》《太平天国革命时期的贵州号军起义》《辛亥革命时期的贵州哥老会》等就不一一列举了。

周春元先生对贵州史学研究上的成就是多方面的，他留下的这笔遗产值得我们珍视。他在生前曾这样说："为了祖国四个现代化的未来……壮大史学队伍，发扬我国史学的优良传统……高瞻远瞩，放眼世界，马克思主义史学工作者，应不断扩大新阵地，使马克思主义史学传播更广泛更深入，促进精神文明与物质文明建设，振兴中华。"① 今天在新的历史条件下我们应继承周春元先生等老一辈史学家的传统，为振兴贵州史学、振兴中华而努力。

---

① 周春元. 马克思主义史学在中国的传播 [Z]. 铅印单行本. 贵州师范大学, 1983.

周春元先生二三事

陈 奇*

1977 年 12 月，我参加"文化大革命"后恢复的第一次高考，1978 年初被贵阳师院（今贵州师范大学）历史系录取，4 月入校。周春元先生是系主任，先后给我们讲授中国古代史、中国史学史两门课。师院历史系中国古代史学科当时在贵州很强，周先生之外，又有王燕玉先生、胡克敏先生、张祥光先生，都是学养深厚、诲人不倦的好老师。

—

中国通史学科中，中国古代史延续时间最长、内容最丰富、课时最多。我们那一届由胡克敏先生、张祥光先生和周春元先生合上，胡克敏先生讲授原始社会至战国，张祥光先生讲授秦汉至隋唐，周春元先生则讲授两宋至清前期，时间是 1978 年 11 月至 1979 年 1 月，即一年级下学期的后半期。中国史学史是在 1981 年的 4 月至 7 月，即四年级上学期。周春元先生上课，粉笔字写得一笔一画，漂漂亮亮，更为叫绝的，是正板书之外，副板书也规范、整洁，内容完整、系统，形成正板书标目的展开阐述要点。而一般老师仅能做到正板书规范、完整，副板书则随心所欲，乱写乱画。周春元先生精美绝伦的板书让我们当学生的受益良多，课堂笔记记得清清楚楚、端端正正，很少涂抹修改。周春元先生的板书如此精美，固然得益于他所接受的专业训练。周春元先生中学、大学读的都是师范专业，长时期地接受了规范的师范专业培训。更为重要的原因，则在于周春元先生作为职业教师一丝不苟、精益求精的敬业精神。

---

* 作者简介：陈奇，男，贵州师范大学历史与政治学院教授、贵州省文史研究馆馆员。

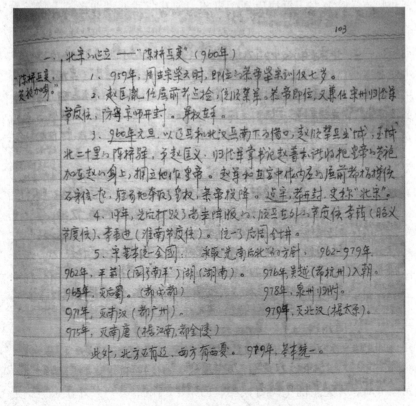

图中是我抄录周春元先生板书的笔记

二

1982 年初，我即将毕业。我非常珍惜来之不易的大学机遇，学习刻苦认真。大学 4 年，我 26 门课程、32 个考试（或考查）成绩，平均分数 91.8，在班上排名第二。第一名徐以骅，93.1。听说留校和分配其他高校的名额不少，我也动了心，最终未能如愿，被分回我的老家毕节赫章县。我们班不到 50 个同学，留校的、分配其他高校及省直单位的 11 人，加上分配贵阳市的，共 25 人，占全班人数的多半。我颇感失落。离校前夕，我前往周春元先生家中道别。周春元先生讲述了他的经历："我年轻的时候家里穷，只好读有生活费的学校。1931 年考取湖北省立师范学校，毕业时分到小学，一个同学留在了师范，大家都很羡慕。1937 年，我考取国立北平师范大学，1943 年考取武汉大学研究生，毕业后到湖北师范学院教书，再往后到了贵州。前几年我回湖北老家，特地看望了当年的同学，他还是小学老师。"据我所知，20 世纪 40 年代，周春元先生还在湖北师院任教的时候就已经是副教授了。1948 年到贵阳师院，1953 年起任历史系主任，"文化大革命"至 1978 年中断，其后恢复，直到 1982 年。周春元先生还担任过省政协常委、省古籍整理小组组长、贵州省社会科学联合会副主席、贵州省史学会理事长、中国史学会理事、中国教育学会历史研究会副理事长等多种社会职务。据校史记载，"文化大革命"后恢复职称评审制度，周春元先生是贵阳师院最早晋升教授的 6 名教师之一。学术上，周春元先生在中国古代史、方志学、贵州地方史、历史教学法诸多领域均有研究，成果丰硕，发表论文 50 多篇，出版著作 5 部。所主编的《贵州古代史》是贵州这段历史的开山之作。周春元先生回忆自己经历的话深深启发了我，我意识到，只要发奋，总会有自己的前途和位置。

1981 年六七月间即四年级上学期末，我决定报考系上的研究生。那时系上决定由周春元先生与项英杰先生分别招收 1982 年中国古代史和世界古代史专业的研究生。由于我的毕业论文选题《古代食人之风探析》接触的文献和资料多为世界古代史方面的，所以打算报考项英杰先生的世界古代史。准备了几个月，到 10 月正式公布招生计划的时候，项英杰先生的世界古代史却没有获得批准。想转而报考周春元先生的中国古代史，已来不及做准备，只好作罢。毕业分配赫章一中以后，我担任初二、初三、高一合计 3 个年级、6 个班的历史教学任务，课头多，备课任务重；班级多，上课任务重。我牢记周春元先生的开导与激励，不放弃，不气馁，上课之余，争分夺秒，巩固英语，复习专业，准备报考1983年的研究生。1983年师院历史系吴雁南先生、项英杰先生分别招收中国近现代史、世界古代史专业研究生。同年，我考取吴雁南先生的中国近现代史专业研究生，8月进校，继续在贵阳师院学习。

三

在1984年五六月间，日本学者狭间直树就贵州近代史研究问题来到师院历史系求教，周春元先生在历史系办公室接待了他并为其举行座谈会。出席座谈会的有贵阳师院吴雁南先生、胡克敏先生、杨开宇先生，贵州社会科学院的冯祖贻先生。我有幸在座旁听。周春元先生和胡克敏先生介绍了贵州史研究动态、成果及未来研究方向，吴雁南先生、冯祖贻先生、杨开宇先生介绍了贵州近代史研究诸多问题。座谈会结束，狭间直树让我用他的相机为大家拍了一张合影。

照片人物，从左至右：胡克敏先生、吴雁南先生、狭间直树先生、周春元先生、冯祖贻先生、□□□先生（翻译）、杨开宇先生。

这次座谈会不久，暑假开始，周春元先生不幸因凶险的胰腺癌病逝，享年74岁。其时我因假期回了老家，竟未能最后见周春元先生一面。

周春元与中国马克思主义史学①

张 亮*

一、引言

在中国马克思主义史学从萌芽到壮大的过程中，除李大钊、郭沫若、翦伯赞、范文澜、吕振羽、侯外庐、胡绳、黎澍、尹达、刘大年等典型的马克思主义史学家做出了卓越的贡献外，实际上不少非中共身份的民主党派学者，伴随新中国史学发展"由唯心史观转向唯物史观、从个人兴趣出发的历史研究转向从事集体研究、从名山事业的研究态度转向为人民服务的态度、从贵古贱今的偏向转向注重近代史的研究、从大汉族主义转向注重研究各少数民族的历史、从欧美中心主义的思想转向注重研究亚洲历史"，② 亦逐渐转向马克思主义史学，以马克思主义的立场、观点和方法分析历史问题，在史学研究的不同领域"百花齐放"。

时至当下，将唯物史观与中国传统史学有机结合的中国马克思主义史学，早已"成为古老的中国史学的现代存在形态"，③ 在新时代仍将"按照立足中国、借鉴国外，挖掘历史、把握当代、关怀人类、面向未来的思路"，④ 引领中国历史科学的繁荣发展。在这样的背景下，我们在深入总结中国马克思主义史学家留下的思想遗产以反思过去与展望未来时，学术视野除聚焦典型的马克思主义史学家外，还需要正视非中共党员身份的党外学者"在马克思主义史学研究中的工作，发掘出长期被埋没的史实，才能还原当年马克思主义史学共同体

---

① 本文为2021年国家社科基金青年项目（21CDJ025）资助成果。

* 张亮（1991—），男，重庆合川人，西南大学马克思主义学院讲师，主要研究方向：中国近现代史。

② 郭沫若. 中国历史学上的新纪元 [N]. 进步日报，1951-9-29.

③ 于沛. 中国马克思主义史学的文化抉择 [J]. 社会科学战线，2021 (1)：12.

④ 习近平. 在哲学社会科学工作座谈会上的讲话 [N]. 人民日报，2016-05-19 (2).

内部主流竞进、众声喧哗的历史场景"，① 发掘这些学者的学术个性，以泽被后世。

周春元（1911—1984）是我国著名历史学家和教育家，在魏晋南北朝史、中国史学史、贵州地方史、历史教学法等领域卓有建树，富有声誉。周春元于1951年5月经刘方岳、孙成章介绍加入中国民主同盟，直至1984年6月30日，逝世前3个月9天才经中共贵州省委组织部及贵阳师范学院党委批准入党。是以，虽然他曾自觉"马恩史学早皈依"，② 但目前学界除其夫人陈淑玉、学友吴雁南、弟子张新民在忆述文章中谈及其相关经历外，学界现有研究皆未将其视作马克思主义史学家加以研究。故而，本文从马克思主义史学史的角度对周春元以马克思主义为指导，从事史学研究的成就与特点做初步讨论，以求教于方家。③

二、心路历程

近代以降，中国史学重要的文化现象之一便是"史学救国"。梁启超所言"史界革命不起，则吾国遂不可救"，为国人所熟知。周春元幼时因家境艰难，故有志于学。1937年，周春元考入国立北平师范大学历史系，时逢卢沟桥事变，随校西迁，因"痛感国艰，益专心史籍。发愤读书，以期钩稽史事，用民族自强之精神激励人心，奋起救亡"④。

在大学期间，周春元逐渐"接受了一些考据学知识，特别是《考信录》《十七史商榷》《二十二史考异》《廿二史札记》一类典籍，深感'高山仰止，景行行止'！羡慕其学识渊博，考证精深"，遂博览"文字学、目录学、版本学以及有关历史代表作"，涉猎《说文解字》《四库全书总目提要》《四库简明目录》《书目答问》等书，精读《史记》《汉书》《后汉书》《三国志》及《资治

① 陈峰. 新世纪以来中国马克思主义史学理论与史学史研究述评［J］. 中共党史研究，2020（3）：32.

② 陈淑玉. 忆周春元同志［M］//中国人民政治协商会议贵州省委员会，文史资料委员会编. 贵州文史资料选辑（第29辑）. 贵阳：贵州人民出版社，1988：245.

③ 周春元先生自1950年春至1980年期间，曾先后自编中国古代史、中国近代史、中国现代史、中国通史、史学名著选读、历史文选、中国史学史、历史教学法等八门课程讲义，但"十年动乱"期间大部分被毁。此外，周春元先生所著日记、讲义卡片等藏贵州师范大学档案馆，未能得以一览，故文中所涉周春元先生自述，非摘自其讲义与日记，而多援引自其著作及门生亲旧忆述文章。

④ 张新民. 卓有建树的史学家周春元［M］//贵州师范大学校史编写组. 贵州师范大学学者风采. 贵阳：贵州师范大学校史编写组，2001：121.

通鉴》等书，具备了深厚的考据根底。① 其又因"魏晋南北朝祸患频仍，轩黄胄裔，弱而能存，灭而能兴，沧桑艰难，延绵至今，最能唤起救亡救国之心，遂潜心汉魏六朝史事"②。在此基础上，周春元撰成了八万多字的《魏晋南北朝部曲考》，关注到魏晋南北朝时期"社会下层部曲受奴役受压迫的演变情况"。1943 年，周春元考入武汉大学（四川乐山）文科研究所，师从陈寅恪、贺昌群，又以《南北朝交聘考》为题完成学业，该文以魏晋南北朝各国的往互交聘，指出南北对峙与相互攻讦是短暂的，而民族融合与国家统一实为历史主流。周春元写作此文时，恰值国共第二次合作抗日期间，"国民党顽固派不断制造摩擦，挑起事端，直至发生'皖南事变'，引起全国人民忧心忡忡。"是以，周春元实际上是借"交聘"之意表达其希望国共合作、一致抗日的主张。③

至此，我们不难理解，周春元作为一个饱含家国情怀的治学者，为何会在接触马克思主义后迅速转向马克思主义史学。求真性与致用性是马克思主义史学的两个显著特征，求真性即科学性，强调以唯物史观实事求是地分析历史问题；致用性即现实性，强调史学的经世致用功能。④ 而周春元自研修史学以来，痛感国艰，希冀以史学唤起民族自强之精神，民众救亡救国之心，其治学理想与马克思主义史学的"致用性"恰不谋而合。从周春元后来在马克思主义史学研究中的工作来看，致用性也是其最显著的特征之一。

可能也正是因为周春元的"史学救国"之心，实际上在中华人民共和国成立前，周春元便已经接触并开始转向马克思主义史学。在研究生期间，周春元便参加了中共地下党领导的中国近代史研究会，初步接触到唯物史观。其后，周春元在"学习研究世界史代表作及其一些作者，涉及国际上的历史学派与其观点等问题"，开始"以比较研究的方法，才慢慢认识历史唯心主义与历史唯物主义的区别"⑤。这些经历为其在中华人民共和国成立后转向马克思主义史学奠定了基础。

---

① 周春元. 学习历史的回顾［M］//沈阳师范学院学报编辑部. 在茫茫的学海中·谈科学的学习方法. 沈阳：辽宁人民出版社，1984：249-250.

② 张新民. 卓有建树的史学家周春元［M］//贵州师范大学校史编写组. 贵州师范大学学者风采. 贵阳：贵州师范大学校史编写组，2001：121.

③ 陈淑玉. 忆周春元同志［M］//中国人民政治协商会议贵州省委员会，文史资料委员会. 贵州文史资料选辑（第 29 辑）. 贵阳：贵州人民出版社，1988：241.

④ 左玉河. 求真与致用：中国马克思主义史学的双重品格［J］. 中共党史研究，2016（5）：112.

⑤ 周春元. 学习历史的回顾［M］//沈阳师范学院学报编辑部. 在茫茫的学海中·谈科学的学习方法. 沈阳：辽宁人民出版社，1984：250.

中华人民共和国成立后，周春元"从新旧社会的对比中，认识到中国共产党确实是从解放全人类的远大理想出发，处处为人民谋福利，成为全国人民的领导核心"①，所以积极参加各项政治活动，认真学习马克思列宁主义、毛泽东思想，"在摸索中，前前后后比较，反复研究，逐渐认识到历史唯物主义的正确性，从而接受马列主义真理，明了历史是一门科学，是劳动群众创造的，过去被剥削阶级歪曲了，现在应该恢复其本来面目。"② 据周春元夫人陈淑玉及弟子张新民回忆，中华人民共和国成立初期，周春元根据自身亲历在《新黔日报》上多次发表专文，"对比各种社会流派思潮，畅谈辩证唯物主义与历史唯物主义在方法论上的重要意义。"③

此一时期，除仔细阅读《社会发展史》《政治经济学》《共产党宣言》《社会主义从空想到科学的发展》《帝国主义是资本主义的最高阶段》《国家与革命》《共产主义运动中的"左派"幼稚病》《论列宁主义基础》《联共（布）党史》《列宁斯大林论社会主义建设》《列宁斯大林论中国》《马恩列斯思想方法论》12 本"干部必读"书目外，他还反复阅读了《家庭私有制和国家的起源》《德国农民战争》《拿破仑第三政变记》《辩证唯物主义》《历史唯物主义》等书，留下了丰富的学习笔记，"他在学习心得中写道：'如果要运用正确，更须努力读有关哲学与政治经济学的基础书籍。如列昂节夫著的《政治经济学》《联共（布）党史》的第四章第二节，我都读了许多遍。'"④ 且自觉"马列主义、毛泽东思想，确是学习历史的指导思想，是最锐利的思想武器"，但"马列主义水平只有在实践中逐步提高，纸上谈兵，是不行的。真是活到老，学到老，学问无止境"⑤。由此可见，周春元在接触马克思主义理论后，是经由自己辩证的思考，进而有重点、有选择地加以学习，且除理论学习外，尤重实践。仅凭此点，周春元已然是一个纯粹的马克思主义史学家了，他与陈垣、徐中舒、郑天挺等先生一样，切身感受到时代变革，受马列主义感召，以虔诚的态度学习马

---

① 吴雁南. 周春元教授与贵州史学［J］. 贵州师范大学学报（社会科学版），1985（3）：1.
② 周春元. 学习历史的回顾［M］//沈阳师范学院学报编辑部. 在茫茫的学海中·谈科学的学习方法. 沈阳：辽宁人民出版社，1984：250.
③ 张新民. 卓有建树的史学家周春元［M］//贵州师范大学校史编写组. 贵州师范大学学者风采. 贵阳：贵州师范大学校史编写组，2001：123.
④ 陈淑玉. 忆周春元同志［M］//中国人民政治协商会议贵州省委员会，文史资料委员会. 贵州文史资料选辑（第29辑）. 贵阳：贵州人民出版社，1988：243.
⑤ 周春元. 学习历史的回顾［M］//沈阳师范学院学报编辑部. 在茫茫的学海中·谈科学的学习方法. 沈阳：辽宁人民出版社，1984：252.

列主义。

三、史学成就

正如周春元所言"马列水平只有在实践中逐步提高，纸上谈兵，是不行的"，中华人民共和国成立后，周春元一直自觉运用历史唯物主义与辩证唯物主义分析历史问题，在贵州地方史、中国史学史、历史教学法等领域著作颇丰，"曾先后撰写出有关学习毛主席著作、评价历史人物、分析历史事件及《孔子的史学》《马克思主义史学在中国的传播》《辛亥革命时期贵州两党之争》等论文约60篇，约二百万字以上"，① 极具成就。具体来讲，他运用马克思主义理论治史的成就主要有：

（一）以唯物史观系统梳理贵州地方历史发展脉络

贵州是西南边陲少数民族集聚之区，"由于以往封建史学家的偏见，对于地处偏僻的所谓蛮夷，缺少记载，甚至不予笔录，以致缺乏系统的史料"②。是以，周春元至贵阳师范学院工作后，便致力于以唯物史观做指导，挖掘史料，系统梳理贵州地方历史发展脉络。其同事吴雁南曾评价"要说运用马列主义、毛泽东思想系统地研究和整理贵州的历史，则是从周春元教授开始的"③。

周春元的史学成就中，影响最大的是其围绕贵州地方史编著的《贵州古代史》《贵州近代史》《遵义人民革命史》三部专著。④ 周春元编著的《贵州古代史》，是全国最早出版的地方通史之一，是一部富有开创精神的学术著作。该书以郭沫若、范文澜等唯物史观学者的著述为范本，按朝代、分疆域、系统地对贵州原始社会、奴隶社会和封建社会的政治、经济、文化进行了研究，揭示了贵州地方历史发展的大势脉络，书中对贵州古史上诸如鬼方、牂牁、夜郎等众多重大议题都有论述，且在许多议题多有创见。如对以往部分学者将王阳明视作"主观唯心主义哲学家""镇压农民起义的刽子手"全盘否定的错误做法进

---

① 陈淑玉. 忆周春元同志［M］//中国人民政治协商会议贵州省委员会，文史资料委员会. 贵州文史资料选辑（第29辑）. 贵阳：贵州人民出版社，1988：241.

② 周春元. 略论古牂牁、夜郎的政治［M］//贵州社会科学院历史研究所. 夜郎考·讨论文集之三. 贵阳：贵州人民出版社，1983：129.

③ 吴雁南. 周春元教授与贵州史学［J］. 贵州师范大学学报（社会科学版），1985（3）：3.

④ 周春元，王燕玉，张祥光，等. 贵州古代史［M］. 贵阳：贵州人民出版社，1982；周春元，何长凤，张祥光. 贵州近代史［M］. 贵阳：贵州人民出版社，1987；周春元. 遵义人民革命史［M］. 贵阳：贵阳师院学报，1984.

行纠正，肯定了王阳明"知行合一"学说与"人人都能成为圣人"思想的积极意义。①《贵州古代史》完稿后，周春元又主编了《贵州近代史》，克服了以革命运动史代替通史的倾向，按清代后期的贵州（1840—1911）、军阀统治时期的贵州（1912—1935）、国民党统治时期的贵州（1935—1949）三个阶段全面论述近代贵州的政治、经济、革命运动与文化教育。在撰写过程中，周春元等虽面临辛亥革命、中共党组织活动资料、中共地下党活动资料搜集不易、鉴别考证更难等困难，但仍能"对史实的评价，人物的褒贬，本着历史唯物主义原则，实事求是地给以应有的肯定和否定"，对涉及一些健在的当事人及其子孙或亲友的历史事件，尤为讲究"考核翔实，使之符合客观历史的事实"②。《遵义人民革命史》则是在贵阳师范学院历史系师生长期社会调查的资料基础上，进一步去伪存真、去粗取精、修改补充而成，③ 生动叙述了遵义人民光辉斗争的历史，极具现实意义。

（二）以社会发展史观点研究中国史学史

中国史学史是周春元长期致力研究的又一重要领域，先后撰成《孔子的史学》《略论地方史志的重要意义》《传体的起源、发展及其特点》《马克思主义史学在我国新民主主义革命进程中的作用》《马克思主义史学在中国的传播》《论古史辨派的史学》《中国史学史》等，创见颇多。如在周春元之前，"过去研究者，一般并提'经传''纪传''传记'等而言，很少单独研究传体的"④，而周春元依据文献考证传体之源流，并一一归纳总结特征与得失，拓宽了史学史的研究路径。

除研究创见外，周春元最突出的特点还是以社会发展史观点研究中国史学史。周春元大学毕业后，考入成都齐鲁大学国学研究所，任助理研究员，在顾颉刚先生指导下标点《晋书》。是以，其对古史辨派的学术思想极为熟悉。他在《论古史辨派的史学》一文中，充分肯定了古史辨派打破信古气氛的积极意义，亦以社会发展史观点论证了古史辨派的缺点与局限，认为古史辨派"从古史传说中，研究出来神话演变的蛛丝马迹，神的人化界限，是前进了一步，但是没有完全突破旧史学的束缚，以社会发展史去论证传说"，"局限于认识古史传说

① 周春元，王燕玉，张祥光，等. 贵州古代史 [M]. 贵阳：贵州人民出版社，1982：258-262.
② 周春元，何长凤，张祥光. 贵州近代史 [M]. 贵阳：贵州人民出版社，1987：前言2.
③ 周春元. 遵义人民革命史 [M]. 贵阳：贵阳师院学报，1984：7-8.
④ 周春元. 传体的起源、发展及其特点 [J]. 史学史研究，1982（2）：16.

的演变分化，没有再进一步追究它的演变分化与社会生产发展的关系"。① 周春元认为，中国史学史是中国社会形态的上层建筑之一，史学史分期及其特征也与社会发展阶段密切相关，研究史学史要将其置于一定的社会发展阶段中，并注意对史学发展社会背景的阐述。是以，在《中国史学史》一书中，其列专节讲述了史学发展、衰落与变化的历史背景，依据社会发展阶段与史学发展的演进规律，将中国史学史划分为五个阶段。目前来看，对史学史的分期标准仍存较大分歧，主要有以史学之质的变化作为分期标准；单纯以史学思想为标准，以史书体裁为标志来分期；以史学本身在其发展过程中形成的特点作为分期标准；以史学自身的发展变化过程作为分期标准；以社会形态的演变作为分期的主要依据；以历史朝代的自然阶段作为主要依据；以综合考察史学史的多方面因素为分期标准等。② 周春元所做的五阶段分期，即为以社会形态的演变作为分期的主要标准。这样的分期虽然至今不能将史学发展与社会发展很好地结合，但对于我们把握"某一社会形态下史学观念的总体特征"仍具有积极意义。此外，周春元原计划将《中国史学史》一书写到"马克思主义史学的拨乱反正阶段"，故写成了《马克思主义史学在中国的传播》《马克思主义史学在我国新民主主义革命进程中的作用》等文作为续编纲要，对马克思主义史学史的研究亦有贡献，奈何病逝未能成书。③

（三）从民族演变与民族融合的角度研究夜郎问题

夜郎是贵州古代历史的重要发展阶段，亦是中华民族历史的一个组成部分。中华人民共和国成立后，"贵州学者乃至学界名流如郭沫若对夜郎的认识，多依据前人研究的成果而莫衷一是，错讹纷呈。"④ 但由于"十年动乱"的影响，贵州史学界对夜郎的研究实际上直至 1978 年才渐入正轨。从学术发展史看，在夜郎研究初步开展的进程中，周春元贡献甚多。在 1984 年周春元逝世前，贵州史学界曾先后两次召开夜郎学术讨论会，周春元皆有参与。在 1978—1983 年，贵州省哲学社会科学研究所与贵州省社会科学院历史研究所先后出版有《夜郎考·讨论文集之一》《夜郎考·讨论文集之二》《夜郎考·讨论文集之三》三部论文集，分别收录有周春元对夜郎沿革、疆域、族属和社会性质等问题进行讨

---

① 周春元. 论古史辨派的史学 [J]. 史学史研究, 1984 (1): 27-28.

② 王记录. 五十年来中国史学史分期研究述评 [J]. 中国史研究动态, 2002 (6): 11-12.

③ 陈淑玉. 忆周春元同志 [M] //中国人民政治协商会议贵州省委员会, 文史资料委员会. 贵州文史资料选辑（第 29 辑）. 贵阳：贵州人民出版社, 1988: 242.

④ 熊宗仁. 贵州研究夜郎五十年述评 [J]. 贵州民族研究, 2000 (1): 1.

论的三篇文章《夜郎略论》《略论古夜郎的族属问题》《略论古牂牁、夜郎的政治》。① 从夜郎研究开展之初至现今，夜郎的疆域与族属等问题一直存在较大分歧，但周春元批评"过去有的人对待夜郎问题，往往是孤立地看待，没有从我们多民族的统一国家的角度出发；研究边远地区的若干少数民族，从地方政权到半独立状态，又经过长期社会历史的发展，进入中华民族大家庭中，未能阐明历史辩证法的发展规律"，② 并基于多民族统一国家的角度，强调从民族演变和民族融合的动态发展中来研究夜郎的族属，认为夜郎是民族融合实体的观点，早已为大多数学者所认同。③ 此外，在《贵州古代史》一书中，周春元等结合学界研究成果与自己的研究观点，以夜郎历史为主线，叙述了贵州的奴隶社会，以夜郎王兴为首的割据势力被彻底消灭为贵州奴隶社会与封建社会的边界，是夜郎历史在史著中的第一次全景式展现。④

（四）实事求是研究农民起义与农民战争问题

封建时代的农民起义与农民战争问题，是马克思主义史学研究的重点之一，亦是中国马克思主义史学发展过程中"公式化"现象最严重的研究领域之一。而周春元在研究农民起义与农民战争时，一直采取的是积极慎重与实事求是的态度，先后撰成了《关于打破王朝体系问题》《论白旗起义》《太平天国革命时期的贵州号军起义》等文。

20世纪50年代末，社会上掀起一股罔顾历史事实打倒皇朝体系和打倒帝王将相的歪风，影响到历史研究及历史教材编撰等不同领域。周春元撰文从历史发展阶段、历史编纂的章节安排、历史材料的组织、历史编纂的中心线索等角度对"打倒皇朝体系"的问题进行了回应，他认为"王朝体系是客观存在的，主观必须正确反映客观，认定它是人们习惯用的一套符号，表明时代先后次序，谁也臆造不了，谁也否认不了"，还认为在失去符号的情况下，处理历史问题或讲述历史时就"失去了系统性，更谈不上完整性，仿佛一部中国史，只有几次

① 周春元. 夜郎略论 [M] //贵州省哲学社会科学研究所. 夜郎考·讨论文集之一. 贵阳：贵州人民出版社，1979：1-26；周春元. 略论古夜郎的族属问题 [M] //贵州省社会科学院历史研究所. 夜郎考·讨论文集之二. 贵阳：贵州人民出版社，1982：140-151；周春元. 略论古牂牁、夜郎的政治 [M] //贵州省社会科学院历史研究所. 夜郎考·讨论文集之三. 贵阳：贵州人民出版社，1983：113-131.

② 周春元. 夜郎略论 [M] //贵州省哲学社会科学研究所. 夜郎考·讨论文集之一. 贵阳：贵州人民出版社，1979：1-2.

③ 周春元. 略论古夜郎的族属问题 [M] //贵州省社会科学院历史研究所. 夜郎考·讨论文集之二. 贵阳：贵州人民出版社，1982：140.

④ 熊宗仁. 贵州研究夜郎五十年述评 [J]. 贵州民族研究，2000 (1)：2.

农民起义和农民战争，别的什么都没有"。① 在编撰《贵州古代史》时，周春元等也抨击了以往贬低宋隆济、蛇节起兵与赞扬杨应龙叛乱的观点，依据历史唯物主义与辩证唯物主义原则，"对于历史上涉及的民族问题，采取积极慎重的态度，严格区别民族压迫与分裂割据的界限，批判什么，赞扬什么，都经过了反复研究，才做出判断"，并从"各族人民反抗斗争和维护祖国统一的原则出发，肯定了宋隆济、蛇节的起兵，也鞭笞了杨应龙的叛乱"②。

由此，可见周春元实事求是研究农民起义与农民战争问题的态度，恰如他所说："按马列主义去套历史，不顾客观历史事实，认为公式总不会错。如讲中国农民战争史，首先是阶级矛盾尖锐；其次是某某领导农民起义；又其次因敌强我弱，没有先进政党领导，遭到失败，但沉重打击了反动统治阶级。在论述中国历次农民战争时，都可以用这个公式，估计不会错。可是大家一讨论。自己仔细一考虑，这是把中国农民战争史公式化了，实际是歪曲了历史唯物主义，违反具体问题具体分析的原则。"③

四、治学特色

周春元认真学习马克思主义理论，以唯物史观为指导研究历史，但他尤为注重史料与理论的融会贯通，实事求是分析历史问题，且强调治学以致用，具有鲜明的学者个性。具体而言，其治学特色主要有三。

（一）史料与理论相结合

周春元初窥史学门径时，便研修魏晋南北朝史与标点《晋书》多年，其实证与史料功底深厚。在接触马克思主义理论后，出于现代学术方法论的自觉，尤为注重史料与理论的融会贯通。周春元认为社会科学必须以历史科学为基础，而要掌握历史科学，又必须从史料学和史学两个方面下功夫。④ 这其中，主要包含三个层面的理解，一是要尽可能占有史料，但又不能沉迷史料不可自拔，而是要在占有史料与实证基础上"跳出史料的圈子"，揭示历史发展的通则，以

---

① 周春元. 关于打破王朝体系问题［J］. 学术月刊，1961（11）：42，45.

② 周春元，王燕玉，张祥光，等. 贵州古代史［M］. 贵阳：贵州人民出版社，1982：前言 2.

③ 周春元. 学习历史的回顾［M］//沈阳师范学院学报编辑部. 在茫茫的学海中·谈科学的学习方法. 沈阳：辽宁人民出版社，1984：252.

④ 陈淑玉. 忆周春元同志［M］//中国人民政治协商会议贵州省委员会，文史资料委员会. 贵州文史资料选辑（第 29 辑）. 贵阳：贵州人民出版社，1988：242.

免"不识庐山真面目，只缘身在此山中"；① 二是要以科学的理论指导史学，尤其是"马列主义、毛泽东思想，确是学习历史的指导思想，是最锐利的思想武器"②；三是不能用史料去套理论公式，不能用理论去修饰史料，而是要"认识理论与史料是不可分割的。史料不是理论的注脚，理论不是史料的标签，史料要溶化在理论之中，务必使论从史出，史论结合"③。

（二）实事求是分析历史问题

实事求是与具体问题具体分析，是治学者坚持唯物史观的基本素养，却也是持之以恒的素养，对治学者的个人品行与学术修养是极大的考验。从周春元的治学经历看，其一直谨守实事求是与具体问题具体分析的原则，即便是在"十年动乱"期间亦未动摇。1963 年，周春元曾在《贵阳师范学院学报》上发表《孔子的史学》一文，客观论述了孔子在历史编纂、史料积累、历史观点、史学方法等四个方面的得失，认为孔子所编修《春秋》虽在体例编写上存有不足，但孔子史学不管是在中国史学史还是世界史学史上，皆有重大贡献与重要地位。因此文，"十年动乱"期间，"批林批孔"时周春元被树立为典型，要求其批判过去对孔子的观点，但"他出于一个历史学家应有的立场和知识分子的正义感，断然拒绝了这种卑劣的做法，表现了一个知识分子对'四人帮'倒行逆施的愤慨"④。除此事外，"十年动乱"期间，"历史系与贵州洪峰机械厂合编儒法斗争史，要他写《论张居正改革》一章，虽身处逆境，他仍据事直书，如实评价，不为当时潮流所动。文章写好后，自然不合要求，未被采用。直到1981 年才编进历史系选辑的论文集。"⑤ 由此，可见周春元在治学中坚持实事求是的学术品格。

（三）求真与致用相结合

在实事求是的"求真"基础上，周春元最为突出的治学特色便是"致用"。

① 周春元. 学习历史的回顾［M］//沈阳师范学院学报编辑部. 在茫茫的学海中·谈科学的学习方法. 沈阳：辽宁人民出版社，1984：249-250.

② 周春元. 学习历史的回顾［M］//沈阳师范学院学报编辑部. 在茫茫的学海中·谈科学的学习方法. 沈阳：辽宁人民出版社，1984：251.

③ 周春元. 学习历史的回顾［M］//沈阳师范学院学报编辑部. 在茫茫的学海中·谈科学的学习方法. 沈阳：辽宁人民出版社，1984：251-252.

④ 陈淑玉. 忆周春元同志［M］//中国人民政治协商会议贵州省委员会，文史资料委员会. 贵州文史资料选辑（第29辑）. 贵阳：贵州人民出版社，1988：238.

⑤ 张新民. 卓有建树的史学家周春元［M］//贵州师范大学校史编写组. 贵州师范大学学者风采. 贵阳：贵州师范大学校史编写组，2001：124.

究其治学生涯，周春元的史学研究中皆凸显了"求真与致用相结合"的典型特征，主要蕴含两个层面，一是其在求学阶段时"求学以致用"，希冀钩稽史事以民族自强，先后完成了《魏晋南北朝部曲考》《南北朝交聘考》二文，皆内含对时政与救亡救国的忧患之心；二是在工作阶段时"治学以致用"，《贵州古代史》一书在坚持"各族人民反抗斗争和维护祖国统一的原则"上"力图突出各族在贵州历史上的贡献"；①《贵州近代史》一书力图通过历史的叙述，给人们提供"明辨是非，热爱家乡，热爱祖国，更热爱共产党和社会主义"的"精神营养"。② 除著作外，在周春元的学术论文中也不少见其"致用"之意，如在《夜郎略论》《略论古夜郎的族属问题》《略论古牂牁、夜郎的政治》等文中从多民族统一国家的角度强调民族融合；在《传体的起源、发展及其特点》中强调要"撰写新时代的各种人民英雄传，或重写历史人物传，用以教育群众，从思想意识上武装群众，热爱党，热爱祖国，为人民建立高度精神文明而发挥积极作用"③，等等。吴雁南认为周春元将"史学史和整个研究工作"，都"同四化建设，共产主义事业联系在一起"。而我们学习周春元，除了学习其严谨治学之风外，还要学习他"学以致用"的精神。④

五、结语

综上所述，可见周春元虽至逝世前才得以入党，但其治学成就的获得实际与马克思主义史学有着密切的关系。就他在马克思主义史学研究中的工作而言，周春元显然是一位马克思主义史学家，且在贵州地方史、中国史学史等不同领域，卓有建树。就其治学成就与治学特色来看，周春元的史学研究既有马克思主义史学家典型的共同特征，体现了科学性与革命性相结合、求真性与致用性相结合、时代性与民族性相统一的马克思主义史学普遍原则和方法，也有明显的学者个性，延续了其早期嗜好考据学的实证传统，在研究中尤为注重实事求是对待历史问题，并在实证基础上讲求史论结合。就周春元整个治学生涯来看，无论是求学阶段时的"求学以致用"，还是工作阶段时"治学以致用"，"致用

---

① 周春元，王燕玉，张祥光，等. 贵州古代史 [M]. 贵阳：贵州人民出版社，1982：前言 2.

② 吴雁南. 周春元教授与贵州史学 [J]. 贵州师范大学学报（社会科学版），1985（3）：5.

③ 周春元. 传体的起源、发展及其特点 [J]. 史学史研究，1982（2）：23.

④ 吴雁南. 周春元教授与贵州史学 [J]. 贵州师范大学学报（社会科学版），1985（3）：6.

性"都是周春元治学生涯最为突出的特征。而立足当下，中国史学如何为建设
社会主义现代化强国贡献智慧，如何响应时代的挑战与机遇，笔者认为，我们
所需要的正是周春元先生这种"学以致用"的治学精神，这也是我们深入总结
中国马克思主义史学家思想遗产以反思过去与展望未来的意义所在。此外，周
春元逝世后，留下了存量丰富的课程讲义、教学卡片以及日记、自传等不同类
型的资料，至今保存在贵州师范大学档案馆有待系统整理。就周春元的史学思
想而言，本文仅为抛砖引玉，仍有待学界系统整理其讲义、日记、自传等资料，
以加深对周春元等马克思主义史学承继者与中坚力量史学思想的总结与考察，
丰富中国马克思主义史学史的研究面相。

周春元《贵州古代史》述评[①]

——一部地方史的力作

吴政刚[*]

　　《贵州古代史》是周春元先生等在教学、科研的实践中，以《贵州史讲义》为底本历经5次增删而成书的首部研究贵州历史的学术著制，亦是贵州最早见的乡土教材之一。该书于1982年出版，距今已有38年。近二十年来，考古界的工作者在贵州考古发掘工作中取得了丰硕的成果，并发表了一些文章。[②] 学术界亦出版了研究贵州历史的鸿篇巨著。但这并不影响该书的学术价值和学术地位，它仍是一部经典之作。再者，学术界对该书研究还停留在20世纪90年代之前，相对而言比较薄弱。借"贵州史学的回顾与展望暨纪念周春元先生诞辰110周年学术研讨会"的契机研读该书，不仅是对周春元先生的深情缅怀，也是对周春元先生学术精神的继承与发扬。

一、周春元生平与学术生涯回顾

　　周春元（1911—1984），湖北潜江人，是我国知名的史学专家和教育家。周春元先生一生经历了北洋军阀末期、"中华民国"统治时代，也见证了中华人民共和国的成立及改革开放以来祖国日益强大的新时代。1937年，周春元先生考入西北联合大学之一的国立北平师范大学（今北京师范大学）历史系。1941—1942年，周春元先生在成都齐鲁大学国学研究所任助理研究员。1943年，在重

---

① 项目基金：贵州师范大学2019年度教学内容和课程体系改革项目"贵州历史学师范生家国情怀培养研究"（2019XJJG005）阶段性成果。

* 作者简介：吴政刚（1995—），男，汉族，贵州岑巩人，贵州师范大学历史与政治学院硕士研究生。研究方向：学科教学（历史）、贵州地方史。

② 袁成武. 孕育人类文明的摇篮——记盘县大洞遗址 [J]. 贵州师范大学学报，1996（3）：23-29；贵州威宁中水联合考古队. 贵州威宁中水考古发掘中的重要收获 [N]. 中国文物报，2005-01-5 (1)；周必素，彭万. 贵州遵义新蒲播州杨氏土司墓地 [N]. 中国文物报，2015-01-30 (6).

庆《文史杂志》任编辑。1946 年，毕业于武汉大学文科研究所，获硕士学位。①
因时局动荡，周春元先生于 1948 年来到贵州，任教于贵阳师范学院（今贵州师
范大学）史地系。1953 年起担任贵阳师范学院历史系主任。周春元先生在贵阳
师范学院历史系工作 36 年，为历史系的发展和学科建设做出了开山之功，为贵
州教育事业的发展提出了宝贵的意见，做出了卓越的贡献。1984 年 10 月，周春
元先生因积劳成疾在贵阳与世长辞。

　　周春元先生的学术走向大致分为四个阶段，先后集中在魏晋南北朝史、贵
州地方史、中国史学史几个方面。20 世纪 30—40 年代，周春元先生专注于魏晋
南北朝史，代表作《南北朝交聘考》以交聘、聘使、聘礼为核心论述了交聘具
有政治性、经济性、军事性、文化性。总结了南北各朝由于政治、经济、地理
条件诸因，南人不能恢复中原，北人不能跨越长江占据江东，最终形成南北对
峙的局面。随着隋唐的大一统，交聘活动也终止。② 20 世纪 60 年代，周春元先
生关注辛亥革命时期贵州的党派，《辛亥革命时期贵州两党之争》一文以唯物主
义史观系统地论证了代表资产阶级利益的自治学社和代表封建地主阶级利益的
宪政预备会在辛亥革命后争权夺利的史实，揭示了自治学社的进步性，批判了
宪政预备会的反动性。③ 20 世纪 70 年代，周春元先生专注于农民战争，《太平
天国革命时期的贵州号军起义》一文论证了嘉庆至咸丰朝由于天灾、统治阶级
的剥削等内因，加之太平天国运动带来的外部影响，贵州人民先后组织发动了
红号军、白号军、黄号军、青号军反抗清政府的统治。④ 四次号军起义因内部
的分化和清政府的镇压而以失败告终。

　　20 世纪 80 年代是周春元先生的学术黄金期。在论作方面有：《略论贵州少
数民族地区历代统治政策的演变》一文指出秦朝至辛亥革命时期推行的政策可
分为秦汉的郡县制；魏晋南北朝扶持地方豪强望族；隋唐时期实行羁縻政策；
宋、元、明三代盛行土司制度；清代实行"改土归流"之策；辛亥革命时期炮
制"大汉族同化主义"理论。从秦朝到明代的统治政策来看，"以夷制夷"是
核心。发端于明初，功成于清雍正时期的"改土归流"是时代进步的需要。周

---

① 陈淑玉. 忆周春元同志［M］//中国人民政治协商会议贵州省委员会，文史资料委员
会. 贵州文史资料选辑（第 29 辑）. 贵阳：贵州人民出版社，1988：237.
② 周春元. 南北朝交聘考［D］. 武汉大学，1946.
③ 湖北省哲学社会科学学生联合会. 辛亥革命五十周年纪念论文集（上册）［M］. 北京：
中华书局，1962：557.
④ 周春元. 太平天国革命时期的贵州号军起义［J］. 贵州师范大学学报，1979（1）：20-
35.

春元先生鞭笞了土司制度的负面影响，指出辛亥革命时期的"大汉族同化主义"是错误、反动的，强调民族团结和共同繁荣才是时代主流、众望所归。《马克思主义史学在我国新民主主义革命进程中的作用》一文指出马克思主义史学在新民主主义革命进程中分创建、隐秘传播、公开传播三个阶段。马克思主义史学是中华民族面对外敌入侵的思想武器，有力地反抗了帝国主义的文化侵略和思想诱降，是中华民族取得新民主主义革命胜利的法宝。《辛亥革命时期的贵州哥老会》一文指出哥老会是由明末清初的反清志士秘密组织起来的具有封建家长制的下层革命团体。哥老会在以资产阶级为主要成员的自治学社的领导下，武装、训练会员，成为反清的主要阵地，对辛亥革命做出了重大贡献。由于资产阶级的妥协性，哥老会成为革命的牺牲品。

在著作方面，除《贵州古代史》之外，《贵州近代史》也全面论证了政治、经济、文化的发展，突出人民群众在反帝反封建运动中发挥着中流砥柱的作用，强调新民主主义革命的胜利是在中国共产党的领导下取得的。《遵义人民革命史》是以《遵义人民革命斗争史》为底本，修改、补充成书，翔实生动地论述了遵义人民为民主、解放而奋斗的历史。《中国史学史》指出史学分为封建史学、资产阶级史学、马克思主义史学。封建史学发轫于殷周、春秋战国，发展于秦汉、魏晋南北朝，繁荣于隋唐到鸦片战争。五四运动后，资产阶级史学应运而生。中华人民共和国成立以来，马克思主义史学引领史学发展方向。

周春元先生在贵阳师范学院耕耘 36 年，对贵州地方史、贵阳师范学院历史系建设及贵州教育事业做出了重大贡献。他的学术研究厚植于贵州历史文化土壤，服务于贵州社会的现实需求，体现了关切现实的史家情怀及史学的经世致用。《贵州古代史》的出版，不仅标志着周春元先生由魏晋南北朝史到贵州史的学术转向，亦是对贵州地方历史研究的集大成。

二、《贵州古代史》的成书背景

《贵州古代史》的成书既厚植于贵州历史文化土壤，也有全国范围内兴起的地方史研究热潮的助推和深受史学大家的启示、指导，更是马克思主义史学理论运用于地方史研究的成功实践。

（一）不忘初心、服务教学

《贵州古代史》的编写初衷是作为乡土教材运用于教学。1953 年，历史系从史地系划分出来成为独立学系，不仅缺乏教师，还没有教材。周春元先生"一人先后讲授中国古代史、中国近代史、中国现代史、中国通史、史学名著选读、历史文选、中国史学史、历史教学法等 8 门课程，而且还是自编讲义"。①
1958 年，贵阳师范学院编写出《贵州史讲义》初稿并计划在此基础上编写《贵州史》。现今，乡土史日益成为教学的重要资源，乡土教材的编写也在全国有序进行。贵州历史悠久，文化璀璨，特别是"红色文化"的发祥地之一，且近年来的考古发掘更是取得了巨大的收获，足以支撑编写一部史料可靠、内容丰富，学生喜闻乐见的乡土教材。然而，未见有新的贵州乡土教材出版和运用于教学，这不仅是贵州学界的缺憾，也是贵州教育界应着手开展的工作。笔者认为，可根据《贵州古代史》为蓝本借鉴中学历史课本的编排方式，吸纳新的考古成果和学术研究动态编写一部乡土教材，不仅发掘、保护了地方文化，也是落实学科核心素养——家国情怀、史料实证教育的有效途径。

（二）关切时代、应运而生

20 世纪 30 年代，九一八事变以来边疆危机日益加深。顾颉刚先生等历史学家倡导展开对祖国边疆历史地理和民族的研究。顾颉刚先生在北京大学、燕京大学任教期间开展实地考察，开创西北边疆研究新局面，但西南边疆还有待研究。1948 年，周春元先生来到贵州，受顾颉刚先生边疆史地学术成果的影响，遂关心贵州史地沿革，拓荒性地开展贵州历史文化的研究工作。② 1951—1952 年，费孝通先生带头的西南民族访问团在贵州做民族识别工作，周春元先生亦协助费孝通先生做民族识别资料卡片。正如张新民所说，《贵州古代史》是在民族识别工作大背景下展开研究的。③ 1960 年以来，苏美冷战进一步激烈加之中苏关系恶化。周恩来总理访问缅甸、印度等邻国后来贵州视察，不仅关心《贵州史》的编写，并指示贵阳师范学院历史系要做好这项工作。因此，贵阳师范学院将《贵州史》列为重大科研项目。④

（三）理论新颖、服务科研

马克思列宁主义、毛泽东思想是《贵州古代史》成书的理论基础。1976年，"中国社会科学院组织全国史学工作者，制订史学发展规划，要求各地早日编写出地方史；接着又在天津召开了全国地方史学术研究会，专门讨论了编写

---

① 陈淑玉. 忆周春元同志 [M]//中国人民政治协商会议贵州省委员会，文史资料委员会. 贵州文史资料选辑（第 29 辑）. 贵阳：贵州人民出版社，1988：237.
② 张新民. 周春元先生学术传略 [J]. 史志林，1991（3）：5.
③ 2021 年 10 月 23 日，贵州大学张新民教授在"贵州史学的回顾与展望暨纪念周春元先生诞辰 110 周年学术研讨会"上发表题为"我所知道的周春元先生"的讲话。王兴锋副教授录音，笔者整理。
④ 周春元. 贵州古代史 [M]. 贵阳：贵州人民出版社，1982：前言.

地方史的重要性和迫切性"①。周春元先生作为贵州地方史研究的学术代表当仁不让地承担起社科院的要求。周春元先生在由魏晋南北朝史到贵州地方史的学术转向过程中，逐渐认识到辩证唯物主义和历史唯物主义的科学性，指出"马列主义、毛泽东思想，确是学习历史的指导思想，是最锐利的思想武器"②。马克思列宁主义、毛泽东思想对《贵州古代史》的影响主要体现在理论构建和历史观的铸造方面。周春元先生也强调认识历史并不是简单地把史料套进理论公式中，而是要以马克思史学理论的立场、观点和方法为出发点，遵从"论从史出，史论结合"的方法；历史事实的判断标准"要依照历史唯物主义的原则，重新分析、评论，既不能一味肯定，也不能简单粗暴地一概否定，必须实事求是，恰如其分做出结论"③。

三、《贵州古代史》的评价

《贵州古代史》于 1982 年 2 月由贵州人民出版社出版，共九章，三十万余字，是中华人民共和国成立以来第一部全面、系统研究贵州古代历史且十分有开创性的通史著作。全书科学地论证了贵州古代历史上的人类和民族的来源，历史、地理沿革，政治、经济、文化教育发展等诸多内容。

（一）断鳌立极、开山力作

《贵州古代史》的最大特点在于开创性。该书付梓前，对贵州古代历史有比较全面的记载集中在明清、民国时期的《贵州通志》。《贵州通志》主要记载了建制沿革、地理、田租赋税、历史人物、民间风俗等，重记载，轻分析，未见有关贵州历史发展的源流始末。中华人民共和国成立以来，虽有研究贵州古代历史的佳作问世，但都集中在某一时期，单一领域与专题，研究方法也比较单一，对贵州古代历史做通史性研究的著作尚未问世。《贵州古代史》一书"克服了过去那种以革命运动史代替通史的倾向，……是一部富于开创精神的学术著作，是全国最早出版的地方通史之一"④。"作为地方性通史，在贵州这是第一部，在全国各省区见到的也还不多。"⑤ 所以，该书开贵州古代通史研究先河，

---

① 周春元. 贵州古代史 [M]. 贵阳：贵州人民出版社，1982：前言.
② 沈阳师范学院学报编辑部. 在茫茫的学海中 [M]. 沈阳：辽宁人民出版社，1984：252.
③ 沈阳师范学院学报编辑部. 在茫茫的学海中 [M]. 沈阳：辽宁人民出版社，1984：251.
④ 陈淑玉. 忆周春元同志 [M] //中国人民政治协商会议贵州省委员会，文史资料委员会. 贵州文史资料选辑（第 29 辑）. 贵阳：贵州人民出版社，1988：242.
⑤ 袁华忠. 勾沉发微纲揭大义——读《贵州古代史》[J]. 贵阳师范学院学报（社会科学版），1982（4）：1.

也是承前启后、继往开来的传世力作。

《贵州古代史》有四个"新"。首先，开创了贵州地方史研究的新视角和新方法。周春元先生等用"长时段"的历史视野来考察贵州古代历史，眼光独到且富有新意，突破了前辈学人对贵州古代历史"碎片化"的研究旧范式，开启了以"整体史"为范畴的新方法。其次，运用了"二重证据法"来研究贵州古代历史。再次，摒弃了传统的"英雄史观"，力主突出贵州人民对贵州历史发展所做出的巨大贡献。最后，在于理论新，正如吴雁南先生说："运用马列主义、毛泽东思想系统地研究和整理贵州的历史，则是从周春元教授开始的。"①

《贵州古代史》另一个重要的开创性是第一次厘清了贵州古代疆域的演变过程。明代以前，贵州的疆域纷繁复杂，没有明确的行政区划和归属。该书在编写过程中，对历史沿革做了充分的历史性考证，厘清每个时代贵州的疆域与归属，使读者能够清晰地了解古代贵州疆域的隶属变迁。

（二）严谨精当、富于变化

《贵州古代史》秉持博采众长、守正出新的编写原则，以年代为顺序，将贵州古代历史分为原始社会、奴隶社会、从奴隶制向封建社会的过渡时期、魏晋南北朝时期、隋唐五代时期、宋元时期、明代、清代前期等8个历史时期，每一章按纪事本末体的编写方法，分专题详加论述。该书最后附有大事年表，弥补了在编写过程中有些年代被打乱的不足。

该书的严谨精当之处还体现在断限、标目、编次、计时、议论五个方面。第一，在断限上，上溯远古时代，下迄鸦片战争前，编者显然认可"鸦片战争是中国近代史开端"一说，在时间轴上完整地体现了贵州古代历史发展的逻辑性。第二，在标目上，以章统节，一章包含3~5个小节。标目清晰明了，准确而精炼。第三，在编次上，以政治史、经济史、文化教育史为基本框架。政治史不仅居核心地位，还是主线索。经济史和文化教育史相互配合，结构协调，主次分明，各部相互呼应，浑然一体。第四，在计时上，不仅重视历史年代的鉴别考证，且帝王年号纪元和公元纪年配合使用。正所谓"讲历史要知道年代，正和讲地理要知道经纬线一般。……有了年代，才知道某一事件发生在悠远年代中的某一时，当时各方面的情形如何，和其前后诸事的关系如何，不然，就毫无意义了"②。第五，遵循"属辞比事、参互错综，事实既明，则不待多发议

---

① 吴雁南. 周春元教授与贵州史学 ［J］. 贵州师范大学学报（社会科学版），1985（3）：3.

② 吕思勉. 吕著中国通史 ［M］. 上海：华东师范大学出版社，2005：32.

论，而其是非得失自见"① 的原则，把历史观巧妙地融入史事的编排次序中，强调"论从史出，史论结合"，但又不衾落他人的观点，体现了海纳百川的史家风范，留给读者宽阔的思考空间。

（三）图史结合、内容全面

从引用图片史料来看，计有考古遗址图片 2 张，考古出土文物图片 6 张，历史遗迹图片 4 张。参考文献资料有正史文献、私家摘抄、私家著述近 80 种，考古发掘简报 4 篇，碑刻文献一则。编者在大量查阅历代官修正史和各类私家著述、文章或笔记的基础上，又详细考证和梳理历代地方文献所载及贵州少数民族文献资料，还吸纳了近 50 年来贵州考古发掘取得的成果。《贵州古代史》以翔实的史料把贵州历史写在贵州的大地上，总结了贵州历史发展的节律，贵州特色浓厚。同时，编者又力图突出贵州历史是中国历史发展序列中的一个重要组成部分。

各章历史沿革部分共计绘制了 16 幅历史地图，清晰地勾勒了殷周时期的鬼方到清代前期贵州疆域的变化全貌，虽没有比例尺、方向、图例和注释等绘制地图的要素，但可以通过查阅地图迅速地知晓贵州历代疆域的范围及演变线索。此外，地图不仅缓解了读者在文字阅读上产生的视觉疲劳，弥补了文字材料叙述的不足，也实现了以图证史，把贵州古代历史图文并茂、立体化地呈现给读者。

《贵州古代史》继承了我国史学编撰的优良传统，具备政治、经济、文化教育等三大主要模块，着力全面、系统地反映从远古到鸦片战争前的历史，通贵州历史古代之变。该书内容的全面性还体现在各章节的历史沿革和明、清时期，这也说明了资料的完整、丰富度决定着内容的全面性。

（四）文笔流畅、雅俗共赏

《贵州古代史》的第一章由周春元先生、张祥光先生执笔，第二章与第九章由胡克敏先生执笔，第三章由王燕玉先生、周春元先生执笔，第四、五、六章由周春元先生执笔，第七、八章由张祥光先生执笔，各章历史沿革由王燕玉先生执笔。各位先生发挥自己的专长，精心考证、打磨所编章节，最后由周春元先生汇总成书。该书虽由四位专家共同撰写，但体例、文风基本保持一致。研读全书，文笔自然流畅、风格一致。

四位先生在当时是贵州史学界、教育界的精英。可以说该书亦是一部精英

---

① 吕思勉. 吕著史学与史籍［M］. 上海：华东师范大学出版社，2002：87.

之作，堪称信史，学术性极强。但编者又注重该书的普世价值，考虑各个层次读者的需要。在引用史料方面简而精，在文字论述方面朴实无华，在表明观点方面直截了当、富有深意。为政者读之可总结经验教训，改进工作方法；后学者读之可做学术之津筏；人民大众读之可增强文化自信，激发热爱家乡和贡献家乡的真实情感。

（五）以史为鉴、垂训后世

《贵州古代史》以历史唯物主义为指导思想，高屋建瓴中又体现钩沉发微的编写旨趣。特别是对贵州古代历史发展影响深远的大事件、历史人物、民族政策、历史现象的论述，用以小见大、以点带面的方式总结了贵州古代历史发展的经验教训。

人民群众是历史的创造者。该书开篇即介绍贵州的民族分布及其来源，力图突出各民族在贵州历史发展中所做出的贡献。贵州的各少数民族是古代的众多民族在长期的历史发展过程中，逐步形成、发展起来的，有苗、布依、侗、彝、水、仡佬、回、壮、瑶等17个世居少数民族。各民族在长期的生产和生活中，形成了具有共同语言、地域、经济和文化的稳定的共同体，各民族共同创造了贵州辉煌灿烂的历史。编者精心选取了大量的史料和列举贵州古代历史上发生过的事件，指出处理民族关系必须遵循民族平等、民族团结、各民族共同繁荣的原则。

历史发展的规律是进步与统一。贵州古代历史上存在的"夷帅"和"大姓"，土司制度，以及吴三桂等割据势力最终都会消失在历史的长河中，主要是因为他们不仅违背了贵州历史发展的节律，也违背了中国历史发展的规律。我国从秦统一开始，建立统一的多民族国家的理想显然已经是历代中央王朝的统治者孜孜不倦追求的目标。巩固和加强多民族国家的统一，打破汉族与少数民族、各少数民族之间的封闭隔绝；打破各个区域之间的分裂也已成为历史发展的潮流。"夷帅"和"大姓"在一定的时期内可以发挥积极的作用，但是他们的反复无常严重影响了政局的稳定性。当土司制度发展到一定的程度后，其弊端会被无限地放大，会成为区域稳定，区域经济发展的桎梏，甚至会影响国家的长治久安，因此"改土归流"势在必行。吴三桂等割据势力是反动的，违背了统一的大势，也失去了民心。读史以明智，知史以鉴今。贵州古代的历史告诉我们，凡是属于倒退的行为，都得不到人民的支持，必然会走向灭亡。

四、结语

周春元先生为贵州师范大学历史学系学科建设和贵州的教育事业做出了重

大贡献，为贵州地方史研究开辟了新局面。《贵州古代史》是以唯物主义为理论指导的首部研究贵州历史的通史性学术专著。该书极富开创性，不仅标志着周春元先生完成了由魏晋南北朝史到贵州地方史的学术转向，亦是对以往贵州古代历史碎片化研究的集成，具有重要的学术价值。该书反映了20世纪80年代全国范围内兴起的加强地方史研究的史学新浪潮，体现了史学要为社会现实服务的旨归和史家的责任担当意识。作为今人研读《贵州古代史》，要学习周春元先生勇于献身社会主义教育事业的优良品质，和勇于开拓创新、治学严谨的学风及积极入世的人生态度。

家国情怀视野下《贵州古代史》述评[①]

吴政刚　　王兴锋[*]

周春元（1911—1984），湖北潜江人，是我国知名的历史学家和教育家。周春元先生在魏晋南北朝史、贵州地方史、史学史、历史教学法等方面均有较高的造诣。《贵州古代史》是周春元先生的代表作，亦是首部研究贵州地方史的学术著作，体现了浓厚的家国情怀。时至今日，学界已有周春元先生的夫人陈淑玉女士、同事吴雁南先生和嫡传弟子张新民，撰文追忆周春元先生的生平及对贵州师范大学历史学科和贵州教育事业做出的贡献。研究该书的文章不多[②]，亦未见以家国情怀视角研究该书的文章。因此，本文拟从家国情怀的角度述评该书，请各位专家与学者批评指正。

一、《贵州古代史》成书背景中蕴含的家国情怀

《贵州古代史》的成书与周春元先生的生平及治学实践密切相关。周春元先生在基础教育阶段萌生知识振兴家庭的期望，大学期间形成"史学救国"的意识。中华人民共和国成立后，周春元先生在马克思主义史学的影响下，自觉将学术研究融入社会主义建设中。

（一）周春元先生早期家国情怀的萌发

求学是治学的基础。周春元先生年少时，"家道衰微，渐入困顿，原有田地

---

① 项目基金：贵州师范大学 2019 年度教学内容和课程体系改革项目"贵州历史学师范生家国情怀培养研究"（2019XJJG005）阶段性成果。

* 作者简介：吴政刚（1995—），男，汉族，贵州岑巩人，贵州师范大学历史与政治学院硕士研究生。研究方向：学科教学（历史）、贵州地方史。王兴锋（1984—），男，汉族，陕西宝鸡人，贵州师范大学历史与政治学院副教授。研究方向：中国边疆史、北方民族史。

② 宋世坤. 关于考古资料的引用——与《贵州古代史》作者商榷 [J]. 贵州文史丛刊，1984（1）：80-87；袁华忠. 勾沉发微纲揭大义——读《贵州古代史》[J]. 贵阳师范学院学报（社会科学版），1982（4）：64-67；吴雁南. 周春元教授与贵州史学 [J]. 贵州师范大学学报（社会科学版），1985（3）：1-6.

三十一亩，因豪右地主强占，族内纷争，仅剩二十亩"。① 1924 年，周春元先生就读于潜江县第一高等小学，目睹家庭艰难，萌生知识改变个人命运、振兴家庭的期望。

1931 年，周春元先生考入湖北省立师范学院，酷好历史，在广泛的阅读基础上形成整体化的历史知识体系，初步具备一定的历史批判思维能力。1937 年，周春元先生考入国立北平师范大学（今北京师范大学），主修历史学。同年 7 月，抗日战争爆发，国立北平师范大学等多所高校西迁到陕西城固。周春元先生亦随校西迁，先生"痛感国艰，益专心史籍，发愤读书，以期钩稽史事，用民族自强精神，激励人心，奋起救亡，国家必有期望"。② 大学期间，周春元先生有兴于清人考据学及受顾颉刚先生疑古思想的影响，深感"魏晋南北朝祸患频仍，轩皇胄裔……最能唤起救亡报国之心"③，遂潜心研究魏晋南北朝史。1941 年，周春元先生以《南北朝部曲考》为题完成学士学位论文。这篇文章关注南北朝社会底层部曲的生活，同情他们的遭遇和受到的压迫。

周春元先生大学毕业后任职于齐鲁大学国学研究所，担任助理研究员。在此期间，周春元先生结识顾颉刚先生并在其指导下标点二十四史，对《晋书》产生浓厚兴趣并常研读。至此，周春元先生在一定程度上熟悉了正史文献研究方法，为今后的历史研究打下扎实的学术基础。当时，顾颉刚、陈垣等历史学家开始关注并研究西北边疆，启发了"边疆史学"和"抗战史学"学术思潮的兴起，对周春元先生影响亦深。

1943 年，周春元先生为继续深造毅然报考武汉大学（校址在今四川乐山），攻读硕士学位，师从魏晋南北朝史专家贺昌群先生。念研究生期间，周春元先生依然醉心于清人考据学，常读《考信录》《十七史商榷》等书，发表《傅玄的经济思想》《晋史十八家补正》等文章。周春元先生在标点《晋书》的过程中发现，南北朝双方虽然军事上对峙，但官方与民间的交流频繁，值得研究，遂以《南北朝交聘考》为题完成硕士学位论文。当时，正值抗日战争末期和解放战争，国民党顽固派消极抗战，暗中制造摩擦。周春元先生写作《南北朝交聘考》的目的就是强调中日民族矛盾才是时代的主要矛盾，呼吁国民党顽固派停止内斗，国共枪口一致对外。《南北朝交聘考》一文体现了周春元先生对国家

---

① 张新民. 周春元先生学术传略［J］. 史志林，1991（3）：1.

② 张新民. 卓有建树的史学家周春元［M］//贵州师范大学校史编写组. 贵州师范大学学者风采. 贵阳：贵州师范大学校史编写组，2001：121.

③ 张新民. 卓有建树的史学家周春元［M］//贵州师范人学校史编写组. 贵州师范大学学者风采. 贵阳：贵州师范大学校史编写组，2001：2.

前途的关心，对抗日战争必胜的信心。

　　1946 年，周春元先生完成硕士学业后，受聘于湖北师范学院（今湖北师范大学）史地系，主讲中国史。当时，湖北师范学院院长王治宇多次要求周春元先生加入国民党，周春元先生都断然拒绝。稍后，王治宇为竞选国民党代表大会代表请客拉选票，周春元先生也厉声斥退。1948 年，王治宇贪污学生伙食费遭到学生和包括周春元先生在内教师的激烈反抗。王治宇以此为借口解聘周春元先生，周春元先生辗转多方后来到贵州，受聘于国立贵阳师范学院（今贵州师范大学）。① 此时，国民党顽固派滥发纸币造成国统区物价上涨，人民生活艰难。贵州本就地处西南一隅，人民生活更是苦不堪言。国民党顽固派进一步迫害国立贵阳师范学院的进步教师，占用校址。基于此，周春元先生以身作则，积极投入"反内战、反饥饿、反迫害"的三反运动及护校运动中，切实维护人民、国立贵阳师范学院师生的合法权益。1949 年 11 月，周春元先生与国民党顽固派经过多年的斗争终于迎来胜利的曙光，周春元先生得知贵阳解放的消息，奔向街头欢迎人民解放军进城。

　　（二）马克思主义史学思想对周春元先生家国情怀的进一步塑造

　　周春元先生念研究生期间，与同学彭泽益志同道合，二人学术研究相近，学习之余常探讨国家前途、命运。在彭泽益介绍下，周春元先生加入中国共产党领导的中国近代史研究会。

　　斯时，武汉大学进步教授亦参加中国近代史研究会，主张中西贯通和以唯物史观分析、总结中国历史进程。周春元先生对唯物史观产生强烈的兴趣与热情，受到极大启发和震动，治史风格也开始有了明显变化。② 周春元先生之所以热情于马克思主义史学，是基于马克思主义史学求真性和实用性的特点与周春元先生的治史追求和理想相契合。至此，周春元先生在马克思主义史学的指导下研究方向由魏晋南北朝史转到贵州地方史。正如吴雁南先生说："运用马列主义、毛泽东思想系统地研究和整理贵州的历史，则是从周春元教授开始的。"③ 吴雁南先生的这句话恰如其分地肯定了周春元先生对贵州历史研究做出的贡献。

---

① 张新民. 周春元先生学术传略 [J]. 史志林，1991（3）：3.
② 张新民. 周春元先生学术传略 [J]. 史志林，1991（3）：3.
③ 吴雁南. 周春元教授与贵州史学 [J]. 贵州师范大学学报（社会科学版），1985（3）：3.

（三）社会主义建设初期周春元先生家国情怀的行动实践

1949年10月1日，中华人民共和国成立，社会主义事业百废待兴。周春元先生作为高校工作者积极投身于贵州经济建设和教育事业，体现在以下三个方面。

首先，周春元先生积极协助贵州民族识别工作开展。历史上由于存在民族压迫与民族不平等情况。中华人民共和国成立后，为改变过去民族称呼混乱的局面，落实民族政策，加快贵州社会经济建设的发展，民族识别工作在贵州陆续展开。1951—1952年，费孝通先生领导的西南民族访问团到贵州做民族实地访问工作。① 同时，周恩来总理对西南民族访问团赴黔访问工作高度重视，写信给时任西南军政委员会的刘伯承、邓小平指示：西南民族访问团到少数民族地区，第一等任务是搞好民族关系，凡是少数民族不欢迎去的地方即不要去，不同意做的事情即不要做。② 因西南民族访问团人力有限和贵州民族散居实情，急需具备民族工作能力的人才。于是，西南民族访问团请国立贵阳师范学院历史系的周春元等先生协助费孝通先生做民族识别资料卡片。周春元先生在民族识别工作中积累了民族文献资料，树立了民族平等、民族团结、各民族共同繁荣的民族观。

其次，编写课程教学讲义服务社会主义教学。1953年，国立贵阳师范学院历史系从史地系划分出来，成为独立学系。当时，不仅缺乏教师，还没有合适的教材。在这样的困境下，周春元先生先后承担8门课程且自编讲义。③ 其中，《贵州史讲义》初稿于1958年完成。同时，包括周春元先生在内的贵阳师范学院历史系同人筹划，在《贵州史讲义》的基础上，编写贵州史一书。周春元先生之所以要编写《贵州史讲义》，是为了在教学实践中让学生了解与熟悉贵州古代历史，培育学生的乡土意识和家国情怀，为贵州社会建设培养接班人。

最后，响应周恩来总理和中共贵州省委的关怀。1960年4月30日，周恩来总理到贵阳视察，直至5月4日返回北京。在此期间，周恩来总理不仅关心贵州史的编写，并指示贵阳师范学院历史系一定要做好贵州史编写工作。周恩来总理之所以要来贵州视察并关心贵州史的编写：一是苏美冷战导致国际关系紧张，特别是中苏关系的交恶；二是体现出党中央对贵州民族地区的关怀，支持

---

① 费孝通. 简述我的民族研究经历与思考 [J]. 中央民族大学学报，2000（1）：2.

② 中共中央党史资料征集委员会. 中共党史资料 [M]. 北京：中共党史资料出版社，2002：1.

③ 陈淑玉. 忆周春元同志 [M] //中国人民政治协商会议贵州省委员会，文史资料委员会. 贵州文史资料选辑（第29辑）. 贵阳：贵州人民出版社，1988：237.

贵州的经济建设。此外，在中共贵州省委的正确的关怀下，贵阳师范学院将贵州史列为重大科研项目。

综上所述，周春元先生是一位饱含家国情怀，且拥有超高的治学追求和理想的学者。周春元先生年少时期萌生知识振兴家庭的希冀，青年时期心怀"史学救国"学术追求。从知识兴家到"史学救国"思想的转变，不仅是时代的需要，也是周春元先生的价值观和方法论与时俱进的结果。

二、《贵州古代史》内容中蕴含的家国情怀

《贵州古代史》是以往贵州历史"碎片化"研究的集成，极富开创性，也是周春元先生家国情怀在学术研究过程的具体实践。该书以政治史为主线索，经济史、文化史为两翼，系统地梳理了贵州古代社会历史与文化，饱含浓烈的家国情怀。

（一）热爱乡土历史文化

了解乡土，是热爱乡土的前提。周春元先生的故乡在湖北潜江。1948 年，周春元先生"既入黔省，视黔地为故乡"，① 将贵州视为第二故乡。

贵州，地处西南、山高林深、交通不便，少数民族较多，远离中央王朝。所以，历来史家、史书都将贵州视为边缘地带。由于封建史学家的偏见，对于地处偏僻的所谓"蛮夷"，缺少记载，甚至不予笔录，以至缺乏系统的史料。②基于此，周春元先生在唯物史观的指导下广收群籍、挖掘史料，严谨考证说法不一的观点，系统勾勒出贵州历史发展变迁。贵州版图从殷周的鬼方，到元代八蕃顺元等处宣慰司都元帅府的变迁纷繁复杂。直到明朝永乐十一年（1413年）设置二府八长官司，③ 永乐十二年（1414 年），遂分其地为八府四州，贵州为内地自是始。④ 永乐十一年（1413 年）贵州建省后，其版图有了比较明显的分界，但贵州的部分地域还统属他省。如贵州布政司的天柱县、镇远卫、清浪卫、平溪卫、铜鼓卫、五开卫隶属湖广布政司；荔波县隶属广西布政司；播州军民府、桐梓县、遵义县、真安州、绥阳县、仁怀县、乌撒军民府隶属四川布

① 张新民. 周春元先生学术传略 [J]. 史志林，1991（3）：5.
② 周春元. 略论古牂牁、夜郎的政治 [M] //贵州社会科学院历史研究所. 夜郎考讨论文集（三）. 贵阳：贵州人民出版社，1983：129.
③ 张廷玉，等. 明史（卷316）[M]. 北京：中华书局，1974：8176.
④ 张廷玉，等. 明史（卷316）[M]. 北京：中华书局，1974：8178.

政司。①《贵州古代史》从第二章开始以版图考证、溯源开篇，不仅是要让贵州人要树立版图意识，认识到贵州省的建立来之不易，更加热爱乡土，最重要的是说明贵州是中国国土不可缺少的一部分。今天，贵州省的版图是我们贵州的先民通过流血甚至献出生命不懈努力而开创的。作为今人，有必要去了解贵州的历史，为贵州的发展贡献智慧与力量，为子孙后代守护好贵州净土，为中华人民共和国守好贵州国土。

贵州，在历史上曾被视为"蛮荒"之地。但是，史实证明这一刻板印象是谬论。《贵州古代史》依据贵州考古成果，将贵州历史推向史前石器时代，收录旧石器时代遗址，系统介绍贵州悠久的历史和灿烂的文化。例如，黔西观音洞遗址具有"北有周口店，南有观音洞"学术地位，证明在五六十万年前就有人类生活在贵州；盘县大洞遗址被称为"1993 年全国十大考古新发现"；普定穿洞文化遗址被誉为"亚洲文明之灯"。此外，《贵州古代史》还收录旧石器中期"桐梓人""水城人""兴义人"和新石器时代威宁中河水遗址、赫章可乐遗址、毕节青场遗址、平坝白云遗址等。上述史前文化洞穴遗址的发现充分证明贵州历史悠久，也是人类发源地之一。此外，贵州还有自己的文化名片。精神文化层面有"注古所未训之经，其通融百家，学究天人"，使"南域始有学"文化先驱盛览、尹珍；"知行合一"的阳明思想；梁启超誉为"天下第一府志"的《遵义府志》。历史文化遗址层面有：南宋绍兴年间（1131—1162 年）在贵州思南沿河司创建的鸾塘书院；元朝仁宗皇庆年间（1311—1320 年）创办的文明书院。至明代，贵州书院更是蔚为大观。研读《贵州古代史》，我们必定会改变对贵州的刻板认识，增强文化自信，激发热爱家乡的情感。

（二）以正确的民族观关注贵州各族人民

《贵州古代史》认为，贵州世居苗、布依、侗、彝、水、仡佬、回、壮、瑶等 17 个少数民族。这些民族的祖先主要属于古代的"华夏""百濮""百越""羌"和"回回"5 个少数民族。② 在历朝史家与官修文献中，往往将贵州的少数民族称为"蛮""蕃"。如称苗族为"五溪蛮""苗蛮"；称布依族为"都匀蛮""五姓蕃""七姓蕃"；称彝族为"叟"；称仡佬族为"南蛮"。

《贵州古代史》坚持民族平等的原则，以人口较多的苗族、布依族、侗族、

① 周春元，王燕玉，张祥光，等. 贵州古代史 [M]. 贵阳：贵州人民出版社，1982：212-215.

② 周春元，王燕玉，张祥光，等. 贵州古代史 [M]. 贵阳：贵州人民出版社，1982：5.

彝族、水族、仡佬族、回族为例，系统介绍贵州各少数民族悠久的历史和文化。例如，苗族是贵州省最多的少数民族之一，苗族的历史最早可以追溯到三皇五帝时代，称"九黎之君""三苗"。早在秦汉之际，苗族就已经居住在五溪地区（今湖南西部，贵州北部的铜仁、松桃）。① 彝族有自己民族的文字，称爨文，主要用于巫术占卜。仡佬族女子出嫁前有打掉两颗牙齿的习俗，去世后实行"悬葬"。②《贵州古代史》摒弃以汉族为主体的民族观，将贵州各民族做真实的历史书写，认同各民族的历史与文化。《贵州古代史》用史实证明，贵州各少数民族在长期的历史发展过程中一脉相承。贵州各少数民族在长期的生产和生活中，形成具有共同语言、地域、经济和文化的稳定的共同体，是中华民族共同体不可或缺的组成部分。

《贵州古代史》明确论述历代中央王朝在贵州的治理政策，体现周春元先生对贵州各少数民族的同情。例如，洪武年间（1368—1398 年），明朝军队把侗家和苗家赶进深山里，纳税比过去更重，农民被剥削得更穷，妈妈哭得眼睛肿，爹爹被逼得发了疯。③ 明后期，李化龙征讨播州土司杨应龙叛乱，贵州各族人民付出了沉重的代价，导致生活窘迫，居无定所。④ 在天灾的进一步刺激下，各族人民走投无路，不得不起来寻求生路，对抗明朝。清朝统治者也压迫贵州各少数民族，农民起义频发。周春元先生站在人民群众的立场，以史学工作者的视角揭示生活在中央王朝和贵州上层贵族的双层剥削下贵州各族人民的境遇，体现了周春元先生对人民的大爱。

（三）密切关注贵州政局与国家稳定与统一的关系

《贵州古代史》是一部少数民族发展史，也是一部贵州逐渐被纳入中央政府版图的变迁史。贵州古代历史形成了独具特色的个性。随着中央王朝的不断介入，又使贵州历史与中国大历史相似，即共性。贵州古代历史的个性体现在长期处于封闭、独立发展状态，呈现出"小国寡民"的特点。例如，先秦时期的牂牁国、夜郎国、且兰国、毋敛国等。

汉武帝凿通西南后，在贵州等地设置武陵郡、巴郡、犍为郡、牂牁郡，其目的在于将西南地区纳入西汉的版图。西汉王朝势力介入贵州政局后，贵州历

---

① 周春元，王燕玉，张祥光，等. 贵州古代史［M］. 贵阳：贵州人民出版社，1982：5.
② 周春元，王燕玉，张祥光，等. 贵州古代史［M］. 贵阳：贵州人民出版社，1982：5.
③ 周春元，王燕玉，张祥光，等. 贵州古代史［M］. 贵阳：贵州人民出版社，1982：5.
④ 周春元，王燕玉，张祥光，等. 贵州古代史［M］. 贵阳：贵州人民出版社，1982：5.

史便与中国大历史相交产生了共性。周春元先生在《贵州古代史》中指出"夜郎的政治史是我们中华民族史的一个组成部分"①，也是中国大历史发展潮流在贵州大地的反映。东汉末，天下大乱，地方豪强在保境安民的过程发挥了积极作用。例如，牂牁大姓龙、付、尹、董与功曹谢暹保持境内独立安全，抗拒蜀中公孙述，坚决不妥协投降，② 认同东汉王朝的正统地位。

魏晋南北朝时期，中央王朝统治者扶持贵州地方豪强代治贵州。"南中有一些郡守大姓，着眼于全国政治形势，不为地方割据势力所动摇，坚持与中央封建王朝保持密切联系。"③ 南朝的"牂牁大姓谢氏坚持为梁、陈两朝守境……表现出一种忠于封建中央王朝的姿态"④。《贵州古代史》高度褒奖历史时期谢氏将家族的命运与国家前途联系在一起。

唐代以羁縻政策治理贵州，贵州的上层贵族也遣使赴长安，认可、承认唐王朝的统治。例如，唐宪宗元和十年（815年），牂牁派遣使者到长安贺新年；唐敬宗宝历元年（825年），牂牁派遣谢良震到长安贺新年。⑤ 此外，少数民族也开始内附。如"东爨乌蛮的鬼主阿佩以明州地内属"。⑥ 宋代，各少数民族上层贵族纷纷献地纳土，请求内附。⑦《贵州古代史》列举唐宋时期少数民族来朝、内附史实，意在证明贵州各少数民族对中国历史进程、国家版图的奠定起到了积极作用。元、明、清三代以土司制度治理贵州。《贵州古代史》肯定土司制度对贵州各民族、疆域管理的精细化，褒扬土司上层贵族奢香对维护贵州政局稳定和祖国统一所做出的贡献；痛斥播州土司杨应龙、水西土司安邦彦、地方割据势力吴三桂反叛中央王朝、裂土分民的行径。

综上所述，《贵州古代史》蕴含的家国情怀归纳起来有三个方面：一是热爱乡土历史文化；二是树立民族平等、民族团结、各民族共同繁荣的民族观；三是自觉形成对国家的高度认同感、责任感和使命感。

三、《贵州古代史》家国情怀的当今启示

2020年6月，教育部印发《高等学校课程思政建设指导纲要》。该纲要指

---

① 周春元，王燕玉，张祥光，等. 贵州古代史 [M]. 贵阳：贵州人民出版社，1982：15.
② 周春元，王燕玉，张祥光，等. 贵州古代史 [M]. 贵阳：贵州人民出版社，1982：54.
③ 周春元，王燕玉，张祥光，等. 贵州古代史 [M]. 贵阳：贵州人民出版社，1982：88.
④ 周春元，王燕玉，张祥光，等. 贵州古代史 [M]. 贵阳：贵州人民出版社，1982：96.
⑤ 周春元，王燕玉，张祥光，等. 贵州古代史 [M]. 贵阳：贵州人民出版社，1982：125.
⑥ 周春元，王燕玉，张祥光，等. 贵州古代史 [M]. 贵阳：贵州人民出版社，1982：127.
⑦ 周春元，王燕玉，张祥光，等. 贵州古代史 [M]. 贵阳：贵州人民出版社，1982：165.

出："围绕政治认同、家国情怀、文化素养、宪法法治意识、道德修养等重点优化课程思政内容供给。"① 目前，包括贵州在内全国各高校正在积极探索课程思政理念融入各专业课程。

《贵州古代史》蕴含的家国情怀是课程思政建设的重要内容和宝贵载体，加之《贵州古代史》编写初衷在于服务高校教学，与当前贵州高校的课程思政建设高度契合。所以，贵州师范大学、贵州大学、贵州民族大学等贵州几十所高校可将《贵州古代史》合理融入本科生、研究生课程建设及教学实践，潜移默化地培育贵州学生的乡土意识，教导省内外学生树立正确的民族观、家国情怀，认同中国共产党的领导。

《贵州古代史》也适用于中学历史教育。高中历史课程标准对家国情怀做了深刻阐述："家国情怀是学习和探究历史应该具有的人文追求，体现了对国家富强、人民幸福的情感，以及对国家的高度认同感、归属感、责任感和使命感。"② 家国情怀作为历史学科素养之一，最终要落实到立德树人的根本目标。高中生经过初中历史课程学习，已经具备基础的历史知识，但只是建立在认为历史知识有趣的层面。所以，高中历史教学应将学生从趣味认知层面引入价值认知层面，重视育分与育人同向同行。

统编版高中教材《中外历史纲要》（上）与《贵州古代史》有相似的价值取向。例如，《中外历史纲要》（上）增加了民族团结进步教育内容，让学生形成对中华民族的认同感和正确的民族观，具有民族自信心和自豪感。《贵州古代史》同样体现要树立正确的民族观。所以，中学历史教师在备课的过程中可将《贵州古代史》中的相关内容以材料形式呈现，在课堂上与学生一起讨论、解读。另外，在条件允许下可将《贵州古代史》打印出来供学生传阅。课堂上的讲解、分析，课下的阅读可使学生在耳濡目染的环境下自觉树立热爱乡土、保护与传承家乡历史文化的意识，为乡村振兴中的文化振兴贡献一份力量；理解民族多样性，树立正确的民族观。

总而言之，《贵州古代史》适用于高等教育也适合基础教育。不论是"课程思政"还是学科育德都是为了培育社会主义建设接班人的家国情怀，引导他们

---

① 中华人民共和国教育部. 高等学校课程思政建设指导纲要［EB/OL］. 中国政府网，2020-06-06.

② 中华人民共和国教育部. 普通高中历史课程标准（2017年版）［M］. 北京：人民教育出版社，2017：5.

认同中华人民共和国，认同中华民族共同体，认同社会主义制度、文化、道路，等等。不可否认的是，各学段学生家国情怀的培育是一项长期的工程，各学段教师任重而道远，也是我国教育事业还需努力的方向。

四、结语

周春元先生是一位饱含家国情怀的历史学家与教育家。他编著的《贵州古代史》蕴含的家国情怀体现在热爱乡土历史文化上；以正确的民族观看待贵州的各民族，字里行间流露出对人民的大爱；褒扬对维护贵州政局稳定、国家统一做出贡献的先进行动，痛斥裂土分民的错误行径。高等教育和基础教育可将《贵州古代史》合理融入历史教学过程中。各学段学生家国情怀的培养是一项长期工程，各学段历史教师任重道远。我们要学习周春元先生矢志不渝地为社会主义教育事业奉献终身的精神，学习周春元先生将学术研究与国家前途、命运相结合的爱国情怀。

周春元的治学精神与治史风格略论

——兼谈其历史教学思想

田小兵①

　　周春元（1911—1984），贵阳师范学院（现贵州师范大学）历史系教授，湖北潜江人，是我国卓有成就的教育家和史学家。通过回顾和探讨周春元的治学精神与治史风格，既是对周春元学术贡献的肯定，同时又是对其诞辰110周年的缅怀。周春元一生学术涉猎范围大体有四，即教学、科研、治史、治学，四方面又以科研和教学为主，主要研究领域集中在地方史和魏晋南北朝。地方史研究代表著作主要有《贵州古代史》《贵州近代史》《遵义人民革命史》，对魏晋南北朝的研究主要体现在其两篇学位论文中，即学士论文《南北朝部曲考》和硕士论文《南北朝交聘考》。此外，在历史教学法方面编著有《中学历史教学法》，史学方面著有《中国史学史》，代表性论文有《马克思主义史学在中国的传播》《马克思主义史学在我国新民主主义革命进程中的作用》《辛亥革命时期贵州两党之争》《辛亥革命时期的贵州哥老会》《太平天国革命时期的贵州号军起义》《略论贵州少数民族地区历代统治政策的演变》等五六十篇，这些论文涉及和讨论的主要问题有贵州古夜郎问题、贵州少数民族问题、贵州农民战争问题、贵州党派之争问题等方面。因此，此文探讨的重点不在于厘清周春元的学术道路成果，而重点是要通过周春元的学术著作和论文来探讨其治学精神与治史风格，然后兼谈周春元的历史教学思想。

一、周春元的治学精神

　　周春元学术生涯最大的特点就是将学术研究和教学需要相结合以服务祖国"四化"建设，其代表著作《贵州古代史》《中学历史教学法》《中国史学史》都是为适应祖国"四化"建设需要而编著的历史教材。因此，他在编著和实践

---

①　作者简介：田小兵，男，土家族，贵州沿河人，贵州师范大学历史与政治学院硕士研究生。研究方向：学科教学（历史）、贵州地方史。

教学过程中逐渐形成了富有自己特色的治学精神。

（一）治学严谨，实事求是

周春元一生治学严谨，实事求是，始终坚持以马克思列宁主义、毛泽东思想为治学指导思想。在史实和历史人物评价方面，坚持以历史辩证唯物主义的原则来客观分析史实和历史人物，最后恰如其分地得出历史结论。据周春元在《学习历史的回顾》一文中提道："过去所谓研究成果，一事物的考证或一制度的变革，归功于个别伟大人物的善良动机，就要依照历史唯物主义的原则，重新分析、评论，既不能一味肯定，也不能简单粗暴地一概否定，必须实事求是，恰如其分做出结论。"① 在学问研究方面，如遇到学术观点不相统一的，则要坚持以学界普遍接受的观点为主。据周春元编著的《贵州古代史》前言中提道："凡遇到一个问题有几种说法时，一般只取其我们认为是合乎历史事实的一说。"② 又如《贵州近代史》前言中提道："对涉及到一些健在的当事人及其子孙或亲友的历史事件，为减少由于某些主观因素而造成的不必要的纠葛，我们多方查找材料，尽力考核翔实，使之符合客观历史事实。"③ 在涉及民族问题和祖国统一问题方面，始终采取的是积极慎重的态度和坚决维护祖国统一的原则立场。例如，在论述贵州的民族概况时积极阐述："贵州是我国多民族杂居地区之一，全省有兄弟民族十多个，各民族人民劳动生息在贵州土地上，开发了祖国西南边疆，创造了悠久的历史和灿烂的文化，对伟大祖国有着光辉的贡献。"④ 因此，以上几个方面可以充分证明周春元具有"治学严谨，实事求是"的治学精神。

（二）孜孜以求，刻苦钻研

周春元学术生涯取得卓有建树的主要原因在于其"孜孜以求，刻苦钻研"的学习态度。在读书方面，周春元从小就酷爱阅读历史小说，如《东周列国志》《三国演义》之类。据周春元《学习历史的回顾》一文中表述："每逢假期，几乎废寝忘食，夜以继日，手不释卷，一本接一本地读下去。"⑤ 在阅读历史小说的同时要有自己的感悟，认为阅读历史小说不仅是单纯地追求一点故事情节，而是要弄清楚历史的要素。因此，强调读书要"勤于思考"。又如陈淑玉在《忆

---

① 沈阳师范学院学报编辑部. 在茫茫的学海中［M］. 沈阳：辽宁人民出版社，1984：251.

② 周春元，王燕玉，张祥光，等. 贵州古代史［M］. 贵阳：贵州人民出版社，1982：2.

③ 周春元，何长凤，张祥光. 贵州近代史［M］. 贵阳：贵州人民出版社，1987：2.

④ 周春元，王燕玉，张祥光，等. 贵州古代史［M］. 贵阳：贵州人民出版社，1982：4.

⑤ 沈阳师范学院学报编辑部. 在茫茫的学海中［M］. 沈阳：辽宁人民出版社，1984：247.

周春元同志》一文中表述："周春元读大学后期，他在一个古庙借住了两年半，除了上课时间外，整日在古庙内苦读，即使严寒酷暑，也不中断。"① 可以说，周春元强调"读书需下苦功夫"。又如"晚年生病住院期间，他每天仍坚持读书、看报、记日记，一直到动手术前夕"②，用周春元自己的话来讲"真是活到第学到老，学无止境"③。在学习方法方面，主张"温故而知新，复习巩固是非常重要的"④，于反复阅读之后，摘出要点，再进一步写出心得体会笔记，如此方为读书之方法。在做学问之前，周春元强调必先"博览群书"，将读书之法分为精读和泛读，他强调："精读的书籍，如四史和《资治通鉴》之类，常置诸左右，经常翻阅反复诵读；与泛读书籍，浏览而过，分别看待。"⑤ 此外还强调，在做学问之前，也必先要有一种理论作为研究学问之指导，他认为"马列主义、毛泽东思想，确是学习历史的指导思想，是最锐利的思想武器"⑥，同时强调"马列主义水平只有在实践中逐步提高，纸上谈兵，是不行的"⑦。因此，可以说，周春元"孜孜以求和刻苦钻研"的学习态度可算是他一生治学精神的重要组成部分。

（三）言传身教，不辞辛苦

周春元自 1948 年暑假入黔以来，先后在贵阳师范学院（现贵州师范大学）担任工会主席、副教务长、教授。1950 年春，上级领导通知其上课，他便夜以继日地编写上课历史教材，在短短的时间内写成《中国通史》和《中国近代史》两门课的讲稿，编写历史教材的原因除缺乏专门的历史教材以外，更重要的是当时革命形式发生了重要变化。吴雁南写到"革命形式的迅猛发展，促使人们学习许多不熟悉不理解的东西，更需要在改造客观世界的同时，改造主观世界"⑧。因此，编写历史教材更多是适应时事的需要。直到 1953 年史、地分系被正式任为贵阳师范学院历史系主任，责任更加重大。由于史、地分系不久，

---

① 陈淑玉. 忆周春元同志［M］//中国人民政治协商会议贵州省委员会，文史资料委员会. 贵州文史资料选辑（第 29 辑）. 贵阳：贵州人民出版社，1988：243.

② 陈淑玉. 忆周春元同志［M］//中国人民政治协商会议贵州省委员会，文史资料委员会. 贵州文史资料选辑（第 29 辑）. 贵阳：贵州人民出版社，1988：243.

③ 沈阳师范学院学报编辑部. 在茫茫的学海中［M］. 沈阳：辽宁人民出版社，1984：252.

④ 沈阳师范学院学报编辑部. 在茫茫的学海中［M］. 沈阳：辽宁人民出版社，1984：246.

⑤ 沈阳师范学院学报编辑部. 在茫茫的学海中［M］. 沈阳：辽宁人民出版社，1984：250.

⑥ 沈阳师范学院学报编辑部. 在茫茫的学海中［M］. 沈阳：辽宁人民出版社，1984：252.

⑦ 沈阳师范学院学报编辑部. 在茫茫的学海中［M］. 沈阳：辽宁人民出版社，1984：252.

⑧ 吴雁南. 周春元教授与贵州史学［J］. 贵州师范大学学报（社会科学版），1985（3）：1-6.

师资相对较缺乏，为能够按照中央指示合理地完成教学计划，周春元便不辞辛苦同时担任中国通史、中国古代史、中国近代史、中国现代史、中国史学史、史学名著选读、历史教学、历史文选等八门课程，而且每门课程教材全都是由他自编讲义，令人惋惜的是这些讲稿大部分都毁于"文化大革命"时期。周春元除对教学十分负责以外，在培养研究生方面，也是做到了言传身教与尽心尽责。据陈淑玉《忆周春元同志》中表述："他亲自动手排课，每周给研究生上两三次课，并指导他们阅读地方志选读，批改听课笔记，指导重点理解贵州地方志的代表著作，以吸取营养。"① 即使是病魔缠身，也不离开教学岗位。直到1984 年周春元在贵阳逝世，时任贵阳师范学院党委书记何才华同志在周春元遗体告别会上给予充分的肯定，强调："周春元同志对党忠诚老实，言行一致，克己奉公，密切联系群众，积极承担各项任务，努力工作，兢兢业业，勤勤恳恳，任劳任怨，教学成绩显著，学术造诣较深，深受师生们的尊敬和爱戴，为贵州教育事业贡献了毕生的精力；在住院期间，还念念不忘党的事业，临终前夕还要求回院工作，真是做到了鞠躬尽瘁，死而后已。"②

（四）坚守初心，服务四化

周春元生于辛亥革命时期，经历过北伐战争、国民党统治时期、抗日战争时期、"文化大革命"时期、改革开放时期等几个重要历史阶段，一生可谓是历经坎坷，受尽磨难，然而丝毫没有减弱他对党的热爱之情，丝毫没有动摇他对共产主义事业的坚定信心。时至 1937 年抗日战争全面爆发，此时正是他刚进入大学就读的第一年，由于日本帝国主义的侵略和国民党军队的节节败退，迫使他大学后半期的学习在一座古庙中度过，大学毕业后又过上了颠沛流离的生活。抗日战争胜利后，蒋介石执意发动内战。此时的周春元任湖北师范学院教师，由于受到国民党反动派当局的种种刁难，被迫离开学校，后经过多方奔走以后，来到贵阳师范学院史地系任教。时至 1949 年上半年由于国民党反动派的倒行逆施，贵州爆发"三反运动"，周春元亦走上街头参加运动。到 1949 年 11 月 14日贵阳临解放前夕，为防止国民党反动派破坏学校，又参加"护校运动"。周春元经过实践和亲身经历逐渐意识到中国共产党的伟大正确性。用周春元《自传》原稿中的话来说："从新旧社会的对比中，认识中国共产党确实是从解放全人类

---

① 陈淑玉. 忆周春元同志 ［M］//中国人民政治协商会议贵州省委员会，文史资料委员会. 贵州文史资料选辑（第 29 辑）. 贵阳：贵州人民出版社，1988：240.

② 陈淑玉. 忆周春元同志 ［M］//中国人民政治协商会议贵州省委员会，文史资料委员会. 贵州文史资料选辑（第 29 辑）. 贵阳：贵州人民出版社，1988：245.

的远大理想出发，处处为人民谋福利，成为全国人民的领导核心。"① 因此，萌生出要坚定入党的决心。虽然，在"文化大革命"时期，遭受到一定的迫害，但他仍然选择相信党。据陈淑玉在《忆周春元同志》中表述："周春元尽管身在逆境，但他坚信共产党、坚信共产主义。"② "四人帮"被粉碎以后，更加坚定了他对党的热爱和对共产主义的信仰，于是向党组织再次递交入党申请书。1984 年 6 月 30 日在中国共产党建党六十三周年前夕，经过党组织批准，他正式成为一名光荣的中国共产党党员。因此，他激动地对陈淑玉说："我要加倍努力工作，为社会主义四化建设做出应有的贡献。"③ 又如他入党之后满怀喜悦赋诗所云："残年风烛有余热，四化鹏程敢献身。"④ 这是周春元晚年心声的真实写照，他将学术研究与祖国四化建设有机结合起来，希望能够为祖国四化建设做出自己应有的贡献，正如由他主编的《贵州近代史》正是一部适应四化建设需要而涌现出来的地方史专著。因此，可以说，永远跟着党走是他坚守的初心，服务四化建设是他晚年学术研究的主要目的和追求，直到他去世时还惦记着党的建设事业。

二、周春元的治史风格

周春元一生学术研究涉及领域较广，除地方史和魏晋南北朝领域取得一定成果外，对于史学研究领域也颇有成就，其《中国史学史》就是他晚年在史学方面的一部力作。相关史学研究论文主要有《论古史辨派的史学》《孔子的史学》《传体的起源、发展及其特点》《马克思主义史学在中国的传播》等。他治史的原则和方法是坚持历史唯物主义，用"辩证、考据、归纳、整理"的方法去分析历史和解决问题，实事求是地做出结论和判断。因此，可以说，周春元正是在坚持这样的原则和方法指导之下，才逐渐在治史领域的实践中形成富有自己特色的治史风格。

（一）坚持辩证，揭示规律

周春元著史具有一定的原则性，对待任何问题和史学评价都是辩证地看待

① 吴雁南. 周春元教授与贵州史学［J］. 贵州师范大学学报（社会科学版），1985（3）：1-6.
② 陈淑玉. 忆周春元同志［M］//中国人民政治协商会议贵州省委员会，文史资料委员会. 贵州文史资料选辑（第29辑）. 贵阳：贵州人民出版社，1988：238.
③ 陈淑玉. 忆周春元同志［M］//中国人民政治协商会议贵州省委员会，文史资料委员会. 贵州文史资料选辑（第29辑）. 贵阳：贵州人民出版社，1988：239.
④ 陈淑玉. 忆周春元同志［M］//中国人民政治协商会议贵州省委员会，文史资料委员会. 贵州文史资料选辑（第29辑）. 贵阳：贵州人民出版社，1988：244.

和分析，以防止主观臆断，认为只有坚持辩证唯物主义和历史唯物主义的基本原则、观点和方法，才能正确揭示史学发展规律。其编著的《中国史学史》正是一部用辩证唯物主义和历史唯物主义的基本原则、观点和方法编著的，其旨趣意在揭示中国史学发展的规律。这本书在开篇前言部分就指出我们学习中国史学史的目的在于"了解中国史学发生和发展的过程，并从长期发展过程和复杂变化中，认识中国史学发展规律"①，认为"历史发展规律是客观存在的，史学家只有深入钻研，找出规律，忠实地反映出来，才是真正的责任。"②。同时，强调"历史研究不是为了考证零零碎碎的史实，而是在考证史实的基础之上，运用唯物主义的观点，寻找历史发展规律"③。因此，他强调"史料不是理论的脚注，理论不是史料的标签，史料要融化在理论之中，务必论从史出，史论结合"④，只有坚持这样辩证的观点，才能在史料和考证中揭示历史规律。

（二）继承发展，开拓创新

周春元著史和治史不是因袭旧章，而是既有继承，又有创新。继承之处在于著书的体例和编排采用当时较为普遍认可的章节体编撰，每章节之下又分别言某一时期的政治、经济、文化的具体发展情况。首先，继承司马迁撰史修"表"的惯例。如在《贵州古代史》书后附有《贵州古代大事年表》和《中国历代地方区域统属简表》，在《贵州近代史》中附有《国民党统治时期贵州行政区划表简表、区域等级简表》和《1840—1949 年贵州省主要官职表》，在《南北朝交聘考》后附有《南北朝交聘表》等，附表之目的正如刘知几说："使读者阅目便读，举目可详。"⑤ 创新之处在于《贵州古代史》的编著开创系统研究贵州古代社会的先例，克服以往以革命运动史来代替通史编著的倾向。其次，在《中国史学史》中他将中国史学发展划分为"八阶段"（具体见本书目录）和"六类型"。所谓"六类型"，强调中国史学发展大致经历六种类型，即先秦原始史学、封建主义史学、爱国主义史学、革命史学、资产阶级史学、马克思列宁主义史学，认为中国史学的发展是一个从原始走向科学的过程，即"中国的原始史学，开始于孔子《春秋》；具有系统理论的史学，开创于刘知几的《史通》；而科学的史学开始于马克思列宁主义传入以后"⑥。因此，其史学观点独

---

① 周春元. 中国史学史［M］. 贵阳：贵州师大学报编辑部，1989：1.
② 周春元. 关于打破王朝体系问题［J］. 学术月刊，1961（11）：46.
③ 周春元. 中国史学史［M］. 贵阳：贵州师大学报编辑部，1989：245.
④ 沈阳师范学院学报编辑部. 在茫茫的学海中［M］. 沈阳：辽宁人民出版社，1984：252.
⑤ 周春元. 中国史学史［M］. 贵阳：贵州师大学报编辑部，1989：24.
⑥ 周春元. 中国史学史［M］. 贵阳：贵州师大学报编辑部，1989：3.

具特色，自成体系。

(三) 广收群籍，考订史实

用"广收群籍"的治史方法来考订史实是周春元治史的一大风格，认为考订史实问题的前提条件是要广收群籍，用多角度分析的视角来分析史实问题，做到追根溯源和广参互证，从而论证结论的正确性。周春元对史实问题的考订大致集中在古夜郎问题、李白流放夜郎问题、红岩古迹问题、党争问题、号军起义问题等方面，考证这些方面尤其以考证李白流放夜郎问题为最优，其论文《李白流放夜郎考》史实清晰，论证严谨，实事求是地考订了李白流放夜郎的问题。① 该篇论文采取的考证方法最主要是"广参互证，以诗证史"，从五个角度分析了李白流放到夜郎的真实性。第一，用新旧《唐书·李白传》中记载的文字做对比；第二，列举李白流放到夜郎的一些诗句，总共16首；第三，从李白同时代的诗文角度分析；第四，从隋唐法律论证；第五，从当时法律的观点去分析，论证李白是按规定时间被贬到了夜郎。周春元除了从这五个角度论证李白流放夜郎的史实真实性，还充分论证和剖析了之前学者对李白流放的错误观点，《李白流放夜郎考》是一篇在考订历史史实问题方面值得肯定和借鉴的重要代表性论文。此外，周春元在考证方面的代表性论文还有其硕士论文《南北朝交聘考》，全篇论文结构分为导言、溯源、交聘、聘使、聘仪、结论六个部分，文末附有交聘、聘使、司宾各表。具体来看，导言部分主要阐明了有此作之原因和所用之材料，其原因是"混乱，而割据，而对峙，趋于混同融合之故，实则南北交聘，有有以促成之"②，其考聘所用之材料"自当以当时聘使撰记为珍贵"③。溯源部分阐明了南北朝交聘之大历史背景，用南北朝时期各国之政治、经济、军事、地理之现状，来论证了当时"南人不能恢复中原，北人不能具有江东"④，然后终成"南北对峙之局"的重要历史原因。交聘部分则论证和阐述了南北朝时期交聘的目的具有军事性、政治性、经济性、文化性等四个主要方面。军事性交聘目的主要是"内求自存，外则远交近攻"⑤ 或以"窥视敌情"；政治性交聘目的则主要有"宣国威、正舆论、干内政、请缓兵"⑥；经济性交聘

① 周春元. 李白流放夜郎考 [J]. 贵阳师范学院学报，1981 (2)：30-37.
② 周春元. 南北朝交聘考 [M]. 贵阳：贵州师大学报编辑部，1989：249.
③ 周春元. 南北朝交聘考 [M]. 贵阳：贵州师大学报编辑部，1989：250.
④ 周春元. 南北朝交聘考 [M]. 贵阳：贵州师大学报编辑部，1989：266.
⑤ 周春元. 南北朝交聘考 [M]. 贵阳：贵州师大学报编辑部，1989：274.
⑥ 周春元. 南北朝交聘考 [M]. 贵阳：贵州师大学报编辑部，1989：279.

目的则是南北"互市特产"①；文化性交聘目的则是"沟通南北文化"② 的交流。聘使部分则是论证和阐述出任交聘的人选，论证强调"凡选定之聘使，必系容止可观，文学优瞻，才辩著称者"③。聘仪部分则是论证和阐述交聘过程中的一整套交聘礼仪，包括交聘前、交聘中、交聘后的全部礼仪。结论部分则概括前面主要内容，阐明了交聘止于隋唐的统一。综其以上内容来看，其考证之方法主要是对交聘史实的一一罗列，然后进行分析、整理和归类，是一篇名副其实的"考证严谨、论证翔实"的考证方面的力作，为以后学者研究魏晋南北朝时期提供了可参考和借鉴的考证经验和史料。

三、周春元历史教学思想

周春元历史教学思想集中体现在由他主编的《中学历史教学法》一书中，该书主要涉及的内容有中学历史教学的主要任务、内容、教学过程、基本方法、历史知识的复习与评定、补充教材、课外活动、教师备课、教师进修、教学手段现代化、历史专题教学法、高等师范历史学生教育实习等十二个方面，是一部理论化和实践化相结合的重要历史教学著作。现就选取以下三个方面来谈谈周春元的历史教学思想。

（一）历史教学注重爱国主义教育

爱国主义教育一直是我们国家历史教育中的优良传统，是历史教学的重要目的和最终归宿。周春元认为历史教学"就是历史教师在历史教学过程中，讲授历史科学的基本知识，检查与巩固这些知识，培养学生一定的技能与技巧，同时进行社会主义与共产主义、爱国主义与共产主义道德等思想教育，以完成教学任务的方法"④。因此，周春元认为要加强爱国主义教育，就必须要重视历史教育，认为在历史爱国主义教育中，历史教学是最主要的一个环节。认为历史教学的任务是"它既要传授历史知识，开发学生的智力，又要对青少年进行五讲四美三热爱的教育，培养其高尚情操"⑤，主张通过讲授"历史知识的丰富内容，启发青少年的民族自豪感，培养民族自尊心，奠定爱国主义的思想基

---

① 周春元. 南北朝交聘考 ［M］. 贵阳：贵州师大学报编辑部，1989：285.
② 周春元. 南北朝交聘考 ［M］. 贵阳：贵州师大学报编辑部，1989：288.
③ 周春元. 南北朝交聘考 ［M］. 贵阳：贵州师大学报编辑部，1989：326.
④ 周春元. 中学历史教学法 ［M］. 贵阳：贵州人民出版社，1986：1.
⑤ 周春元. 中学历史教学法 ［M］. 贵阳：贵州人民出版社，1986：前言1.

础"①。同时，他又强调进行爱国主义教育的重要性，认为"爱国主义教育，是亿万人民为中华崛起而奋斗的精神支柱；是亿万人民建设繁荣富强的社会主义祖国的强大动力"②。可见，进行爱国主义教育，既是中学历史教学本身的要求，同时又是建设社会主义精神文明的需要，是我国处于任何时期都不能放松的教育内容。

（二）历史教学注重补充教材的运用

统编中学历史教材的编写往往针对的是全国性的，因而在编写的过程中是不可能将历史上发生的一切事件出现的一切人物，不分影响大小，都一一罗列进去，并做详尽的叙述。由于统编教材有此缺陷，因而加强对中学历史课的补充教材的开发是非常必要的。在由他负责主编的《中学历史教学法》第七章中，将中学历史课的补充教材归纳为以下五类，即"马克思主义经典著作类、考古材料类、历史文献资料类、文艺作品类、乡土教材类"，并且对五类补充教材在中学历史课堂中的运用做了详细而又具体的阐述。为避免论述空泛，现以书中阐述的乡土教材类为例，来论述其在中学历史教学的具体运用情况。首先，指出乡土教材在中学历史教学中的作用主要体现在以下三方面：其一，补正全国的历史，认为"乡土的历史总是或少地具体反映祖国的历史"③。其二，乡土教材是对学生进行爱国主义和革命传统教育的重要读物，认为"对学生进行爱国主义和革命传统教育，从乡土教材入手，不仅效果大，而且收效快"④。如贵州的遵义红色会址。其三，乡土教材可以开发学生的智力和运用知识的能力，认为"地方史资料能够帮助历史教师提供许多历史形象，并帮助学生通过地方史的形象，想象过去全部历史图画，进而形成历史概念"⑤。如明代贵州屯田制。其次，指出乡土教材的内容和使用方式，认为乡土教材包括有文字记载的史料、一切有历史的实物材料和民间口头神话传说等，使用方式则通过古迹、地方图书馆和博物馆、专题讲座、教学等方式体现出来。最后，指出在历史教学中运用乡土教材应该注意的问题是要明确乡土教材的地位只是起补充作用，教学还是要以统编教材为主，不能打乱教学计划，要充分做到知识与思想教育、史料

① 周春元. 中学历史教学法［M］. 贵阳：贵州人民出版社，1986：前言 1.
② 周春元. 中学历史教学法［M］. 贵阳：贵州人民出版社，1986：26.
③ 周春元. 中学历史教学法［M］. 贵阳：贵州人民出版社，1986：193.
④ 周春元. 中学历史教学法［M］. 贵阳：贵州人民出版社，1986：193.
⑤ 周春元. 中学历史教学法［M］. 贵阳：贵州人民出版社，1986：197.

与观点相统一，对运用于教学的乡土教材要慎重鉴别，考虑到史料的真实性和正确性。综其以上乡土教材运用案例，任何中学历史教学的补充教材都必须要有以上运用思维和处理方式，这样才会使补充教材在中学历史教学发挥更大的效果。

（三）历史教学注重与实际生活相联系

针对中学历史教学中有存在与实际生活相脱离的问题，周春元主张要用历史课外活动课来弥补历史教学与实际相脱离的问题，认为"通过历史课外活动，不仅使学生对课内学到的历史现象、历史事件、历史人物给予再复习的机会，而且能使学生对其理解更加深刻、准确，记忆更加牢固持久，还能培养学生熟练的运用历史知识和技能"①。与此同时，指出历史课外活动的实践形式主要有指导学生课外阅读、历史墙报和历史简报、参观、历史集会、组织观看历史电影和戏剧、开展历史问题竞答、制定直观教具等七种形式，通过这些历史实践活动形式不仅能够激发学生学习历史的兴趣，而且能更加有效地克服历史教学中与实际相脱离的问题。针对历史教师在教学过程中应该如何选择材料来联系现实的问题，他主张要遵循四大基本原则，即"目的性、科学性、系统性、量力性"。目的性是指在运用某一材料来联系现实的时候，首先要考虑为什么服务不能盲目和漫无边际的乱联系；其次要弄清楚服务的目的有几个；最后应将直接的教学目的和间接目的严格区分开，以保证材料在运用中联系现实的准确性。科学性是指"应该严格要求遵守联系现实结合历史主义的原则，保持历史的真实面目，勿使古代的历史现代化，或是现实材料古典化，更不能为了某一特殊目的，歪曲历史，或是美化历史，丑化历史"②。系统性是指"要保持讲述内容的逻辑系统性与完整性，在联系现实时必须是用较少的话就能说的清楚，表达得透彻，以达到联系现实的目的"③。量力性指的是"联系的现实材料，必须是学生熟悉的，不是什么陌生的东西，教师一提便知，从而有助于正确的理解知识，这也是由已知到未知的认识过程"④。针对历史如何联系现实的方法，他总结为三种。一是从相同的史料内容中引申出来；二是对不同条件的历史现象，采取对比方式联系现实；三是从历史发展的源流上前后联系。因此，以上便是

---

① 周春元. 中学历史教学法 [M]. 贵阳：贵州人民出版社，1986：203.
② 周春元. 对历史课联系现实的讨论 [J]. 历史教学，1957（4）：44.
③ 周春元. 对历史课联系现实的讨论 [J]. 历史教学，1957（4）：44.
④ 周春元. 对历史课联系现实的讨论 [J]. 历史教学，1957（4）：44.

周春元在历史教学中注重与现实相联系的一些原则和方法，这不仅是他历史教学思想的重要组成部分，而且也是中学历史教学中需要遵循的重要原则和方法，是我们在当下历史教学中值得参考和借鉴的重要教学思想。

四、结语

综上所述，周春元一生兢兢业业，勤勤恳恳，逐渐在科研和实践教学中形成了富有自己特色的治学精神和治史风格。其治学精神主要以实事求是为治学之原则，以刻苦钻研为治学之态度，以言传身教为治学之榜样，以坚守初心和服务四化为治学之目的和追求。在治史风格上，坚持以辩证思维为治史之原则、以坚持继承与创新为治史之追求、以广收群籍和广参互证为考证之方法，其史学观点"八阶段、六类型"更是独具特色，自成体系。在历史教学思想上，尤为注重"爱国主义教育"，主张加强历史补充教材在中学历史课堂上的运用，对中学历史教学提出了要努力加强与实践相联系的要求。因此，通过探讨周春元治学精神、治史风格以及历史教学思想，不仅对我们治学和治史有着重要的启示，其历史教学思想更是在当下的中学历史教学中有着重要的参考价值。

贵州区域史研究

神圣性共餐与混合的食物①

石　峰*

人类学家华琛曾经对华南乡村社会的饮食文化"食盆"做了饶有趣味的研究，笔者在黔中屯堡村寨鲍屯也同样发现了类似于"食盆"的食物文化。本文在田野调查的基础上拟对黔中与华南的食物文化做跨地域的比较。黔中鲍屯村民在祭祖和抬汪公仪式中共享的食物，其基本特征是各种菜肴不是用碗或盘单独盛装，而是将之混合在一起，然后装在一个大盆里，一般 8 人左右围绕一盆菜聚餐。这种食物在当地并没有一个正式的称呼，笔者将之命名为"祭祀混合食物"。

一、共餐

饮食是人类学研究的一个核心主题，也是观察一个地方文化的最佳切入点。迄今，相关文献和学术积累蔚为大观，人类学家从不同的视角对不同民族和文化中的饮食做了深入的探讨，其中的主要观点已有学者做了详细的梳理和总结。其中，西敏司和杜博伊斯的梳理具有重要的参考价值。②

西敏司和杜博伊斯从跨文化的角度广泛而细致地梳理了几个热点问题，为饮食人类学的进一步探索提供了前期的知识基础。但结合本案例来看，其中饮食与仪式的主题与本案例极为相关，但人与人、人与神的共餐行为并没有作为他们的重点讨论对象。共餐字面上的意思是在同一桌上吃饭。在更广泛的一般意义上，它描述了在一个共同的物理或社会场合共同的饮食。在所有的文化中，

---

① 本文系国家社会科学基金项目"黔中屯堡'族一会'型汉人乡村社会研究"（批准号：15BSH098）阶段性成果。

* 作者简介：石峰（1967—），男，贵州石阡人，贵州师范大学历史与政治学院教授，主要从事人类学研究。

② MINTZ S W, DU BOIS CM. The Anthropology of Food and Eating［J］. Annu. Rev. Anthropol. 2002（31）：99-119.

吃饭都是一种社会活动,不可否认,共餐是人类社会性最重要的表达方式之一。虽然日常饮食可能形成一个相对稳定的核心参与者,特殊的共餐场合包括那些平时不一起吃或喝的人。早期的人类学家如罗伯逊·史密斯、涂尔干、列维-施特劳斯和玛丽·道格拉斯皆对共餐有过开创性的探究。直到今天,对于我们如何理解共餐作为媒介服务于边界维持机制中的共享的认知禁忌,他们的著述仍然是基础性的经典作品。在这些领域研究,主要集中在宗教、仪式和祭祀中的共餐行为。但日常生活中的世俗共餐多被忽略了。齐美尔很早就强调,共餐不只是在仪式的宴会中才能被理解。它也是分享日常食物的一部分。它是通过分享共同的饮食,一个人的生物性和"饮食的排他性自私"转化为集体社会经验。故此,在一部专门讨论共餐的文集中,学者们将分析重点集中在正式与普通膳食的分享,并将之等同为马塞尔·莫斯意义上的"总体的社会事实"。也就是说,它们同时呈现为社会的方方面面:经济、法律、政治、宗教、美学、道德等。该文集特别强调的是把分享平凡的饮食作为理解共餐实践的一个关键领域。在平凡的饮食中,以及在特殊的膳食中,包含性和排他性的政治——"美食政治"——扮演一个中心的角色。同时,研究表明所有的文化中都有控制共餐行为的观念和规则。排斥和包含在共餐中并不一定是绝对的范畴,也就是说,这并不一定意味着完全的排斥或完全的包含。在共餐中,人们可能部分被包含或部分被排斥在外。①

在该文集中,华人人类学家陈志明从跨文化的角度将共餐形式分为家庭共餐、亲属和社区共餐、仪式和宗教共餐、政治共餐、招待共餐五种基本类型。对于这些共餐的意义,陈志明认为:"家庭共餐是最基本的,所谓的招待共餐可被看作是家庭共餐在社会关系意义上的延伸。亲戚和社区共餐在社区层面十分重要,同时宗教性共餐一般是为了地方社区或者宗教社区而举行的。政治共餐更为广泛,官方和民间都可以为了一些政治目的来举行,这其中宴席的作用不可小觑,不仅仅是作为一种公开庆祝,宴席在加强团结、建立联盟以及巩固权力上的作用不亚于展示权力和地位。"②

关于最基本的家庭共餐,日本国立民族学博物馆石毛直道则将地区范围限定在东亚三国,也仅仅讨论家庭共餐的诸多问题。他认为家族是因性和饮食而组成的一个集合体。其中家族普遍具有饮食基本分配单位的功能,所以家族可

---

① KERNER S, CHOU C. Introduction [D] // KERNER S, CHOU C, WARMIND M. Commensality: From Everyday Food to Feast. London: Bloomsbury Academic, 2015.

② 陈志明. 共餐、组织与社会关系 [J]. 马建福, 马豪, 译. 西北民族研究, 2018 (4): 80-90.

以说是因共餐而组成的一个集体。在中国古代的饭桌文化，石毛将之概括为"席地食、筷子、个别型、空间展开型"，这种文化深深地影响了朝鲜和日本的传统饮食方式。但到了唐朝，椅子和桌子开始流行，配食方式开始由个别型转向由共同的食器来分盛食物的共通型配膳法。在过去，中国存在男女分别饮食的习俗。但这仅限于富裕的大家族，贫穷家庭则男女同桌进食。朝鲜半岛的传统饮食方式是坐在住宅地板上进食。且同样存在男女分别饮食的习俗。利用炕作为生活空间，以及基于儒家的家族秩序形成了朝鲜的饮食方式。在古代日本，其饮食方式可概括为"跪坐食、手食、共通型、空间展开型"。到了 7 至 8 世纪，由于受到中国和朝鲜的影响，日本的饮食方式变为"跪坐食、筷子、个别型、空间展开型"。日本饮食最显著的特征是个别型配膳法。此外，与中国和朝鲜相异之处是，日本家族无性别和世代相区隔的饮食规定，原则上，家族全体人员可以在同一个房间和同一时间共同进食。近代以来，随着类似中国八仙桌的"卓袱台"的出现，家庭全体成员围绕这种饭桌进食方式取代了传统的"膳"。尽管如此，配膳方式仍然是传统的个别型，即将所有的食物分盛在个人的食器中，再端放在"卓袱台"上。①

　　以上对饮食人类学及与本案例紧密相关的共餐研究做了简要的回顾。西敏司和杜博伊斯从整体上对饮食人类学做了全方位的总结和梳理，尽管他们提及的饮食与仪式主题涉及了共餐行为，但没有对此做深入的探讨。而在专门讨论共餐的文集中，学者们虽然广泛讨论了共餐的日常世俗形式，但其中的论文并没有完全忽视神圣性的共餐。比如，亚历山德拉·弗莱彻和斯图尔特·坎贝尔在第九章的论文《这是仪式，不是吗？多乌兹特普的停尸房和宴会》（*It is Ritual, isn't it? Mortuary and Feasting Practices at Domuztepe*）讨论了作为一种特殊共餐的仪式性宴会。② 在第十七章，英格维尔德·吉尔胡斯的论文《古代的礼仪餐和辩论》（*Ritual Meals and Polemics in Antiquity*）探讨了共餐在宗教饮食中的中心地位。该文考察了三个宗教团体，以及传统希腊罗马宗教中的仪式餐。宴会通常是一个或多个动物被屠杀的祭祀的最后一步；密特拉信徒的礼拜室是餐厅；圣餐是基督教的主要仪式；摩尼教最著名的仪式之一是发生在宴会桌上，等

---

① 石毛直道. 东亚的家族与饭桌文化 [J]. 中国饮食文化, 2006, 2 (2)：27-44.

② FLETCHER A, CAMPBELL S. It is Ritual, isn't it? Mortuary and Feasting Practices at Domuztepe [D] //KERNER S, CHOU C, WARMIND M. Commensality：From Everyday Food to Feast. London：Bloomsbury Academic, 2015.

等主题。① 显然，作为人类学经典论题的神圣性共餐并没有失去其学术魅力。陈志明对共餐形式的分类具有极大的参考价值，其中的亲属和社区共餐、仪式和宗教共餐皆关涉神圣性共餐。石毛直道对家庭共餐的细致研究，让我们明白了共餐的基本原则，因为其他类型的共餐原则皆来自家庭共餐形式。本案例的讨论主要集中在神圣性共餐，因为讨论的饮食主要发生在鲍屯的抬汪公和祭祖仪式场合。当然，通过与华琛的华南研究进行对话与比较来展开论述时，其中会涉及非神圣性共餐形式。在共餐中，食物的混合性将是讨论的焦点，这将会为共餐研究提供一个新颖的独特案例。

二、命名与位置

陈志明划分的家庭共餐、亲属和社区共餐、仪式和宗教共餐、政治共餐、招待共餐五种基本类型在汉人社会中都能发现。汉语中有两个日常语言充分反映了食物的社会意义。即"伙食"与"独食"。伙者，大伙/伙伴也。其意自明，不需做过多解释。"独食"是其对立面。前者具有强烈的社会意义，后者则是反社会的行为。共餐在西南官话地区民间还被称之为"打平伙"，意谓共享食物的"大伙是平等"的。

这里我们主要讨论鲍屯的仪式和宗教共餐，因为仪式参与者分享的食物具有十分鲜明的特点。但这类共餐与亲属和社区共餐多有重叠，但也不完全重叠，后文再详细讨论。就仪式涉及的范围而言，抬汪公是整个村子的事务，超越了家庭和宗族，而鲍氏祭始祖则只是鲍氏宗族之事务，但超越了鲍氏各房的小家庭。在抬汪公和鲍氏祭始祖的仪式场合，照例祭祀完毕便是共餐。共餐的食物是将刀头肉（猪肉）、鸡肉、豆腐、青菜、茨菇等食材分别在大锅里炒好后，再混合在一个小盆里，然后十人左右自由组合为一"桌"，大家围绕这盆混合的食物一起共餐。华琛研究的华南类似的混合食物，被当地人称为"食盆"，② 但鲍屯的这种混合食物原先并没有正式的名称，后来才被称为"一锅香"。但屯堡乡村所在的黔中安顺市还有另一种被称为"一锅香"的食物。后者的食材、做法和场合皆与前者大不一样。一位安顺籍大学生向我详细描述了"一锅香"的做法。从他的描述来看，鲍屯祭祀时的混合食物与"一锅香"唯一的共同点就是

① GILHUS I. Ritual Meals and Polemics in Antiquity [D] //KERNER S, CHOU C, WARM-IND M. Commensality: From Everyday Food to Feast. London: Bloomsbury Academic, 2015.
② WATSON J. From the Common Pot: Feasting with Equals in Chinese Society [M] // JAMES L, RUGIE S. Village Life in Hong Kong. Hong Kong: The Chinese Univerty Press, 2004: 105-124.

把不同的食材混杂在一起。但不同之处显而易见。就食材而言，"一锅香"有五花肉、腊肉、土豆、白菜、豌豆尖、粑粑等，鲍屯祭祀时的混合食物有刀头肉（猪肉）、鸡肉、豆腐、青菜、茨菇等。就做法而言，"一锅香"仅仅将肉类先炒好，其他食材则以生菜的形式与熟肉混合在一起，鲍屯祭祀时的混合食物各种食材都先炒好再混合在一起；"一锅香"需要加水炖煮，而鲍屯祭祀时的混合食物则不需要炖煮。就食用的场合而言，"一锅香"主要局限在家庭范围内，再延伸到家外的普通餐馆，宴席不会食用"一锅香"，因而是一种世俗的日常食物；鲍屯祭祀时的混合食物主要在集体祭祀时食用，没有延伸到其他场合，因而是一种神圣性的食物。因为两者在形式上的一点相似，鲍屯祭祀时的混合食物后被村民称为"一锅香"，这无疑是较晚的称呼，也即是说，在家里共餐的"一锅香"名称在前，鲍屯的"一锅香"在后。换言之，在被称为"一锅香"之前，鲍屯村民并没有为之命名的必要，可能有人问到这道菜叫啥名，村民才模仿前者将之命名为"一锅香"。为了便于区别两者，本研究将鲍屯的这类食物称为"祭祀混合食物"。当说到"一锅香"时，特指安顺作为日常食物的"一锅香"。

鲍屯祭祀时的混合食物并没有被屯堡乡村的民众看作是地方的代表性食物，也没有被外地人看作是屯堡乃至整个安顺市的代表性食物。比如，在一部鲍屯所在的镇志"饮食文化"一节中，其所列举的食物有：甑子饭（包括大米饭、苞谷饭、荞面饭、稗果饭）、糍粑、荞粑粑（包括水搅荞粑粑、锅烙荞粑粑、水汆荞粑粑、烙饼荞粑粑）、粽粑、清明粑、腊肉、血豆腐、酸辣椒、豆豉、霉豆腐、野生菜等。①

在一部地方学者撰写的全面反映屯堡乡村社会的著作中，当谈到屯堡饮食时，书中这样概括道："九溪的饮食习俗反映了屯堡饮食的特点：其一，饮食结构以水稻为主、杂粮为辅，加工食品多样。水稻以大米为主、糯米为次；杂粮包括玉米、麦子、小米、高粱和豆类。大米主要做成米饭作为主食，还加工成凉粉、米酒、米花，以及同糯米混合后磨成米面而蒸制成糕粑，糕粑耐储藏，吃法多样，食用方便，深受屯堡人喜爱。糕粑还可用专门模子印制成较小圆形或鱼形，在建新房上梁仪式中撒糕粑用，以及在婚礼习俗中用。其二，副食系列食品丰富多样，用干制、泡制、腌制等多种加工方法制成数十种副食品。其

---

① 贵州省安顺市西秀区大西桥镇志编纂委员会. 大西桥镇志［M］. 贵阳：贵州人民出版社，2006：408-414.

三，喜食辣味是屯堡饮食的特点，也是作为贵州饮食的特点。"①

安顺著名作家戴明贤先生在他的回忆录中也记载了民国时期安顺的地方食物：荞凉粉、油炸粑稀饭、油炸鸡蛋糕、碎肉豆沙包、松糕、糯米饭、酸菜粑、卷粉、贼蛛粑、肉饼、开花鸡蛋糕、甜糕、锅炸、水晶糕、一锅香等等。有趣的是，戴明贤先生详细回忆了民国时期"一锅香"的做法："一锅香"原名"一锅菜"。不同于生片火锅，而是把五六种菜蔬分别炒好后，拼摆于锅中，再加汤烩透。看似无奇，而味美迥异于诸菜分食。常在冬令饷客以此菜。宜入之菜有两类，一是鸡鸭猪肉，二是白菜、山药、红豆、油豆腐、冻菌、粉丝等。以肥鸭和冻豆腐为上选。"一锅香"的拼嵌有独特的讲究，白菜垫底，鸡鸭置于中央，其他品种各分两半，对角摆放，加汤略煮。② 戴明贤先生的回忆与那位安顺籍大学生的描述大同小异，不过戴明贤先生所回忆的"一锅香"的做法似乎更地道些。

以上对屯堡乃至整个安顺市饮食文化的研究和回忆皆未提及鲍屯祭祀时的混合食物，至少说明这种食物并不常见，且不在日常生活中食用，尽管其具有崇高的神圣地位。

三、起源

华琛对华南"食盆"的起源进行了专题探讨，但他不是从历史事实的角度进行考证，因为缺乏这方面的史料。由于史料的缺失，他转而从地方传说中解读其意义。这个传说的内容大体如下：乾隆皇帝厌倦了宫廷生活，多次穿着乡民服装去往乡村。一次，他到了广东，出席了佛山一家的婚宴，是典型的九道菜宴席。他非常饥饿，但口袋里没有银子。厨子非常慷慨地说："别担心，老朋友，我保证你能吃到所有的菜。"厨子分别将各种食材炒好，然后混在一口大锅里，再加上秘制香料。乾隆皇帝吃后，认为是乡间最美味的食物。他返回北京后，命令御膳房学做这道菜，但没成功。不得已，他命令最信任的大臣去佛山学习。大臣学成回宫后，立即给皇帝做了食盆。乾隆皇帝下谕旨，此后在宫廷重要的场合都要做食盆。根据华琛的调查，村民们坚持认为这是食盆的起源。作为学者的华琛当然不认为这是食盆的真正起源，不过他从这个传说中解读出了另一个含义，即村民们通过这则传说来表达追求社会平等的理念，食盆是社会等级抹平的机制和表现，因为乾隆皇帝屈身与平民共享食盆。这也是华琛华

---

① 孙兆霞，等. 屯堡乡民社会 [M]. 北京：社会科学文献出版社，2005：188.

② 戴明贤. 安顺旧事：一种城记 [M]. 2 版. 北京：人民文学出版社，2011：176-183.

南食盆研究的一个重要发现和结论。①

不过通过查阅文献和实地访谈，皆未发现鲍屯祭祀混合食物的起源线索，包括史实与神话传说。安顺的"一锅香"同样如此。如果不能从区域或地方去寻找起源的直接线索，那是否可以从整个中华文化的早期历史中去寻找呢？

汉学家胡司德在讨论中国早期历史中的食物与祭祀关系时，特别强调了烹饪与儒家的核心价值"和"的关系。在他看来，古代中国人认为食物有助于培养人的道德涵养。饮食与道德具有同等重要的地位。用食物奉养君主的身体也是维系君主的道德品质。只有当君主的口腹之欲得到满足和控制，并且享受到的是"正味"时，他才能做到以德治国、施行仁政。世俗政治层面的这个逻辑，胡司德认为同样可适用于超自然的鬼神世界。因为如果献祭不当或鬼神不满意时，就会施害于献祭者。古代疱人切割不同的食材，将各种食材的味道融为一体，这样的美食与每一种具体的食材和味道都不一样。早在商朝时期，古人就把辅佐君主的才能比喻为饮食上的"和羹"。

胡司德认为"和羹"的道德政治意义反映了"道德与心理的平衡感是从平和的饮食当中推演出来的。这种'和'的思想也适用于君主与臣下之间的关系"②。"和羹"除了具有道德政治的意义之外，同时还具有浓厚的宗教意义。《左传》引用了《诗经》中的四句诗："亦有和羹，既戒既平。鬷假无言，时靡有争。"这段诗描写了祭祖时，后人向祖先祭献"和羹"的场景。胡司德对此评论道："在这里，祭祀用的和羹同时也暗示参与祭祀的人员之间的和谐关系。祭献如仪，不仅抚慰了神灵，而且还消除了参加祭仪的人之间的不和谐的因素。这样他们就能够安静地、全神贯注地倾听神灵的回应。"③ 在古代中国，"和羹"通常与圣人或"庖厨"的形象联系在一起，同时"和羹"在各种祭品中也特别重要，其是将各种食材在礼器鼎中融合在一起。古人认为最有效的祭品是脱离了祭祀活动中每一种单独味道之上的那种无味之物。无味的羹在感觉上是中性的，因而是献祭给鬼神的最合适的祭品。因此，"祭祀之羹可食不可嗜。它已经

① WATSON J. From the Common Pot：Feasting with Equals in Chinese Society ［M］// JAMES L, RUGIE S. Village Life in Hong Kong. Hong Kong：The Chinese Univerty Press，2004：105-124.

② 胡司德. 早期中国的食物、祭祀和圣贤 ［M］. 刘丰，译. 杭州：浙江大学出版社，2018：61.

③ 胡司德. 早期中国的食物、祭祀和圣贤 ［M］. 刘丰，译. 杭州：浙江大学出版社，2018：62.

超出了每一种具体的味道。超越了人的冲动与欲望"①。

胡司德对早期中国食物与祭祀关系的探讨，为我们寻找鲍屯祭祀混合食物的起源提供了一些启发。正如他的研究认为，作为一种将各种食材放在鼎里融为一体的"和羹"，是早期祭祀时最恰当的祭品。至于"和羹"的具体做法是将各种食材以未加工的形式放入鼎里，还是分别将这些食材做好后再放入鼎里，史料未有详细的细节，对此我们不得而知。另外，"和羹"作为祭品献给鬼神和祖先之后，仪式参与者是否还以共餐的形式食用，史料也没提供这方面的说明。但我们可以推断，"和羹"除了作为祭品之外，也可能是共餐的食物。鲍屯祭祀混合食物至少在形式上与早期中国的祭品"和羹"极为相似。因为缺乏关于"和羹"的相关史料，我们无法将两者做详细的比较。但史学研究有一个方法，即在直接史料证据缺失的情形之下，研究者可以做合理的推论。因此，关于鲍屯祭祀混合食物的起源，我们可以在胡司德研究的基础上，推测其极有可能与"和羹"有关。尽管这个考证的证据链并不完整，但作为一种推论可以暂存一说。

四、社会抹平机制

华琛对华南食盆的研究最大的发现便是这种饮食方式看不出社会等级的区隔。首先，我们先来看看华琛对食盆的描述：

> 在下午规定的时间，我陪伴我的男邻居到达沙田最大的祠堂。我们在入口处等着，直到一行八人到达。我们其中一人靠近厨房，他端来一个盛满混合食物的木盆。每一个客人从一个盘子里拿一双筷子，然后自己去盛自己的米饭。饭盆被放在祠堂一个空闲的角落里。早到的客人在不满一桌八人的情况下就在厨房旁边已开始吃了。我不禁注意到香港乡村一个最富裕的人坐在一群农民和工人当中。我们的食盆放在地板上，我们八人围绕着地板上的食盆，大家一言不发从盆里夹菜。里面有猪肉、鸡肉、豆腐、萝卜和鱼。没有任何仪式表演；没有复杂的餐桌礼仪要遵守。每一桌都没有待客的主人，没有食客的排名，也没有尊贵的客人单独坐一桌。人们先来先吃。没有人发表讲话，也没有人提议祝酒。每个人各自吃自己的，吃饱就离开……

---

① 胡司德. 早期中国的食物、祭祀和圣贤［M］. 刘丰，译. 杭州：浙江大学出版社，2018：86.

字面上，食盆的意思是"吃锅"或"吃盆"；也许，最好的译法是"从同一口锅里吃饭。"当然，在中国其他地方也有类似的吃法，如"大锅菜"或"大锅饭"——一个大铁锅，里面的食物被一起煮成一团难以辨认的、很大程度上令人倒胃口的东西。这种食物通常在部队、学校和工作队里流行。食盆有两个突出的特征：一是宴席食物，不是日常食物；二是在食用之前，各种食材先各自烹饪，然后混合在一起。故意把通常分开提供的食物混合在一起是这种宴会风格的主要特点。①

华琛对食盆的描述及其对食盆特征的总结，如与鲍屯祭祀混合食物进行比较，我们会发现两者既有相同之处，也有相异之处。首先，两者都是将不同的食材事先烹饪后再混在一个盆里，但两者所用的食材有同也有异。食盆有猪肉、鸡肉和豆腐，鲍屯祭祀混合食物也有这三种食材，其他剩下的食材就各不相同了。虽然都有猪肉，但华琛没有进一步说明用的是猪的哪部分肉，而鲍屯祭祀混合食物却规定必须使用刀头肉。在中国文化中，刀头肉的界定通常有两种说法：一是刀头肉也叫年肉或大肉，长方形，每块长约5寸，重约半斤至1斤。其制作过程是将肉切成长条块状，连皮带肉，肥肉多瘦肉少，用菜刀从有皮的一边中部切开，但下部的瘦肉却要紧紧相连，这种欲断不断的连肉大多在过年的时候才享用，取其谐音，就叫年肉；二是宰杀猪的时候，第一刀就叫刀头，用于祭拜上苍和祖先的祭品，一头猪只有两个刀头，因此显得郑重和虔诚。不管如何，刀头肉是祭祀时的主要祭品之一。如果食盆用的不是刀头肉，那说明其不是作为祭品而被共餐。从华琛的描述来看，食盆主要在世俗宴席上食用，故符合陈志明所说的"亲属和社区共餐"形式。而鲍屯祭祀混合食物使用刀头肉，故符合陈志明所说的"仪式和宗教共餐"形式。这也关联到华琛总结的食盆的另一个特征，即两者都不是所谓的家常菜，而是为专门的场合制作的专门食物，只不过食盆是宴席上的食物，而鲍屯的混合食物则是祭祀场合的食物。

不过两者最大的相同之处在于都具有平等主义的品质。华琛在上面的描述中提到了一个细节，即他发现有一个富人与一群农民和工人不分彼此地坐在一起共享食盆。这提前暗示了他在后面要讨论的论文主旨。不同民族通过饮食来反映和强调社会关系，是过往人类学家反复论及的一个主题，也是饮食人类学

---

① WATSON J. From the Common Pot：Feasting with Equals in Chinese Society ［M］// JAMES L, RUGIE S. Village Life in Hong Kong. Hong Kong：The Chinese Univerty Press，2004：105-124.

的基本出发点。在中国这样的高度分层的"复杂社会",理所当然地被人类学家认为食物反映了社会等级的安排。而华琛对华南食盆的研究却得出了相反的结论,即使在高度分层的"复杂社会",饮食也有平等主义的倾向。他对话的人类学家是杰克·古迪。古迪发现在非洲平等社会,相应地其食物也尚未精致化,食物和烹饪方式比较简单。而在高度分层的"复杂社会",如欧亚大陆许多国家,其食物和烹饪方式却趋于复杂化和精致化。在他看来,两地食物的差别其实就是社会关系差别的表达。其中,中国是他主要的案例和讨论对象。比如,古迪写道:"菜肴的分化清楚地体现在论中国烹饪的书面作品中。在唐朝,甚至在更早时期,出现很多以食物准则闻名的书籍,它们构成了有关食物的权威文本。这些并非烹饪书,而是饮食的指南,其主要意图是指导精英成员如何正确地制作营养均衡的菜肴。"① 其他人类学家也有类似的观点,如张光直所说:"他们(中国人)用食物来表达语言,而这种语言构成了每次人际互动的一部分。在中国饮食文化的每一个细分领域中,食物被再次以不同的方式来表达在人际互动中所涉及的精确的社会差异。"②

在华南地区,精英化和高等级的菜肴比比皆是,这当然与该地区是经济富庶区有极大关系,在历史上社会分层明显,产生了许多宗族领导人、地方商人和地主。但食盆作为一种较低级的食物却得到普通村民的支持,华琛称为"一种有意识地保持的低级烹饪形式"③。食盆作为一种食物的味道和烹饪方式显然是对精英饮食模式的颠倒,原因是它提供了一种社会的抹平机制,即共享食盆的所有人皆平等。在其他场合广东人的共餐秩序高度等级化:客人在主人前、老人在青年前、本家在外家前、官员在平民前、富人在贫民前等等。而在共享食盆时,所有的社会隔离皆被突破。就如同食盆中所有的食材混合在一起,所有阶层的食客也不加区别地混在一起。华琛最后得出结论说道:"共享这种低级食物的行为具有抹平阶级和地位差异的象征主义效果。甚至最富裕的商人和地方政客必须脱去他们的阶级外装,与他们的乡亲一起共餐——像其他人一样蹲在地上,从盆里夹菜,从中挑选一块满意的鸡肉。在我看来,这就是为什么新

① 古迪. 烹饪、菜肴与阶级 [M]. 王荣欣, 沈南山, 译. 杭州: 浙江大学出版社, 2010: 154.

② CHANG K C ed., Food in Chinese Culture: Anhropological and Historical Perspectives [M]. New Haven: Yale University Press, 1977: 16.

③ WATSON J. From the Common Pot: Feasting with Equals in Chinese Society [M] // JAMES L, RUGIE S. Village Life in Hong Kong. Hong Kong: The Chinese Univerty Press, 2004: 105-124.

界居民要保留食盆的原因：通过共享食盆，村民竭力忽视平时支配他们日常生活的地位差异，创造一种社会平等的幻象。"①

通过比较，鲍屯祭祀混合食物也具有华琛所说的平等主义倾向。在笔者无数次前往鲍屯调研期间，见证了多次抬汪公和鲍氏祭始祖活动，每次都要参加他们的共餐。抬汪公和鲍氏祭祖的混合食物没有任何区别，但在社会包含和排斥方面有些许不同。首先，我们来看烹饪食物和共餐的地点。抬汪公时的烹饪和共餐地点一般设在村小学院内，此地历史上是鲍氏祠堂所在地，破四旧期间祠堂被拆除后就被改造为村小学。学校前面就是汪公庙，此庙曾经也被拆除，但 20 世纪 80 年代左右又得到重建。为了便于仪式参与者一起共餐，所以烹饪地点就就近设在附近的小学院内。同理，鲍氏祭始祖时的烹饪和共餐地点就设在村后面鲍氏祖坟所在地。这两个烹饪和共餐地点都有一个共同点，即一个较为开阔的地带，而且离仪式场所的中心地和村子也近。这是一个重要原因，因为当笔者向村民询问祭祀其他祖先时，是否也是大家食用这种混合食物时，他们说其他祖坟离村子远，人也不多，地势狭窄，不便于摆放数量庞大的炊具，所以一般都是从家里带点简单的食物来食用。另外，烹饪和共餐地点还有一个地方就是在汪公庙内外。不过这不是在抬汪公的日子里，而是在由村内的"老佛头"主持的"会口"期间。因此，距离村子近和地势开阔是烹饪混合食物与共餐地点选择的两个基本条件。

其次，华琛所观察到的食盆体现的平等主义，鲍屯村民在共享祭祀混合食物时同样如此，如食盆"没有任何仪式表演；没有复杂的餐桌礼仪要遵守。每一桌都没有待客的主人，没有食客的排名，也没有尊贵的客人单独坐一桌。人们先来先吃。没有人发表讲话，也没有人提议祝酒。每个人各自吃自己的，吃饱就离开"②。这种类型的饮食方式可以名之为"无餐桌礼仪"的共餐。抬汪公时的烹饪和共餐地点一般设在村小学院内，因为这里紧挨着汪公庙。小学院子也是学校的篮球场。白天祭祀完毕后，晚上就在院内放电影或请歌舞团表演歌舞节目。因为这样的娱乐活动并不收门票，所以前来观看的观众不限于鲍屯村民，但以鲍屯村民为主。与鲍氏祭始祖的不同之处是，抬汪公时在小学院内的

① WATSON J. From the Common Pot: Feasting with Equals in Chinese Society [M] // JAMES L, RUGIE S. Village Life in Hong Kong. Hong Kong: The Chinese Univerty Press, 2004: 105-124.

② WATSON J. From the Common Pot: Feasting with Equals in Chinese Society [M] // JAMES L, RUGIE S. Village Life in Hong Kong. Hong Kong: The Chinese Univerty Press, 2004: 105-124.

共餐安置有饭桌，也即四方形的八仙桌，有少量的果汁类饮料，无酒类饮料。共餐的人围绕饭桌自由组合，每桌通常为八人，但并不都是八人，有的桌子坐的人可能多于八人，有的则可能少于八人。没有人作为待客的主人，华琛提到的几点，鲍屯也没有。几个饭桶放在不同的地方，大家吃完自己去盛。通常在陈志明所说的"亲属和社区共餐"形式，如婚礼、葬礼等共餐中，一般都会有一个人专门给客人盛饭，客人不用自己起身去饭桶里盛饭。除了这些因素外，最重要的是在共餐中社会等级差别不明显。参与抬汪公仪式的人员当中，具有较高社会地位的主要是村里的老人、经商致富之人和村干部，较高级别的地方官员很少参与进来。这些有较高社会地位的人没有专门为他们准备特定的饭桌和食用空间。在人多时，如果自己来晚了，那么哪桌有空座就加入哪桌，而且没有座次排位。同桌之人也没有对他们有什么正规的礼让行为。性别之分也不明显。鲍氏祭始祖时的共餐共享同样的饮食逻辑。有所区别的是，因为共餐地点在鲍氏祖坟所在的山坡上，所以没有安置饭桌，只有少量的塑料凳子。装有混合食物的盆子有的放在地上，有的则放在凳子上，大家围而食之。总之，从华南食盆和鲍氏祭祀混合食物的比较来看，两者皆具有平等主义的倾向，皆是社会的抹平机制。

值得进一步讨论的是，等级性食物和饮食方式与平等性食物和饮食方式之间的区别具有哪些指标。当然最大的区别指标是前者的食物更加精致化和复杂化，后者则相对简单一些。但我们在考察华琛研究的华南食盆和黔中鲍屯祭祀混合食物时，发现两者皆是"无餐桌礼仪"的共餐形式。换言之，在华南和黔中体现平等主义的共餐和等级性共餐之间的区别，其中一个重要指标便是有无餐桌礼仪。关于这个问题，在相关的饮食人类学研究中所发现的跨文化经验具有一定的普遍性。如古迪在非洲发现，在社会分化尚不明显的西非，那里的人在食用简单的食物时，缺乏考究的餐桌礼仪。他写道："在加纳北方的传统社会，各类成员所食用的食物几乎没有什么内部差异，不论是生食还是熟食。甚至一个像贡贾那样的国家，也只有简单的菜肴。……在前殖民时期的旅行者或早期行政官员的描述中，几乎找不到（菜肴）分化的证据。"① 而且"餐桌礼仪在吃的方面较不明显。当然，餐桌并不存在。盛有汤和粥的碗放在年长者的面前，而其他人带着他们的凳子（或蹲着，如果他们是男孩）坐在一起吃同一个

---

① 古迪. 烹饪、菜肴与阶级［M］. 王荣欣，沈南山，译. 杭州：浙江大学出版社，2010：133.

锅里的食物"①。

人类学家通常将餐桌礼仪视为文明起源的标志。如列维-斯特劳斯认为有无餐桌礼仪如同生食与熟食对立于自然与文化，他写道："专注于烹饪的轮廓，它有一个自然的方面，即消化，还有一个文化的方面，后者经由食谱一直到餐桌礼仪。实际上，食谱属两个范畴，因为它规定了对于自然物质的文化精制，而消化占据与之对称的地位，因为它在于业已由文化做过处理的物质再作自然的精制。至于餐桌礼仪，它差不多属于二级精制；在食物配制规矩上再添加上食用礼仪。"② 在列维-斯特劳斯看来，餐桌礼仪是一种更加文化的饮食方式，因为其属于"二级精制"。埃利亚斯在讨论西方文明的进程时，首先援用的例子便是就餐行为的变化，他认为欧洲就餐行为文明化在 18 世纪末开始出现，"18 世纪末，也就是法国革命之前，法国的上流社会达到了以后逐渐被整个文明社会视为理所当然的那种就餐风俗习惯的水准。……其中讲到了餐巾的使用，这在当时还只是一种宫廷的习俗，而以后则在整个文明社会、在市民阶级中普及了"③。中国古代圣人同样认为文明标志的"礼"起源于饮食。《礼记·礼运》篇曰："夫礼之初，始诸饮食。其燔黍捭豚，污尊而抔饮，蒉桴而土鼓，犹若可以致其敬于鬼神。及其死也，升屋而号，告曰：'皋某复'。然后饭腥而苴孰，故天望而地藏也。体魄则降，知气在上，故死者北首，生者南乡，皆从其初。"④

不论是列维-斯特劳斯对餐桌礼仪进行共时性的结构主义的分析，抑或埃利亚斯和中国古代圣人对之进行历时性的具有进化论色彩的探讨，皆不能解释华南食盆和鲍屯祭祀混合食物的"无餐桌礼仪"共餐的本质。从结构主义来看，华南食盆和鲍屯祭祀混合食物虽然"无餐桌礼仪"，但并非一种"自然状态"；从时间序列来看，华南食盆和鲍屯祭祀混合食物的"无餐桌礼仪"共餐并非处于具有"餐桌礼仪"共餐的前一个阶段。在华南和黔中，具有"餐桌礼仪"的共餐与"无餐桌礼仪"的共餐处于并置状态，两者是一种共时性的关系，而非历时性的关系。它们共时性地并置于一个文明社会之内，其存在的意义恰恰在

① 古迪. 烹饪、菜肴与阶级 [M]. 王荣欣，沈南山，译. 杭州：浙江大学出版社，2010：106.

② 列维-斯特劳斯. 神话学：餐桌礼仪的起源 [M]. 周昌忠，译. 北京：中国人民大学出版社，2007：463-464.

③ 埃利亚斯. 文明的进程：文明的社会起源和心理起源的研究 [M]. 王佩莉，袁志英，译. 上海：上海译文出版社，2009：109.

④ 礼记 [M]. 胡平生，张萌，译注. 北京：中华书局，2017：423.

于华琛所说的它是一种社会抹平机制。它与具有"餐桌礼仪"的等级性共餐是一种结构性的对立关系,但并不代表是一种"自然状态"。

五、包含与排斥

关于共餐的社会学意义,人类学家通常都有一个共识,即共餐是维持社会边界的一种机制。不论是神圣性共餐抑或是世俗性共餐皆具有这样的社会属性。正如《共餐》一书的编者所言:"在平凡的饮食中,以及在特殊的饮食中,包含性和排斥性的政治——美食政治——扮演一个中心的角色,如果经常被掩盖的话。福柯关于权力与身体关系的概念,表现在生物政治学上,变得很重要。共餐的政治层面首先包括它的包含和排斥方面,这在过去和现在的社会结构中都是如此重要(如在一个吃猪肉的社会里,不能吃猪肉会起到排斥作用),无论公私皆如此。第二,社会权力游戏中特定公共共餐行为的社会政治动机也涉及包含。第三,现代和过去国家也关心公民的健康和身体。"① 福柯的"权力观"当然具有一定的解释力,但我们在讨论共餐所蕴含的包含性和排斥性时,并不需要完全依赖福柯的理论。

黔中屯堡乡村社会的主体民族当然是汉族,虽然有的屯堡村寨也杂居有其他少数民族,但绝大部分屯堡村寨的民族仍是单一的汉族。鲍屯作为一个典型的屯堡村寨,其民族构成也是如此。鲍屯有一个邻村黄家庄,虽然是一个苗族村寨,但很少与鲍屯有过多的社会交往。因此鲍屯内部在饮食禁忌方面没有明显的界限,没有出现《共餐》一书所说的类似猪肉等食物上的禁忌,也就没有因这方面的禁忌所划定的不同的社会群体。换言之,鲍屯祭祀混合食物是所有参加仪式之人共同认可和可接受的食物。从这个意义上来说,鲍屯祭祀混合食物包含了作为一个社会单位的屯堡乡村的所有汉人。即使是周边的主要非汉民族,如苗族和布依族,对鲍屯祭祀混合食物也是可接受的,虽然他们不是鲍屯两个仪式的主要参与者。尽管从宏观上鲍屯祭祀混合食物具有区域社会群体的包含性,但从微观上具体到鲍屯这个村落来看,其也蕴含着包含性和排斥性。具体而言,抬汪公仪式具有包含性,鲍氏族人祭祀始祖具有排斥性。

鲍氏族人祭祀始祖后共餐时,参加者需要购买餐票。餐票的价格在 10 元到 15 元之间。在鲍氏祖坟的山坡上,专门设了一个餐票购买点。共餐时,一桌之人把餐票拿出来,其中一个人把收集的餐票交给装菜之人,然后此人就装一盆

---

① KERNER S, CHOU C. Introduction [D] // KERNER S, CHOU C, WARMIND M. Commensality: From Everyday Food to Feast. London: Bloomsbury Academic, 2015.

菜让这位交票的人端过来。显然，这张餐票就具有了排斥作用，也即是说，不买餐票就不能参加共餐。当然参加共餐的人主要是鲍氏族人，但偶尔也有外人。为什么鲍氏祭祖要卖餐票呢？我询问了主持祭祖的相关负责人。他们说祭祖的费用多是族中富有之人捐助的，有的食物也是族人捐献的祭品。混合食物中两种肉类相对昂贵一些，其他如豆腐、蔬菜相对便宜一点。所以购买食物的费用主要是花费在豆腐和蔬菜上面。在历史上，祭祖的费用主要出自作为公共财产的族产。现在则以现金作为主要来源，因为没有了族产。祭祖委员会也没有向族人收取费用（抬汪公时则要向每位村民收取费用），每位族人理论上是自愿参加祭祖仪式的，因此，如果不参加共餐也是允许的。每年清明祭祖如果剩有余钱，则自动留到下一年开支。当然，事先不向族人收取费用还有另一个原因，就是族人不仅仅包括鲍屯的鲍氏，外地甚至外省每年也有许多鲍氏族人前来祭祖。如果只收取鲍屯族人的费用，不收取外地、外省族人的费用，显然有些不合理。因此，就采取临时卖餐票的办法来平衡这样的关系。鲍屯的族人基本上都要参加共餐，更不用说外地、外省来的族人了。卖餐票的地点除了卖票外，还有一个任务就是统计参加共餐的人数，这个人数也是前来参加祭祖的人数。他们以卖出多少张餐票作为依据，在共餐的尾声会通过大喇叭向全体人员报告此年前来祭祖和共餐的人数。据说，前来祭祖和共餐的人数逐年上升。因为祭祖是某个家族宗族自家的私事，外人理论上不会参加，但如果不卖餐票，就会有外人来吃免费的饭菜，所以餐票客观上将外人挡在了鲍氏宗族的外面。族人购买餐票是一种义务，某种程度上具有社会强制性，同时也是仪式的要求，因为共餐是仪式的一个环节，如果不参加共餐，而是回到村里的家中自己做饭吃，就失去了祭祖的意义，因为族人一起共餐同时也是和祖先一起共餐，借此可以得到祖先的美好祝福。因此，鲍氏祭祖时共同食用混合食物，通过餐票的形式，共餐具有了社会排斥性，排斥的是鲍氏宗族之外的人。

有趣的是，同是食用混合食物，抬汪公时的共餐却不需要购买餐票。笔者在询问村民关于为什么鲍氏祭祖要收取餐票时，一并询问了抬汪公为什么不收取餐票。他们说，抬汪公不收取餐票，是因为在祭祀之前已向村里每家按人头收取了十元钱，所以每位村民都可以不用购买餐票来吃饭。除了每位村民交纳的费用外，还有村里富有之人的捐款，以及前来还愿的村里村外的人带来的公鸡之类的祭品。晚上的文艺表演据说就是富有之人花钱请来的。向全村村民收取费用，不分姓氏和性别，换言之，每位村民都是祭祀圈的成员，村民交纳费用也是他们的义务。祭祀组织通过这样的方式来确立村民的成员资格。鲍屯是一个一姓独大的杂姓村，"村庄至上原则"大于"宗族家族至上原则"，而"村庄至上原则"的具体体现就是汪公信仰和仪式。鲍氏祭祖出售餐票，就是以此形式将外族之人挡在外面；抬汪公不出售餐票，就是以此形式将全体村民包含进来。当然外族人如果买了餐票也可以参加鲍氏祭祖共餐，但这样的人微乎其微，不是共餐之人的主流；抬汪公共餐时，涉及的外人就不是以宗族家族为单位，而是以村庄为单位，即有可能外村来看"热闹"的人会参加免费的共餐，但这样的人也是微乎其微的，不是共餐之人的主流。

由此观之，鲍屯神圣性共餐的社会包含与排斥具有不一样的表现和取向。抬汪公时的共餐表现为包含的取向，而鲍氏祭祖时的共餐则表现为排斥的取向。这两种不同的取向无疑是由鲍屯的社会结构所决定的。当然，共餐的社会包含与排斥在某种程度上是一体两面的，即在一次共餐中有包含就意味着有排斥，有排斥就意味着有包含。如鲍氏祭祖共餐时，排斥了宗族之外的人，也就意味着包含了宗族之内的人；抬汪公共餐时，包含了鲍屯全体村民，也就意味着排斥了村外之人。但这里所说的两种共餐各自的取向不同，是局限在鲍屯村内而言的，具有一定的相对性。换言之，鲍氏祭祖共餐时，强化了村内不同姓氏群体的社会边界，而抬汪公共餐时，强化的是村庄作为一个整体的社会边界。最后，正如上文所言，鲍屯的神圣性共餐并不存在食物禁忌问题，所以两个仪式场合共餐规定的社会边界并非如陈志明所说："共餐与其说被用来作为接纳或者排斥的工具，不如说是一个反映食物禁忌如何影响社交的隐喻。"①

六、作为集体的隐喻

通过比较研究，我们发现华琛研究的华南食盆和鲍屯祭祀混合食物具有许多异同点，在上文我们已做了详细的讨论。但华琛对华南食盆的集体性尚未做明确的探讨，关于这个问题，有必要通过鲍屯祭祀混合食物来做进一步的讨论。涉及大规模人群的神圣性共餐与其他小群体的共餐之区别，布洛克在研究马达加斯加梅里纳人割礼仪式中的烹饪和共餐时，有过仔细地观察和比较。

聚集在割礼仪式的群体代表着整个同类群和未分化的扩大家庭，尽管它和这两个都不对应。从他们一开始到达，所有的行为都是统一的，一起吃，一起整理头发和衣裳，一起烹饪；就目前而言，他们是一个整体。

在这个仪式（割礼）中的烹饪和日常生活中的烹饪不一样。这不仅仅有丰盛的食物，这主要是指"一起喝牛油"——牛油是最高级的食物——而且烹饪

---

① 陈志明. 共餐、组织与社会关系［J］. 马建福，马豪，译. 西北民族研究，2018（4）：80-90.

是在户外由男人共同操作的。正常的烹饪是每一家在室内无一例外由女人来操作的。相反，在仪式中，一个大灶在户外搭建起来，一群男人在一个大锅里烹饪，这些大锅是由 55 加仑的汽油桶改装而成的。烹饪过程中伴随着下流的玩笑和男人聚会的气氛。当许多客人到达后，烹饪好的食物被分配到布置在有支架的桌子上。

一群男人在户外烹饪食物和单个女人在户内烹饪食物的对立，这也是割礼仪式象征意义的基础，因为户外与作为整体的同类群相关，反之，户内与女人、个体、亲属和分离相关。①

梅里纳人仪式中的共餐所体现出的集体性与鲍屯祭祀共餐有极大的相似性。但也有不同程度的差异。从布洛克的描述来看，他们的仪式性共餐有几个基本的元素，主要有：户外搭建炉灶、汽油桶改装的大锅、厨师是男人、喝高级食物牛油。这些元素使他们的仪式性共餐具有了集体主义的属性。而与之对立的是代表个体主义的家庭烹饪，其中最主要的特征是女人主厨。与梅里纳人的社会相比较，鲍屯地方社会共餐的层次和类型要复杂一些。这些共餐的层次和类型主要表现在：首先是最基本的家庭共餐，通常来说主厨是家里的女主人，但不排除个别男主人作为主厨。这当然代表的是分化的小家庭，这个小家庭以"灶"作为象征符号，即一个"灶"代表一个核心家庭。而且这样的"灶"被修建在户内，具有永久性。其次，是陈志明所说的"亲属和社区共餐"，他说："血亲或是同一社区的成员在节庆、致哀或者共同的宗教仪式上都会见面。在庆典中通常会有欢迎宴会，或者其他形式的聚餐宴请。这种庆典带有欢乐气氛，所以一般都要举办宴席，至少要有某种形式的共餐，譬如家里添丁的庆祝仪式或者结婚的庆典仪式以及其他亲属和社区集会总有共餐安排，甚至有些文化中的葬礼也安排共餐。亲属和社区共餐表现并加强了社区内部的社交关系。"② 如果我们用布洛克所列举的标准来看，这类共餐与梅里纳人有相似之处。在鲍屯这类共餐主要是婚礼和葬礼，一般也是在户外搭建一个临时炉灶，也有用汽油桶改装的炊具，主厨的也是男人，女人一般打副手，如洗菜和切菜，菜肴也丰盛。这两类共餐有两个相同的特征，即都存在餐桌礼仪和分盘（或分碗）盛装菜肴。亲属和社区共餐同样具有集体主义的属性。但这种集体主义与更具有广度的祭祖和抬汪公共餐在菜肴方面有所区别。后两者共餐与前者的共同点是在

① BLOCH M. From Blessing to Violence ［M］. Cambridge：Cambridge University Press，1986：51.

② 陈志明. 共餐、组织与社会关系 ［J］. 马建福，马豪，译. 西北民族研究，2018（4）：80-90.

户外搭建一个临时炉灶，有用汽油桶改装的炊具，主厨的是男人，女人一般打下手，如洗菜和切菜。但不同点是后两者共餐食用的是混合食物。

我们可以对鲍屯这三种共餐形式做一个比较。家庭共餐与亲属和社区共餐的主要相同点是都有餐桌礼仪和分盘（或分碗）盛装菜肴，不同点是前者在户内烹饪，女人主厨；后者在户外烹饪，男人主厨；前者的炉灶具有永久性，后者的炉灶具有临时性；前者代表分化的个体主义，后者代表未分化的集体主义。家庭共餐与祭祀共餐没有共同点，不同点是前者在户内烹饪，女人主厨；前者的炉灶具有永久性，后者的炉灶具有临时性；后者在户外烹饪，男人主厨；前者食用分盘（或分碗）的菜肴，后者食用混合食物；前者存在餐桌礼仪，后者不存在；前者代表分化的个体主义，后者代表未分化的集体主义。亲属和社区共餐与祭祀共餐的相同点是在户外烹饪、男人主厨、炉灶具有临时性，不同点是前者食用分盘（或分碗）的菜肴，后者食用混合食物；前者存在餐桌礼仪，后者不存在。因此，鲍屯祭祀共餐与家庭共餐及亲属和社区共餐的最大区别是，前者食用混合食物和无餐桌礼仪。而这个特征正是村庄内部集体主义与个体主义的区别点，虽然亲属和社区共餐也代表了集体主义，但这个集体主义不如祭祀共餐所代表的集体主义更为广大和更具有涵盖性。故此，鲍屯的祭祀混合食物是村庄集体主义的隐喻。鲍屯这种独特的食物类型也因此具有了特别的社会意义。反观布洛克对梅里纳人仪式共餐的观察，虽然他提到了"牛油"在仪式共餐中的重要性，但他没有进一步说明在日常生活饮食中是否食用牛油，而鲍屯混合食物并非日常生活中的食物，仅在祭始祖和汪公时才食用。

七、结语

华琛的华南食盆研究启发了本研究对鲍屯祭祀混合食物的关注。以上对两种食物类型的主要异同点做了较为详细的比较，同时对鲍屯祭祀混合食物的诸面向也做了讨论。两种食物的相异之处除了上文提及的之外，尚有其他几点值得在结论部分揭示出来，以便更加洞悉两地区域文化的差异。其一，华南食盆使社会过渡合法化。比如，华南地区的新娘在从娘家去往婆家的过渡时期，操办食盆宴是至关重要之事。如果没有食用食盆，其妻子的身份在民间风俗中便不具有合法性。同理，生儿子后举行"满月酒"也得操办食盆宴，以此来合法化一个男婴的社会身份。此外，通过操办食盆宴来合法化男人社会身份的场合还有续嗣之时。总之，在华琛调查的村落，类似的社会过渡场合皆得通过操办食盆宴来使社会身份的转化合法化。其二，食盆宴从过去在村里操办逐渐转移到在酒店操办。在酒店操办食盆宴最大的变化是出现了复杂的餐桌礼仪，相应地宴席中的社会等级现象也伴随而生。① 显然，华南食盆的这两个特征，鲍屯祭祀混合食物并不存在。对第一点而言，华南食盆作为合法化的方式无疑属于陈志明所说的"亲属和社区共餐"，鲍屯祭祀混合食物从不在亲属和社区共餐中出现，所以就不会作为社会合法化的方式。第二点其实是第一点的延伸，在华南以及之外的地区，过去许多在村里举办的亲属和社区共餐，如婚礼、葬礼的宴席，随着社会变迁都交给酒店来操办了。鲍屯祭祀混合食物不属于亲属和社区共餐，当然也就没有交给酒店来操办。

以上对华南食盆和鲍屯祭祀混合食物的相异之处做了补充讨论。本文首先考察了鲍屯祭祀混合食物的名称。尽管现在村民将这种食物称为"一锅香"，但与安顺的另一种被称为"一锅香"的菜肴并不是同一种类。因此，为了便于区分两者，本文将鲍屯的这类食物命名为"祭祀混合食物"。这类食物因为食用的场合具有局限性，因而在安顺的菜谱中没有占据一席之地。关于鲍屯祭祀混合食物的起源，没有相关文献和口述资料以资利用，但本文做了一个推论，即可能与早期中国祭祀食物"和羹"有关。鲍屯祭祀混合食物与华南食盆最突出的相同之处便是其也是一种社会抹平机制，以及皆是一种"无餐桌礼仪"的共餐。这是过往饮食人类学研究相对被忽视之处。鲍屯祭祀混合食物也具有共餐的一般特性，即通过包含性和排斥性来界定和维持社会边界。不过，在鲍屯的两类祭祀混合食物共餐中，鲍氏祭祖共餐偏向排斥性，而抬汪公共餐偏向包含性。最后，鲍屯祭祀混合食物的共餐与亲属和社区共餐具有许多异同之处，其中混合的食物和无餐桌礼仪这两个特征使之成为更大集体范围的隐喻。总而言之，鲍屯祭祀混合食物的诸般地方性特征为饮食人类学研究提供了一个独特的个案。

原文载《青海民族研究》2020 年第 3 期。

① WATSON J. From the Common Pot：Feasting with Equals in Chinese Society ［M］// JAMES L, RUGIE S. Village Life in Hong Kong. Hong Kong：The Chinese Univerty Press，2004：105-124.

明代贵州军事戍防体系考述①

罗 权*

贵州自古为蛮荒之地，虽自汉武帝开西南夷时已见诸史册，然历代多羁縻治之，不能实现直接管理，故宋太祖有"惟尔贵州，远在要荒"之语。② 元代在贵州境内设八番顺元等处宣慰司、播州宣慰司、思州宣慰司、新添葛蛮安抚司、乌撒乌蒙宣慰司、亦溪不薛宣慰司、普定路、普安路等行政机构，分属四川、湖广、云南三省，地多土司，中央权力的渗透亦较为有限。及至明朝，改变了历代贵州统而不治的局面，先后设立都指挥使司、布政使司、按察使司等机构，正式将其升级为一级行政区而由中央直接管理，广建卫所、州县，使这片长期游离于中央王朝统治之外的区域逐渐开始了内地化的过程。明代贵州省在经济上仍然十分落后，当地政府与军队的开支甚至不得不仰仗川、湖两省的接济，明代建省更多是出于其军事区位特殊性的考量。因此，对明代贵州军事戍防体系的研究，对了解贵州建省的意义、了解明代西南边疆治理等问题具有重要价值。

一、防御重心：以贵阳为中心，固守一线之路

明代贵州是两京十三省中省域面积最为狭小的省份。今黔北一带当时仍为播州宣慰司辖地，隶于四川行省；黔东南的广大地区，仍然属于未开化的"生苗"区域，中央权力无从进入；东部不少府县与湖广行省的卫所犬牙交错，辖

---

① 基金项目：国家社科基金项目"明清西南地区寨堡研究"（项目号17CZS041）

* 作者简介：罗权（1987—），男，贵州惠水人，贵州师范大学喀斯特生态文明研究中心（历史地理研究中心）副教授，历史学博士，主要研究方向为历史军事地理、西南区域史。学术兼职：贵州省史学会常务副秘书长兼办公室主任；贵州省地理学会历史地理专业委员会常务理事。

② 鄂尔泰，等. 贵州通志（卷33《艺文·宋太祖谕普贵勒》）［M］//中国地方志编委会. 中国地方志集成·贵州府县志辑（第5册）. 成都：巴蜀书社，2006：43.

区民户不多。故顾祖禹称，"贵州，蕞尔之地也"①。对于农耕社会来说，贵州的地理环境非常恶劣，"黔处天末，重山复岭，鸟道羊肠，舟车不通，地狭民贫，无论仕宦者视为畏途，即生长于黔而仕宦于外者，习见中土之广大繁富，亦多不愿归乡里"②。清初学人田雯亦指出：贵州，古荒服地也，东临荆楚，西接蜀粤，南倚滇云，亦西南至奥区也。虽华阳黑水列在方州，而毒溪瘴岭，蔽日寻云，一线羊肠，枭空切汉，行路之难，难于上青天。加以衣羽穴居，鸟言椎发之伦星罗而棋布，刻药矢响大黄，日寻于攻剽格斗，故虽以虞帝之圣，殷宗之贤，必七旬而后格，三年而后克，不甚难乎？

　　贵州境内山脉众多，重峦叠嶂，绵延纵横，山高谷深，气候复杂多变，阴雨连绵，有"天无三日晴，地无三里平"之称。③ 受地理环境制约，贵州不是适宜发展传统农业的地区。同时，贵州在明代以前为少数民族聚居地，经济生产以渔猎或原始的刀耕火种式粗放型种植农业为主，社会发展水平较低。其社会组织以土司制度为主，还有大片属于原始社会时期的"生苗"地界，中央权力无法渗透。直到明代，虽然中原地区已经发展成为先进而成熟的农耕文明区，但贵州仍是一片蛮荒景象，经济非常落后。故当洪武初年播州、贵州、金筑、程番等土司先后纳款于明后，中书省提出土司之地既入版图……即同王民，应当收其赋税时，朱元璋指出，"西南夷之地，自昔皆入版图，彼率先来归，所有田税随其所入，不必复为定额以征其赋"④。洪武二十一年（1388年）户部以贵州各处土司"恃其顽险，不服输送，请遣使督之"时，朱元璋又指出，"蛮人僻远，其知畏朝廷、纳赋税，是能遵声教矣！其逋负，岂故为耶？必其岁收有水旱之灾，故不能及时输纳耳。其所逋租，悉行蠲免。今宜定其常数，务从宽减"⑤。此后，户部定各地土司赋税，其数目并不多，占据黔西广大地区的水西土司岁输三万石，占据黔中腹地的金筑长官司仅输三千石。土司的土地并不丈量，而仅定其总数，致使周边所设州县之民人往往将土地投献于土司，以期得到政府免税的优待，致使贵州赋税大幅减少。直到万历十年（1582年）实行度田后，冒隐田籍的情况才有所改观，但田赋收入仍非常少，"黔省土瘠民贫，

① 顾祖禹.读史方舆纪要·贵州方舆纪要叙［M］.北京：中华书局，2005：5231.
② 陈法.定斋先生犹存集（卷5《黔论》）［M］.贵阳：贵阳文通书局，1924：50.
③ 王士性.王岳游草·广志绎［M］.周振鹤，点校.北京：中华书局，2006：323.
④ 明太祖实录（卷88）［M］.上海：上海书店，1982：1558.
⑤ 明太祖实录（卷188）［M］.上海：上海书店，1982：2823.

（税收）不及中州一大县"① 由于经济落后，仕者往往视若畏途，"其官于黔者，或不欲至，至则意旦夕代去，固无恤其然，乃士生其间，或谬自陋，通籍后往往籍其先世故里，视黔若将浼焉"②。

至于州县与土司以外的地区，则为处于原始部落阶段的各少数民族，明代一般称之为"生苗"，以区别于服从朝廷管理的"熟苗"。有明一代，"生苗"的数量远远超过"熟苗"，即所谓"生苗多而熟苗寡"③，"汉夷杂错，而夷倍徙焉"④。他们"有囤峒而无城郭，有头目而无君长，专事斗杀，何知仁义；语言不通，风俗各别"，明政府根本无力对他们实行直接统治。永乐四年（1406年），洪州泊里蛮夷长官司属地内少数民族攻劫临近州县，旋即表示顺服，有司请旨调军征讨，明成祖朱棣却称"驭夷之道，既服，舍之可也"⑤。这种思想贯穿了明代对西南原始部落阶段少数民族的态度，即"唯羁縻之，使不为乱而已"⑥。明代，贵州南部的广大地区都是"生苗"分布区，《黔书》指出："何为生苗？定番之谷蔺，兴隆、清平、偏桥之九股苗，都匀之紫姜，夭坝九姓九名，镇远之黑苗，铜仁之红苗，黎平之阳洞、罗汉苗、侗人也。此三者，苗之最为患者也。"这些地区让其服从尚且不易，更不可能让其缴纳赋税。因此，贵州并不拥有建省的经济基础，官员之俸禄、军士之饷银，其大半还需要依靠四川、湖广等临近省份接济。据考证，川、湖两省每年额解贵州之粮饷基本都维持在二十万石以上，还不包括大量的临时性摊派，这一数目超过了贵州土司认纳及州县田赋的总和。⑦

      贵州自古为少数民族聚居地，明代建省以后，虽然通过军事屯垦、招徕移民等手段吸引中原汉人进入，但仍然无法改变少数民族人数绝对多数的局面，故至万历年间，郭子章仍称贵州"民居其一，苗居其

---

① 陈子龙，等. 皇明经世文编（卷 419《郭子章〈播平善后事宜疏〉》）[M]//四部禁毁书丛刊编纂委员会. 四库禁毁书丛刊（集部第 28 册）. 北京：北京出版社，1997：408.

② 郭子章. 黔记（序）[M]//中国地方志编委会. 中国地方志集成·贵州府县志辑（第 2 册）. 成都：巴蜀书社，2006：7.

③ 郭子章，杨曾辉，麻春霞. 黔记·诸夷考释 [M]. 贵阳：贵州人民出版社，2013：8.

④ 郭子章. 黔记（序）[M]//中国地方志编委会. 中国地方志集成·贵州府县志辑（第 2 册）. 成都：巴蜀书社，2006.8.

⑤ 明太宗实录（卷 60）[M]. 上海：上海书店，1982：875.

⑥ 郭子章，杨曾辉，麻春霞. 黔记·诸夷考释 [M]. 贵阳：贵州人民出版社，2013：3.

⑦ 郑维宽. 明代贵州军粮来源考述 [J]. 贵州社会科学，1997（3）：91-97.

九，一线之外，四顾皆夷"①。这些少数民族在明代王朝势力进入以后，不满于生存空间的压缩，不断掀起反抗浪潮。在明军进入贵州之初，平伐、谷霞、谷浪等地少数民族就掀起了反抗斗争。② 云南平定以后，川滇黔一带之少数民族"犹桀骜不朝"③。在明军强大的武力震慑下，虽然大范围的反抗都在逐渐平复，但小规模的抗争仍然不断。万历以后，随着明王朝统治危机的加深，西南少数民族亦不断掀起波澜，播州之役，动用军队 20 余万，耗费白银 449 万两。④ 奢安之乱，成都被围百余日，贵阳被围二百余日，自贵州巡抚王三善以下高级将领死者枕藉。⑤ 纵观有明一代，贵州都时常面临严峻的军事形势，对于城市以外的地区，无法实行全面有效的管控。明朝管理贵州的方式，其核心思想是"控制一线之地"。

明朝在贵州筑城置官的初衷，就是为了使贵州境内各土司能够服从朝廷，保证入滇大道的畅通。洪武十五年（1382 年）正月，蓝玉等遣使报云南捷于京师，朱元璋就指出，若不能降服贵州境内土司，"虽有云南，亦难守也"⑥。随后贵州都司及布政使司等机构的设立，都是出于保障入滇驿道的目的，时人亦多有论述。王士性认为，"西南万里滇中，滇自为一国，贵竹线路，初本为滇之门户，后乃开设为省者，非得已也"⑦。"出沅州而西，晃州即贵竹地；顾清浪、镇远、偏桥诸卫旧辖湖省，故犬牙制之。其地止借一线之路入滇，两岸皆苗。"⑧ 顾祖禹论道："贵州自元以来，草昧渐辟，而山箐峭深，地瘠寡利，苗夷盘绕，迄今犹然。惟是滇南北上，必假道兹土。"⑨ 万历名臣李化龙在指挥平播之役中明确指出："盖贵州原非省会，只以通滇一线，因开府立镇，强名曰省。其实皆高山峻岭，军民无几，尚不能当他省一大府，有何名马方物，其谁

---

① 郭子章. 黔记（卷 13《止榷志》）[M] //中国地方志编委会. 中国地方志集成·贵州府县志辑（第 2 册）. 成都：巴蜀书社，2006：303.

② 明太祖实录（卷 87）[M]. 上海：上海书店，1982：1587.

③ 明太祖实录（卷 140）[M]. 上海：上海书店，1982：2213.

④ 刘利平. 明代"播州之役"军费考 [J]. 中国边疆史地研究，2012，22（3）：102–114，149.

⑤ 谷应泰. 明史纪事本末 [M]. 河北师范学院历史系，点校. 北京：中华书局，2015：146–158.

⑥ 明太祖实录（卷 141）[M]. 上海：上海书店，1982：2224.

⑦ 王士性. 王岳游草·广志绎 [M]. 周振鹤，点校. 北京：中华书局，2006：333.

⑧ 王士性. 王岳游草·广志绎 [M]. 周振鹤，点校. 北京：中华书局，2006：324.

⑨ 顾祖禹. 读史方舆纪要（卷 120《贵州一》）[M]. 北京：中华书局，2005：5243.

不知之?"① 贵州巡抚郭子章亦在奏疏中言:"贵州四面皆夷,中路一线,实滇南出入门户也。"②

湖广入滇大道之贵州段,自湖广都司所辖之平溪、清浪、镇远、偏桥诸卫开一线路进入贵州,经贵州都司辖下兴隆、清平、平越、新添、龙里、贵州、威清、平坝、普定、安庄、安南、普安诸卫,由亦资孔驿而达云南都司辖下之平夷卫,最终西达昆明。可以看出,明代贵州境内卫所除了赤水卫、毕节卫、都匀卫、普市守御所等少数几个卫所外,其他全部分布于入滇大道上(如图1)。

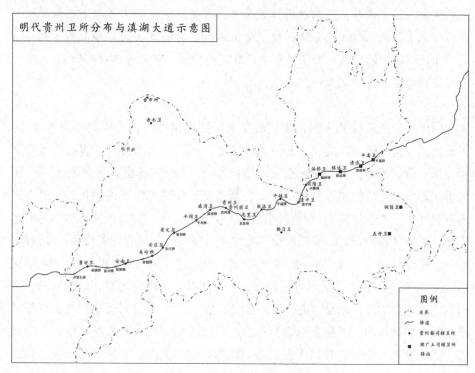

图1 明代贵州卫所分布与滇湖大道示意图

在一线之地的防御中,贵阳无疑是其枢纽。贵阳正位于贵州省中部,"东阻五溪,西距盘江"③,方便左右控御一线驿道。同时,贵阳地形险要,"山广箐

---

① 李化龙. 平播全书(卷一《奏议》)[M]//顾廷龙. 续修四库全书(第434册). 上海:上海古籍出版社,1995:275.

② 陈子龙,等. 皇明经世文编(卷419《郭子章〈播平善后事宜疏〉》)[M]//四部禁毁书丛刊编纂委员会. 四库禁毁书丛刊(集部第28册). 北京:北京出版社,1997:408.

③ 李贤,等. 大明一统志(卷88《贵州布政司》)[M]. 西安:三秦出版社,1990:1350.

深，重冈叠寨；富水绕其前，贵山拥其后，复岭四塞，为西南之都会；天府金城，滇楚之锁钥，蜀粤之藩屏"①。东西通达的地理区位，加上易守难攻的地理形势，是明朝选择贵阳作为控御一线之路枢纽的内因，也是贵阳最终能够成为省会的必备条件。在一线之路中，贵阳犹人之腹心，东、西诸卫所则如人之双臂。双臂不存则人不能战，腹心不守则人不能活。顾祖禹指出："（贵阳）府当四达之郊，控百蛮之会。一旦有警，则滇南隔绝，便成异域。故议者每以贵阳为滇南之门户，欲得滇南未有不先从事贵阳者。自滇南而东出贵阳，其必争之地也。"②

二、防御策略：分段防御，数省联合

明代设立贵州省，其目的是保障明王朝通往云南驿道的安全，以巩固其在西南的统治。当时的贵州"山箐峭深，地瘠寡利"，经济落后，交通状况也十分恶劣。同时，少数民族的叛乱持续不断，使明朝时常有顾此失彼之感。为了巩固贵州的统治，单纯依靠贵州一省难以奏效，必须打破省界的阻隔，建立数省联动机制，才能达到稳定形势之目的。永乐十六年（1420年）三月，"命都督梁福充总兵官，往来湖广、贵州，严饬兵备"③，此后贵州总兵亦称贵州湖广总兵，其职责就是协调贵州、湖广的军事防御。嘉靖二十九年（1550年）麻阳苗变，命都御史张岳讨平之，寻驻沅州，称为总督川贵湖北都御史。嘉靖四十二年（1563年）撤总督川贵湖北都御史，但为了统一管理贵、湖交界苗疆地带之军事，以巡抚贵州都御史，兼领湖北一道。此外，隶于湖广都司之清浪参将、隶于四川都司之川贵参将，其职责也主要是协助贵州军事戍防。贵州内部，则将兵力布局划分为四大区域，而总于贵州巡抚。四个区域分别为安平守巡道、贵宁守巡道、新镇守巡道和思仁守巡道。

安平守巡道，辖贵阳、安顺两府，普安、定番、镇宁、永宁等四州，普定、威清、平坝、安南、普安、安庄、龙里等七卫，新贵一县。此道与云南沾益州、广西泗城州接界，贵阳入滇大路从中穿过。为了统一事权，朝廷还赋予其兼制沾益、泗城两州之权。道设参政一员，从三品，驻省城贵阳，其副官为分巡安平威清兵备道副使，驻普定。参政与副使之下，设都指挥使体统指挥两人，一驻安庄卫，专管普安、安南、安庄三卫，普安、永宁、镇宁三州，以及关岭一

---

① 仁宗. 嘉庆重修一统志（卷500《贵阳府》）［M］//张元济. 四库丛刊续编·史部（29册）. 上海：上海书店，1984：103.

② 顾祖禹. 读史方舆纪要（卷121《贵州二》）［M］. 北京：中华书局，2005：5247.

③ 明太宗实录（卷174）［M］. 上海：上海书店，1982：1915.

所地方；一驻平坝卫，专管威清、平坝、普定三卫，安顺一府。明制，"度要害地系一郡者设所，连郡者设卫，大率五千六百人为卫"①。鉴于安平守巡道对保证入滇大道的重要性，七卫共设旗军48092名进行屯防，除了威清卫数额略少外，其他皆足额甚至超额，普安卫旗军数量甚至是一般卫所的两倍多。但是，明中期以后卫所旗军缺额的情况非常严重，景泰四年（1453年）贵州按察使王宪就曾奏称，"贵州卫所、站、堡、旗、甲军人往差逃亡，十去八九"②。原来旗军数量最多的普安卫，甚至损失了93.37%的军兵（如表1）。屯军数量的急剧减少，必然导致控御能力下降。

表1　万历年间安平道旗军数额变动表

	普定卫	威清卫	平坝卫	安南卫	普安卫	安庄卫	龙里卫
原额	6905	5100	5600	5600	13777	5599	5600
查存	2439	1815	2116	1201	913	1656	1212

资料来源：万历《黔记》

安平道的防御任务，主要是为了入滇大道的畅通，然自威清卫而西，除了驿道以北为贵州宣慰司（即水西土司）管辖，尚能约束部族外，驿道南部多为"生苗"区，劫夺商旅之事屡见不鲜。天启二年（1622年）贵州宣慰司反明后，驿道北部形势也变得严峻起来，各卫所"为水西所苦，其东又诸苗杂据，惟中一道通行耳"③。加之军队数量的急剧下降，安平道防御之难可想而知。明前期少数民族劫夺商旅尚属偶然事件，抢劫的对象也只是零星客商。明中期以后，商道劫夺的事件变得频繁起来，劫夺的对象甚至包括军官与士兵。一些土司甚至私设关卡，向来往的官商、军士征税，孤悬于黔西南"生苗"区的安笼所，自北门而出官道上，"俱系狼夷设抽蛮税，劫抢军商"④。同时，重兵驻防的卫所城池，由于戍防力量的削弱，也成为少数民族攻击的对象。与安顺府同治一城的普定卫，原来是屯军万余的军事重镇，明中期后由于军队大幅减员导致城池防御吃紧，城内西至东南一带人烟稀少，屯寨距离较远，多次发生少数民族

---

① 张廷玉，等. 明史（卷90《兵志一》）［M］. 北京：中华书局，1974：2193.
② 明英宗实录（卷225）［M］. 上海：上海书店，1982：4898.
③ 徐弘祖. 徐霞客游记［M］. 北京：中华书局，2010：377.
④ 郭子章，伍孝成，吴声军. 黔记·舆图志考释［M］. 贵阳：贵州人民出版社，2013：127.

搭梯入城行劫的事件。① 同时，城外各处军屯田地，也遭到抢夺，徐霞客在经过普定、安庄、安南各处时，就发现"各州之地，俱半错卫屯，半沦苗孽，似非当时金瓯无缺矣"②。

贵宁守巡道，辖贵州宣慰司，贵州、贵州前、毕节、乌撒、赤水、永宁等六卫，以及普市守御所。该道主要任务是控制川滇黔交界地区的彝族土司地区，故被授予兼制四川乌撒、东川、乌蒙、镇雄四土府及永宁宣抚司的权力。之所以贵宁道兼辖这一地区，除了因这些地区均为彝族土司分布区外，还出于粮秣补给的需要。四川乌撒、东川、乌蒙、镇雄等四府，每年需协济贵州本色粮14324 石、折色粮银 3100 两。四府属四川，贵州无权管理，故"每年解纳、不及十分之三"③。将其纳入贵宁道防区，正是出于筹集粮饷的考虑。隶四川布政使司的乌撒府，与隶贵州都司的乌撒卫同城而治，体现了明代"犬牙相制"的思想。该道设参议一员，从四品，驻乌撒，其副官有二：一为分巡贵宁毕节道兵备副使，驻毕节；一为都指挥体统指挥，驻乌撒卫，专管乌撒、毕节、赤水、永宁四卫，普市一所地方。乌蒙山区为彝族聚居区，"种类虽异，而其始皆出于罗罗，厥后子姓蕃衍，各立疆场，乃异其名曰东川、乌撒、乌蒙、芒部、禄肇、水西，无事则互起争端，有事则相为救援"④，土司力量强大，特别是永宁奢氏、水西安氏，盘踞川滇黔数百年，互相"倚为唇齿，时通姻娅"，对明朝造成严重威胁。天启元年（1621 年）奢崇明起兵反清，围成都百余日；次年安邦彦继起，围贵阳二百余日，掀起规模庞大的"奢安之乱"。此后直至明末，这一地区形势一直紧张。顾祖禹称："川南亦蛮夷渊薮也。西起乌撒，东抵平茶，回环不啻千里，跳梁之祸往往而起。万历以降，遵义、永宁之乱，其尤剧者也。而贵州诸境，与川南皆犬牙相错，不特平越掣遵义之肘，毕节掎永宁之足也。故出奇制胜，从事于贵州者，什恒居其五六。"⑤ 贵宁道管辖永宁、水西，又与播州接界，军事区位不言自明。为了控制这一地区，遏制强大的土司势力的发展，靠贵州一省之力无法做到，必须与四川协作，故明代设分守川、叙、泸、坝底及贵州迤西等处地方参将一员，驻永宁卫，为四川省下川南道属，因其兼辖贵

① 郭子章，伍孝成，吴声军. 黔记·舆图志考释 [M]. 贵阳：贵州人民出版社，2013：87.

② 徐弘祖. 徐霞客游记 [M]. 北京：中华书局，2010：376.

③ 陈子龙，等. 皇明经世文编. 卷 419《郭子章〈播平善后事宜疏〉》[M] //四部禁毁书丛刊编纂委员会. 四库禁毁书丛刊（集部第 28 册）. 北京：北京出版社，1997：478.

④ 太祖洪武实录（卷 192）[M]. 上海：上海书店，1982：2890.

⑤ 顾祖禹. 读史方舆纪要（卷 120《贵州一》）[M]. 北京：中华书局，2005：5241.

州迤西等处地方，又称"川贵参将"。贵宁道原有屯驻军 39196 名，明中期以后数额也呈现大幅减少的趋势，已不足万人。普市守御所甚至仅余 84 名，根本无法完成防御任务（如表 2）。

表 2　万历年间贵宁道旗军数额变动表

	贵州卫	贵州前卫	毕节卫	乌撒卫	赤水卫	永宁卫	普市所
原额	5704	6905	5567	6189	7468	5943	1420
查存	2833	2439	1211	1448	1088		84

资料来源：万历《黔记》

新镇守巡道，辖平越、都匀、黎平、镇远等四军民府，黄平、麻哈、独山等三州，余庆、湄潭、瓮安、清平、镇远、施秉、永从等七县，新添、平越、都匀、兴隆、清平等五卫，以及黄平所。这一地区东接湘西、南带广西，中有里古州未开化之生苗聚居地。作为苗疆腹地，"苗蛮环伺，乘间抵隙，每烦扑灭焉"①，故需要有大量兵力布置以弹压。道设参政一员，驻平越卫，副官为分巡新镇都清兵备副使一员，驻都匀卫。都指挥体统指挥一员驻平越卫，专管平越、都匀二府，瓮安一县，平越、新添、龙里、都匀四卫地方；都指挥体统指挥一员驻镇远卫，专管镇远一府，镇远、施秉二县，平溪、清浪、偏桥、镇远四卫地方。万历二十七年（1599 年）平定播州后，为防止其复叛，贵州巡抚郭子章在与播州地界接壤之兴隆卫题设分守兴黄参将一员，专管兴隆卫、清平卫、黄平州、黄平所、余庆县等地方。同时，还有归湖广都司所辖之分守贵州兼清浪参将一员，驻清浪卫，专管平溪、清浪、镇远、偏桥四卫及思州、镇远二府地方。②

元代以后，为了实现数省相互制衡的目的，一改前代以山川形便划分政区的方法，而以犬牙交错为主导思想。明因元制，在贵州境内设置了许多隶属于他省的实土卫所。贵宁道所属之镇远府与湖广都司辖下之镇远、偏桥、清浪诸卫，黎平府与铜鼓、五开两卫，所辖区域皆如锯齿般咬合在一起，而镇远府与镇远卫、黎平府与五开卫，更为同城而治。这样的结果必然导致事权不一，"平居无事，两省皆置之度外，一旦匪类窃发，有争杀抢掠之事，则两省互相推诿。"③ 加之贵宁道深入苗疆，更增加了防御的难度。以都匀府论之，"都匀之

① 顾祖禹. 读史方舆纪要（卷 120《贵州一》）[M]. 北京：中华书局，2005：5240.

② （明）陈子龙等. 皇明经世文编. 卷 419《郭子章〈播平善后事宜疏〉》[M] //四部禁毁书丛刊编纂委员会. 四库禁毁书丛刊（集部第 28 册）. 北京：北京出版社，1997：478.

③ 戴逸、李文海. 清通鉴（第 7 册）[M]. 太原：山西人民出版社，2000：2764.

为郡，不独部夷难驭，盖尤有邻患焉。东连草塘，西近泗城，南接南丹，北连平伐，四面皆警。势若蜂房，稍动则毒螫攒聚起。"① 为此，明廷令新镇道兼制湖广偏桥、镇远、铜鼓、五开等卫及广西南丹州。到了明中期，新镇道的军力也呈现大幅下降的趋势，军士逃亡严重，清平卫还发生了香炉山兵变，军士逃亡殆尽，后虽经重新招募，也仅剩屯操军士共306名（如表3）。

表3　万历年间新镇道旗军数额变动表

	新添卫	平越卫	黄平所	都匀卫	清平卫	兴隆卫
原额	5990	7017	1109	6674	9803	7137
查存	888	266	389	960	306	1023

资料来源：万历《黔记》

思仁守巡道，辖思州、思南、石阡、铜仁四府，并兼制湖广平溪、清浪二卫，镇算、麻阳等处，以及四川遵义府、酉阳宣抚司、邑梅洞长官司、平茶长官司等土司。内设分守思仁抚夷道参议一员，驻思南；分巡思仁石抚苗道兵备副使一员，驻铜仁。守备铜仁等处以都指挥体统指挥一员，驻平头司威远营，专管铜仁一府一县地方；守备思石等处以都指挥体统指挥一员，驻湄潭县，专管思、石二府，湄潭一县地方。此道之府县皆为永乐十一年（1413年）"改土归流"而设，其思州府、思南府、石阡府尚称平静，而铜仁府由于地处黔省与湖广苗疆之连接枢纽，成为贵州最难治之区。"其地高山峻谷，诸苗环处其中，苗性嗜杀，虔刘爇掠，无日不警。"② 万历间巡按御史冯奕垣论道：黔固夷薮也，而铜为甚。黔诸苗轻慓嗜杀，劫敛无宁时，势殊棘也，而铜之红苗为甚。铜僻处菁菁，面面皆苗，诸所聚庐而居，列坊肆而市者，较他方亦稍加焉。以故苗贼眈眈，日思乘一隙以肆啮噬于斯，而保障弗完，重关天险之谓何？彼狰狞者，举趾堂奥，一食顷为墟，顾不足深虑乎哉?③

明中期以后，湘西苗疆形势急剧恶化。嘉靖三十二年（1553年），明廷以贵州总兵加提督麻阳等处地方职衔，由贵阳移驻铜仁，令其节制镇算参将，督

---

① 郭子章，伍孝成，吴声军. 黔记·舆图志考释［M］. 贵阳：贵州人民出版社，2013：298.

② 万士英. 铜仁府志（卷1《方舆志·舆图》）［M］. 黄尚文，整理. 长沙：岳麓书社，2014：17.

③ 万士英. 铜仁府志（卷1《方舆志·舆图》）［M］. 黄尚文，整理. 长沙：岳麓书社，2014：16.

调两省汉土官兵，湖广镇箪、九永二守备，常德、辰州、沅州、九溪、永定、施州六卫，永顺、保靖、施南、散毛、五寨等土司，及四川酉阳、平茶、邑梅等土司悉听节制。万历二十七年（1599 年），播州之战爆发，贵州总兵移驻贵阳以便居中调度。次年平播后，改春、夏两季驻省城以防播州余部复起，秋、冬两季驻铜仁防苗。① 思仁道各府中，也是铜仁府布置的兵力最多。其他府县守城兵多不及百人，思南府的守军甚至只有民兵。② 铜仁府的守城兵力则为正规之标兵 1000 名。城池以外，还有大量民兵、募兵、苗兵等，并有龙里卫旗军协助防守，其兵力总数达到万余人。

三、防御据点：城池、关隘、寨堡、哨卡、驿站

明代贵州处于"汉少夷多"的局面，军粮又不能够自给，故其戍防并不能够面面俱到，而是采取守点为主、连点成线、连线成网的方式。面对"四顾皆苗"的局面，防御型聚落的营建就变得非常重要。明代的防御聚落，主要由城池、营堡、哨卡等构成。

洪武四年（1371 年），置贵州卫，隶于成都都卫，是为明朝军事力量进入贵州之始。③ 此时的明军刚经历统一四川、消灭明昇之役，尚须修整，且北面尚有蒙古的威胁，没有足够军力大规模筑城，贵州城亦只"因元旧址"。④ 洪武十四年（1381 年）平云南后，朱元璋决定加强贵州军事力量，筑普定城以保护入滇大道，筑乌撒城以镇乌蒙山区，筑沙溪城以卫黔北。次年，正式设立贵州都指挥使司，城池体系得以陆续建立起来。洪武二十年（1387 年），云南越州土司阿资反明，破普安州，各地少数民族亦纷纷起事，出现"蛮僚叛服不常"的局面⑤，平越卫甚至出现"管内堡寨士兵亦与官兵相拒"的极端事件⑥，贵州局势岌岌可危。为此，洪武二十二、二十三年间，朱元璋令延安侯唐胜宗等往云南训练军士，并在入滇沿线"置平溪、清浪、镇远、偏桥、兴隆、清平、新添、龙里、

---

① 郭子章. 黔记（卷 21《兵戎志》）[M] //中国地方志编委会. 中国地方志集成·贵州府县志辑（第 2 册）. 成都：巴蜀书社，2006：460.
② 郭子章. 黔记（卷 21《兵戎志》）[M] //中国地方志编委会. 中国地方志集成·贵州府县志辑（第 2 册）. 成都：巴蜀书社，2006：472.
③ 太祖洪武实录（卷 70）[M]. 上海：上海书店，1982：1308.
④ 史籍虽多有洪武五年都司马烨筑贵州城的记载，但贵州都司建立于洪武十五年，而马烨则是在洪武二十四年才由陕西调任贵州都指挥同知的，这一记载明显有误。参见：郭子章，伍孝成，吴声军. 黔记·舆图志考释 [M]. 贵阳：贵州人民出版社，2013：30.
⑤ 太祖洪武实录（卷 200）[M]. 上海：上海书店，1982：3005.
⑥ 太祖洪武实录（卷 199）[M]. 上海：上海书店，1982：2984.

威清、平坝、安庄、安南、平夷十二卫屯守"①，卫所城池纷纷建立，形成了诸多军事重镇。卫所城池建立的目的，就是以强大的军事力量控制交通，钳制贵州土司。由于防御任务重，卫城有城镇规模大、城镇高、以砖石为主、军事防御能力强的特点。永乐十一年（1413 年）思州、思南二宣慰司改流，置贵州布政使司后，一些府县城池也纷纷建立起来。但明代贵州的州县城池地位远不及卫所城池，有的府县为了防御需要，甚至直接设治于卫城，出现"卫所为主，郡邑为客，缙绅拜表祝圣皆在卫所"的局面，这是明代贵州城池的一大特色。②明前期贵州各卫兵力常在 5000 人以上，有的甚至多达万余，能够很好完成守卫城池的任务，对周边少数民族形成强大的军事威慑。万历二十八年（1600 年），平定播州，分其地一为播州军民府，属四川；一为平越府，属贵州。为了巩固贵州的统治，防止播州余部复起，贵州又兴起了新一轮城池建设浪潮，除了瓮安、湄潭、龙泉、余庆等新置县的城池纷纷兴建外，清浪卫、龙里卫、新添卫、平越卫、铜仁府、思南府、黄平州等的城池也进行了大规模修整，或易土以砖石，或增修水城、城楼、月城、垛口等防御设施（如表 4）。

表 4　明代贵州城池修筑情形表

城池名	修筑情况	城市形制	防御问题
省城	洪武初因元址建，万历九年、十三年、二十七年增修	周 1309 丈 6 尺 5 寸，高 2 丈 2 尺，基宽 2 丈，垛口 2243 个。城门楼阁 6 座 5 门，小月楼 15 座，水关 2 座，城铺 47 座	东西二门外人稀难守，北关外人烟稠密，议设外城
定番州	创自成化十三年；万历十四年知州范彬用石修砌	周 594 丈 5 尺，高 1 丈 3 尺，宽 1 丈 1 尺，垛口 719，城门楼阁 4 座，月城小楼 4 座，城铺 16 座	东、西二门设关固守。南门临水稍远，北门倚山人少难守
威清卫	洪武二十六年指挥焦琴筑；万历十三年副使郑秉厚砌拦马墙以石，筑月城	周 796 丈，高 1 丈 5 尺，宽 1 丈，垛口 1349 个，城门楼阁 5 座，小月楼 5 座，城铺 29 座	南门人户稍聚，东、西北三门人少难守，盗屡入城

①　明太祖洪武实录（卷 202）［M］. 上海：上海书店，1982：3028.
②　钟铁军. 释明代贵州之"州卫同城"［J］. 中国历史地理论丛，2004，19（1）：32-44.

续表

城池名	修筑情况	城市形制	防御问题
平坝卫	洪武二十三年筑	周 900 丈, 宽 6 尺, 垛口 1800 个。城门楼阁 4 座, 小月楼 1 座, 水关 2 座, 城铺 35 座	北门至西南户稀难守, 万历十九年盗入逾五次
普定卫 (安顺府)	洪武十四年安陆侯吴复筑土城, 嘉靖三十一年副使廖天明始砌以石, 加女墙	周 1257 丈, 高 2 丈, 宽 2 丈, 垛 2223 个, 城门楼阁 7 座, 小月楼 11 座, 水关 3 座, 城铺 55 座	西至西南人少屯寨远难守, 贼曾搭梯入城行劫
安庄卫 (镇宁州)	洪武二十五年指挥陆秉筑	周 780 丈, 高 1 丈 4 尺, 宽 7、8 尺, 垛口 1690 个, 城门楼阁 5 座, 小月楼 7 座, 水关 2 座, 城铺 42 座	北门外人户稀少, 东门外无人居住, 近城屯堡屡被苗夷烧劫
安南卫 (永宁州)	洪武二十五年指挥梁海建	周 797 丈, 平处高 1 丈 7 尺, 坡岭高 1 丈 3 尺, 宽 7 尺, 垛口 1622 个, 城楼 4 座, 月城小楼 4 座, 城铺 39 座	西、北门外无人居住, 跨山难守
普安卫 (普安州)	洪武十五年筑	周 497 丈 5 尺, 高 1 丈 8 尺, 宽 1 丈 6 尺, 垛口 1150 个, 城门楼 4 座, 城铺 28 座	随山崖而建, 陡峻多石可守
安南所	洪武二十三年筑	周 280 丈, 高 1 丈 5 尺, 宽 1 丈, 城门楼 4 座, 垛口 448 个	西门至北门人少难守
安笼所	洪武间筑	周 360 丈, 高 1 丈 3 尺, 垛口 629 个, 城门楼 4 座, 城铺 4 座	东门至北门无人户居住, 难守
平夷所	洪武二十二年筑	周 251 丈, 高 1 丈 5 尺, 城门楼 4 座, 冷铺 4 座, 垛口 310 个	西门至南门跨山无人栖止, 难守

续表

城池名	修筑情况	城市形制	防御问题
乐民所	洪武二十二年筑	周 225 丈，高 1 丈 2 尺，1 门，楼阁 1 座，城铺 10 座	—
毕节卫城	洪武十六年指挥使汤昭建排栅，三十年指挥李兴、李隆砌砖石，嘉靖七年建月城	周 741 丈 5 尺，高 2 丈 3 尺，垛 1648 个，城基宽 1 丈 5 尺，城楼 6 座，城铺 32 座	西北无壕，人烟稀少
乌撒卫（府）	洪武十四年建	周 1080 丈 2 尺，垛 1530 个，城基宽 2 丈，高 1 丈 2 尺，城楼 4 座，铺 29 间，兵马司 21 间	北门外人烟稀少难守
永宁卫（宣抚司）	洪武时，指挥使杨广与禄肇筑	河东城 441 丈，高 2 丈，城基宽 2 丈，垛 805 个，城楼 2 座，水关 2 座，铺 20 间；河西长 670 丈，高 1 丈 8 尺，城基宽 2 丈，垛 1225 个，城楼 5 个，水关 2 座，铺 30 间	大西门抵南门，跨山难守。其他倚水可守
赤水卫	洪武间建	周 692 丈，高 1 丈 8 尺，城基宽 2 丈，垛 1386 个，城楼 6 座，小月城楼 1 座，铺 40 座。东西二门外坡高 20 余丈	南门外倚水，北门外跨山开壕
赤水前千户所	洪武间建	周 320 丈，高 1 丈 4 尺，垛 327 个，城楼 2 座，铺 10 间	—
摩尼千户所	洪武间建	周 300 丈，高 1 丈 2 尺，垛 320 个，城楼 2 座，铺 10 间	—
白撒千户所	洪武间建	无城墙	—

续表

城池名	修筑情况	城市形制	防御问题
龙里卫	洪武二十三年指挥戴钦筑。万历三十一年，郭子章增高楼垛 1 尺	高 1 丈 7 尺，周 840 丈，垛 1400 余个。城门楼 4 座，城楼 5 座，城铺 20 间	西关有龙里站驿，人烟颇集，屡被苗劫
新添卫	洪武二十二年镇抚王璧建土城，万历十三年巡抚舒应龙等砌以石，二十九年行参政尤锡类等易土垛为石	1070 丈，高 1 丈 2 尺，城门楼 4 座	万历二十五年乡官率乡民袭城而入
平越府（平越卫）	洪武四年修；万历三十一年修水城	周 1400 丈，高 1 丈 5 尺，垛 1300 个，串楼 1032 间，城楼 5 座，月城 4 座，城铺 24 座间	—
黄平州	洪武初立土城。万历三十一年巡抚郭子章砌以砖石	高 1 丈 6 尺，周 1300 丈，垛口 1300 个，城门楼阁 4 座	—
瓮安县	万历二十九年改流设，参政尤锡类等筑	高 1 丈 7 尺，周 370 丈，垛 594 个	—
余庆县	万历三十年参政尤锡类等筑	周 317 丈 5 尺，高 1 丈 6 尺，城门楼阁 3 座，月城 2 座，水关 3 座	—
湄潭县	万历三十年参政尤锡类等筑	高 1 丈 5 尺，周 388 丈。城门楼阁 4 座，月城 3 座，水洞 5 处	—
都匀府（卫）	洪武二十七年平羌将军何福筑土城，后指挥黄铺砌石。万历二十一年副使朱熙洽将西城加高	周 1072 丈，高 1 丈，宽 2 丈，串楼 384 间，垛 620 个，城楼 5 座，月城、转阁、敌楼 8 座，城铺 15 间	—

续表

城池名	修筑情况	城市形制	防御问题
独山州	弘治七年建	无城墙	—
麻哈州	原筑土墙，嘉靖三十一年知州杨敏砌石，寻圮。万历十六年知州胡友禄砌以石	宽7尺，周400丈，高1丈2尺，垛460个，城门楼阁4座，月城2间，串房496间	—
清平卫（清平县）	洪武二十三年指挥司铎筑土城，万历四年参将侯之胄砌以石	城楼4座，串楼792间，垛792个	—
兴隆卫	洪武二十六年指挥张龙筑	高1丈3尺，周530丈，城门楼4座，城铺26间，串楼230间	—
偏桥卫	洪武二十二年康郡马筑	周1128丈，高1丈2尺，基厚1丈，外石内土，串房1100间，垛220个，城楼4座，西角敌楼1座，东水关1座	—
镇远府	万历二十七年，建敌台8座	无城，两侧设关	—
镇远卫	洪武二十二年筑	周927丈，高1丈3尺，宽8尺，垛口1872个，城门楼阁5座，城铺43间	—
施秉县	嘉靖四十二年知县詹大同筑，万历二十七年知县文嘉兆将周围垛口封塞	530丈，高1丈3尺5寸，宽1尺，垛口1026个。城门阁楼3座，城铺13间	—
石阡府	嘉靖元年建城，四十年甃以石	周606丈，高1丈8尺，串楼606间，垛口583个，城门楼阁水关各4座，无月城	—

续表

城池名	修筑情况	城市形制	防御问题
龙泉县	万历三十年参政尤锡类等筑石城	高 1 丈 7 尺，宽 1 丈 5 尺，周 361 丈，垛 720 个，城门楼阁 4 座，月城 4 座，水关 2 座	北门至西门一带人少难守
思南府	嘉靖二十八年知府李梦祥筑，万历二十七年知府修补	周 770 丈，高 1 丈 4 尺，宽 1 丈 4 尺，垛 1498 个，城楼 5 座，大水关 1 座，小水关 3 座，城铺 10 间，串楼 847 间	—
印江县	弘治七年改流设。万历间增修串楼	周 430 丈，高 5 尺 5 寸，宽 3 尺，垛 720 个，城上小楼 4 座，下竖门 4 扇	西门至北门，倚山寨分鸾远，人烟罕稀
务川县	旧土城，嘉靖二十四年知县刘敏之包石，万历二十年砌城垣	高 1 丈 7 尺，周 540 丈 5 尺，马道宽 9 尺，垛 162 个。城楼 4 座，水洞 4 座，城堡 6 座	西门二门外人户稀少难守
思州府	永乐十一年知府崔彦俊营土城，万历六年知府杨云鹍建包以石	周 320 丈，垛 445 个，城楼 3 座，高楼转角敌楼 4 座，铺 8 间，后山顶敌台厅 3 间	正统己巳陷于寇，嘉靖辛亥再陷
铜仁府	景泰二年知府朱鉴筑土城，嘉靖二十二年知府李资坤扩而砌之；万历三十年修砌郡城，并建铜仁县土城附于府城北	936 丈，垛 868 个，城楼 7 座，角楼 3 座，串楼 803 间	北门起由东门下南门人户稀少，难守
清浪卫	洪武二十二年傅友德筑，万历二十八年指挥朱维岳砌敌台 3 座	1364 丈，城楼 3 座，转角楼 2 座，串楼 1074 间，垛 1074 个，高 1~1.2 丈不等	—

续表

城池名	修筑情况	城市形制	防御问题
平溪卫	洪武二十二年指挥许昇筑	周1120丈，高1丈2尺，宽1丈2尺，垛951个。城门楼5从，月城3座，转角楼4座，得胜楼1座，水窦7处。城下有马道	景泰间红江苗万余抵卫西山围攻，指挥郑泰击败之，建楼为得胜楼

（资料来源：万历《黔记》、弘治《贵州图经新志》）

从表4可以看出，明代贵州卫所及府县城池处于十分严峻的军事压力下，不少城池曾经遭到少数民族的进攻，有的城池甚至有被多次攻陷的情形。因此，单纯的城池防御并不能有效控制这一新辟疆土，必须组织更纵深的防御体系，以拱卫城池安全，关隘、寨堡的设置正基于此。明代贵州的关隘，多设于城池附近险要之处，以便控制交通要道，并方便对城池进行支援。如都匀石屏关，"城西十里，林箐蒙密，通平伐、刚肘，夷贼出没为患，近年挖劫城路皆由此。知府杨德全议设哨守，一十三年知府王珽相度箐峡，立关设兵防御，最为雄踞所当世守之者"①。关隘分为两种类型，一种常设驻军，如贵阳城东南之新添关、鸦关，西北之响水关，皆设关城，以兵戍守。② 另一种则在军事形势紧张或战事发生之时，才派兵前往防御，临时增兵戍防。

明代贵州的寨堡，主要有控制交通要道、保护屯田两种目的。一些地位重要的堡寨，戍军数量较多，如安南卫的尾洒堡，万历时期仍有军兵448名。由于军事形势严峻，寨堡的数量也很多，如贵阳府辖区内著名的寨堡就有陆广河寨、赵官堡、孙官堡、青崖堡等，其中陆广河寨、青崖堡战略地位最为重要。陆广河寨位于贵阳城北120里之陆广河畔，居省城通往水西土司驻地大方之驿道上，其地有奢香所设"龙场九驿"之一的陆广河驿，并设有陆广河巡检司以镇之。天启二年（1622年）水西土司安邦彦围省城贵阳。明廷擢王三善为右佥都御史、贵州巡抚以讨之。十二月，明军复龙里城，解贵阳围，令总兵官何超渡陆广河直捣大方。次年正月，水西军大破明军于陆广，何超败逃，参将杨明

---

① 郭子章. 黔记（卷21《兵戎志》）[M] //中国地方志编委会. 中国地方志集成·贵州府县志辑（第2册）. 成都：巴蜀书社，2006：469.

② 郭子章. 黔记（卷21《兵戎志》）[M] //中国地方志编委会. 中国地方志集成·贵州府县志辑（第2册）. 成都：巴蜀书社，2006：460.

楷被执，姚旺等二十六将皆战死。① 安邦彦堑陆广以自守，成为水西军的重要据点，故《滇纪》载："陆广河有水口寨，又有陆广城，为水西要地。"② 直至崇祯元年（1628 年），兵部尚书朱燮元督川、湖、云、贵、广五省之军以讨之，才得以收复陆广，克大方。青崖堡即今贵阳市南之青岩古镇，自贵阳而南至定番州（今惠水县），沿都泥江（今涟江）两岸为地形平坦的坝子，是贵州境内水稻主产区之一，故明代于此建堡以卫军屯，《弘治贵州图经新志》载，"青崖，在治城（贵阳）南五十里，贵州前卫屯田其下"③。在贵阳府辖区内，其北面主要为水西土司控制，明廷无法插手，而南面自元代设置八番顺元宣慰司以来，农业垦殖就得到了较好的发展，明朝乃此设定番州、广顺州，是贵阳府最重要的粮食来源地。安邦彦围贵阳之时，即遣其党李阿二督四十八庄兵围青崖，断贵阳粮道。巡抚王三善于龙里破水西兵后，立即遣王建中救青岩，"焚贼寨四十八庄……定番路始通。"④ 崇祯十一年（1638 年）徐霞客游历至青崖堡时称，"是贵州南鄙要害，今添设总兵驻扎其内"⑤，可见其地位之重。除了军屯堡寨外，一些民中也修筑屯堡以便防御，这类寨堡的卫兵一般由百姓轮流充当，或自行出资募兵担任，如都匀府之杨家堡、乐乍堡、琵琶堡均为民屯，三堡共有义兵 100 名。如今贵州仍保留有大量的明代屯堡遗存，以安顺市最为集中，有天龙、云峰、九溪等 300 多个屯堡村寨，其服饰、语言、风俗、建筑等都保留有明显的明代遗风，并具有显著的军事寨堡特征。⑥

　　哨卡也是明代贵州防御的重要组成部分，各卫戍军除了部分屯驻城池、营堡外，大部分分散于各处哨卡。哨卡并不一定设城，绝大多数仅建立营房以盘诘过往客商，监视少数民族的行动，一般每哨人数在 15~30，设小旗、总旗、头目、把总、百户、千总、指挥等军官以统率之。明中期以后随着军事形势的恶化，这些单薄的兵力已很难控制地方，以数哨集结于一地进行集中防御成为趋势。如威清卫 15 哨中，平夷、尖山、关家、马场、平桥、黑泥、六寨等 7 哨俱团聚于黑泥哨为一大哨，委把总一员督管，而干塘、碗口、俞家、长凹、五岔岭、永靖、芦获、曾家等 8 哨则团聚于长凹岭哨为一大哨，委把总一员督

① 张廷玉，等. 明史（卷 249《王三善传》）[M]. 北京：中华书局，1974：6456.
② 顾祖禹. 读史方舆纪要（卷 121《贵州二》）[M]. 北京：中华书局，2005：5250.
③ 沈庠. 弘治贵州图经新志 [M]. 济南：齐鲁书社，1997：12.
④ 顾祖禹. 读史方舆纪要（卷 121《贵州二》）[M]. 北京：中华书局，2005：5252.
⑤ 徐弘祖. 徐霞客游记 [M]. 北京：中华书局，2010：371.
⑥ 翁家烈. 夜郎故地上的古汉族群落——屯堡文化 [M]. 贵阳：贵州教育出版社，2002.

管。① 卫所所属哨卡，其军士一般由卫所旗军担任，也有采取募兵形式的。州县哨卡一般以募兵为主，一些地区则由纳粮百姓承担，如永宁州马跑、阿邦、固郭、安平、阿里、沙营、黄毛、查城后、马安、顶营、慕役、阿由、黄土坡等13哨，军士全部为来自顶营、募役、沙营、阿里等处的粮民。② 少数民族也是哨卡兵士的重要来源，平坝卫的苗哨，即以当地土兵担任，他们的粮秣则是由士兵自种明朝分予的田地而来。铜仁府的哨卡军士中，也有很大一部分由苗、仲、革、瑶等族土著担任。③

由于明代贵州戍防最重要的目的是保障入滇大道的畅通，故而驿站的防御显得尤为重要，其军事戍防构成贵州军事防御体系的重要组成部分。各驿站一般都选址于卫所城池附近，以便有事时能够相互支援。明中期后随着兵士的大量逃亡，各府县城池的军士数量都不多，不少地方需要依靠民兵自行防御，如思州府有驻军80名；思南府有民兵90名民兵，打手80名；印江县有守城民兵51名，乡兵40名；务川县则仅有守城乡兵48名。而驿站军士的数量，则大多仍维持在百余名以上，有的甚至达到三四百名，可见明廷对贵州驿站戍防的重视。（如表5）

表5　明代驿站戍防情况表

卫所	驿站及兵士情况
普定卫	普定站，军119名
威清卫	威清站，360名，万历九年革120名，存244名，万历末有294名
安庄卫	安庄站，军418名
安南卫	尾洒站，军236名；尾洒堡，军兵448名
普安卫	湘满站，军70名；新兴站，军153名；亦资孔站，军240名
龙里卫	龙里站，原额站军315名，万历间实有206名；龙里站哨，把总一员，募兵80名

---

① 郭子章. 黔记（卷21《兵戎志》）［M］//中国地方志编委会. 中国地方志集成·贵州府县志辑（第2册）. 成都：巴蜀书社，2006：462.

② 郭子章. 黔记（卷21《兵戎志》）［M］//中国地方志编委会. 中国地方志集成·贵州府县志辑（第2册）. 成都：巴蜀书社，2006：463.

③ 郭子章. 黔记（卷21《兵戎志》）［M］//中国地方志编委会. 中国地方志集成·贵州府县志辑（第2册）. 成都：巴蜀书社，2006：476. 仲，主要指今布依族。革，贵州的一个少数民族族群，无文字，有自己的语言、服饰和生活习惯，自称是上古传说中的射日英雄后羿的后代。

续表

卫所	驿站及兵士情况
贵州卫	贵州站，军 330 名
毕节卫	毕节站、周泥站，戍军数量不详
乌撒卫	乌撒、瓦甸、黑张、傥塘、普德归、霑益等 6 站，戍军共 525 名
新添卫	新添站，军原额 322 名，万历间逃亡 198 名，存 124 名
平越卫	平越站，军 46 名；杨平站，军 106 名；黄丝站，军 50 名
清平卫	重安站，把总 1 员，募兵 92 名；清平站，正军 50 名，余丁 25 名
兴隆卫	东坡站，官兵 91 员名

资料来源：万历《黔记》

四、结语

受地理坏境所限，贵州并不适宜发展传统种植农业，故至明代仍处于贫穷落后状态，兵员、粮秣之补给均仰仗于邻省。而"夷多汉少"的局面，使贵州一直处于紧张的军事形势下，不仅发生了播州之役、奢安之乱这样大规模的叛乱，"生苗"劫夺商旅、进攻城市的情况也屡见不鲜。如何进行有效的军事控御，一直是明廷维系贵州统治所面临的核心问题。明廷在沿驿路建立卫所城池，保障驿道通畅的前提下，采取联省控御、分段设防的手段，并通过城池、关隘、寨堡、哨卡、驿站构筑起连点成线、连线成面的戍防体系。在巨大的军事压力下，基本维持了这个新设省份的合理运转，加强了贵州与中央的联系，极大地促进了贵州的内地化进程。

原文载《中国边疆史地研究》2019 年第 1 期。

明清时期贵州医者群体探析①

罗 权*

贵州是我国开发较晚的省份之一，虽在汉武帝开西南夷时就与中央王朝建立联系，但更多采用任命当地土酋自治的方式进行间接管理，故与中原文化交流较少，医学水平落后，"病不服药，祷鬼而已，不愈则曰鬼所嫉也，弃之不顾"②。明初统一西南后，改变了历代对贵州统而不治的局面，设立贵州三司，广建卫所、州县，开始将其作为省级行政区进行直接管理，使这片长期游离于中原文化之外的边缘地带逐渐开始了内地化进程。随着贵州的开发，一些外省医者进入贵州行医，带来了先进的医疗技术和医学知识。与此同时，本土人士也开始钻研医术医典，形成了一个数量可观的医者群体，为贵州医疗水平的提高作出了重要贡献。目前，对于历史时期贵州医者群体的研究，主要是对近代以来某些中医名家的回忆，或探讨民国时期中医的传承方式，但对明清时期贵州医者群体仍缺乏整体研究。明清作为贵州医学发展的关键阶段，对该阶段医者群体的研究，具有重要意义。地方志是研究医者群体的重要文献来源③，笔者系统查阅明代至民国时期的贵州省 200 余部地方志资料，对其中记载的 120 位明清时期医者的来源、医术传承、医疗技术、理论水平、品质特征与社会评价等进行探讨，敬祈方家指正。需要指出的是，虽然清末已有西医传入贵州，但仍处于零星发展阶段④，故志中基本不载，故本文所探讨的医者群体指的

① 基金项目：贵州省哲学社会科学规划文化单列课题"六百年来贵州行政区划变迁与历史地图编绘研究"（19GZWH02）。

* 作者简介：罗权，博士，副教授，主要从事历史医学地理研究，现工作于贵州师范大学喀斯特生态文明研究中心、历史地理研究中心（邮编：550025）。

② 郭子章. 黔记 [M]. 赵平略, 点校. 成都：西南交通大学出版社, 2016：1162.

③ 鲍健欣, 袁久林. 民国时期上海县志中的医者形象 [J]. 中医药文化, 2019, 14 (4)：83-90.

④ 史经霞. 近代贵州少数民族地区宗教与医疗文化研究 [J]. 宗教学研究, 2013 (3)：194-199.

是中医群体。

一、医者的来源

明清时期贵州医者群体主要来源于外来移民、儒生兼医、弃儒从医、道士和尚兼医、军士兼医、武者兼医等。

(一)外来移民

明代随着贵州省的开辟,大量外省移民迁入贵州,其中包括不少医者,如明代万历年间,江西临江府医者张一鋆来到贵州行医,"居平坝五十余年,全活甚众"①。到了清代,进入贵州的外省名医更多,其中以临近的四川、湖广等省份最多。湖广人王名雷,于乾隆年间到关岭行医,"为人诊视脉息,立决生死,百不失一,远近均以神医称"②。此外,在普定行医的湖南籍医者唐祠珪、黔北行医的川籍医者刘大晁、寓居湄潭黄都坝的川籍医者李怀安皆是有名的外来医者。

(二)儒生兼医

所谓"医道行则活人,儒道行则活天下",自宋以降,不少士大夫深受"不为良相,便为良医"思想的影响,在学习儒学的同时兼习医术。在明清贵州,儒生兼医者众多,不少已取得科举功名。仁怀贡生谢本仑官任知州,兼精医术,"囹圄中得染瘴疠者,施方调治无不全愈,上宪刻其方,布各州县。又自著《痒疹》等书传世"③。毕节举人秦克勋多年担任县学教谕,同时精于医术,著有医书《伤寒辨诬》。遵义人贡生袁秉铎在磁江书院教学之余钻研医术,也著有《医学指南车》。这些具有一定社会地位的官员、教师,给人治病不单纯为了赚钱,更多是为了实现理想抱负。兴义贡生刘朝鼎为人治病就从不收钱,"性刚介,或有不知,妄言谢者,后虽固请,不往诊,恐沾清名"④。

也有一些儒士因为家境贫寒,仅靠政府微薄的饩银并不足以维持生活,乃通过从医以补家用。遵义举人周清由于家贫,在准备科举的同时研究医理,常

① 刘祖宪. 安平县志 [M] //贵州省地方志编纂委员会办公室. 贵州历代方志集成(第 32 册). 北京:中国文史出版社,2016:100.

② 黄培杰. 永宁州志 [M] //贵州省地方志编纂委员会办公室. 贵州历代方志集成(第 30 册). 北京:中国文史出版社,2016:386.

③ 崇俊. 增修仁怀厅志 [M] //贵州省地方志编纂委员会办公室. 贵州历代方志集成(第 24 册). 北京:中国文史出版社,2016:14.

④ 洪寅,胡尧年. 南笼续志 [M] //贵州省地方志编纂委员会办公室. 贵州历代方志集成(第 47 册). 北京:中国文史出版社,2016:121.

为人看病。另一位遵义儒生李宝堂因为贫苦，"昼负药囊市街巷，夜辄燃香照读"①。

（三）弃儒从医

虽然明清时期习儒学、考科举是绝大部分读书人的追求，但仍有一些人弃儒从医，其情形主要有五种：一是因无法科举转而习医以自娱，如生于明嘉靖年间的桐梓人傅天镇，因地处播州宣慰司辖地，时土司杨应龙正与明廷对抗，禁止习儒，"遂不应举，一意于医术"②；二是因体弱多病而弃儒从医，如仁怀人王荣昌"十七岁游泮，即染吐血症，遂弃举子，业精习岐黄及堪舆诸艺"③；三是因贫困而废学习医，如贵筑人狄文彩"年十二丧父，事母党氏孝谨。家贫，废学而习医业"④；四是因科举落榜，愤而弃儒从医，如遵义黎兆普"少习帖括之学，一试不售，愤而习医"；五是喜隐逸而弃学从医，如遵义郑斑（字子行）、郑珏（字子瑜）兄弟以隐士自居，"山人独默寡誉，以布衣终，姓名不出闾巷。老屋柴扉，萧然物外，于富贵人一不识也。子行隐于堪舆，子瑜隐于医"⑤。

（四）道士和尚兼医

在传统中医的发展历程中，道士发挥了重要作用，不少医学家就是道士，如葛洪、陶弘景等。明清时期贵州医者中也不乏道士，武当道士周万继于崇祯年间到隆里所修炼，常为人治病，颇为灵验。清江厅有黄连道人"日采黄连，杂以他药，煮之。人有疾，往求，即以所制黄连视其症之轻重以为多少，服之者无不应手而痊"⑥。佛门弟子也有不少精通医术的，如威宁和尚贞觌常为人治病，医术高超。黄平州张怀阳本是道士，后剃度为僧，平时不谈佛道，专心医术，培养了许多医者。

① 刘显世，等. 贵州通志［M］//贵州省地方志编纂委员会办公室. 贵州历代方志集成（第9册）. 北京：中国文史出版社，2016：157.
② 平翰. 遵义府志［M］//贵州省地方志编纂委员会办公室. 贵州历代方志集成（第18册）. 北京：中国文史出版社，2016：228.
③ 崇俊. 增修仁怀厅志［M］//贵州省地方志编纂委员会办公室. 贵州历代方志集成（第24册）. 北京：中国文史出版社，2016：12.
④ 刘显世，等. 贵州通志［M］//贵州省地方志编纂委员会办公室. 贵州历代方志集成（第9册）. 北京：中国文史出版社，2016：387.
⑤ 周恭寿. 续遵义府志［M］//贵州省地方志编纂委员会办公室. 贵州历代方志集成（第20册）. 北京：中国文史出版社，2016：327.
⑥ 胡章. 清江志［M］//贵州省地方志编纂委员会办公室. 贵州历代方志集成（第55册）. 北京：中国文史出版社，2016：170.

（五）军士兼医

军队作战中难免伤残，故其中也不乏钻研医术者。桐梓人朱文炳，同治年间入军参战，"在营时曾习外科、咒水术，善疗金铁及跌损等伤"①。清嘉道时期的名将松桃人杨芳则著有《寿世医窍》一书。

（六）武者兼医

武术群体经常打斗切磋，死伤也在所难免，故多有钻研医术的，有些人还有一些治病的秘方。兴义人张锡三自幼学习少林派武术，他有一种叫九宫丹的秘方，能够主治劳伤各症，兼治喉疾，著有神效。铜仁府双先亦习武好斗，他有一个秘方，虽然在多次比武中身受重伤，"敷药立愈"。②

二、医术的传承

明清时期，贵州没有专门从事医学教育的学校，医术的传承主要依靠亲属传承、访名师、授徒、自学医籍等途径来完成。

（一）亲属传承

在中国古代，医学属于"技艺"，部分知识是秘不外传的。又因中医知识体系复杂，必须依赖于长期的言传身教才能完整地传授医术，故亲属传承就成为医术传承的一种重要方式。传统时代，将医学技艺传授家族男子（传子孙、传兄弟等）是医术传承的重要方式，安顺人陈大川精于医术，其子陈清"世其业，一切济人之举，如大川所为"③。遵义人周占元精通针灸，他的儿子周清虽然致力科举，仍不废医道，闲暇时就研究医理以承先业。此类例子很多，如唐祠珪传其子唐燮元，杨应朝传其孙杨晓瀛，安虹传其孙安镇南，陈道人传其弟陈瑁等。在此情形下，贵州出现了不少名医世家，如遵义郑氏、黎氏等。还有一些秘方得以世代相传，如桐梓侯氏世传的太乙紫金锭方药，"治一切时疫、急症、热毒、癫疳，极验"④。遵义板桥的廖氏化风丹还作为国家非物质文化遗产传承至今。在某些情况下，女婿也是传授的对象，如镇远名医蒋世美的医术传自其

---

① 周恭寿.续遵义府志［M］//贵州省地方志编纂委员会办公室.贵州历代方志集成（第20册）.北京：中国文史出版社，2016：330.

② 刘显世，等.贵州通志［M］//贵州省地方志编纂委员会办公室.贵州历代方志集成（第9册）.北京：中国文史出版社，2016：389.

③ 李昶元，彭钰，等.镇宁州志［M］//贵州省地方志编纂委员会办公室.贵州历代方志集成（第31册）.北京：中国文史出版社，2016：45.

④ 李世祚.桐梓县志［M］//贵州省地方志编纂委员会办公室.贵州历代方志集成（第25册）.北京：中国文史出版社，2016：477.

岳父张公，大定医者黄辑五传自其岳父李树荣等。

（二）访名师

由于中医书籍繁杂而又多晦涩难懂，故要获得精湛的医术，需通过寻访名师而得。遵义名医文子渊"弱冠遇名师，习岐黄术，脉法极精"①。大定人胡致中自小追随名医张一阳学医，尽得其传，也成了一代名医。遵义人郑学山痴迷医术，"闻有世传验术，不远千里持厚资罗而受之"②，终于在今重庆大足区巧遇一神秘医者，从学三月而成一代名医。

（三）授徒

一些医者则不吝啬医术，广泛授徒以传播医学。明代四川医者张怀阳到黄平州行医时广收弟子，无论僧道百姓，根据他们的特点传授针灸、药方、经脉等技艺，培养了许多医者。四川医者李怀安寓居湄潭黄都坝二十余年，"（医者）出其门者不少"③。大定医者邬凤翔不仅医术精湛，也乐于培养后学，"不惟广其益于当时，并欲广其传于后世，门墙中如生员梅之荟、张开序、邬恺、黄发毅、冯中德、来学曾、□□达、黄学茂、覃正中，经凤翔口讲手授，咸以医名而推为国手"④。

（四）自学医籍

中国几千年的中医发展史，留下了许多医籍。明清时期发达的出版业，为这些医籍的传播提供了便利⑤，不少人可以依靠钻研医籍而自学成才。桐梓人张朝清"凡遇医书靡不乏览"，反复推敲，医术精进。赵毓骏经常研究《素问》《难经》等医书，手不释卷，成为道咸年间的黔北名医。遵义人唐崇义自幼钻研《神农本草经》《黄帝内经》，后来又钻研黄元御所撰《黄氏医书八种》，30多岁开始行医，名震一时。

---

① 周恭寿. 续遵义府志［M］//贵州省地方志编纂委员会办公室. 贵州历代方志集成（第20册）. 北京：中国文史出版社，2016：328.

② 平翰. 遵义府志［M］//贵州省地方志编纂委员会办公室. 贵州历代方志集成（第18册）. 北京：中国文史出版社，2016：229.

③ 吴宗周. 湄潭县志［M］//贵州省地方志编纂委员会办公室. 贵州历代方志集成（第27册）. 北京：中国文史出版社，2016：146.

④ 张鉴. 大定县志［M］//贵州省地方志编纂委员会办公室. 贵州历代方志集成（第35册）. 北京：中国文史出版社，2016：129.

⑤ 冯玉荣. 清代地域医学知识的书写——以钱塘王琦《医林指月》为中心的讨论［J］. 中医药文化，2019，14（5）：9-18.

三、医疗技术与理论水平

明清民国时期贵州地方志对医者的记述比较慎重,认为:"良医以仁术生人,而庸医即以其术杀人,昔有言,学书纸费、学医人费。学医尚慎之,而求精其仁术哉。"医者"必精其术者始得行其术,庶不数贸然从事,以人命为儿戏矣"。① 故记载的医者,均是医术高超之人,以达到教育后人的目的。方志中,除了遵义一县由于医者荟萃而记载了20名医者外,其他各州县在500余年间仅选取几位名医进行记录,大多还仅载一两位医者,"但载名医,凡作奇技淫巧者,不与焉"②。由于经过精心挑选,我们在地方志中看到的医者,均有精湛的医术,某些还有较高的医学理论水平而著有医书传世。

（一）较高的医术水平

医术水平是入选方志传记的重要条件,故所载医者多有较高的医术水平。安化余中瑞"尤精于医,能起沉疴"。湄潭戴云龙"精岐黄,医治屡效,人多敬服"③。思南安虹"精岐黄术,远近延诊求方者不绝,遇危症能神明其意,力为挽救,辄有效。同时同业者咸推重焉"。张国镇"能起死回生,活人甚众"④。遵义文子渊"习岐黄术、脉法,极精,治病不较值,常活死人于顷刻,立方多奇,不用珍品"⑤。古代医者一般兼通多科医术,也有一些医者以专科见长,如平坝张纯熙工小儿科,遵义周占元明于针灸之法,李燕山精于外科,兴义蒋素位擅长幼儿、痘、疹等科,陈明坤精于针灸,李汝珍精于儿科。

方志中还记载了不少医案,将医者的医术水平做了呈现。如王名雷,"一日,在安顺城药店外,众争视之,有一人欲试其术,越铺出,请为诊脉,医曰:'速归治后事。'其人含笑去,众问故,曰:'是人小肠将断,无药可医,不过三

① 洪寅,胡尧年. 南笼续志［M］//贵州省地方志编纂委员会办公室. 贵州历代方志集成（第47册）. 北京:中国文史出版社,2016:121.
② 张锳. 兴义府志［M］//贵州省地方志编纂委员会办公室. 贵州历代方志集成（第43册）. 北京:中国文史出版社,2016:339.
③ 刘显世,等. 贵州通志［M］//贵州省地方志编纂委员会办公室. 贵州历代方志集成（第9册）. 北京:中国文史出版社,2016:387.
④ 夏修恕,等. 思南府续志［M］//贵州省地方志编纂委员会办公室. 贵州历代方志集成（第38册）. 北京:中国文史出版社,2016:396.
⑤ 周恭寿. 续遵义府志［M］//贵州省地方志编纂委员会办公室. 贵州历代方志集成（第20册）. 北京:中国文史出版社,2016:328.

日矣.'次日，其人果死"①。展现了他善于内科诊断的能力。又如正安医者郑显，"有王大元者，诊得不死脉数月，显贵夜过诸里，闻已死入棺矣，未殓也，急趋就视，以薑案穴针之，起。又道经九龙山，有负盐卒跌毙，一针复生，仍背负盐去。遂以医名于时"②。展现了其高超的针灸技艺。宦廷臣医案则更为详细，"一女病痢，服峻剂，僵已半月，诊得元气陷，且将脱，用补中益气汤，愈。一县令病鼓胀，求治，切诊之，曰：'不治矣，然可四月活。'用金匮肾气汤，重加人参，胀消，果四月卒。一妇临产不生，且大便闭九日，诊得中气不升，用大剂补中益气汤，生而症悉平。一病疝，至二便闭十余日，诊得前药破气太多，用济川煎重加肉苁蓉，愈。一病阴寒便闭十余日，诊得下太早，用理阴煎调麻油生蜜，愈。一病黄肿瘫卧者八年，用五味异功散投之，命二人用艾炷更灸，自头至足日千余壮，灸十日，其足十指尖自流浓黄汁，汁尽，肿消而起。一产后两目失明，诊得血虚肝强，大用补血平肝之剂，三月目复"③。将一个善于针对不同病情对症下药的医者形象展现出来。

（二）医学理论成果

贵州儒医不少，他们在行医的同时，注意对前人医药典籍的整理，考辨真伪，提炼补充。宦廷臣曾说："生平治病，不外古方，唯变化在心，故驱遣自如。"④但要做到按方治病并不是件容易的事，"方脉之书汗牛，一病之主治至数十，倘不精密，即可寒热反施，因此杀人。尚不自认为庸，佻然以本方自鸣，则又庸医之狡者也"⑤。要对症下药，还是得靠医者的细致探究，反复推敲，并在行医过程中认真总结，才能促进医术精进，狄文彩即"生平以谨笃为怀，于医道尤慎，救日之所诊，夜虽甚倦，必条记之，脉之平，病证之痊否，方之增减，以时举书，无或遗焉，以故业日精进，所活日益多，遂为西南名医"⑥。明

① 黄培杰. 永宁州志 [M] //贵州省地方志编纂委员会办公室. 贵州历代方志集成（第30册）. 北京：中国文史出版社，2016：386.
② 周恭寿. 续遵义府志 [M] //贵州省地方志编纂委员会办公室. 贵州历代方志集成（第20册）. 北京：中国文史出版社，2016：328.
③ 平翰. 遵义府志 [M] //贵州省地方志编纂委员会办公室. 贵州历代方志集成（第18册）. 北京：中国文史出版社，2016：228.
④ 平翰. 遵义府志 [M] //贵州省地方志编纂委员会办公室. 贵州历代方志集成（第18册）. 北京：中国文史出版社，2016：228.
⑤ 黄宅中. 大定府志 [M] //贵州省地方志编纂委员会办公室. 贵州历代方志集成（第33册）. 北京：中国文史出版社，2016：550.
⑥ 周作. 贵阳府志 [M] //贵州省地方志编纂委员会办公室. 贵州历代方志集成（第14册）. 北京：中国文史出版社，2016：118.

清贵州医学典籍的编撰，并非仅是对前人著作的总结归纳、考证发微，更多是建立在实践基础之上。沈叔瑶"与人诊病，能悉心以求其合，所立医方每日必登记以验效否，存方十余册"①。周宗侠，"术精岐黄，穷研方书，辨别药性……订其经验药方千余条"②。明清时期贵州医者共编撰了 56 种医学典籍，具体情况如下（见表 1）。

表 1　明清时期贵州医学典籍一览表

类别	书名	作者	卷数	书名	作者	卷数
基础理论类	《素问集注》	李宝堂		《医宗辩要》	董芝茂	八卷
	《素问灵枢集要》	李宝堂		《医学指南车》	袁秉铎	
	《尚论新编》	秦克勋		《寿世医窍》	杨芳	
	《伤寒辨证》	秦克勋	十卷	《医学》	戴云龙	
	《伤寒论浅注》	宦应清		《医学稿》	黄发光	一卷
	《六经便读》	陈道人		《经世仁术》	冯云祥	
	《六经辨》	张维一		《医学歌括》	李树荣	
	《瘟疫辨证》	黎兆普		《增补金镜录》	傅天镇	
	《寿身小补》	黄安泰	十卷			
经脉类	《图注脉诀》	狄文彩		《脉法正宗》	黎兆普	一卷
	《脉诀集证摘要》	狄文彩		《脉要》	谢学全	
药材类	《匃莐本草》	黎兆普		《药性歌》	谢学全	
	《本草摘元》	董芝茂	十二卷	《药性歌括》	沈志藩	一卷
临床手术类	《产科心法》	夏正邦		《外科治法》	胡致中	一卷
	《临症要诀》	杨长青		《刀圭摄录》	胡承业	六卷
	《经验匃言》	杨长青		《保幼集》	胡致中	一卷
	《痘疹秘诀》	黄金榜		《痒痧》	谢本仑	
	《推拿秘诀》	黄金榜				

---

① 夏修恕，等. 思南府续志 [M] //贵州省地方志编纂委员会办公室. 贵州历代方志集成（第 38 册）. 北京：中国文史出版社，2016：396.

② 周恭寿. 续遵义府志 [M] //贵州省地方志编纂委员会办公室. 贵州历代方志集成（第 20 册）. 北京：中国文史出版社，2016：329.

类别	书名	作者	卷数	书名	作者	卷数
医方类	《韩氏医通》	白飞霞		《经验奇方》	范至诚	
	《方外奇方》	白飞霞		《幼科经验方》	狄文彩	
	《手制验方》	傅天镇		《谢本仑方》	谢本仑	
	《疟痢三方》	官廷臣		《妇科验方》	黄金榜	
	《经验救急便方》	杨志仕		《男科验方》	黄金榜	
	《临症经验方》	唐崇义		《小儿验方》	黄金榜	
	《经验药方》	周宗僎		《古医方》	郑珏	
	《狄氏秘传》	狄文彩				
医史医案医话类	《轩岐外传》	谢学全		《狄氏医案》	狄文彩	
	《狄氏医传摘要》	狄文彩		《游于艺》	段云光	十卷
	《医戒》	狄文彩		《医案抄本》	杨忠熙	
	《虚者实之赋料》	段云光				

可见，明清贵州的医学典籍主要包括基础是论类、经脉类、药材类、临床手术类、医方类、医史医案医话类等。贵州医者不仅对前人的医学理论进行了钻研校补，撰写了各种医学理论性著作，更多则从长期从医的经验中总结临床心得，归纳药材特性，提炼各种药方。由于这些医籍都是医者在大量医学实践中得来的，具有较强的可操作性。

四、医者的品质特征与社会评价

医术之外，医德也是评价一名医者的重要方面。在注重道德教化的方志中，也非常重视对医德的记载。这些仁心医者，得到了社会的尊重和高度评价，其特征可归纳为以下四个方面。

（一）宽厚以济世，造福一方

医者以济世救人为天职，这就要求医者有较强的社会责任感，济世救人、造福乡里。湄潭医者李怀安"每以济人为念，凡疗疾必诚意推求"①。体现了一

---

① 吴宗周. 湄潭县志［M］//贵州省地方志编纂委员会办公室. 贵州历代方志集成（第27册）. 北京：中国文史出版社，2016：146.

名医者应有的严谨认真、关心病人的态度。患者容易产生焦虑、恐慌等应激反应，要求医者要有平和的心态，抱着理解的态度去关心病人。永宁州医者侯殿飏就"德器宽厚，寡言少怒，生平无一伤人语"①。安顺医者杨应朝，"存心仁厚"②。铜仁医者曾佐文，"性淳厚，动止以礼，少业儒，稍长，究心岐黄，业日益精进，然时以济人为念"③。

精湛的医术、宽厚的心态和强烈的责任感，让他们能够造福一方。唐祠珪"乾隆年间至普定，活人甚众"。张国镇"常往来石阡乡城中，开医方授药，能起死回生，活人甚众"④。张一鎏"居平坝五十余年，全活甚众"⑤。在暴发疫情之时，医者更是主动承担社会责任，抗疫救民。贵阳李彬"性慈煦，好急人难。尝谓济人之术莫善于医，遂习其业而精之。时郡中大疫，彬日煮药数斛令子弟分携赴闾里，□以饮病者，所全活最多"⑥。李荣青在松桃厅大疫时义诊送药，救活者众。李永华在嘉庆年间大定府城大疫之时也多方拯救，许多病人得以痊愈。

（二）乐善好施，救济贫穷

医者仁心，乐善好施、救济贫穷是其医德的一大体现，明清时期随着儒学对医者更为深入的影响，医者们在从医过程中也更加注重慈善救济。⑦ 李永华在嘉庆大疫中救治病人后，"有言报者，概弗受，郡人有李善人之称"。他们对诊费的高低有无并不看重，遵义文子渊为人看病从不计较诊金；湄潭彭医看病不分贫富，治愈后，是否给予酬劳也不在乎；大定黄发光"生平济人利物，广

---

① 黄培杰. 永宁州志［M］//贵州省地方志编纂委员会办公室. 贵州历代方志集成（第 30 册）. 北京：中国文史出版社，2016：386.

② 常恩修，邹汉勋，吴寅邦. 安顺府志［M］//贵州省地方志编纂委员会办公室. 贵州历代方志集成（第 28 册）. 北京：中国文史出版社，2016：518。

③ 刘显世，等. 贵州通志［M］//贵州省地方志编纂委员会办公室. 贵州历代方志集成（第 9 册）. 北京：中国文史出版社，2016：389.

④ 刘显世，等. 贵州通志［M］//贵州省地方志编纂委员会办公室. 贵州历代方志集成（第 9 册）. 北京：中国文史出版社，2016：389.

⑤ 刘祖宪. 安平县志［M］//贵州省地方志编纂委员会办公室. 贵州历代方志集成（第 32 册）. 北京：中国文史出版社，2016：100.

⑥ 周作. 贵阳府志［M］//贵州省地方志编纂委员会办公室. 贵州历代方志集成（第 14 册）. 北京：中国文史出版社，2016：401.

⑦ 张田生. 观念史视野下清代医家的行为与身份认同［J］. 中医药文化，2019，14（3）：16-26.

行方便，乡邻请治病，无贫富悉往。每诊毕，必将病源开列于端，而以其方附后。脉礼之有无弗计也"①。不接受感谢费也被视为美德，贞丰刘钟峤"医术尤精，医人辄活，不受谢"。不少医者对贫穷的病人进行义诊，兴义李汝珍"不取分毫，乡中子女得救济而活存者为数不少"②。兴义杨姓医者，因为治病不收诊金，且不告诉自己的名字，被人称之为"杨古董"。还有医者自费为穷人买药，石阡张国镇对贫困者不吝送药，即使一人赠予多次也不在乎。平坝张纯熙，坚持二十多年免费诊治穷人，并送医药。永宁侯殿飏、大定张瓊、镇宁州陈大川等也坚持数十年为穷人送药。杨茂育因为经常为穷人义诊送药，死后乡民思念不能忘，还在路旁刻石以纪念他。甚至有些医者因为义诊太多而导致贫困，如蒋世美，"凡有病者不拘亲疏远近，请之必往，虽疾风盛雨无所辞，而未尝计钱，家由是贫"③。

这些医者的乐善好施还表现在日常生活中。湄潭陈道人"稍有余积，遂以施济耗去"④。贵阳狄文彩通行医后"辄以金钱施贫乏。亲知有不能昏葬者，必竭资为谋之。岁十有二月之季旬，裹白金数十百封，类重二钱至五钱，怀之以行，观其不能举火者暗投之，不令得者知其主名，其好为隐德又如此。为医遇贫者反其供，贫甚者，赠之药及钱"⑤。遵义郑学山"生平慷慨，所居仓环四墙花果竹药，周四五十亩，来告饥者，指某园呼奴子量若干斛去，告急者出谷藏即令之称。四方客过其家，烹羊宰肥或时作十日之饮。告去，知其贫必有所资而去。自奉一布袍，数十年食两蔬而已……出贷券，约万金付一炬，曰：子孙不能自食，不才，滋害人"⑥。充分体现了医者仁心的胸怀。

① 黄宅中. 大定府志［M］//贵州省地方志编纂委员会办公室. 贵州历代方志集成（第33册）. 北京：中国文史出版社，2016：550.
② 张锳. 兴义府志［M］//贵州省地方志编纂委员会办公室. 贵州历代方志集成（第43册）. 北京：中国文史出版社，2016：339.
③ 蔡宗建. 镇远府志［M］//贵州省地方志编纂委员会办公室. 贵州历代方志集成（第52册）. 北京：中国文史出版社，2016：250.
④ 吴宗周. 湄潭县志［M］//贵州省地方志编纂委员会办公室. 贵州历代方志集成（第27册）. 北京：中国文史出版社，2016：146.
⑤ 周作. 贵阳府志［M］//贵州省地方志编纂委员会办公室. 贵州历代方志集成（第14册）. 北京：中国文史出版社，2016：118.
⑥ 平翰. 遵义府志［M］//贵州省地方志编纂委员会办公室. 贵州历代方志集成（第18册）. 北京：中国文史出版社，2016：229.

（三）不惮辛劳，敬业奉献

医生是一个辛苦的职业，特别是在交通不发达的古代。遇有疾病，需要医者前往患者家中进行治疗。医者不论路途远近、寒暑雨雪、白昼黑夜都要立即赶往，否则就要耽误病情。看病的过程不仅车马颠簸，有时还得依赖步行，其辛苦可知。永宁侯殿飏有病者相求，不管雨雪还是深夜，都必前往。大定李树荣每天挨户诊脉，必至二三更后方归。平坝张一鎏看病不论贫富之家或路之远近、时之早晚，都为病人而着急。兴义李汝珍对求诊者都是随到随应，绝不耽延。狄文彩有人访求立刻前往，"谓恐误人性命也，尝作《医戒》以自警"①。大定医者黄发光，"年七八十时，每初更辄解衣槃礴而寝，甫就枕，鼻息齁齁然，及二三更后有人传唤请治病，则披衣起立，令其扶持以往，虽风雨霜雪不避忌，乡间有请乞者，则乘欸段马崎岖数十里不为劳"。类似例子不胜枚举，体现了医者敬业奉献的态度。同时，由于治病是一个较长的过程，需要不断关心病情的发展，大定张瑰，"日必巡视所医，不待病者之速也。生平所活毋虑千人"②。

（四）得享长寿，仙风道骨

明清时期，读书人以考科举、取功名为主要追求，行医者大多"性好闲逸，不求闻达"③，有飘逸出世的气质，加之中医讲究养生，多长寿者，故有仙风道骨之谓。安虹"年九十余不持杖，精神如壮岁焉。"余中瑞"年八十有五尚躨铄行城市中，不以鸠杖，人称为半仙"④。张国镇"精通书史，深悉内养，年九十，秀发儿齿，步履如飞，人以费长房云"⑤。黄发光七八十岁仍不分昼夜往返城乡之间为人治病，"尝夏日出游坊市中，以一手杖藜，一手握羽扇，而白须飘

---

① 周作. 贵阳府志［M］//贵州省地方志编纂委员会办公室. 贵州历代方志集成（第14册）. 北京：中国文史出版社，2016：118.
② 黄宅中. 大定府志［M］//贵州省地方志编纂委员会办公室. 贵州历代方志集成（第33册）北京：中国文史出版社，2016：550.
③ 陈铭典. 余庆县志［M］//贵州省地方志编纂委员会办公室. 贵州历代方志集成（第26册）. 北京：中国文史出版社，2016：442.
④ 鄂尔泰. 贵州通志［M］//贵州省地方志编纂委员会办公室. 贵州历代方志集成（第4册）. 北京：中国文史出版社，2016：259.
⑤ 敬文. 石阡府志［M］//贵州省地方志编纂委员会办公室. 贵州历代方志集成（第39册）. 北京：中国文史出版社，2016：451.

拂下，垂胸臆，童颜赪彩，笑容可掬，人望之若神仙中人。"① 寥寥数语，将一位手摇羽扇、白须飘飘、和蔼可亲、貌似神仙的医者形象描绘得淋漓尽致。施秉名儒孙上位曾题字赞美蒋世美："和而不流，直而不倨。方书横案，松梅与居。灵鹤相依，回春不去。"② 为人谦和而又不苟同于众人，性格直爽却不倨傲待人，以松梅为伴，灵鹤环绕而不去，形象地描绘了一名飘逸洒脱的医者形象。

---

① 黄宅中. 大定府志 ［M］//贵州省地方志编纂委员会办公室. 贵州历代方志集成（第33册）. 北京：中国文史出版社，2016：550.
② 刘显世，等. 贵州通志 ［M］//贵州省地方志编纂委员会办公室. 贵州历代方志集成（第9册）. 北京：中国文史出版社，2016：388.

王阳明与文明书院考论

——兼论"知行合一"的提出

张 明*

在贵阳大十字附近，有一处著名的名胜古迹，它就是明代文明书院遗址。文明书院最早建于元代（1313 年），后被毁。明正德初，贵州提学副使毛科重修并改名为文明书院。1509 年，王阳明受到提学副使席书邀请，讲学于文明书院。席书与王阳明在文明书院始论"知行合一"，文明书院成为天下王门传播"知行合一"思想的第一个讲坛。

一、从顺元路儒学到文明书院

贵阳有建制的历史，最早可以追溯到唐代，唐高祖武德四年（621 年），在今贵阳南明区建有矩州，《新唐书·地理志》云："因州南水方如矩，故名矩州。"矩州属羁縻州，无城。清代贵州大儒莫友芝云："贵阳本唐矩州，宋、元并于罗氏，谓之罗氏鬼国。"

元代贵阳始筑土城，称"顺元城"，城内建有"顺元路儒学"。"顺元路儒学"迁建后，儒学教授何成禄在此建"文明书院"。《弘治贵州图经新志》载："文明书院，在治城内忠烈桥西，即元顺元路儒学故址，皇庆间教授何成禄建。今废。"何成禄既是顺元路儒学教授，也是文明书院的创建者，其创建时间为元朝皇庆年间（1312—1313 年）。由此可见，文明书院是今贵阳境内最早的一家书院，距今已有 710 年的历史。

明初，贵阳开始修建石城。明永乐十一年（1413 年），贵州正式建省，各种省级机构陆续建立起来，其中就有主管全省教育的机构——贵州按察司提学道，作为唯一的省级书院，文明书院得到重修并扩建。《嘉靖贵州通志》载："文明书院，在治城内忠烈桥西，既元顺元路儒学故址。本朝弘治间，提学副使毛科建。"考：毛科，浙江余姚人，进士，弘治十七年（1504 年）任贵州提学

---

* 作者简介：张明：贵州大学历史与民族文化学院教授。

副使，于是修建贵州提学道和文明书院。当时，因得罪刘瑾而从山西巡抚任上致仕回乡的贵阳人徐节正在居家，毛科邀请徐节撰写《文明书院记》，其云：

> 贵州按察司宪副毛公……乃建书院，择师儒以陶镕之。弘治十七年，公于省城中，因得忠烈桥西胡指挥废宅，及四旁民居易得，遂官给以值，两阁拓之，右为提学分司，左为书院。平治庭址间，偶获断碑一通，为《重修顺元儒学记》，人多奇之。按《贵志》谓：儒学迁建后，有教授何成琛于遗址内改建文明书院，亦废。今建是院，即故址也。……经始于是岁十月，讫工于正德元年七月，书院成，前有大门，门之内有文会堂，为师生习礼讲解之地，堂之后有四斋：曰颜乐、曰曾唯、曰思忧、曰孟辩。盖欲诸生企慕乎群贤，进修践履而不为他歧之惑也！斋之上，戟门之内，有左右庑，上有先圣庙，后设师文、学孔二斋，盖欲诸生取法乎二圣操存涵养，而不为利禄之所动也。墙垣门宇，焕然一新，选聪俊幼生及各儒学生员之有志者二百余人，择五经教读六人分斋教诲，斋之上有乐育轩。公亦时登此轩，诱掖奖劝而督率之，务底省成，以续斯道之传。仍以"文明"揭扁，盖因旧而不易也。公述所由，属予为记。

徐节《文明书院记》详细记载了文明书院的方位地点、历史源流、重修始末、建筑布局、学生规模、教学原则等内容，具体而言，文明书院位于贵阳忠烈桥以西（今贵阳大十字市府路 15 号），文明书院最早是建于元代皇庆年间（1312—1313 年）的顺元路儒学，后迁离；儒学教授何成琛在遗址上建文明书院，后废；明代胡指挥在遗址上修建住宅，也废。弘治十七年（1504 年），贵州提学副使毛科在胡指挥废宅上重建文明书院。从各种史料的记载来看，从元代顺元路儒学到毛科重修文明书院，虽然断断续续，但已经有将近 200 年的历史，不仅是当时贵州延续时间较久的书院，而且也是贵州规模最大的书院之一，可以容纳来自全省的优秀学生 200 余人。文明书院焕然一新，斋舍齐备，师生荟聚，为即将到来的王阳明的贵阳讲学活动准备了重要的条件。

二、毛科邀请王阳明到文明书院讲学

1506 年冬十一月，王阳明因上疏直言而得罪朝廷，被廷杖四十，投下诏狱，流放贵州，流放期三年。1508 年春三月，王阳明在三位仆人的陪同下，来到贵州龙场驿（今修文县龙场镇）。他在面临死亡的绝境中，终于大悟"格物致知之旨，始知圣人之道，吾性自足，向之求理于事物者误也"。这就是思想史上惊天动地的事件——龙场悟道。

王阳明龙场悟道之后，随即在龙场驿修建龙冈书院讲学传道，远近的各民族弟子纷纷前来请教。《嘉靖贵州通志》载："居职之暇，训诲诸夷。士类感慕者云集听讲，居民环聚而观如堵焉。"民国《修文县志》也载："当日坐拥皋比，讲习不辍，黔之闻风来学者，卉衣駃舌之徒，雍雍济济，周旋门庭。"湖南常德人蒋信、冀元亨，云南人朱克相、朱克明兄弟也不远千里，前往龙场拜王阳明为师。

王阳明在他的贬谪贵州期间的诗集《居夷集》中，记载了当时龙冈书院的讲学之乐，其一云："门生颇群集，樽单亦时展。讲习性所乐，记问复怀腼。林行或沿涧，洞游还陟巘。月榭坐鸣琴，云窗卧披卷。澹泊生道真，旷达匪荒宴。岂必鹿门栖，自得乃高践。"其二云："分席夜堂坐，绛蜡清樽浮。鸣琴复散帙，壶矢交觥筹。夜弄溪上月，晓陟林间丘。村翁或招饮，洞客偕探幽。讲习有真乐，谈笑无俗流。缅怀风沂兴，千载相为谋。"此外，王阳明还有以"诸生"为题或与"诸生"有关的诗文约 20 首，描写了他们畅游山水、怡然讲学的盛况。

王阳明龙冈书院的讲学活动引起了浙江余姚同乡、时任贵州提学副使的毛科的注意。毛科主动邀请王阳明到文明书院讲学。徐节《文明书院记》云："贵州按察司宪副毛公由名进士，歘历中外、贤誉四达，简奉玺书，提督学校屯田，兼理词讼。公乃尽心所事，无一不举。首以学校为务，恒念贵阳士子虽涵濡圣化之久，人才未底其盛，况初学小子，立志不确，问学罔进，深以为虑。乃建书院，择师儒以陶镕之。"毛科此次盛情邀请受到了王阳明婉言谢绝。王阳明作《答毛拙庵见招书院》一诗回复："野夫病卧成疏懒，书卷长抛旧学荒。岂有威仪堪法象？实惭文檄过称扬。移居正拟投医肆，虚席仍烦避讲堂。范我定应无所获，空令多士笑王良。①"但由于王阳明在龙场生病严重，需要到贵阳养病，所以他还是来到了贵阳。王阳明参观了毛科的"远俗亭"，作有《远俗亭记》。王阳明还参观了文明书院，并进行了短暂的讲学。

正德四年（1509 年）夏，毛科致仕回乡，王阳明特意到贵阳参加了饯别会，作有《送毛宪副致仕归桐江书院序》云："正德己巳夏四月，贵州按察司副使毛公承上之命，得致其仕而归。……而同僚之良惜公之去，乃相与咨嗟不忍，

---

① 王阳明. 王阳明全集（新编本）（第 3 册）[M]. 吴光等编校. 杭州：浙江古籍出版社，2010：742.

集而饯之南门之外。酒既行，有起而言于公者，曰：……公又起拜，遂行。"①

三、王阳明与席书在文明书院始论知行合一

毛科离开后，四川遂宁人席书继任提学副使。《王阳明年谱》载："（正德）四年己巳，先生三十八岁，在贵阳。提学副使席书聘主贵阳书院。……遂与毛宪副修葺书院，身率贵阳诸生，以所事师礼事之。"② 按：《年谱》所谓"贵阳书院"有误，贵阳历史上并没有"贵阳书院"，正德初年贵阳只有"文明书院"，此处的"贵阳书院"系"贵阳文明书院"。正是席书的邀请，才有王阳明在文明书院的"始论知行合一"，这是中国儒学史上值得大书特书的重大事件。

在此有必要考察席书与王阳明的关系。考：席书（1461—1527 年），字文同，号元山，四川遂宁府蓬溪县吉祥乡人。弘治三年（1490 年）进士，曾任郯城知县，工部、户部主事，河南金事等。席书于正德四年（1509 年）升任贵州提学副使，他再次邀请王阳明主讲文明书院。《明史·席书传》云："时王守仁谪龙场驿丞，书择州县子弟，延守仁教之，士始知学。"杨一清《席公书墓志铭》："正德己巳，（席书）升贵州提学副使……时王伯安谪龙场驿，公每学择其秀者一二人集省城（文明）书院，延伯安为师。士始知闻古道、趋正学。"邵廷采也说："明年，提学御史席书聘主贵阳书院，率诸生问学，始论'知行合一'。"③ 在席书《元山文选》一书中，收录席书了与王阳明的多封书札，可见席书对邀请王阳明到文明书院讲学一事的诚心与盛情。席书《与阳明书（一）》云：

> 书启：切惟执事文章气节海内著闻，兹谪贵阳，人文有光，遐土大庆。曩者应光毛先生在任之日，重辱执事，旅居书院，俯教承学，各生方仰有成，不意毛公偶去，执事遂还龙场，后生咸失依仗。兹者书以凡材滥持学柄，虽边镇不比中州，而责任之重则一。兹欲再屈文旆，过我贵城，振扬吾道之光，用副下学之望。书尚不自主，商之二司，二司既同，白之三堂，三堂曰善。下至官僚父老，靡不共仰清尘，咸曰："此吾贵城文明之日也。"馆舍既除，薰沐以俟，不知执事能一

① 王阳明. 王阳明全集（新编本）（第 3 册）[M]. 吴光等编校. 杭州：浙江古籍出版社，2010：913-914.

② 王阳明. 王阳明全集（新编本）（第 4 册）[M]. 吴光等编校. 杭州：浙江古籍出版社，2010：1235.

③ 邵廷采. 思复堂文集 [M]. 祝鸿杰，点校. 杭州：浙江古籍出版社，2010：2.

概然否也？昔韩、柳二公各以抗疏忤时，远谪二广。二广之人感其道化，至今庙食无穷。执事以文名时，以言遭贬，正与二公相类，安知他日贵人之思执事不如广人之思二公乎？即今省试已迫，愚意，欲候文车至止，处分就绪，乃议巡试之期。倘辱不以猥庸见拒，斯文幸甚！多士幸甚！外不腆之仪，奉以将敬，伏惟亮之。

席书《又与王阳明书》云：

自入遐方，久不奉接君子之论。二生来过，承高明不以书不可与言，手赐翰教，亹亹千余言。山城得此，不觉心目开霁，洒然一快。且又不以书不可与居，许过省城勉就。愚恳闻之，踊抃莫知所为。窃惟古之固有风雨连床，心隔胡越者，亦有一面未交，诵其文想起人，而千里神会者。书于执事，虽未承接下风，殆亦千里神会者乎？……昨据二生云，执事将以即月二十三日强就贵城。窃谓时近圣诞，倘一入城，闭门不出，於礼不可，步趋于群众之中，於势不能。且书欲于二十六七小试诸生，毕，择可与进者十余人，以侍起居。可烦再踰旬日，候书遣人至彼，然后命驾何如？草遽多言，不及删次，惟情察，不宣。是月二十一日书再拜。

对于席书此次邀请，王阳明欣然同意，立即前往文明书院讲学。《黔记》载："时王文成谪丞龙场驿，倡良知之学，（席书）乃具书敦请训迪诸生。"[1]《明史》也载："时王守仁谪龙场驿丞，（席）书择州县子弟，延守仁教之，士始知学。""具书敦请"和"延守仁"可以互证，都是席书主动发出的邀请，具体时间是正德四年九月二十一日，希望王阳明"再踰旬日"，届时席书遣人到龙场，然后王阳明命驾前往。由于正德四年是闰年，可知双方预定王阳明到文明书院讲学的时间是正德四年闰九月初一左右。席书特别将时间选在圣诞[2]（正德皇帝生日）之后和学生考完之后。如此算来，王阳明在贵阳"文明书院"讲学的时间应当是 1509 年闰九月到十二月，前后共四个月。

王阳明到贵阳文明书院之后，席书经常前来论学。由于两人学问在主程朱、

---

① 郭子章. 黔记（卷 39）［M］. 赵平略，点校. 成都：西南交通大学出版社，2016：873-874.

② 席书所说的"圣诞"，是指明武宗正德皇帝朱厚照的生日，也称"万寿圣节"。据《明武宗实录》，明武宗正德朱厚照生于农历 1491 年九月二十四日。

主心性方面有所差异，往往辩论往复之后才取得一致。嘉靖《贵州通志》卷九云："（席书）性嗜静，学问根本周程。时阳明王守仁谪居龙场，延至文明书院，以训诸生。暇则就书院与论学，或至夜分。自是贵州士人知从事心性之学者，皆二先生倡之也。"关于席书与王阳明论学，席书作有《与王阳明书（三）》，描述两人论学情况云：

> 《春王正月》稿，乃书戊午岁在淮时所为。昨听教及此，归阅遗稿，宛有暗合阳明之意。窃谓此千百年纷纷之疑，以书一得之愚，无庆高明。信乎古今天下，此心此理，本无二矣。始书私论《春秋》，颇有不信传而信经，不信人而信心。时无同志，尚虑或出意见，尤有不敢深自许者。兹幸有一得之中，愿终教也。闰九月十八日稿呈。

该书作于正德四年（1509年）"闰九月十八日"，言及"昨听教及此，归阅遗稿"，可知王阳明按照双方预定，按期于闰九月初一左右到达文明书院并开始讲学，席书于是在办公之暇多次前往听讲，并将讨论心得与自己《春王正月》一稿对照，赫然有得，于是写成信札形式呈给王阳明表示感谢。

关于王阳明在文明书院讲学的盛况，《黔记》云："文成既入文明书院，公暇则就书院论学，或至夜分，诸生环而观听以百数。"① 可见虽然是假期，但到文明书院听讲的学生仍然有数百人。王阳明弟子徐爱在山东结识了当年文明书院听讲的贵阳弟子李良臣，作有《赠临清掌教友人李良臣》一诗，云：

> 吾师谪贵阳，君始来从学。
>
> 异域乐群英，空谷振孤铎。
>
> 文章自余事，道义领深约。
>
> 南宫屈有待，东州教相许。
>
> 知新在温故，人师岂名作。
>
> 春风促归舟，流水绕华阁。
>
> 客路合离情，悠然念口廓。

更加难能可贵的是，席书不顾王阳明戴罪之身，除了诚心向王阳明请教，

---

① 郭子章. 黔记（卷39）［M］. 赵平略，点校. 成都：西南交通大学出版社，2016：873-874.

服膺其说之外，而且还"愿终教"，"身率贵阳诸生，以所事师礼事之。"《王阳明年谱》记载席书向王阳明请教并"以所事师礼事之"的详细情况。

> （正德）四年己巳，先生三十八岁，在贵阳。……始席元山书提督学政，问朱陆同异之辨。先生不语朱陆之学，而告之以其所悟。书怀疑而去。明日复来，举知行本体证之《五经》诸子，渐有省。往复数四，豁然大悟，谓'圣人之学复睹于今日！朱陆异同，各有得失，无事辩诘，求之吾性本自明也。'遂与毛宪副修葺书院，乃身率贵阳诸生，以所事师礼事之。①

王阳明与席书在文明书院的论学，使他们结下了终身友谊。江右大儒郭子章《黔记》曾盛赞王阳明与席书在文明书院的论学，其云："（席书）为督学，延王文成公讲学文明，贵州士类赖以兴起。尸祝于黔，宜乎，宜乎！"

1509年十二月，王阳明离开贵州前往江西庐陵就任知县时，席书作《送别王守仁序》。其后阳明与席书一直保持书信往来，王阳明称席书："盖信道之笃，任道之劲，海内同志莫敢有望下风者矣。"（《寄席元山》）席书曾将《鸣冤录》一书寄给王阳明请教，王阳明称："见别后学力所到，卓然斯道之任，庶几乎天下非之而不顾，非独与世之附和雷同从人非笑者相去万万而已。喜幸何极！"（《与席元山》）。席书离黔后，历官河南布政司参政、浙江按察使、山东布政使、云南右布政使、福建布政使等职。1519年，王阳明平定江西宁王之乱时，席书在福建购买红衣大炮送给王阳明平乱。嘉靖初，席书"力荐杨一清、王守仁入阁，且曰：'今诸大臣皆中材，无足与计天下事。定乱济时，非守仁不可。'帝曰：'书为大臣，当抒猷詧，共济时艰，何以中材自诿？'守仁迄不获柄用"。1527年，席书去世，王阳明撰《祭元山席尚书文》："忆往年与公论学于贵州，受公之知实深。近年以来，觉稍有所进，思得与公一面，少叙其愚以来质正，斯亦千古之一快。而公今复已矣！"（《王阳明全集》卷二十五）

四、蒋信重修文明书院

席书离开贵州后，文明书院逐渐荒废。嘉靖十八年（1539年）十月，王阳明当年在贵州的著名弟子湖南常德人蒋信升任贵州提学，嘉靖二十年（1541

---

① 王阳明. 王阳明全集（新编本）（第4册）［M］. 吴光等编校. 杭州：浙江古籍出版社，2010：1235.

年）四月，蒋信到任。当时王阳明已经去世，朝廷将王学打为"异端""伪学"，禁止传播。为了抵制朝廷、弘扬师说，蒋信在贵州除了扩建重修龙冈书院、阳明书院之外，还重修扩建文明书院。蒋信《重建文明书院记》云：

> 贵学宪公署左，有旧文明书院，荒址焉。诘所从始，正德间督学使毛公既辟公署，即置馆于此，以育蒙士。今书院之前门暨过堂，尚其迹也。额为'文明'，非自公始，公得古额石于土壤中，篆迹云云，故公因之。其地实公以直易诸居人。意者或即古书院，未可考也。自公调去，蒙师遂散，其公署则时借为往来停骖之馆，最后乃易题为清军察院，其兹斋楹则争取以为诸衙别舍，敝不可取，则或听其毁撤而为薪。予始至，从署窥之，自过堂以后，惟败瓦残石，颠倒隐伏于乱莽丛棘之间，乃叹曰：'夫人之无意于风教也，一至此哉！'予既感慨于此，无几，诸来学士远近日集，人自傡舍以居。乃进诸生谋之曰：'兴荒址，弗可遄也，顾费将奚征？'或曰：'故牍岁遗斋金可核也。'再谋曰：'以责二宣慰使助之何如？'佥应曰：'可并从之。'阅再月，果得金百两有奇。

> 爰即故址，而高而卑，而堂而舍，凡六月而功告成，诸傡舍士忻得所居，乃争言曰：'非先生，其谁庇我？'予乃告之曰：'子以是为若辈庇乎？夫庇有大者，即之无象，展之无垠，扩之则覆天载地，是自古神圣之所以庇宇宙也，子之庇之有益于子矣，可无进于兹大者乎？'于是，诸士咸踧而请益。予又告之曰：'有像之庇，其庇者有限，无像之庇，其庇也无涯。庇而无像，非尔心乎？悲夫，世儒之以有像求心也久矣，是故知无像之庇，夫然后匪天而高，匪地而厚，六合之内，何物非吾物，何有非吾有，夫苟进于是，其于风教也，有不皇皇然尔乎？而曷忍从而加毁矣乎？孟子论君子之乐，曰得天下英才而教育之，其三乐也。解之者曰：君子之乐，乐斯道之传之者众也，噫！心腹四枝之相应，其容议拟尔乎？甚矣，世之闻道者鲜矣。'诸士悚然曰：'先生畴昔之教也，请镌于石，以诏来者。'

嘉靖二十二年（1543 年），蒋信新修一所书院于文明书院右侧，取名"正学书院"。蒋信《新建正学书院落成记》云：

> 道林子视学政凡三月，诸郡卫士日裹粮从焉。于是谋修复文明。

比其久也，从者日加众，文明弗能居。……兹院之成，实惟癸卯孟春。
更十月，而道林子以被遣去，诸生恳以记请，乃为次其役之始末，并
所答问语，以为《正学书院记》。

正学书院的建成，与文明书院形成一左一右的格局。蒋信讲学于文明书院
与正学书院，以"默坐澄心，体认天理"训教贵阳诸生。"群一省之士质可与进
者廪而悔之，有家难则周恤之，疾则躬视其医药，时省所业以致勤惩，侍坐弦
歌宛然家人父子也，以是不肖者愧，且革惰者劝。而文物之度，仁让之风，埒
于中土矣。"① 此外，蒋信还奏请增加贵州解额，并将湖广清浪等五卫诸生附于
贵州乡试。由此，贵州文教之风大兴，士习翕然丕变，推动了阳明心学在贵进
一步发展。贵阳人马廷锡、清平卫人孙应鳌、思南府人李渭等均拜蒋信为师，
终成名臣大儒。

蒋信大刀阔斧兴建书院及其在文明书院的讲学活动，引起了朝廷警觉，
1543年，朝廷以"擅离职守"名义劾其致仕归籍。蒋信离开贵州后，文明书院
逐渐败落。

隆庆三年（1569年），朝廷将程番府（今惠水县）迁入贵阳城，改为"贵
阳府"。鉴于贵阳府需要办公衙署，隆庆四年（1570年），将文明书院、正学书
院改建为贵阳府衙署。清代贵阳府沿之，民国贵阳市府驻此，后得名市府路。
文明书院旧址现隐于贵阳市繁华市中心内。

五、文明书院的作用和地位

文明书院在天下王门中具有重要的地位。历代学者将王阳明"龙场悟道"
作为阳明心学建立的重要标志，而将王阳明在贵阳文明书院提出的"知行合一"
作为阳明心学体系初步建立后的第一个教法，这就是著名的王阳明"学之三变"
和"教之三变"。钱德洪在《王阳明年谱》中说：

先生之学凡三变，其为教也亦三变。……居贵阳时，首与学者为
"知行合一"之说；自滁阳后，多教学者静坐；江右以来，始单提"致
良知"三字，直指本体，令学者言下有悟。是教亦三变也。

---

① 柳东伯. 贵州等处提刑按察司副使蒋公信行状［Z］//焦竑. 国朝献征录（卷103），明
万历四十四年，徐象橒曼山馆刻本.

　　在钱穆先生看来，王阳明"知行合一"思想的提出，对整个中国学术史的发展具有十分重大的意义，因为他解决了北宋以来遗留的难题："阳明所谓的'知行合一'，岂不就是北宋传下来的一个'敬'字？"又说："明儒王阳明所倡'知行合一'之学，殆为真得中国传统思想之精义。"

明代贵州土司辖域纷争与行政区划的调整

周 妮*

本文所探讨明代贵州土司辖域纷争是指明代贵州内部土司与土司之间、土司与地方族群之间、土司与卫所之间所发生的纷争，不包括贵州与四川、广西、云南、湖广（今湖南、湖北）等行省所辖土司之间的辖域纷争。① 土司辖域，即土司政区的辖域。明代西南地区，土司的大量存在，使其形成了与经制州具不同的政区性质。土司在各自政区范围内，拥有相当的自治权利。因而在各土司势力与各自政区边界"犬牙相错"及利益驱动之下，势力强大的土司"恣意妄为"，侵占邻近土司政区或经制州县辖域，使地方陷入混乱，彼此之间政区界限亦发生变化。

近年来，历史时期土司政区问题已经引起民族学、历史学，尤其是历史地理学者的广泛关注，然而，此方面的研究仍然相当薄弱。关于贵州土司辖域纷争问题的研究，散见于颜丙震对明后期黔（贵州）、蜀（四川）毗邻地区水西安氏、永宁奢氏、镇雄陇氏、乌撒安氏、播州杨氏等土司之间的疆土纷争、承袭之争等各类土司纷争的研究之中。同时，袁轶峰在对清代黔（贵州）、桂（广西）两省交界地区土司纷争的研究中，也部分涉及了明代贵州卫所与土司之间的辖域纷争。显然，已有研究较多关注贵州与其他各省交界地域的土司辖域纷争，对于省内各土司与土司之间、土司与经制州县之间、土司与卫所之间的辖域纷争涉及甚少。因此，笔者在本文中，以明代贵州境内思南与思州、安顺州与宁谷寨长官司、舟行长官司与卧龙番长官司、乌罗长官司与镇远卫之间的辖域纷争为例，探讨明代贵州境内土司辖域纷争发生的背景、过程、治理，及其

---

* 作者简介：周妮，女，云南大学历史与档案学院副教授，主要研究方向为中国边疆学、历史人文地理、民族史。

① 关于贵州与四川、广西、云南、湖广等行省所辖土司或经制州县之间的辖域纷争，笔者已另文单独进行探讨研究，因此不在本文中进行赘述。

对于地方行政区划的影响，以深化学界关于贵州土司的研究。

一、明代贵州境内的土司辖域纷争

（一）思南与思州："沙（砂）坑之争"

明代贵州境内的"沙（砂）坑之争"发生于思南府与思州府之间，而两府的设置与此存在密切的联系。设府以前，思南与思州均在元至正二十五年（1365年）归附于明，置为宣慰使司，分别由田仁智、田仁厚袭宣慰使职，与明廷之间保持正常朝贡关系，贡马及方物。洪武六年（1373年），升思南宣慰司为思南道宣慰使司。（《明太祖实录》）七年（1374年），置"平头著可及沿河佑溪二长官司，厥栅、郎溪二蛮夷官本部、苗民及蛮夷二长官"隶思南宣慰司。（《明太祖实录》）二十五年（1392年），"置思州千户所及思南左右千户所"。（《明太祖实录》）

永乐初年，思州宣慰使田仁智之子田琛承袭宣慰使位，思南宣慰使田茂安之子田宗鼎亦承袭思南宣慰使位，因地理位置相邻，相邻区域内又存在丰富的矿产资源——朱砂（水银，可为银砂），两新任宣慰使围绕"砂坑"（产砂）发生争执，并以兵刃相见，争夺激烈。虽明廷派官抚谕，但仍"仇杀如故，屡禁之不能止。"①

永乐十一年（1413年），田琛与思南宣慰司副使黄禧勾结，合兵进攻思南宣慰司，使思南宣慰使宗鼎带家人逃走，但田琛杀害田宗鼎弟弟，挖掘田宗鼎祖宗坟墓并虐待尸体，杀害百姓，抢掠民众及其牲畜、财产。田宗鼎上奏请求帮助，明廷多次敕谕田琛、黄禧，两人均拒绝明廷敕谕。因此，明廷认为其有谋逆之心，于是派遣行人蒋庭瓒前往招抚，并敕镇远侯顾成领兵5万前往思州宣慰司，擒得田琛与黄禧送至京师，皆表示降服，思南宣慰司与思州宣慰司之间的纷争及纷争引发的地方动乱至此才告一段落。但明廷最初招降田琛与黄禧之时，并未决定"改土归流"，而是打算让田宗鼎回思南宣慰司复职，但田宗鼎却言"必得报怨家，以绝祸根"，明廷认为若使其回到思南宣慰司继续任宣慰使，必然继续纷争仇杀，扰乱地方，因而将其留在京师。后因与其祖母拘怨，被其祖母告发杀害母亲等"乱人伦"之罪。明廷认为思州宣慰使田琛与思南宣慰使田宗鼎均"罪不可宥"，与明廷最初使两人分治思州、思南以"安其土人"的愿望背道而驰，最后"皆为土人之害"。（《明太祖实录》）

---

① 谷应泰. 明史纪事本末［M］. 河北师范学院历史系，点校. 北京：中华书局，2015：311.

所言"沙（砂）坑"应为地理泛称，而非具体地名。嘉靖《思南府志》言思南府境内"务川有板场、木悠、岩前等坑，砂产其中，坑深约十五六里。居人以皮为帽，悬灯于额，入而采之，经宿乃出，所得如芙蓉箭镞者为上，生白石上者为砂床，碎小者为末砂，砂烧水银，可为银砂，居人指为生计。岁额水银一百六十斤入贡，而民间贸易往往用之比于钱钞焉"。因此言务川县"以县有砂坑之利，人咸集居贸易"（嘉靖《贵州通志》）。按此，所言"沙（砂）坑"即产砂之坑，又曰为"丹砂坑"（弘治《贵州图经新志》）。而从此处对于砂的描述可见，砂在当时务川地区具有重要经济价值，是其地居民赖以为生的资源，甚至与钱钞有同等效用。而思州府境内有硃砂坑"四十八处，在施溪（长官）司，昔有课，后折秋粮一十三石"（万历《贵州通志》）。根据两处所言砂坑的地理位置，思州府境内硃砂坑在施溪司境内，正为思州、思南二宣慰司分设府县以前交界区域，又地处盛产银矿的大万山地区，极有可能成为当时两宣慰使司争夺的区域。

清代谷应泰在考察明史时提出，"至永乐初，思州宣慰使田仁智了琛，思南宣慰使田茂安子宗鼎，各嗣立，以争沙坑故，日寻兵。上遣行人蒋廷瓒往勘之，琛从廷瓒入见上白事，自言思南故思州地，当归之，又数宗鼎罪状。上曰：'思南旧归明玉珍时，汝何不取以自属，乃今言耶？且罪恶在彼，汝何与焉。亟归守尔土，靖尔封疆，慎勿构衅，启兵端。再犯，吾磔汝矣！'琛归与宗鼎仇杀如故，屡禁之不能止。至是，上密遣镇远侯顾成率校士数人，潜入二境执琛、宗鼎去。二人既就执，城中犹寂无知者。忽一日使出，揭榜谕诸罗曰：'朝廷以二凶日搆杀，荼苦百姓，故特遣使执问状，首恶既擒，余一无所问，敢哗者族。'诸罗帖然。琛、宗鼎至京师，俱斩之。乃命户部尚书夏原吉等曰：'思州、思南苦田氏久矣，不可令遗孽复踵为乱，其易为府治，改思州宣慰司为思州府，思南宣慰司为思南府，易置诸官僚。'遂设贵州布政司，立三司等官，治贵州宣慰司本司及思州、思南、镇远、石阡、铜仁、黎平六府，普安、永宁、镇宁、安顺四州，金筑安抚司及普定、新添、平越、龙里、都匀、毕节、安庄、清平、平坝、安南、赤水、永宁、兴隆、乌撒、威清十五卫，普市千户所，皆属焉。"[①] 认为思州、思南二宣慰司之间的互相攻杀即源起于"沙坑之争"，而"沙坑之争"成为明廷治理其地，并将其"改土归流"、分设府县的契机。

民国时，地方学人亦遵从谷应泰之说，言："思南宣慰司田仁智死，子大雄

---

① 谷应泰. 明史纪事本末［M］. 河北师范学院历史系，点校. 北京：中华书局，2015：311–312。

袭，传至其后宗鼎，与思州宣慰田琛争砂坑有隙，为琛侵虐不已。诉之朝，上遣镇远侯顾成发兵，执琛至京，锢之。寻以宗鼎懥怨，并讼其祖，母下于理，遂废两宣慰，而以三十九长官地置府县，设贵州布政使。以理之使为蒋廷瓒，贵州之为内地自此始。十二年分其地为八府，曰思南，曰思州，曰石阡，曰镇远，曰铜仁，曰黎平，曰乌罗，曰新化。"（民国《德江县志》）

因此，虽文献并未详细记载两宣慰司关于"砂坑之争"的具体情况，但是砂坑作为两宣慰司上贡的重要经济来源，却极有可能成为两者争夺的焦点。虽其争夺未引起两宣慰司之间政区界线的变化，但却改变了这一区域的政区性质，重新确定了府州县政区界限。

（二）安顺州与宁谷寨长官司之间辖域纷争

安顺州，明洪武初为普定府，十六年（1383 年）改为安顺州，属四川管辖。正统三年（1438 年）改属贵州。领寨十二，长官司二。宁谷寨为其所辖长官司之一，在"（安顺）州西南三十里，元为本寨，隶安顺州。洪武十九年，置长官司，领寨二十九"。

两者之间虽为隶属关系，但是因皆为土官治理，彼此之间亦存在着利益纷争。以至于成化十年（1474 年），"安顺州土官知州张承祖与所属宁谷寨长官司长官顾钟争地仇杀，相讦奏。""事下巡抚等官，逮治。"作为实力并不雄厚的土官，"承祖遣入贡二马，请赎罪。礼部为覆奏，许之"。但"都御史李宾等以承祖、钟事重，须更详审，请仍行巡抚等官体勘。若所犯果轻，宜从宽贷。诏可"（《明宪宗实录》）。经过勘查之后，仍以"命各贡马赎罪"为结果。（《明史》）但争地之事，"累传至顾维城"，至"康熙五十四年，废其二，即西堡（与宁谷）也，皆属安顺（府）"（咸丰《安顺府志》）。

就有限的历史文献记载来看，笔者无法考证出安顺州与宁谷长官司之间具体所争地域及最终争夺结果，但可以肯定的是，两者之间存在辖域纷争。而宁谷长官司隶属于安顺州，因此，两者之间的辖域纷争属于明显的内部辖域纷争，其对政区界线的最终形成并未造成大的影响。

（三）舟行长官司与卧龙番长官司之间辖域纷争

舟行长官司，为明代新添卫所领五长官司之一，永乐二年（1404 年）置。卧龙番长官司，为贵阳府所领十八长官司之一，"元改置卧龙番南宁州安抚司，洪武五年改置（长官司）"（弘治《贵州图经新志》）。从贵阳府"东至新添卫界一百里"，"东南到新添卫界一百一十里"（弘治《贵州图经新志》），新添卫"西北至贵州宣慰司界八十里"（弘治《贵州图经新志》），可见两长官司所属政区为地理相邻关系，这无疑为两长官司之间的辖域纷争埋下了伏笔。

舟行长官司以外委土舍罗氏管舟行诸寨，以元末有功，授罗光为长官司长官，后废。洪武三十年（1397年），又复置，以罗海为长官，后又省。永乐二年又复置。这种时而设置、时而裁撤的治理方式，必然与当时地方治理状况存在密切的关系，但无论出于何种考虑，这种反复裁撤与设置的方式具有不稳定性，并不利于地方治理。以至于土官在有机可乘之时，成为地方混乱的制造者。宣德九年（1434年）即发生了由舟行土舍挑起的辖域纷争，如行在兵部尚书王骥奏："贵州新添卫舟行长官司故土官罗海男罗朝扇，诱寨长卜羊集、逃民罗阿记等侵占卧龙番长官龙知保之地，又攻猱平寨，焚庐舍，杀人劫财。"（《明宣宗实录》）

此处虽未言所侵龙知保（应为龙保）地具体名称，但就当时而言，必然造成了两个不同级别政区间界线的变化，如其所攻猱平寨，道光《贵阳府志》考证其在清代定番州大塘东六十里丹行司劳平寨，反映出猱平寨在被寨长卜羊集、逃民罗阿记等侵占后，行政归属发生了变化，一直至清代。

（四）乌罗长官司与镇远卫屯军之间辖域纷争

乌罗长官司，"在（铜仁）府西二百里，元置"，明朝因之。（《寰宇通志》）明初属思南宣慰司，永乐十一年（1413年）置乌罗府于其地，十二年（1414年），乌罗长官司隶于乌罗府。正统三年，革乌罗府，乌罗长官司改属铜仁府。其与明廷之间保持着较为良好的关系，其土兵服从明廷地方官员的征调，在"平播战役"中贡献了自己的力量。（《平播全书》）同时，与明廷之间存在朝贡关系，如《明实录》记载，洪熙元年（1425年）、天顺二年（1458年），贵州乌罗长官司土官冉兴祖、冉文质等向明廷贡马并方物。

镇远卫，洪武二十二年（1389年）置，其疆域、道路均与镇远府同。但就地理而言"卫大于府"，"府属镇远、施秉、偏桥、邛水四县司止六里民，粮共八百七石六斗六升。卫则跨辰州、镇远、思州、石阡、偏桥、邛水、施秉之水田陆地者八十八屯，思南二十三屯，麻阳二十二屯，共一百三十三屯。"（《黔记》）可见镇远卫屯田分布区域较广，涉及镇远府邻近的多个府县，势力延伸较广。在明末时，其势力范围延伸至铜仁府乌罗长官司辖域，与乌罗长官司围绕油蓬地展开了较长时间的辖域纷争。

油蓬，今为村，位于贵州省松桃苗族自治县孟溪镇。其地"与乌罗、朗溪及四川之邑梅司接壤，守御至切"，① 在历史时期有着较为重要的战略价值，如

---

① 顾祖禹. 读史方舆纪要（卷122《贵州三》）［M］. 北京：中华书局，2005：5325.

分守抚苗参议刘望之言："又若冠带河，乃苗出思石必由之路，见有险囤又无戍兵，所宜量行增募。惟孟溪堡偏守一隅，不如改于地名油蓬，乃平、乌二司适中地，界可与四十八旗相为应援。又地架堡偏守一隅，不如改于地名苗羊坪，乃小桥、地架适中地，界可与平头、乌、朗诸司相为应援，以上二司亦宜修堡，实以乡兵各四五百名，方足存札，凡是数处俱系要紧，若得联络布列，无少踈处，譬如人身，首尾四肢，血气强健则声势自震、心力自齐，卒遇变时，咸有策应，苗贼决难冲斥深入，纵入亦难径出，则不轨之念宁。"（嘉靖《贵州通志》）可见油蓬位于明代所置乌罗长官司与平头著可长官司之间，其地可与48旗相互支援，实为形势紧要之地，对于治理地方、防御苗民动乱有十分关键的作用。

除其所具有的重要军事价值外，顾祖禹在考证其地时，言其地"孤悬苗界，地最广饶，赋役出办居多"①。反映出其地之富饶，因而其地也成为附近苗民最常侵扰之处，如"嘉靖十八年己亥，筸子坪苗龙母叟聚众劫筸子司，得禾冲等二十一村。镇溪、亚酉诸寨苗龙求儿等纠铜平苗劫夺油蓬、平头五寨等处。"（光绪《乾州厅志》）然而，据顾祖禹、许鸿磐考证，其地所置油蓬堡位于当时所置平头著可长官司境内。由此可推断，《中国明朝档案总汇》所载《兵部为贵州铜仁府乌罗长官司杨桂（杏）等与镇远卫屯军欧承祖等互争油蓬地土事的题稿》所指油蓬是一个包含油蓬堡在内的乌罗长官司与平头著可长官司之间的交界区域。

从勘处乌罗长官司与镇远卫争夺油蓬地的官员所言："自嘉靖以前失去之土，卫军久入册认差，今一旦返之，百年之后，乌罗以得地为荣，卫军不以认粮为苦乎。"②可见，两者之间的辖域纷争至晚在嘉靖时期即已存在，且就当时的情形而言，镇远卫占据上风，将所侵占之地纳入黄册并进行差发。而两者围绕油蓬地展开的纷争发生于万历中后期，在万历四十六年（1618年），由贵州张抚院勘问明确，"该厅同铜仁王知府、镇远郑知府会审，得油蓬之隶乌罗司民土也"③。

① 顾祖禹. 读史方舆纪要（卷122《贵州三》）[M]. 北京：中华书局, 2005: 5325.
② 兵部为贵州铜仁府乌罗长官司土官杨桂杏等与镇远卫屯军欧承祖等互争油蓬地土事的题稿 [M] //中国第一历史档案馆，辽宁省档案馆. 中国明朝档案总汇. 桂林：广西师范大学出版社, 2001: 350-351.
③ 兵部为贵州铜仁府乌罗长官司土官杨桂杏等与镇远卫屯军欧承祖等互争油蓬地土事的题稿 [M] //中国第一历史档案馆，辽宁省档案馆. 中国明朝档案总汇. 桂林：广西师范大学出版社, 2001: 347.

然而，万历四十六年勘处虽已明确，且"奉有明旨"①，但至崇祯元年（1628 年）时，张抚院复督贵州，乌罗长官杨明楷上诉言乌罗长官司"奉有督院给乌罗司遵照之宪牌，油蓬地方立石为界，陆按院亦有牌可据。自元年起，此土遂归乌罗司管种，输铜仁府粮差，迄今五年，欧承祖已无显据之迹矣。第两院虽有执照，而两省抚院行道府勘问者尚未结局，以致欧承祖意气终未平，嚣竟终未息"②。反映出地方官员在明确油蓬地为乌罗司属地之后，将油蓬地勘断给乌罗司，并给其宪牌，使其立石为界，且从崇祯元年开始，油蓬地即已归乌罗司管理与耕种，同时向铜仁府缴纳其地应纳粮差。然而，虽有宪牌执照证明油蓬地勘断给乌罗长官司，但因为贵州、湖广两省抚院行道府勘问官员未将此事了断，以至于镇远卫军欧承祖意气未平、嚣竟未息。至崇祯四年（1631 年），向通政司陈述此况，明廷又将此事咨移贵州、湖广两省。

乌罗长官司土官杨桂杏听闻之后，便"起而应敌，遂至叩阍撼往事"，言："油蓬田土，奉院牌立碑，后承祖占种不退，则抗旨之罪奚辞。乃乌罗已收退还之故物，而承祖不过肆纸上之戈铤，其于彼此疆界，未甚淆也。"③ 诉告镇远卫屯军欧承祖不遵从地方官员勘断，继续占种油蓬地域，实为抗旨之罪，而其所言退还乌罗长官司之旧物，也只是"纸上谈兵"，并未如实执行，且对于军屯、土司之间的界限并未明确，较为混淆。但又言："土司、军屯，互相犄角，并力一心，以卫疆圉，虽有黔楚之分，不殊同室之谊。若同室自斗，启狡苗窥伺，不几，短垣而自踰乎。"④ 以此突出其对于明廷的忠心，表达其愿意为地方安稳而和解、和平共处之想法。对于明廷而言，派遣地方官员进行斡旋调解，使其不再嚣张，也是首选方案。因而，使知府刘土琏奉旨勘问屯军欧承祖与土官杨

① 兵部为贵州铜仁府乌罗长官司土官杨桂杏等与镇远卫屯军欧承祖等互争油蓬地土事的题稿 [M] //中国第一历史档案馆，辽宁省档案馆. 中国明朝档案总汇. 桂林：广西师范大学出版社，2001：347.
② 兵部为贵州铜仁府乌罗长官司土官杨桂杏等与镇远卫屯军欧承祖等互争油蓬地土事的题稿 [M] //中国第一历史档案馆，辽宁省档案馆. 中国明朝档案总汇. 桂林：广西师范大学出版社，2001：348.
③ 兵部为贵州铜仁府乌罗长官司土官杨桂杏等与镇远卫屯军欧承祖等互争油蓬地土事的题稿 [M] //中国第一历史档案馆，辽宁省档案馆. 中国明朝档案总汇. 桂林：广西师范大学出版社，2001：349.
④ 兵部为贵州铜仁府乌罗长官司土官杨桂杏等与镇远卫屯军欧承祖等互争油蓬地土事的题稿 [M] //中国第一历史档案馆，辽宁省档案馆. 中国明朝档案总汇. 桂林：广西师范大学出版社，2001：349-350.

明楷所争油蓬地，复行辰州府刑官会同铜仁、镇远二府官从公审明，认为乌罗长官司与镇远卫之间"所争田土疆界管种自明"①，只因镇远卫军人欧承祖占种不退，以至于两者之间反复争执，明廷不得不累派官员进行勘处。就勘处结果而言，明廷所派地方官员均遵从万历时期勘处结果，认为油蓬地属于乌罗长官司，乌罗长官司管种其地，即负有"承粮输纳"之责。②

镇远卫作为明代基层军事机构，具有一定的行政职能，因而也有自身的辖域，但其所辖军屯分布范围广泛，涉及与其相邻的多个府县，与通常意义上的行政区划又存在较大差别，以至于其与乌罗长官司之间的辖域纷争并未引起通常所言政区间的界限变化，属于一种较为特殊的辖域纷争。而这种纷争不只存在于这一区域，在其他土司与卫所相邻的区域亦大量存在。如天顺二年（1458年），"云南南甸土官宣抚刀落盖奏：南宁伯毛胜、腾冲千户所千户蔺愈强占招捌地方寨子，田亩分作庄户，办纳银两、米谷等物，逼民逃窜。"（《明英宗实录》）而在明早期卫所广泛设立之时，其往往得到明廷及各地方官员的大力支持，在地方获得较多的土地以屯军，如洪武二十八年（1395年）时，因"沾益、乌撒地境相邻，连年争地不决"，西平侯沐春即上言"宜以所争地给乌撒卫官军屯种"（《明太祖实录》）。

二、"改土归流"：明代贵州土司辖域纷争治理的善后举措

从《明实录》《中国明朝档案总汇》及明代西南地区现存地方志等对土司相关辖域纷争的详细记载可以看到，明廷所派遣官员在处理贵州土司辖域纷争的过程中，提出了多种不同的处置方法，一方面是为善后处理，另一方面也为防止各地域内土司相关辖域纷争的再次发生。

就贵州内部土司辖域纷争的治理而言，较之发生于湘、鄂、川、黔几省交界区域土司辖域纷争的治理，③ 明廷经历了从果断处理到"放任不管"的明显

---

① 兵部为贵州铜仁府乌罗长官司土官杨桂杏等与镇远卫屯军欧承祖等互争油蓬地土事的题稿［M］//中国第一历史档案馆，辽宁省档案馆. 中国明朝档案总汇. 桂林：广西师范大学出版社，2001：353.

② 兵部为贵州铜仁府乌罗长官司土官杨桂杏等与镇远卫屯军欧承祖等互争油蓬地土事的题稿［M］//中国第一历史档案馆，辽宁省档案馆. 中国明朝档案总汇. 桂林：广西师范大学出版社，2001：352.

③ 周妮. 明清时期"苗疆"土司与"流官"政区疆界纷争与化解——以黔楚蜀交界地区为例［J］. 中国边疆史地研究，2019，29（3）：115-123.

变化。其果断突出表现在明初贵州土司辖域纷争的处理过程中，明廷及其地方官员提出"改土归流"，在原土司辖域范围内设立府、州、县，重新划分政区范围。

虽然西南地区大规模"改土归流"是在清雍正时期，但是从文献记载可知，自明朝开始，西南地区即已开始改土归流。只是明代在西南地区的改土归流与清雍正时期改土归流的性质有所不同——明代的改土归流大多为明廷被动回应所出现问题的解决方式，而清代的改土归流则是清廷有目的、有计划，主动解决土司问题的地方治理策略。蓝武、王强等在研究明代西南地区土司改土归流问题时，均提出明代西南地区土司改土归流的原因是复杂的，且均与土司自身环境及发展密切相关，如土司之间彼此纷争、土司内部争袭、土司嗣绝、土司犯罪造成地方动乱等均为改土归流的主要原因。① 土司相关辖域纷争作为土司之间、土司与相邻经制州县之间较为常见的纷争，无疑也是影响土司改土归流的一个重要因素。

明代贵州，因土司之间辖域纷争而改土归流设置府州县最为突出的即思州宣慰司与思南宣慰司，两土司应为文献所记载明代最早因彼此之间辖域纷争而改土归流的土司。

以"砂坑之争"为引子，明廷在对田琛与田宗鼎实施相应的处罚后，提出"思州、思南三十九长官司宜加意抚绥，可更置府州县，而立布政司总辖之"（《明太宗实录》）。即"命户部尚书夏原吉等曰：'思州、思南苦田氏久矣，不可令遗孽复蹈为乱，其易为府治，改思州宣慰司为思州府，思南宣慰司为思南府，易置诸官僚'。"因而，将思州宣慰司与思南宣慰司"改土归流"，在贵州设置布政司，立三司等官。而原思州宣慰司与思南宣慰司地域分属于八府，其中"都坪峨异溪、都素二蛮夷长官司、黄道溪、施溪二长官司隶思州府，蛮夷长官司、水德江、沿河佑溪、思印江三长官司并婺川县及板场、木悠、岩前、任办四坑水银场局隶思南府。施秉、镇远、金容、金达、卬水一十五洞三蛮夷长官司、偏桥长官司并镇远州隶镇远府。苗民、石阡、龙泉坪、葛彰葛商四长官司隶石阡府。铜仁、省溪、提溪、大万山四长官司并鳌寨、苏葛、棒坑朱砂

---

① 王强. 明代西南地区改土归流研究 [D]. 杭州：浙江大学，2010；蓝武. 明代广西地区改土归流的多重性特征 [J]. 广西民族师范学院学报，2011，28（2）：12-16；金燕. 试析明代贵州的"改土归流"及"国家"认同 [J]. 贵州民族大学学报（哲学社会科学版），2012（6）：60-64.

场局、大崖土黄坑水银朱砂场局隶铜仁府。郎溪蛮夷官司、乌罗、答意、治古、平头着可四长官司隶乌罗府。湖耳、亮寨、殴阳、新化、中林验洞、龙里六蛮夷长官司、赤溪浦洞长官司隶新化府。潭溪、曹滴洞、古州、八舟、福禄、永从、洪州泊里、西山阳洞七蛮夷长官隶黎平府"（《明太宗实录》）。并以最初派往处理田琛与田宗鼎纷争的蒋廷瓒为左布政使，"以廷瓒曾勘思州事，谙夷情也"① 即此.

就以上所言思南宣慰司与思州宣慰司"改土归流"的过程而言是较为顺利的，一方面，永乐时期是明朝发展的鼎盛时期，综合实力较为强大，有足够的人力、物力、财力作为保障；另一方面，两宣慰司之间围绕"砂坑"而形成的长期纷争与斗争，削弱了彼此实力，为明廷提供了"改土归流"的良好契机，也成为明廷对其"改土归流"的直接缘起与理由。但值得注意的是，明廷只是将思南与思州二宣慰司改设为府，对于宣慰司所辖长官司如沿河祐溪长官司、水德江长官司等长官司多有保留，只是从原来隶属宣慰司改隶于新设府、州，反映出明廷在"改土归流"对象上"改大不改小，改上不改下"的特点。

其"放任不管"则突出地表现在对于宁谷寨长官司、舟行长官司、卧龙番长官司等势力较小的土司相关辖域纷争的处理上。首先，对于安顺州土官与宁谷寨长官司之间的争地行为，明廷虽派遣官员进行勘查，却并未明确对争地事实进行处理，仅命令双方贡马赎罪，使得双方争地行为在两土官的后代之间继续延续。其次，对舟行长官司与卧龙番长官司之间的争地事件虽有关注，却并未见派遣官员进行勘查与治理。

三、结语

历史上中国幅员广袤，民族构成复杂，因此在政区设置上想要实现绝对的"统一化"与"标准化"都是不现实的，特别是在偏远及边疆地区的政区设置上不得不进行调整。如从秦汉时期开始，非汉族群聚居区域就有了道、羁縻府州以及土司等特殊政区，并长期延续。但受不同时期、不同治理政策及地方发展具体情形不同的影响，政区界线往往存在不稳定性，处于变动与调整之中。

辖域纷争的发生，即不同程度影响了省及省以下各级政区界线的变化，其

---

① 谷应泰. 明史纪事本末 [M]. 河北师范学院历史系，点校. 北京：中华书局，2015：311-312.

中包括土司与土司之间的政区界线，也包括土司与经制州县之间的政区界线。相较而言，土司与土司之间的政区界线多不明晰，具有不稳定性，随土司势力的"此消彼长"而频繁变化。而土司与经制州县之间的政区界线，因经制州县政区界线较为明确，在土司侵占其地域之后，或长期被土司占有，或因明廷干预及其他因素影响恢复原状，其变动的具体情形明确可见。"改土归流"后，在土司辖域确立府州县制度，打破原有的土司政区界线，重新划分府、州、县的管辖范围，土司政区及原有界线由此不复存在。因此，在中国古代疆域内，不同层级政区之间的界线受多种因素的影响而变化，而土司辖域纷争为在西南地区较为常见的影响因素之一。

明代贵州文教先驱王训先生事略

叶成勇 *

王训是明代早期贵州著名的教育家，（弘治）《贵州图经新志》卷三《名宦》对王训事迹有较全面的记录，且对其评价已甚高，而其具体的事迹和诗文则散见于全书各部分。清同治年间贵州独山莫友芝著《黔诗纪略》，以王训为首载，以为"开草昧之功，不能不首推教授也"②。同书之太守易天爵先生贵条云："黔人著述见于史者，别集始于王教授，经说始于先生（按：指易贵）。并明一代贵州文教鼻祖，其开创之功，不在道真、长通下。当遍访藏家，求两先生著述与好事传之，乃大快也。"③ 近人有李子和、张羽琼等学者对王训的事迹做过一定的搜集整理，但还显得不够完善。本文主要依据明弘治十四年（1501年）编修的《贵州图经新志》所载内容，参照同时期史料，对王训的主要事迹进行考订，并略做评述。

一、生卒年代考

王训，字继善，号寓庵，贵州卫人，祖籍直隶昌黎。晚年以子为贵，推封武略将军。但是，王训生卒年代文献无明确记载，今人也未能深入分析，本文首先讨论这个问题。

据（弘治）《贵州图经新志》卷三《名宦》，王训年八十而卒。其卒年，据该书卷二《先民祠》，弘治间贵州巡抚都御使孔镛建先民祠，欲祭祀贵州历代贤人，其中包括芒文缜、王训、易贵等人，说明王训此时已逝世。那么，现在关键就在于弄清孔镛出任贵州巡抚的时间。关于孔镛出任贵州巡抚，《明实录·孝宗弘治实录》卷10、26和30有记述。其在弘治元年（1488年）初任贵州巡抚，

---

* 作者简介：叶成勇，贵族民族大学历史系教授。

② 莫友芝. 黔诗纪略 [M]. 关贤柱，点校. 贵阳：贵州人民出版社，1993：6.

③ 莫友芝. 黔诗纪略 [M]. 关贤柱，点校. 贵阳：贵州人民出版社，1993：61.

弘治二年（1489 年）五月，升为工部右侍郎，同年九月死于回京的途中。看来，孔镛建先民祠当在这一年多的时间内。前引《先民祠》条还说，孔镛修建先民祠未成，因升任工部右侍郎，很快受诏入京，即所谓"寻诏入，事遂寝"。所以，孔镛建祠就在这之前不久，即 1489 年五月之前。故推定王训卒年不会晚于 1489 年五月。

关于王训生年，比较复杂一些。王训撰《明故河西县学教谕止庵詹先生墓志铭》曰："训以龆龀交于先生，殆七十年矣。"据该墓志铭记述，詹先生，即詹英，生于永乐癸巳（1413 年）四月初一日，卒于成化甲辰（1484 年）六月二十七日，春秋七十有二。"越明年乙巳□四月癸酉……其孤木（按：詹木）……来请墓铭。"①可见这篇墓志铭作于 1485 年，此时王训健在，上溯约七十年，当在 1415 年左右。那时詹先生约四岁，王训与之为龆龀之交。龆龀，指儿童时代，二者年龄相差不会太大。民国年间修撰的《贵州通志·人物志二》詹英条附有詹英逝世二十年后由罗玘作的《止庵詹先生墓表》，谓詹英"比少长，从童子师游……时同舍生号王三遍者……王后终教授，雅有盛名，终身不昌言为敌。"②王三遍即王训，可见詹、王二人不仅是龆龀之交，且是同舍生，年龄十分接近。又（弘治）《贵州图经新志》和《黔诗纪略》谓王训为宣德十年（1435 年）云南乡试举人，而詹英为正统三年（1438 年）云南乡试举人，相隔三年，刚好相隔一届乡举。可能王、詹年龄相差约三岁，而王训稍长。又（弘治）《贵州图经新志》和《黔诗纪略》均谓王训"年十八，上《保边政要八策》，宣宗嘉纳之"。明宣宗，1426—1435 年在位，以此推算，王训生年当不会早过 1408 年，最晚不过 1418 年。

综上分析，我们可以基本推定王训生卒年代在 1409—1489 年。

二、王训早年参与的军政活动

王训早年热衷于军政活动，据（弘治）《贵州图经新志》和《黔诗纪略》，他博学知兵，有智略，博览群书，喜论古今成败之由，十八岁上《保边政要八策》，宣宗嘉纳之。还有《孙子注解》传于世。正统十三年（1448 年）兵部尚书王骥征云南麓川思仁发，辟左赞军事，卒获渠魁。正统十四年（1449 年）贵州土著大起事，苗僚围新添卫、平越卫等，兵部尚书侯琎复辟置幕府，训赞佐谋划，不阅月围解，论功升本卫教授。由此可知，王训在 40 岁以前参与的军政

---

① 贵州省博物馆. 贵州省墓志选集 [M]. 贵阳：贵州省博物馆，1986：19-22.
② 贵州省博物馆. 贵州省墓志选集 [M]. 贵阳：贵州省博物馆，1986：19-22.

活动，主要就是担任王骥、侯琎的军事幕僚，多所谋划。大概是因为他 18 岁时所上《保边政要八策》深得宣宗赏识，又著有《孙子注解》，遂名声大振。后来，王骥、侯琎都倚重之，他也确实不负所望，这充分说明他不仅谙悉云贵历史与民情，也深谙军法之道。之后景泰天顺年间，土著民族起事波及范围越扩越大，梁瑶、方瑛、石璞、王来、白圭等人先后入黔平定，王训也参与其中，其事在王训撰写的《月潭寺记》中有明言："训以职教为诸将罗致，束韬书以备计筹。自庚午至己卯（1450—1459 年），历十载，师凡五举，而寇悉平。"① 笔者曾考订贵州锦屏县诸葛洞景泰二年（1451 年）的记功摩崖石刻和瓮安县玉山镇龙蟠村偏岩景泰四年（1453 年）的记功摩崖石刻皆正出自他之手。

不过，对于自己年轻时的这段经历，他晚年颇有些悔恨。他大概于成化二十一年（1485 年），77 岁左右时，归隐贵阳城北二里贵山之麓白崖山，建筑读书台。"白崖山，在治城北二里，贵山之麓，岩障如削，俯瞰兔场，官道经其下。"② 读书台在白崖山半山间，"台下垒石作院，引泉凿池，杂植花竹，有棋、枰、琴、案，皆假山石为之，训常与客觞咏于此"③。当时程番府知府汪藻作赠诗一首，云：

> 满抱经纶隐北山，就中佳致足盘桓。
> 戋戋束帛终当聘，未许幽楼老谢安。

王训归隐白崖山后，他的学生御史徐节也有一首赠诗：

> 先生嘉遯距尘寰，何幸乘间一蹑攀。
> 云影天光池水碧，竹溪松径藓痕斑。
> 敲诗剩得趣中趣，纵目望穷山外山。
> 试问幽楼似何处，阿衡莘野吕公磻。④

两首诗中的谢安、阿衡（伊尹）、吕公，皆指代王训，赞颂其军事方面的功劳，也可见其早年军事活动在当时的影响。王训晚年游程番府，作《客夜五首》，却表达了他自己的另一种心境，其诗云：

① 沈庠. 贵州图经新志（卷13《兴隆卫》）[M]. 成都：巴蜀书社，2006：140.
② 沈庠. 贵州图经新志（卷1《山川》）[M]. 成都：巴蜀书社，2006：11.
③ 沈庠. 贵州图经新志（卷2《宫室》）[M]. 成都：巴蜀书社，2006：26.
④ 沈庠. 贵州图经新志（卷1《山川》）[M]. 成都：巴蜀书社，2006：11.

　　浪游远到十三番，瘴雨蛮烟昼亦昏。
　　老树仅堪成大用，好山不得在中原。
　　殊方䛅舌应难晓，故里莺花未足论。
　　珍重便须回马首，莫因客思恼吟魂。①

　　瘦马轻鞭控朔风，山如列戟路如弓。
　　穷荒未必尧封到，绝域曾劳汉使通。
　　暴客尚存愁逆旅，奸谀不死恨英雄。
　　玉关牢落天门远，谁献平蛮第一功。

　　百战休题马上劳，烽尘久不到征袍。
　　曾于丹徼提三尺，羞向青铜见二毛。
　　壮志于今成潦倒，芳名自古属英豪。
　　夜窗独坐谁知己，银汉无声北斗高。

　　寥寥番语夜无眠，风满长空雪满天。
　　客思宛如千里外，人家不是十年前。
　　重来转觉蛮山险，老大方知世路偏。
　　此际有怀难自遣，好凭杯酒共诗篇。

　　野猿啼断夜沉沉，山馆挑灯只苦吟。
　　填海已无精卫力，忧天空有杞人心。
　　亡羊路险豺当道，倦鹊巢寒雪满林。
　　和得阳春徒自尔，更阑无处觅知音。②

　　年轻时献计平蛮，时人不与，空落英名，到此时只有孤零飘影，一腔苦闷，终是壮志未酬、知音无觅。汪藻和徐节得诗也对王训晚年的孤苦飘零、壮志未酬的苦楚深表同情与感喟！王训本有一番报国志气，可是偏偏投错了门路，王骥征伐无功，反倒引发湖广、贵州夷民的大规模起事，师老而民疲。王训的同

---

　　① 沈庠. 贵州图经新志（卷 8《程番府》）[M]. 成都：巴蜀书社，2006：100.
　　② 郭子章. 黔记（卷 47《乡贤列传四》）[M]. 成都：巴蜀书社，2006：291.

窗好友詹英当时就大义凛然地封章弹劾王骥、宫聚等人苟安贪利、狼贪渔取、沿途劳扰，行军全无纪律，"同流合污，既无运筹帷幄之才，又无克胜破敌之智，玩法怙终，损兵失利，原其情犯，死有余辜！"王训本想助王骥、宫聚等人建立边功、报效朝廷，可适得其反，能不自恨乎？能不遭怨乎？时人对他的一些不理解，很可能与他早年做过王骥幕僚有关。其在《月潭寺记》中也表达了这种心迹："训继以事坐累，谪广道"，在文中还借月潭寺住持僧广能誓死护寺、英勇抗强敌的事迹来表达自己对朝廷的忠义，而委婉地批评了当时参与军事平定的诸将官们的懦弱与自私。正如莫友芝在《黔诗纪略》中所言："盖（王）骥幕之虚功无实，犹有余恨也。"

三、王训的教育活动

贵州官方的儒学教育始于元初，为顺元路儒学，元至正间廖志贤任教授，启迪多方，号称善教。① 明洪武二十五年（1392 年）十一月在元代基础上由贵州都指挥使马烨、教授芒文缜改建贵州宣慰司儒学，二十六年（1393 年）建成，首任教授为芒文缜，② 生员除宣慰司土生外，贵州卫、贵州前卫军生、民生均附读于此。整个明代，贵州宣慰司儒学规模和登科人数为全省之冠。

王训一生的绝大多数时间就是在这里从事教育活动，对明代贵州教育事业发展作出了杰出的贡献，深受时人和后人的敬仰。（弘治）《贵州图经新志》对此评价很高，谓其"教法严整，文化以兴，足以绵蕤后来，蓍龟多士"。清代《贵州通志》和民国《贵州通志》列其为乡贤或人物之首。王训最早从事教育，约在正统五年（1440 年）。（弘治）《贵州图经新志》言：正统初，都督吴亮镇贵州，荐授贵州儒学训导。吴亮于宣德十年（1435 年）四月起任行在右军都督府佥事，充湖广、贵州副总兵官，至正统五年六月佩征蛮副将军印，仍充副总兵，镇守湖广、贵州。③ 以此而言，吴亮主持贵州军事后不久就注意到王训，且荐授训导之职。至正统十四年（1449 年），王训在兵部尚书侯琏帐中多所谋划，论功升为本卫教授。这里的本卫，当指贵州宣慰司儒学，前面提到，王训乃贵州卫人，贵州卫和贵州前卫军生、民生均入司学。王训退休的时间，不会晚于成化二十一年（1485 年），因为这一年四月，他在《明故河西县学教谕止庵詹先生墓志铭》中自署名为"诰封武略将军前贵州宣慰使司儒学教授昌黎王

① 沈庠. 贵州图经新志（卷3《贵州宣慰司下》）[M]. 成都：巴蜀书社，2006：38.
② 沈庠. 贵州图经新志（卷1《贵州宣慰司上》）[M]. 成都：巴蜀书社，2006：19.
③ 贵州民族研究所. 明实录·贵州资料辑录 [M]. 贵阳：贵州人民出版社，1983：246-273.

训"。自署为前贵州宣慰使司儒学教授，正说明他已经退休。看来，如果从正统五年其为训导起，至此时退休，从事教育活动在四十年左右，不可谓不长也！因此，史谓其弟子遍及全省各地。

王训除了当好教师，还积极筹集资金或捐资，建造校舍和文教场所。据（弘治）《贵州图经新志》记载，正统七年（1442年）其与按察副使李睿制铜爵一百八十个，置于文庙；正统九年（1444年）在儒学后面建尊经阁，藏朝廷所赐《四书大全》等；正统年间与贵州按察使司副使李睿建讲堂；景泰年间，又与李睿建二题名塔于儒学堰之左右（即正殿台阶前面的空地上），其一为进士题名，其二为乡贡进士题名；成化六年（1470年），出资重修儒学棂星门。可以说，贵州司学繁盛局面的出现，王训是有很大功劳的。

正统丁卯（1447年）以儒学训导的身份，亲自为贵州宣慰司宣慰使宋斌书丹墓志铭，而墓志铭的撰文者正是贵州提刑按察使司副使李睿。宋斌与李睿之间关系颇为密切，宋斌之子宋昂在请李睿为其父撰写墓志铭时，曾说"先人久服公政，知先人者宜莫如公"。在墓志铭中，李睿称誉宋斌"遇事刚明有断，好古而嗜文"，"御弟子严正，待族人以恩礼，持己廉平仁恕"。墓志铭记载了朝廷在正统初年把原隶属于贵州卫的十三长官司改隶于贵州宣慰司，这与宋斌长期治理水东地区颇有善政有很大关系。这说明王训、李睿、宋斌有着深厚的交往，他们之间有很多共通的政治思想和文教观念。受到李睿和王训的直接影响，宋斌专门聘请成都匀的顺昌儒士廖驹严督诸子向学。还有一点就是，王训的诗文创作也可能直接影响了水东宋氏土司宋昂宋昱兄弟的文学取向。宋昂为世袭宣慰司同知，却好学工文，服勤持俭，爱民礼士。其政治旁洽，边鄙缉和。又多收致经史，以崇文教。天顺间建崇圣观，成化三年（1467年），在今花溪河上修建济番桥，又与宣慰使安陇富合请云游道人雪隐为大道观住持，参与捐建贵州宣慰司学。宋昂弟宋昱，性颖悟好学，善属文，有《联芳文集》行于世，又尝注《郁离子》。① 宋昂宋昱兄弟二人诗合集《联芳类稿》，乃二人数十年唱酬之编秩。郭子章评论曰："虽未必尽皆醇于道，然其世雄遐方，不为所变，而又以其家学，播宣敦睦之风，为左衽者之赤帜，盖有裨于世道非细也。"②

王训在贵州宣慰司学的教育成效明显。贵州儒学创建以来至正统六年（1441年）以前，近50年间仅有进士1人、举人6人、岁贡生1人。此后至弘治十三年（1500年），近60年中，举人达74人，其中进士7人，同时还有岁贡

① 郭子章. 黔记（卷15《艺文志下》）[M]. 成都：巴蜀书社，2006：326.
② 郭子章. 黔记（卷15《艺文志下》）[M]. 成都：巴蜀书社，2006：326.

生至少 54 人。其中著名的有易贵、徐节等。易贵，字天爵，贵州宣慰司人，性通朗刚王，淹该载籍，为文善序事。出知辰州府，崇学校，恤民隐。遇事明而能断，不昧于势利，有古循良风。著有《竹泉文集》十五卷，《诗经直指》一卷，《葬书》一卷。① 徐节曾官至云南右参政、副都御史，著《蝉噪集》。② 举人易弦和庠生王佐还参与修撰《贵州图经新志》，对地方文献的搜集整理有重要贡献。王佐多有诗作载于其中。王训取得教育的成功还与前述的贵州按察司副使李睿的极力支持有密切关系，而且二人在建学过程中建立了深厚的友谊。李睿，山东济宁人，长期在贵州为官，先是贵州布政使司参议，正统间升任按察司副使，有意修治儒学。刚毅有为，政教兼举。又鼎建学校，得到当时主要官员和贵州宣慰司安氏和宋氏土司的支持，使贵州宣慰司学"凡百器用堂宇皆备"。贵州诸属卫旧无学校，李睿就请遍建学校。边方文教之兴，睿之功也。③

四、王训的诗与文

作为诗人的王训，很早被人关注。《黔诗纪略》云："黔人著述见于史者，别集始于王教授。"其诗文集，《明史·艺文志》载为《寓庵文集》，三十卷，但《四库全书总目提要》不存其目，盖久逸矣。郭子章《黔记·艺文志》有录，云其"书逸"，可能在万历以前已散逸。王训的诗文，仅存者不多，散见于《贵州图经新志》《黔记》《黔诗纪略》《贵州墓志铭选集》等。就现存部分诗文看，李子和先生搜集到十首，笔者从《贵州图经新志》卷 14《普定卫》古迹中辑出《诸葛营》诗一首，另有颂体诗《嘉瓜颂》，目前所见仅有此十二首。其诗以七律为主，写景状物的有《南庵》《真趣亭》《无边风月楼》④《朝阳洞》⑤等四首，这些诗风格清雅疏淡、情趣细腻，但不免凿痕稍重。抒发个人情怀的有《程番客夜》五首、《送陈昌归隐东山》（又名《咏斗崖山》）⑥《诸葛营》。《诸葛营》凭吊了诸葛亮在西南活动留下的历史遗迹，其意境苍凉沉郁。特别是《程番客夜》五首，抒发归隐时的壮志未酬和知音难觅的情怀。这类诗多出现历史与现实的强烈对比，如诸葛亮、谢安、平蛮、安边、羁旅等意象。还有一首

① 沈庠，修. 贵州图经新志（卷 3《贵州宣慰司下》）[M]. 成都：巴蜀书社，2006：43.
② 沈庠. 贵州图经新志（卷 3《贵州宣慰司下》）[M]. 成都：巴蜀书社，2006：44；郭子章. 黔记. 卷 15《艺文志下》[M]. 成都：巴蜀书社，2006：325.
③ 沈庠. 贵州图经新志（卷 1《贵州宣慰司上》）[M]. 成都：巴蜀书社，2006：20；沈庠. 贵州图经新志（卷 3《贵州宣慰司下》）[M]. 成都：巴蜀书社，2006：39.
④ 沈庠. 贵州图经新志（卷 2《宫室》）[M]. 成都：巴蜀书社，2006：23-26.
⑤ 沈庠. 贵州图经新志（卷 1《山川》）[M]. 成都：巴蜀书社，2006：12.
⑥ 沈庠. 贵州图经新志（卷 1《山川》）[M]. 成都：巴蜀书社，2006：11.

颂体诗《嘉瓜颂》，此诗作于成化二十三年（1487 年），御史台瓜并蒂，有司以闻，训为《嘉瓜颂》，借以歌颂皇帝的仁德之风。①

王训的散文，现存的主要是传记性文章，大多是对乡邦建设的赞述和人物事迹的表彰，有《大道观碑记》《东庵碑记》《忠烈庙碑记》②《送陈守备序》《重修都匀城隍庙碑记》《龙里广济桥记》③《清平卫学记》④《月潭寺记》⑤《明故河西县学教谕止庵詹先生墓志铭》等，共计 10 篇。其文风清新晓畅，简洁明快，叙事谨严，观点鲜明，情感丰澹。值得注意的是，他的散文中蕴含浓厚的王道观念，充满积极的治国理想。如《大道观碑记》言：“皇明天启，肇开有因，既用孔子之道，经世理民；而又崇奖二家，阴翊皇度。”又云贵地区“盖自创立郡县藩臬，以至道纪司之建，中间几百年，而是方官制始备……故为之记，使知我朝一统之制，愈久而愈盛且备也”。大道观之建成，得到了贵州宣慰司安氏和宋氏的鼎力支持，以云游道人雪隐为住持，王训在文中表达了对贵州创制之难的深刻体悟。《东庵碑记》表达其开辟地方胜景的心愿，指出：“地有胜境，得人而后发，人有匠心，得物而后开。”《忠烈庙碑记》强调要“诚昭代旌忠报德之恩”。《送陈守备序》和《重修都匀城隍庙碑记》都是作者对一方治乱的思考求索。“都匀地方千里，西扼桂象之喉，东引川播之腋，上接贵藩，下连湘楚，长山如林，环溪为带。”“都匀界瓯、贵之间，僻壤以险，引一旅而制夷，据孤城以独守。”《龙里广济桥记》则是表彰地方为政者善政爱民之举。“龙里要荒，土利硗薄，而能使其人有余力，至于可以给公家修废举坠之役，则凡仰事俯育之愿，必先有以遂之矣。”《清平卫学记》深刻阐明了国家建学立教与地方官员成俗化民之宗旨。强调士民当在学校“求诸性命道德之源，而考夫圣经贤传之旨，明体以适用，致知以力行。至于能尽其性，而不失仁义礼智之天则，师之所以教，子弟之所以学，孝亲忠君施于有政，举不外乎此”。《月潭寺记》详细叙述正统景泰年间贵州民族起事，作者曾先后为王骥、梁瑶、方瑛、侯琎、石璞、王来、白圭等地方大员奔走罗致，出谋划策，后坐累其事。王训在文中借月潭寺僧人广能的精神以自我反思，不仅没有像当时的地方大员鄙夷责骂土著的反叛，反而能够在山水之美与人性之美中自我升华，最后特别希望当政者能够“易其徇身忘国之私，将其于世教有助”。此文是王训最有代表性的

① 郭子章. 黔记（卷 47《乡贤列传四》）[M]. 成都：巴蜀书社，2006：291.

② 沈庠. 贵州图经新志（卷 2《贵州宣慰司中》）[M]. 成都：巴蜀书社，2006：26-29.

③ 沈庠. 贵州图经新志（卷 11《龙里卫》）[M]. 成都：巴蜀书社，2006：121.

④ 沈庠. 贵州图经新志（卷 12《清平卫》）[M]. 成都：巴蜀书社，2006：134.

⑤ 沈庠. 贵州图经新志（卷 13《兴隆卫》）[M]. 成都：巴蜀书社，2006：140.

文章，把个人的遭遇与时代的变故深度交织，赋山水之美与人格坚毅于情景交融中，有深厚的历史感和时代思想。《明故河西县学教谕止庵詹先生墓志铭》中，与好友詹英同病相怜，哀叹："盖有经世之材，而舛于命。竟为鸣铎以司郡之教而已也，可胜惜哉！"

此外，王训诗文合为《寓庵文集》三十卷，又著有《孙子注解》，皆因"公无后，所著书逸不传"。① 总之，王训的诗文作为非常宝贵的时代文献，有立言之功，与其教育活动和立功思想交相辉映。真所谓"地之重人也以山川，而人之重地也以文献"。

五、王训的时代局限性

王训对贵州文教事业的发展作出了重要的贡献，他始终站在国家的立场，参与贵州地方政治、军事和文教事业。不过，从历史角度看，王训不可避免地有其时代局限性。这主要表现在他对其亲自参与的王骥三征麓川和镇压贵州少数民族军事活动的立场判断上。前文所述，王训在40—50岁之间担任王骥、宫聚、侯琎、蒋林、方瑛等人的军事幕僚，多所谋划。王训本想助王骥、侯琎、蒋林、方瑛等人建立边功，报效朝廷，但反而一败涂地。其在《月潭寺记》和《程番客夜》五首中有反复的表达。直到晚年他仍未能走出这个阴影，没有真正认识到最核心的问题所在。

据《明实录·英宗正统实录》卷179：正统十四年（1449年）六月，兵部尚书王骥言："湖广西连贵州东接广西，东西生熟苗蛮乘时蜂起，攻围清浪等处城池。"卷181：八月，征南总兵官都督宫聚言："茂（疑为苗）贼滋蔓，西至贵州龙里卫，东至湖广沅州卫，南至湖广武冈州，北至四川播州地界，夷众不下二十余万，具（俱）已叛逆，围困贵州、湖广所属地方。"② 明朝廷大为震惊，一时不知所措，可见这次战事影响之广大，自正统十四年（1449年）三月以来，到英宗天顺元年（1457年）才被彻底镇压下去，持续九年之久。贵州锦屏县诸葛洞保存了景泰二年（1451年）的记功摩崖石刻，瓮安县玉山镇偏岩也有景泰四年（1453年）都察院右佥都御史蒋林、总兵官左都督方瑛的军事镇压记功摩崖。两处摩崖都与正统、景泰年间的贵州、湖广一带的民族起事有关，都是朝廷命臣镇压起义军后留下的记功文字。只是它们有着不同的表达形式，

① 郭子章.黔记（卷47《乡贤列传四》）[M].成都：巴蜀书社，2006：291.
② 贵州民族研究所.明实录·贵州资料辑录[M].贵阳：贵州人民出版社，1983：319-321.

锦屏诸葛洞摩崖以诗的形式，瓮安偏岩摩崖以散文的形式，但都不遗余力地斥责起义，宣扬王朝的雄威，极力渲染征讨平定者的正义和高大形象。在时间上，一前一后，相隔仅两年多。这两处摩崖是贵州明代早期摩崖的重要代表，集中地反映了贵州建省不久的政治、军事和民族关系。

众所周知，明王朝出于对贵州在西南的军事、政治、交通、民族等重要性的考虑，不断加强对贵州的经营。先是于洪武十五年（1382 年）正月平定云南后，为了加强对云南的控制，建贵州都指挥使司，实行军事管制，建立卫所和驿站，大量军民屯田于贵州卫所和交通沿线；然后是永乐十一年（1413 年）对两思田氏土司的革除，在其地分设思州、石阡、黎平、新化、思南、镇远、铜仁、乌罗八府，在此基础上，连同贵州宣慰司及安顺、镇宁、永宁三州，遂建立贵州布政使司；最后是永乐十五年（1417 年）设立贵州等处提刑按察使司，至此，前后经过 35 年酝酿与斗争，贵州三司建置终于完备。这是贵州历史发展的转折点，是最重大的政治变革，影响至深至远。

永乐十一年（1413 年）建省至正统十四年（1449 年）初的 30 余年间，今贵州境内大部分区域的军民关系和夷汉民族关系总体上比较平和，没有重大的全局性的军事斗争和政治波动。但是，小区域内的民族起事却时有发生，如宣德二年（1427 年）的水西头目阿闭妨宜等的抗输税及普定卫西堡长官司、贵州卫底寨长官司、都匀卫丰宁长官司、平越卫谷旺、清平长官司、普安州等地的少数民族的叛乱。① 20 多年后，即正统十四年（1449 年）初至景泰年间，贵州东部已是混乱一片。各地各民族纷纷武装起事，对抗朝廷，冲撞打击各级官府，破坏城池。其特点可概括为：第一，波及地域广阔，西至贵州龙里卫，东至湖广沅州卫，南至湖广武冈州，北至四川播州地界；第二，苗、僚、汉等多民族参与，夷众不下 20 余万；第三，有较严密的组织，首领称天王、苗王、平天大王等，其下还有都总兵等官职；第四，主要攻击破坏府州县城池、卫所屯寨营堡，进攻目标明确，甚至进攻省会，据《明实录·英宗实录》卷 213，贵州布政司、按察司及山川、社稷坛、仓廪、儒学都遭到义军所毁，景泰三年（1452年）二月有司才请求修理。② 所以，以正统十四年（1449 年）起事为界，虽然前后都有战争冲突，但实质不太一样，前者主要是小范围的简单的军事问题，且多是土司管辖内部的争斗，也有部分是土司小头目或夷众把矛头指向明朝的官军和地方卫所。后者表面上是激烈的此起彼伏的军事战争，但不是简单的军

---

① 贵州民族研究所. 明实录·贵州资料辑录 [M]. 贵阳：贵州人民出版社，1983：190.
② 贵州民族研究所. 明实录·贵州资料辑录 [M]. 贵阳：贵州人民出版社，1983：364.

事反叛，实质上是夷汉之间在政治、经济与文化利益上的矛盾冲突。

关于正统末年至景泰天顺年间的这次大规模长时间的起事，起因很复杂，据当时尚宝司司丞夏瑄分析，直接的原因在于朝廷频繁征伐云南麓川，湖广通往云南的贵州卫所沿线民众供米、供役不胜其苦。但这只是起事的导火索，根本原因在于经济方面：有司处理生苗与熟苗田土争端时受贿，导致结果不公平；边将及有司剥削侵凌，激其为变。另外，逃亡的军民与客商走漏风声，阴为相助。① 当时以皇后（英宗在土木之变中被蒙古俘获）为代表的最高统治集团，也不得不承认："官吏、里老逼迫，需索财物，或取私债，或因征收钱粮，官又比较紧急，不得已遂至拒敌官军。""苗贼反叛，杀掠人民，肆为边患，此皆平日有司官吏不能抚绥所致。"② 其实，根据《明实录·英宗正统实录》记载，正统以来，包括贵州在内的整个西南地区社会潜伏着很多危机：屯田之法久废，徒存虚名；卫所官员多老弱，不谙武略，不思保障军民，科敛土官土民，逼迫非为；哨堡官旗率不用心，军士在逃，器械不备，又欺蛮夷愚昧，占种田地，侵占妻女，遂至不能聊生，往往聚啸为盗。正统以来，贵州本地各卫所官军多调征云南麓川、孟养，兵力空虚，难防本地猝有警急。因此，自正统九年（1444 年）起，贵州有的地方已经起事，至十四年（1449 年）大乱终于来临。

回顾元明清时期的贵州，其作为西南军事驿站中心，民众供米、供役是必然的，但贫瘠的贵州难以支撑这赋役之重，又往往不胜其苦，这是几百年中民众反叛朝廷的重要原因，也是贵州政治纷乱的症结所在。从这个意义上讲，正统景泰年间的夷众起事与元代宋隆济、奢节起事性质没有两样。但是，明朝这次起事又有很大的不同，它是明朝大量政治势力直接介入，汉移民大量入驻，汉人的经济活动、思想观念和军事存在给土著带来一种巨大的压力和排斥，而土著民族短时又难以接纳和适应。所以表面的军事问题实质上是深刻的经济文化冲突。洪武十五年（1382 年）二月，朱元璋在刚刚平定云南后，为了维护云南乃至整个西南夷地区的长远安定，提出："驯服之道，必宽猛适宜……非惟制其不叛，重在使其无叛。"③ 因而他的策略不外乎就是在安抚约束各土司的基础上，重点加强军事部署，增设驿站，建都司、卫所，开屯田，优待土司，行礼乐教化，"移风善俗，礼之为本；敷训导民，教之为先"，以为这样就会"使其无叛"了。应该说明朝这一时期在对贵州土司的管制约束上建立了比较稳定的

---

① 贵州民族研究所. 明实录·贵州资料辑录 [M]. 贵阳：贵州人民出版社，1983：323.

② 贵州民族研究所. 明实录·贵州资料辑录 [M]. 贵阳：贵州人民出版社，1983：323-324.

③ 贵州民族研究所. 明实录·贵州资料辑录 [M]. 贵阳：贵州人民出版社，1983：27.

机制，稳住了土著上层，并纳入地方等级政治制度框架内。在对待汉移民上，制度也比较完善，集中反映在卫所屯田的配套设施和卫所学校教育的完备上。这样，明朝安顿好了土著上层和汉移民，各司所职，相安无事。而对于贵州人口中大部分的土著民众，明朝在治理贵州的制度设置中是明显地忽略了，只是一味地输入文化观念。大量的土著民众有自己的文化传统、特定的生计方式和生活习惯，这种力量平时看起来很分散，没有多大的影响力，但一旦涉及他们的共同利益，如土地所有权的沦落、财物被无理地征缴，当他们的生存权和发展权受到明显的威胁时，他们就会凝聚起来反抗。而一旦凝聚起来走上反抗的道路，其力量会威猛无比。而且他们往往与土著上层、部分汉移民中下层甚至部分官军结成错综复杂的关系，打破原有的政治稳定。最后，朝廷往往只能简单靠官军剿抚。贵州官军又因本地赋役财力供给不足往往无力抵御，不得不靠湖广、四川协济和直接派兵参与镇压。这又会波及数省的骚动，劳民伤财，耗费巨大。而反抗的土著民众最终往往被镇压下去，也会伤亡惨重。这样，官民、军民都是两败俱伤。整个明清时期，这样类似的战乱反反复复，沉疴痼疾，始终没有找到很好的方案。

万历时期的贵州巡抚郭子章却对王骥的军事活动报以同情之理解。他说："靖远（王骥之伯爵）三征麓川，滇人不能无怨。至谓贵苗因之以叛，如《天顺日录》所云，则恐未然也。贵中苗祸，何代无之？自靖远以后，如铜仁、米鲁、炉山、凯口、播州、皮林六大役，不在麓川下，岂靖远之尤邪？嗟乎！大臣不为国任事，则天子怒，为国任事则边人怨。……故为边臣者亦难矣。"[1]

郭子章此论，于王骥征麓川战事未必为实，前文已述及其真实情况。郭氏把贵州的铜仁、米鲁、炉山、凯口、播州、皮林六大役相提并论是不合适的，因为米鲁和播州反叛是土司势力的一种对抗中央王朝的军事事件，而铜仁、炉山、凯口、皮林事件则是地方发展过程中的民族关系失序后的军事事件。把这些性质本不相同的军事事件与王骥三征麓川相提并论，明显是不合适的。郭氏此论实有其平定播州杨氏土司和平定皮林等战争经历的影子，也隐含了郭氏在平定之时所受各方面质疑而极力寻求理由的申述。王骥三征麓川本身就是一个问题，当时人已多有记录，而贵州本来地贫民稀，又处于通往云南的必经之路，驿传兵马负担甚重，激化了国家制度地方化进程中王朝力量与地方各民族发展之间的矛盾，这是当时贵州驿路沿线苗民起义的主要原因。

明初朱元璋在治黔上采取的军民分治、阻绝"夷汉"的策略，又过于强调

---

[1]　郭子章. 黔记.（卷 36《官宦列传四》）[M]. 成都：巴蜀书社，2006：122.

单纯的文教输出，忽略了土著民众的经济发展需求，在创时期有这样的制度缺陷也是难免。朱元璋平定天下，撰《皇明祖训》，在首章中总结治边时曾经这样说：

"四方诸夷，皆限山隔海，僻在一隅，得其地不足以供给，得其民不足以使令。若其自不揣量，来扰我边，则彼为不祥。彼既不为中国患，而我兴兵轻伐，亦不祥也。吾恐后世子孙，倚中国富强，贪一时战功，无故兴兵，致伤人命，切记不可。但胡戎与西北边境，互相密迩，累世战争，必选将练兵，时谨备之。"①

可惜的是，这种策略未能随着社会的发展变化而加以调整，反而不断固化成为一种思想藩篱，在整个明代贵州地方官员和有识之士中一直难以突破。作为明代贵州的文教先驱，王训虽然不乏有对黔事的忧虑，也表达了自己对朝廷的忠义，但对贵州土著民族发展的合理诉求、"夷汉"关系正常发展的客观必然性基本没有顾及。其作为明代前期向中期过渡的贵州人，在明朝治理贵州的方略和贵州"夷汉"融合发展中存在的现实问题，也一直没有正面反思和严肃地自我追问，而只是批评当时参与军事平定的诸将官们的懦弱与自私，哀叹自己的命运不济。这是其晚年仍耿耿于怀的根本原因。这也影响到后来治黔方略的适时调整，深明大义如郭子章者，其在经历了万历时期播州重大战乱之后，仍未能跳出原有的思想桎梏，使得其治黔仍然捉襟见肘，仅能苦苦支撑残局。②

六、结语

王训的一生，虽无大展宏图之机，仅为一司郡之教授，然传道授业，弟子遍及贵州，又积极参与地方社会治理，筹建并完备儒学，写诗著文，宣扬王道观念和自身的治国理想，大有裨益于地方文教之发展。其长期教育活动直接影响了贵州宣慰司水东宋氏的地方治理。可以说，明代中期成化年间，贵州"一统之制，愈久而愈盛且备"之局面的出现，王训有极大的功劳。

王训先生的文教事迹对于今日的民族教育也有可借鉴之处。一是他终身从教，数十年如一日；二是他不是一个单纯的教书匠，作为一位当时贵州最高学

---

① 皇明祖训·祖训首章［M］//朱元璋. 明朝开国文献（第三册）. 台北：台湾学生书局，1966：1588-1591.

② 叶成勇. 互动与应变：贵州清水江上游明代后期苗汉关系与社会变迁［J］. 地域文化研究，2020（3）：9-22.

府贵州宣慰司的司学教授，他立志高远、关心国事，十分积极地写诗属文、振臂疾呼，宣扬王道和治国理想；三是他热心教育事业建设，以个人微薄之力，捐助建校舍，完善教育设施。

当然，王训在对其亲自参与的王骥三征麓川和镇压贵州少数民族军事活动的立场判断上，不可避免地有其时代局限性。这反映其未能真正触及贵州治理本质层面的问题。

原文载《贵州社会主义学院学报》，2021 年 3 期。

晚清方志舆图绘制技术中的中西融合

——以贵州"五府名志"为例

任柳 *

　　嘉庆、道光以后，随着清朝政治形势的转变，中国的学术思想界也受到西方思潮的冲击，中国的地图绘制"也发生了类似的科学化转型"①。在西学东渐背景下，方志书写观念亦发生了显著的变化，其中，方志舆图绘制技术开始运用近代西方经纬度、地圆学说等知识。对于近代以降，中国传统舆图绘制现代化转型的研究，其代表作主要有李鹏《从地图史透视中国"现代性"问题——从晚清民国川江航道图的编绘谈起》一文，以晚清民国川江航道图的编绘为研究个案，从地图编绘的技术转型与知识建构出发，从近代知识与制度转型的角度，深入思考近代川江航道图编绘的"现代性"问题。② 吴兆庆《清末〈新绘四川全省明细舆图〉研究》一文，亦认为"清末是中国的大变革时代，在西学东渐的影响下，西方绘制技术大量运用，绘图技术和绘图内容都表现为由传统地图向现代地图转型"③。然而，对于近代以来，中国乃至世界的地图绘制的"科学化"是否完全正确，成一农《"科学主义"背景下的"被科学化"——浅析近代中国城市地图绘制的"科学化"转型》④ 一文试图从中国城市地图绘制方法的近代"科学化"转型入手，对这些问题进行分析。认为："明末清初以利玛窦为代表的西方传教士绘制的地图，以及清代中期以后以《皇舆全览图》为基础绘制的一些全国总图，这些地图利用了西方绘图技术，但又融合了中国传

---

　　* 作者简介：任柳（1989—），女，贵州印江人，贵族师范大学历史与政治学院讲师，博士，研究方向为西南历史地理。

　① 成一农. "科学主义"背景下的"被科学化"——浅析近代中国城市地图绘制的"科学化"转型 [J]. 陕西师范大学学报（哲学社会科学版），2017，46（4）：79-85.
　② 李鹏，于诗琦. 从地图史透视中国"现代性"问题——从晚清民国川江航道图的编绘谈起 [J]. 形象史学，2018（1）：124-145.
　③ 吴兆庆. 清末《新绘四川全省明细舆图》研究 [J]. 三峡论坛，2016（6）：50-56.
　④ 成一农. "科学主义"背景下的"被科学化"——浅析近代中国城市地图绘制的"科学化"转型 [J]. 陕西师范大学学报（哲学社会科学版），2017，46（4）：79-85.

统舆图的某些元素，它们的绘制方法和数据来源也非常值得探讨。"①

道光、咸丰时期关涉晚清知识分子对近代西方天文学知识的接受及由此导致的观念与话语转型等重要问题，孟凡松《晚清知识、观念及其叙述转型：基于贵州五府名志星野志的考察》在《清代贵州郡县志"星野"叙述中的观念与空间表达》② 一文的研究基础上，以"天"的视角，以贵州五府名志的星野叙述为例，探讨具有近代色彩的天文新知及其所支撑的观念挤占、瓦解传统星野话语的过程，从知识与观念的互动角度审视近代中国的话语转型问题。③ 而本文将从"地"的视角，对晚清贵州五府名志舆图的绘制方法、制图理论进行新的探析，理清《遵义府志》舆图与邹氏四志舆图的关系，分析邹氏四志中的舆图绘制技术对《宝庆疆里图说》和《极高偏度说》理论的继承和发展，通过方志编纂者对计里画方与极高偏度的综合运用，揭示晚清方志编纂者在舆图编绘中的中西融合思想。

一、"五府名志"对传统制图方法的继承

道光十六年（1836 年）贺长龄倡议贵州各府、州、县编修方志，要求各守令在修志上不仅挂名主持其事，而且必须遴选人才，讲求志书体例，切实奉行，这便促使贵州地区一批优秀的方志在道咸之际诞生。郑珍、莫友芝等纂修的《遵义府志》、邹汉勋等人纂修的《贵阳府志》《大定府志》《安顺府志》《兴义府志》都是其代表，其中，邹汉勋的《宝庆疆里图说》和《极高偏度说》对贵州方志修纂起到了重要的理论指导作用，将贵州方志提升到一个新的水平。随着郑珍、莫友芝等一批本土学者的兴起及邹汉勋等外省学者入黔，"不仅贵州方志纂修涌现出一浪高潮，且通过方志所体现的关于地方的知识与观念更是成为一个新的时代到来的表征"④。梁启超在《中国近三百年学术史》中将道光《遵义府志》《贵阳府志》《大定府志》、咸丰《安顺府志》《兴义府志》称作贵州"五府名志"⑤，"五府名志"的成功修纂，对加强贵州的地域认同感和深化中国

---

① 成一农.《广舆图》绘制方法与数据来源研究（一）[J]. 明史研究论丛（第十辑），2012：202-225.

② 孟凡松. 清代贵州郡县志"星野"叙述中的观念与空间表达 [J]. 清史研究，2009，73（1）：10-20.

③ 孟凡松. 晚清知识、观念及其叙事转型——基于贵州五府名志星野志的考察 [J]. 贵州社会科学，2015（3）：59-66.

④ 孟凡松. 晚清知识、观念及其叙事转型——基于贵州五府名志星野志的考察 [J]. 贵州社会科学，2015（3）：59-66.

⑤ 梁启超. 中国近三百年学术史 [M]. 北京：东方出版社，1996：328.

近代地图学史的研究具有重要意义。五府名志成书有先后，后者得以参考前者而损益之，兹据五府志成书先后对传统舆图学制图方法的继承和发展进行分别叙述。

（一）对"计里画方"的继承

计里画方①是中国古代的一种绘图方法，此法最初始于晋代裴秀的"制图六体"②，尽管清初曾采用经纬度法制图，但大量地图还是采用计里画方这一传统方法制作，如清初胡渭《禹贡锥指》、顾祖禹《读史方舆纪要》"其为图并计里开方，深契古法，而锥指之虚空、鸟道尤独得心解焉"③。清初朱约淳的《阅史津逮》、道光年间严如熤的《洋防辑要》、俞昌会的《海防辑要》等书所附地图，无不受中国古代制图法的影响。

1. 道光《遵义府志》

道光《遵义府志》主要舆图有《遵义府境图》《遵义县境图》《正安州境图》《桐梓县境图》《绥阳县境图》《仁怀县境图》。《遵义府志》系五府名志中成书最早的，舆图秉承传统计里画方的绘制方法，虽然"山则无处非连峰峻岭，四山之麓，即合为数里平坝，而其实仍非平也。即此步其鸟道，非随处测定北极高偏度准之，广袤之数，必不能毫无差忒"④，但也坚持"兹止就人行道里合

---

① 对于"计里画方"，部分人给予肯定：王庸认为使用"计里画方"绘制的地图有着更高的准确性。安敏，张春玲《中国古代地图的数学基础与地理空间维度认知》（《测绘科学技术学报》，2007，24（21）：32-34）认为，"计里画方"已经实现了三维地理空间的科学认知。而成一农《"非科学"的中国传统舆图——中国传统舆图绘制研究》则认为："计里画方只是一种绘图方法，以往研究对于计里画方显然是过誉了"；在《〈广舆图〉绘制方法与数据来源研究（二）》中认为"计里画方"与地图的准确性无关。

② 西晋裴秀拟订了分率、准望、道里、高下、方邪、迁直地图绘制准则，称为"制图六体"。辛德勇和王庸对于"准望"的理解持不同观点：辛德勇《准望释义——兼谈裴秀制图诸体之间的关系以及所谓沈括制图六体问题》（唐晓峰主编《九州（第四辑）中国地理学史专号》. 北京：商务印书馆，2007：243-277.）认为"准望"不是传统认为的方位，而是地理坐标。王庸在《中国地图史纲》第三章《裴秀制图及其在中国地图史上之关系》（北京：生活·读书·新知三联书店，1958：19.）认为"准望"就是方位，各地的方位必须明确，而后各地的前后、左右和距离才可以确定；王庸的观点为后来的学者所遵从。

③ 平翰. 遵义府志（卷1《图说》）［M］//中国地方志编委会. 中国地方志集成·贵州府县志辑（第32册）. 成都：巴蜀书社，2006：27.

④ 平翰. 遵义府志（卷1《图说》）［M］//中国地方志编委会. 中国地方志集成·贵州府县志辑（第32册）. 成都：巴蜀书社，2006：27.

计开方，虽非密算，犹愈想像为之云"①。因此，定开方，舆图"以一方为半度，当一百二十五里，今准此平度之线，府境画每二十里一方，五州县境画每十里一方"②。即除了《遵义府境图》在图中标注为"每方二十里"外，其余州县境图均为"每方十里"③，这事实上反映了中国地图学的发展与进步。《遵义府志》舆图绘制代表见图 1、图 2。

郑珍和莫友芝在编纂《遵义府志》时，十分重视舆图在府志中的地位，置"图说"于卷首。在《遵义府境图》绘制时秉承参照古法、因地制宜的方针。由图 1《遵义府境图》可知，图中明确标明了正北、正南、正东、正西、西北、西南、东北、东南地理方位，"四至以极境为主，四隅以府城为主"④，体现出大体的空间概念。由于"旧志并画山川，兹以境中山不胜载，又非中州名山可表水地者比，一概略之，惟载大川源委，令眉目易清"⑤，故舆图中表现出"重河流轻山脉"的绘制特点，重点突出了河流对于城市分布的重要性。由于遵义"旧无志，守土者每愍然念之如瞽指星昧其分秒，而不敢定权衡之准也，如聋议乐爽其音节而不能持轻重之宜也，茫然而无畔岸"⑥，而府志修成后，则"观乎天文，而分野可数也；尽乎地利，而疆域可稽也。""纲举目张，条分缕析，后之任斯土者，可以瞭然于目、了然于心，权衡轻重之间有所本，以出政矣"⑦。梁启超在《中国近三百年学术史》评价道："郑子尹、莫子偲之《遵义志》，或谓为府志中第一。"⑧ 晚清四川著名诗人赵熙，平生不轻易赞许人，然对郑珍著作却给予高度评价，其《南望》诗云："绝代经巢第一流，乡人往往讳蛮陬。君看缥缈綦江路，万马如龙出贵州。"⑨

① 平翰. 遵义府志（卷 1《图说》）［M］//中国地方志编委会. 中国地方志集成·贵州府县志辑（第 32 册）. 成都：巴蜀书社，2006：27.

② 平翰. 遵义府志（卷 1《图说》）［M］//中国地方志编委会. 中国地方志集成·贵州府县志辑（第 32 册）. 成都：巴蜀书社，2006：27.

③ 在《遵义县境图》中，采用了"计里画方"的原则，并标注有"每方十里"，下同。

④ 平翰. 遵义府志（卷 1《图说》）［M］//中国地方志编委会. 中国地方志集成·贵州府县志辑（第 32 册）. 成都：巴蜀书社，2006：28.

⑤ 平翰. 遵义府志（卷 1《图说》）［M］//中国地方志编委会. 中国地方志集成·贵州府县志辑（第 32 册）. 成都：巴蜀书社，2006：27.

⑥ 平翰. 遵义府志（卷 1《图说》）［M］//中国地方志编委会. 中国地方志集成·贵州府县志辑（第 32 册）. 成都：巴蜀书社，2006：7.

⑦ 平翰. 遵义府志（卷 1《图说》）［M］//中国地方志编委会. 中国地方志集成·贵州府县志辑（第 32 册）. 成都：巴蜀书社，2006：8.

⑧ 梁启超. 中国近三百年学术史［M］. 北京：东方出版社，1996：334.

⑨ 转引自王尧礼. 竹园集［M］. 贵阳：贵州人民出版社，2014：82.

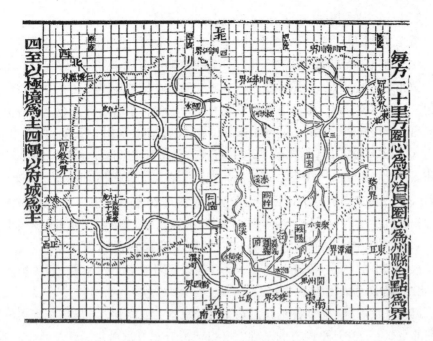

图 1 《遵义府境图》

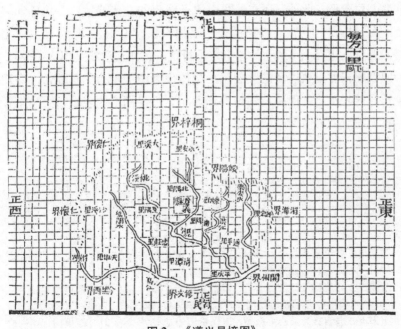

图 2 《遵义县境图》

资料来源：图 1、图 2 摘自道光《遵义府志》卷 1《图说》，第 28 页、第 30 页。

2. 道光《贵阳府志》

道光《贵阳府志》不再像道光《遵义府志》那样把舆图置于卷首的重要位置，而是放入了卷二十四至三十九，舆图的种类也更加丰富，有疆里图、山水图、城郭图、祠宇图、关路津梁图、古城地图，在每种地图前又有内容翔实的图记。该志图文并茂，但由于贵州特殊的地理形势，多喀斯特地貌，使得河流多暗河，即使知晓裴秀的"制图六体"也难以画好贵州舆图。尽管制图之不易，道光《贵阳府志》还是绘制有《贵阳府总图》《贵阳亲辖图》《贵筑县图》《定番州图》《大塘图》《罗斛图》《广顺州图》《长寨厅图》《开州图》《龙里图》《贵定图》《修文图》《贵阳全图》等，总计图共 26 幅。其中，《贵阳府总图》为"每方六十里"①；《贵阳亲辖图》《贵筑县图》《罗斛图》《龙里图》《贵定图》《修文图》的计里画方为"每方二十里"②；《定番州图》《大塘图》《广顺州图》《开州图》为"每方十五里"③；《长寨厅图》《贵阳全图》为"每方十里"④，其舆图代表见图 3、图 4：

道光《贵阳府志》舆图的绘制均采用计里画方的原则，且绘制特别突出了水利的重要性，在计里画方的基础上又以河流分布及流向作为绘图的主心骨，河流用闭合的双直线表示，从图 3 河流的流向来看，贵阳的地形大致可以概括为东北高、西南低。此外，还在地图中加了精简的文字描述，以更好地表达所绘内容。图 4 山脉、河流、道路的表示更加形象，山用叠"人"、河流用双实线、路用叠点、边界用单线对地图符号进行统一；而交通线路用连续小点表示，从中心向四周辐射呈放射状的交通格局，体现了中心城市的重要性。贵阳府城用两个正方框表示，其他小城用长方形表示，边界用实线表示，且附上了文字说明，看上去清晰易懂。

---

① 贵阳市方志编纂委员会办公室. 道光贵阳府志校注（卷 24《疆里图记第一之一》）[M]. 贵阳：贵州人民出版社，2005：362.
② 贵阳市方志编纂委员会办公室. 道光贵阳府志校注（卷 24《疆里图记第一之一》）[M]. 贵阳：贵州人民出版社，2005：362-364，366-367.
③ 贵阳市方志编纂委员会办公室. 道光贵阳府志校注（卷 24《疆里图记第一之一》）[M]. 贵阳：贵州人民出版社，2005：363-366.
④ 贵阳市方志编纂委员会办公室. 道光贵阳府志校注（卷 24《疆里图记第一之一》）[M]. 贵阳：贵州人民出版社，2005：365，368-377.

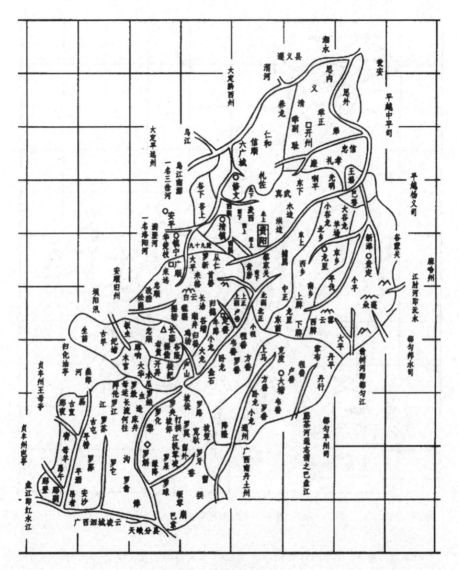

图3 《贵阳府总图》

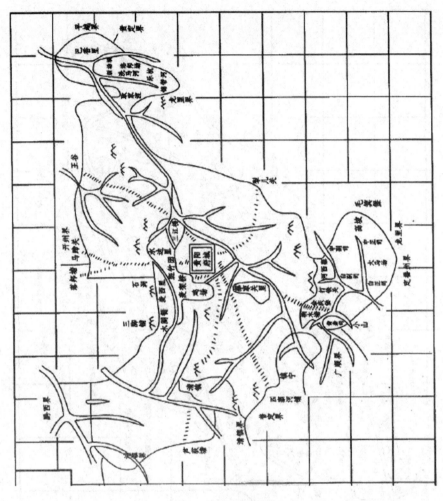

图 4　《贵阳亲辖图》

资料来源：图3、图4摘自贵阳市方志编纂委员会办公室.道光贵阳府志校注（卷24）《疆里图记第一之一》[M].贵阳：贵州人民出版社，2005：569-570.

3. 道光《大定府志》

道光《大定府志》，由云贵总督林则徐和贵州巡抚乔用迁等鉴定，大定府知府黄宅中纂修，湖南新化县廪膳生邹汉勋总纂，瓮安县岁贡生傅汝怀分纂，谭文藻任首席采访。① 由于黄宅中、邹汉勋等人的辛苦努力，加之谭文藻任首席

---

① 黄宅中.大定府志 [M] //中国地方志编委会.中国地方志集成·贵州府县志辑（第48册）.成都：巴蜀书社，2006：7.

采访，谭氏编撰过志书，熟悉文献资料，又为大定六龙人士，对本地政治、经济、人事、风土、民俗，比外聘人氏熟悉，对联络本县各郡人士、收集本县各类资料，亦比外聘人氏方便；对解释本县乡风民俗，更符合实际和更加准确，上述诸多因素使得道光《大定府志》更具科学性和真实性。林则徐对《大定府志》给予很高的评价："编纂之勤，采辑之博，抉择之当，综核之精。以近代各志较之，惟严乐园之志汉中，冯鱼山之志孟县，李申耆之志凤台，或堪与此颉，其他则未能望其项背也。"① 道光二十九年（1849年）林则徐为《大定府志》作序时赞道："一境地，必溯其朔；一名物，必究其原；一措施，必缕陈其得失。凡可以昭法守，示劝惩者，无不郑重揭之，且每事必详所出，不以己意为增损……且此书之用，非独一郡所资，即措之天下，传之奕祀，莫不如契斯印。"② 道光三十年（1850年）翁同书作序赞叹道："是书体裁尽善，庶几常璩之流。"③

《大定府志》舆图绘制参考资料来源广泛，主要参考有《皇朝一统舆地全图》《贵州府厅州山河道里图》《贵州通志图》《大定旧志图》《大定志稿略图》《平远州志图》《黔西州志图》《威宁州志稿图》《毕节县志图》《大定档册图》《大定六里义仓图》。④ 道光《大定府志》主要舆图有《大定府属全图》《大定府亲辖图》《水城厅地图》《平远州地图》《黔西州地图》《威宁州地图》《毕节县地图》，七幅舆图"各依纸量地为方格，即古人分率之法也"⑤。舆图代表见图5、图6：

---

① （道光）信札卷·致黄宅中 ［M］//林则徐全集编辑委员会. 林则徐全集. 福州：海峡文艺出版社，2002：4158.

② 黄宅中. 大定府志 ［M］//中国地方志编委会. 中国地方志集成·贵州府县志辑（第48册）. 成都：巴蜀书社，2006：3-4.

③ 黄宅中. 大定府志 ［M］//中国地方志编委会. 中国地方志集成·贵州府县志辑（第48册）. 成都：巴蜀书社，2006：6.

④ 黄宅中. 大定府志 ［M］//中国地方志编委会. 中国地方志集成·贵州府县志辑（第48册）. 成都：巴蜀书社，2006：168.

⑤ 黄宅中. 大定府志 ［M］//中国地方志编委会. 中国地方志集成·贵州府县志辑（第48册）. 成都：巴蜀书社，2006：168.

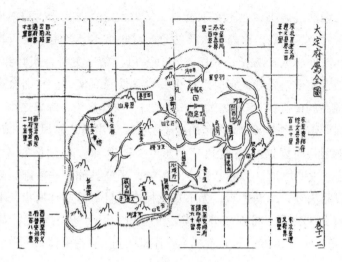

图 5　《大定府属全图》

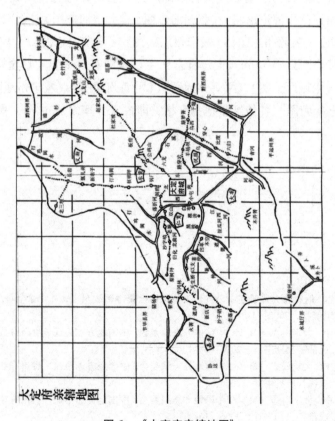

图 6　《大定府亲辖地图》

资料来源：图5摘自［清］黄宅中修，邹汉勋纂：道光《大定府志》卷11,《中国地方志集成·贵州府县志辑》，第48册，成都：巴蜀书社，2006年版，第164页；图6摘自贵州省毕节地方志编纂委员会办公室.道光《大定府志》卷11.北京：中华书局，2000年，第201页。

图5《大定府属全图》与道光《贵阳府志》中的绘图技术大体相同，绘图更加干净明了，府城图仍用两个实线的正方框表示，其他次之城市用长方形表示，城市的大体方位用简单的文字加以描述，是道光《遵义府志》明确标明方位的一种变体，河流用两条一端封闭的实线表示，山峰用叠"人"表示，府城边界与道光《遵义府志》一样用虚线表示。图6《大定府亲辖地图》府城的绘制和道光《遵义府志》中的表示一样用单个正方框表示，但边界的表示方法却与道光《贵阳府志》相同。从表面上看，道路的表示方法与道光《贵阳府志》一样，细看则存在差异，虽均呈现出由中间向四周辐射的放射状，但多加了小圆圈来表示不同的地名概念。

4. 咸丰《安顺府志》

咸丰《安顺府志》其舆图是在实地考察的基础上绘制形成的，故舆图的可信度更高，《安顺府舆图则例》载："是图也，寅邦爷惟大公祖嘉惠地方之意。半年以来，参互考订，凡命例取材，授之于采访刘起春已成图稿矣，犹虑其未详也，乃奉大公祖二次札派绘图。寅邦十余日而还，起春则山岭、水涘、苗寨、猓村，露宿草行者四十八日，安顺、普定之地足迹所不到者，鲜矣！乃敢厘定成图，而于外属州县亦分而置之。先绘总舆图一张，复绘山水总图一张，庶分疆画里寻流溯源，一览而备云"①。此外，该志书资料广博、叙述周详、用语精审，加之有《遵义府志》《贵阳府志》《大定府志》可供参考，如所作舆图仿《遵义府志》计里开方，又采《大清会典》绘水道，《贵州通志》绘山川，集他府、州、县及外省图中各有所长荟萃成图，"方格以红印板套之，以清眉目，城池、塘、汛、铺、疆界、水、桥、山路均各有标号，分疆画里、寻流溯源、一览而备。"② 该志成为后来《兴义府志》等志书的典范。《安顺府志》绘制的舆图主要有《安顺府总辖舆图》《安顺合郡山水全图》《安顺府亲辖舆图》《郎岱厅舆图》《归化厅舆图》《镇宁州舆图》《普定县舆图》《安平县舆图》《清镇县

---

① 邹汉勋. 安顺府志（卷2）［M］//中国地方志编委会. 中国地方志集成·贵州府县志辑（第41册）. 成都：巴蜀书社，2006：17.
② 邹汉勋. 安顺府志（卷2）［M］//中国地方志编委会. 中国地方志集成·贵州府县志辑（第41册）. 成都：巴蜀书社，2006：17.

舆图》等。

5. 咸丰《兴义府志》

咸丰《兴义府志》主要舆图有《考正兴义府图》《考正府亲辖图》《考正兴义县图》《考正普安县图》《考正安南县图》《考正贞丰州图》《考正册亨图》等。舆图上备列旧志、通志、会典、皇舆图，诸图并录。以"图说"间加辩正，或注句下，或附说后，悉加按字以别之，又补撰考正诸图，皆附以说。其他城署、文庙、书院诸图，亦皆图补。① 故而在修志过程中，能吸取别人修志之长处，对缺点则力图避免。书中征引必著书名，稽溯必详原委，所述内容广征史料，详尽考证，引书众多，被视为有重要参考价值的方志之一，舆图代表见图7。

图7 《考正兴义府图》

资料来源：[清]张瑛纂修；贵州省安龙县史志办公室校注：《兴义府志（上）》卷首[M].贵阳：贵州人民出版社，2009：33-34.

---

① 邹汉勋. 安顺府志（卷2）[M]//中国地方志编委会. 中国地方志集成·贵州府县志辑（第41册）. 成都：巴蜀社，2006：32.

如图 7 所示，《考正兴义府图》没有《遵义府志》《贵阳府志》《大定府志》《安顺府志》中所绘舆图清晰而稍显复杂，其最大的区别在于未采用计里画方的原则，用象形符号表示地理要素，地物之间距离用文字标注表示，并无统一的比例尺。① 文字表述显得过多，这是由于兴义府地形崎岖，难以用方格来表示地域面积："惟兴郡跬步皆山，难施此法，夫山行登高转下石径蚁旋多迂少直，每有行一二里之山而计里数倍者有之，此正系裴秀六例中所谓高下迂直，当因地制宜而不可拘以画方者也。如泥画方之法，则触处龃龉，不合矣。故今废画方之法不用，而另绘一图，随其高下迂直方邪注明道里，庶得其实，至载通志，旧志诸图皆考辨其是非，复恭录乾隆中内府所颁《皇舆图》及《大清会典》之《兴义府图》，而又别撰新图凡十有八，以附于后。备列旧图，而辨其是非；取法古图，而仿其义例；别撰新图，虽不敢言精密，庶少免疏缪。"② 其另一特点是在图的右上方《考正兴义府图》中标注了兴义府所在的地理空间范围，河流在其中的重要性依然未减，同样充当着主心骨的角色，在府图的表示上，用两个同心圆表示府城，州县城用小正方形表示，州同县丞巡城用矩形表示，墟用小三角形表示，用以别之插花地。

咸丰《兴义府志》舆图绘制形式的不同，表明：虽处同一时代、同一社会，但因地形的客观差异，使舆图绘制处理方法各不相同。这实际上是架构在传统文化语境与地方文化实践上的本土性知识建构，呈现的是一种"多系并存"③的知识来源谱系。《兴义府志》中的诸多舆图，其知识来源与舆图绘制形式均源于传统中国古代地图学，反映了中国传统地图学所具有的主观性与审美性，这正是有别于西方科学地图学的最明显的特征之一。④

（二）邹汉勋编纂"四府志"对《宝庆疆里图说》的延续与发展

"四府志"即是邹汉勋在道光、咸丰年间参与编纂的道光《贵阳府志》、道光《大定府志》、咸丰《安顺府志》和咸丰《兴义府志》的简称。《宝庆疆里图说》强调舆图绘制的数学要素："作图之法，必明于勾股，深知形势，更能测星

---

① 李鹏，于诗琦. 从地图史透视中国"现代性"问题——从晚清民国川江航道图的编绘谈起［J］. 形象史学，2018（1）：124-145.

② 张瑛. 兴义府志（上）［M］. 贵州省安龙县史志办公室，校注. 贵阳：贵州人民出版社，2009：32.

③ 关于地图史上"多系并存"概念，参见：海野一隆. 地图的文化史［M］. 王妙发，译. 北京：新星出版社，2005：5.

④ 李鹏，于诗琦. 从地图史透视中国"现代性"问题——从晚清民国川江航道图的编绘谈起［J］. 形象史学，2018（1）：124-145.

测景，又有指南、记里、准表、重测之器，故其成图也特为精绝。"①《宝庆疆里图说》中提出地图绘制需"明分率、分准望、定中宫、测日星"四大基本原则，"四府志"舆图对《宝庆疆里图说》的延续主要体现在绘制原则上。《贵阳府志》《安顺府志》在绘制舆图时，严格以计里画方作为舆图的基础，并且重视村寨四至，还将《宝庆疆里图说》中确立的"四要"写入兴义等府志的卷首，确立各志的绘图基础。

邹汉勋早期协助邓显鹤纂修《宝庆府志》《武冈州志》，积累了丰富的修志经验，邹氏在撰修《宝庆府志》之余，针对当时旧志存在的弊病，著有《宝庆志局与采访绅士条例》一文，均为编纂志书的观点和方法，他强调编纂方志应注意乡里村落毗连界址，必明晰登载，不应漫无统纪，当仿《禹贡》和《汉书》例，凡纪州县，必备列去京、去省之远近，与其四至八到；其纪山川、津梁、关隘、渠堰、驿道、市集、寺观，必注其位置和距治所里数，山川详其脉络、河流详载流向和流域，② 上述观念在编纂贵州四府府志中基本得以继承，对编纂贵州四府府志有着重要的理论指导作用。

四府志还延续了对图例的统一："凡作山，但连叠数 Λ 而已。作川则为双线，经流稍阔，支水周尺，度之仅分许。干流故道则墨填其中，伏流则空之，而使其势连属，书伏字于间。绘途则叠点，分界则单线，城郭略具形势，大小依率，字书于中。故城则填墨，字书于上。村、团、洞、寨，则有□、△、○之别。关则为 Π，塘汛则为+□。桥则为 口，渡则为○，皆在水中。又别以五色。分率之方格，方隅之斜行，子甲之记号，皆以黄色。山川城郭之形，皆以墨色。道涂以蓝色，分界以赤色，去误则以粉焉。"③ 上述图例在四府志舆图的绘制中也得以体现。

贵州特殊的地理环境，促使邹汉勋在贵州舆图绘制的方法上对《宝庆疆里图说》理论既有延续，又有所发展。其发展主要缘于贵州舆图的"绘制难"上，"图难矣，而图黔南尤难。图者苟知裴氏之六法，思过半矣。图黔南者，虽知裴氏之六法，尚不能成。"（《贵阳府志》）贵州是典型的喀斯特地形区，境内多山，地下暗河涌动，又受到流水刨蚀，多峡谷，地形崎岖，历史开发又较晚，许多地方灌木杂草丛生，人迹罕至，故邹汉勋指出"黔之水难图""黔之地难图""黔之道路难图""山之图难"，邹汉勋便根据各府的实际情况进行了一些

---

① 邹汉勋. 邹叔子遗书七种 [M]. 蔡梦麒，校点. 长沙：岳麓书社，2011：481.
② 邹汉勋. 邹叔子遗书七种 [M]. 蔡梦麒，校点. 长沙：岳麓书社，2011：606-607.
③ 邹汉勋. 邹叔子遗书七种 [M]. 蔡梦麒，校点. 长沙：岳麓书社，2011：482.

绘制调整，尤其在咸丰《兴义府志》舆图绘制上，由于地形太复杂，没有采用计里画方的方法，而是创造性地使用估算和特殊图标的方法。贵阳和安顺地势较为平坦，采用了计里画方，但也根据实际情况创制了一些图标，这是《宝庆疆里图说》所没有的。由邹氏参与修纂的贵州四府名志舆图可知，四府名志对《宝庆疆里图说》的发展主要秉承的是因地制宜、灵活处理的方针。

（三）"图文并茂"

正如成一农在《〈广舆图〉绘制方法与数据来源研究（二）》中之观点："图与文相配合，是中国古代地图的重要特色，图只是示意性质的，即使使用'计里画方'的地图也是如此，而文则是对图的说明、解释，两者配合才有一些实用意义。"图文并茂，有利于加深读者对文字内容的印象，清代方志编纂者多重视图对于事物的理解具有重要作用，常认为"图不详而系之以说，说不显而实之以图，互著之义也"①。"阅志未阅其图而先阅其山川城郭书，此与入大海未晓西东者何异。须知物物事事，有语言文字所不能晓畅者，按图则了然心目间。"（顺治《赣石城县志》）视图乃书之祖，"志乃书也，何以列图于首？古左图右书，图乃书之祖也……是知图者形也，书者文也。形立而后文附之，此图书先后之次第也"（雍正《直隶完县志》）。邹汉勋亦认为图与记相辅相成，"方志古曰图经，重图也。图而系之以经，图必有记以相辅也。"② 由此可知，志书编纂者尤为重视图文并茂的重要性。五府名志除了用"舆图总说"对全书的舆图绘制进行交代外，各舆图或前或后还附有分图说对分图进行解释，详尽而明快，由此可见郑珍、邹汉勋等人对图文两者不可或缺的重要程度。

五府名志中的图说偏重于对相应舆图中的地域和边界加以说明，如《遵义府境图说》③ 详细地介绍了遵义府的地理位置和四面边境。五府名志舆图中，部分舆图没有统一使用地图符号，无法单独通过地图对图中的地理事物进行解

① 章学诚. 文史通义校注 [M]. 叶瑛，校注. 北京：中华书局，1985：635.
② 贵阳市方志编纂委员会办公室. 贵阳府志校注（卷24《疆里图记第一之一》）[M]. 贵阳：贵州人民出版社，2005：360.
③ 道光《遵义府志》卷1，第29页《遵义府境图说》载："遵义一郡之在贵州，形胜据黔蜀门户。而其地四正之境：东尽绥阳一百五十里，界平越之湄潭；西尽仁怀五百八十里，界四川叙州之叙永；南尽遵义一百里至乌江，界贵阳之修文；北尽桐梓三百六十五里，界四川重庆之綦江。四隅之境：东南一百二十里至乌江，尽遵义，界贵阳之开州；西北六百四十里，尽仁怀，界仁怀厅；西南一百五十里，尽遵义，界大定之黔西；东北五百六十里，尽正安，界四川重庆之彭水。而东北境兼界思南之婺川，石阡之龙泉，四川重庆之南川；北偏西北境兼界四川重庆之合江。东西七百三十里，南北四百六十五里，东南至东北四百二十里，西南至西北六百四十里。"

读，只能将"说"附于图上，咸丰《兴义府志》凡例中特做了解释："舆图，今备列旧志、通志、会典、皇舆图，诸图并录图说，图中间加辩正，仿王秦恭阅史书约地图例，以朱书列之图说中，间加辩正则，或注句下，或附说后，悉加按字以别之。又补撰考正诸图，皆附以说，其他城署、文庙、书院诸图，亦皆图补。"①《考正兴义府图》《考正府亲辖图》《考正普安县图》《考正贞丰州图》等均是直接在图中进行文字解说。在五府名志中，不管舆图信息存量的大小，不管有没有单独列"图说"，图文并茂的版面设计思想贯穿始终。

（四）地图符号的统一

"地图符号是地图上用于表示地理对象空间分布、数量、质量等特征的标志和信息载体，明确直观，是对地理对象的高度抽象。"② 图例有地图语言的功能，有助于更好地认识地图。随着编撰者的学识和经验积累，五府名志舆图中的图例呈逐渐规范的趋势，各府志的具体图例如表1所示。

表1　清代贵州五府名志舆图中的图式符号举例

图例类别	道光《遵义府志》	道光《贵阳府志》	道光《大定府志》	咸丰《安顺府志》	咸丰《兴义府志》
府治	方圈心"府遵义"	《贵阳府总图第一》为长方形"区图"《贵阳府亲辖图》为双框正方形"图"	《大定府属全图》双正方框"图"	单框正方形"安顺普定"	双圆圈"◎"
州县治	长圈心"桐梓"	《贵阳府总图第一》为小圆圈"0贵筑"	《大定府属全图》长方形"水城厅"	长方形"归化"	正方框"□"
道路	无	点"⋯⋯"	点"⋯⋯"	点"⋯⋯"	无

① 张瑛.兴义府志（上）（卷首）［M］.贵州省安龙县史志办公室，校注.贵阳：贵州人民出版社，2009：11.

② 孙昊.二维地图符号与DEM的实时叠加绘制算法研究［D］.南京：南京师范大学，2016.

续表

图例类别	道光《遵义府志》	道光《贵阳府志》	道光《大定府志》	咸丰《安顺府志》	咸丰《兴义府志》
山、岭	无	叠"人""⋀⋀"	叠"人""⋀⋀"	山用"⋀⋀"，出界大山则用连"⋀⋀⋀"	"⋀⋀⋀"
河流	双曲线	双曲线	双曲线	绿双线	双曲线
界	点"…"	单曲线	单线	红单曲线	无
塘	无	无	小圈"○"	小红圈"○"	三角形"△"
汛	无	无	小圈"○"	小红瓜"△"	圆圈"○"
铺	无	无	无	小红正方形"□"	无
巡检城	无	无	无	无	长方形"▭"
桥	无	无	无	红二字跨之	无
渡	无	无	无	红斜字＼穿之	无
海子大潭	无	无	无	绿圈○	无

资料来源：

道光《遵义府志》卷1《遵义府境图》，第28页。

道光《贵阳府志》卷24《贵阳府总图第一》《贵阳府亲辖图第二》，第362页。

道光《大定府志》卷11《大定府属全图》《大定府亲辖地图》，第164—165页。

咸丰《安顺府志》卷2《安顺府总辖舆图》《安顺府亲辖舆图》，第20页、24页。

咸丰《兴义府志》卷首《考正兴义府图》，第39页。

通过比较表1《清代贵州五府名志舆图中的图式符号举例》分析可知，五府名志舆图中的图例总体上运用较为规范，重点图例为府治、州治、县治、道路、山川、河流、府界。道光《遵义府志》中的《遵义府境图》在图的右边标明"方圈心为府志,长圈心为州县治,点为界"①。道光《大定府志》更为详细地解释道:"正方者为府城,长方者为州城,椭圆者为县城,长方而剜角者为厅城,平圆而隔分者为诸里,小圈为塘汛,连点为道路,连人为山,双线为水。水源线合,水尾线开,伏见开而连入境,出境开而不连,界则为单线。"②

咸丰《安顺府志》成书晚于道光《遵义府志》《贵阳府志》和《大定府志》,故其舆图绘制也最成熟,其规范性尤以《安顺府总辖舆图》《安顺府亲辖舆图》为代表。绘制舆图时,查阅了很多资料,既学习了《大清会典》舆图中水道的画法,又学习了《贵州通志·舆图》山的画法,依然以增益过的裴秀"六法"为基础,以红印版印格做底图。据《安顺府舆图则例》载:"城用黑□圈,塘用小红○圈,汛用小红瓜△圈,铺用小红□圈。界用红单线,界中有杂外属者,择其要地一二处以黑印阴文别之。绿双线为水,水源线合,水止而伏,或入洞则线头用,一水行出界则线口用。分通衢之桥以红二字跨之,渡以红斜字\穿之,海子、大潭则用绿圈○。山用ʌʌ,出界大山则用连ʌʌ,路则于各图中仅以黑点计。"③ 在《安顺府志》舆图绘制中,不但绘图时用符号来表示相应的地理事物,在图说中还详细说明每种图标所代表的具体地理事物,让人一目了然,具体见图8。

咸丰《兴义府志》中,相同图例较多,但部分图例又有细微的区别,《考正兴义府图》各辖地用五色分界,"府城用◎,州县城用,州同县丞巡检城用□,汛用○,塘用△"④。《考正府亲辖图》"乡用□,汛用○,塘用△"⑤。《考正兴义县图》"里与营用○,汛、塘仍用○、△"⑥。《考正普安县图》与《考正

① 平翰. 遵义府志(卷1《图说》)[M]//中国地方志编委会. 中国地方志集成·贵州府县志辑(第32册). 成都:巴蜀书社,2006:28.
② 黄宅中. 大定府志[M]//中国地方志编委会. 中国地方志集成·贵州府县志辑(第48册). 成都:巴蜀书社,2006:168.
③ 张瑛. 兴义府志(上)(卷首)[M]. 贵州省安龙县史志办公室,校注. 贵阳:贵州人民出版社,2009:17.
④ 张瑛. 兴义府志(上)(卷首)[M]. 贵州省安龙县史志办公室,校注. 贵阳:贵州人民出版社,2009:39.
⑤ 张瑛. 兴义府志(上)(卷首)[M]. 贵州省安龙县史志办公室,校注. 贵阳:贵州人民出版社,2009:39.
⑥ 张瑛. 兴义府志(上)(卷首)[M]. 贵州省安龙县史志办公室,校注. 贵阳:贵州人民出版社,2009:43.

贞丰州图》图例相同"里用〇，汛、塘仍用⊙、△"①。

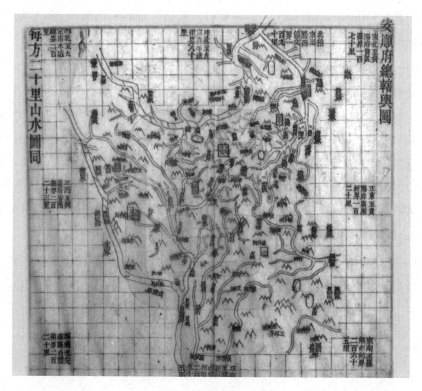

图8　《安顺府总辖舆图》

图8资料来源：[清] 常恩：《安顺府志》卷2，咸丰元年（1851年）刻本，第7页。

二、五府名志对西方地理学说的接纳和改造

贵州"五府名志"对"西法"的接纳事实上有其双重背景，客观原因在于贵州特殊的地形环境，即使知晓裴秀的"制图六体"和邹汉勋归纳总结的"邹氏四要"均不足以很好地绘制贵州的舆图。主观原因在于近代以降"西法"的传播使传统"星野"理论受到质疑，而舆图绘制又以"各省相距，东西相望，或正或斜，欲求其里数，皆可以弧三角法算之，法用各省北极出地高度减象限，

① 张瑛. 兴义府志（上）（卷首）[M]. 贵州省安龙县史志办公室，校注. 贵阳：贵州人民出版社，2009：45，48.

其余为距地北极度"①。即可依北极高度测量两地之间的距离，这两大原因使方志编纂者在利用舆图绘制技术时，需要对"西法"加以利用和改造，以适用于方志舆图的绘制思想。

（一）贵州特殊地形导致制图之难

贵州多喀斯特地貌，河流多暗河，即使知晓裴秀的"制图六体"也难以画好贵州舆图，故道光《贵阳府志》在《疆里图记》中解释道：贵州多"插花地"和"飞地"，且少数民族杂居，导致绘图之难。② 黔南之路，由于山的阻隔，道路迂回曲折而导致路线图难；③ 黔南之山，由于多而杂乱，形势不清，导致山川图难。④ 此外，由于不同民族间使用的语言各异，使同一地名发音各异，从而使地点名称不可靠，⑤ 加之方向的不确定性、前人记录的不可靠性，诸多客观地理因素加大了方志舆图绘制的难度。⑥

（二）对极高、偏度地理学说的利用和改造

极高偏度即北极高度和东西偏度，傅祥林在《传教士利玛窦绘制的世界地图》一文中，认为利玛窦绘制的世界地图，将西方经纬度的概念传入中国。16世纪中叶，欧洲已经使用平面投影法绘制地图了。在《山海舆地全图》上，就

---

① 平翰. 遵义府志（卷1《图说》）［M］//中国地方志编委会. 中国地方志集成·贵州府县志辑（第32册）. 成都：巴蜀书社，2006：39.

② 道光《贵阳府志》卷24《疆里图记第一之一》，第360页载："黔南之地多华离，非仅犬牙相错也。一州一县或分为数区，多与他州外县相隔，或越一里一司，或悬绝千里，反与本州本县联属。又或苗仲错杂，瓯脱即在郊关之外，村屯无异受辖乃至三四之歧，故地又难图也。"

③ 道光《贵阳府志》卷24《疆里图记第一之一》，第360页载："丛箐多而远近无定，山岩断阻，或百里之径，纡曲至于半千，官程驿路，稍有规模，密洞穷乡，无复步里，又或百里之遥，举中而得半，三分而取一，此又道路之难图也。"

④ 道光《贵阳府志》卷24《疆里图记第一之一》，第360页载："峰丛嶂杂，无原隰以拓之，无川溇以止之。居民鲜少，名号恒无，形势模糊，冈峦若一……郡县界画经流者，类居荒徼，即有千里之遥、万仞之高，亦不能及，此又图山之难也。"

⑤ 道光《贵阳府志》卷24《疆里图记第一之一》，第360页载："若夫方言杂糅，百里之川或百其名，三里之堡至三其号，此则名称之不可恃也。"

⑥ 道光《贵阳府志》卷24《疆里图记第一之一》，第360页载："出东门者即号东方，出西门者即号西方，百里以外可见之崇山，莫或准而望之，以致正隅，反施午子，易向暂讫无举正，此则方向之不可恃也。古书定法，凡云东北距州者，是在其州之西南；东南至县者，是在其县之西北。旧志、采访册，往往在县之西南者，云西南至县；在州之西北者，云西北距州，则记录之不可恃也。具此四难，加之以三不可恃，图又乌能成哉？"

标注了与中方传统地图不一样的经纬线："纬线为平行线，经线则是曲线。"①
极高和偏度理论对于天文和地理均具有重要作用，于天，"可以测昼夜之短永，
暑景之进退，中节之早晚，晨昏之先后，验日食之分秒"②；于地，则又可以
"定广轮、奠山川、规城邑、审民居，而辨气候"③。

郑珍和莫友芝在对待古星野论的态度上认为："汉晋以来，郡国入度，皆康
成所见后世堪舆说耳。近世郡志书以故间置此事，亦颇病缺略。今考汉后说者
星次、宿分、北斗、三台、五纬、干支六事，所主各殊，而府境极度、偏度、
暑景、中星，今密于古，尤宜略识。故并庐次，使谈天文者详焉。至于星占，
则不暇及云。"④ 由此可知，郑珍、莫友芝二人在编纂《遵义府志》时，不完全
使用某个大家的学说，而是根据遵义的实际情况选择性地使用古法，并且质疑
传统的星野说，借鉴学习近代西方的经纬度方法。

道光《遵义府志》引用《明史·天文志》《五礼通考》等论据对北极出地
高度、东西偏度、暑景、中星等概念加以解释，并对"古法"与"西法"测暑
景的差异做了比较。《明史·天文志》载："悉以二百五十里为一度，遵义在西
八、九、十、十一度、二十七度、二十八度、二十九度间。"⑤《五礼通考》载：
"遵义县，北极出地二十七度三十七分二十秒。正安州，北极出地二十八度三十
分。桐梓县，北极出地二十八度。绥阳县，北极出地二十七度五十二分三十秒。
仁怀县，北极出地二十八度三十三分二十秒。"⑥ 在论及东西偏度时，以京师子
午线为中，而较各地所偏之度，"遵义县偏西九度二十九分，正安州偏西八度五
十七分三秒，桐梓县偏西九度三十九分，绥阳县偏西九度一十三分，仁怀县偏
西一十度四十四分"⑦。《遵义府志》对北极出地极高、东西偏度有较深的认识，
并举例说明可依据北极高度测量两地之间的距离："各省相距，东西相望，或正

① 傅祥林. 传教士利玛窦绘制的世界地图 [J]. 环球人文地理，2018（2）：8.

② 贵阳府志校注 [M]. 贵阳市方志编纂委员会办公室，校注. 贵阳：贵州人民出版社，
2005：568.

③ 贵阳府志校注 [M]. 贵阳市方志编纂委员会办公室，校注. 贵阳：贵州人民出版社，
2005：568.

④ 平翰. 遵义府志（卷1《图说》）[M] //中国地方志编委会. 中国地方志集成·贵州
府县志辑（第32册）. 成都：巴蜀书社，2006：36.

⑤ 平翰. 遵义府志（卷1《图说》）[M] //中国地方志编委会. 中国地方志集成·贵州
府县志辑（第32册）. 成都：巴蜀书社，2006：27.

⑥ 平翰. 遵义府志（卷1《图说》）[M] //中国地方志编委会. 中国地方志集成·贵州
府县志辑（第32册）. 成都：巴蜀书社，2006：38.

⑦ 平翰. 遵义府志（卷1《图说》）[M] //中国地方志编委会. 中国地方志集成·贵州
府县志辑（第32册）. 成都：巴蜀书社，2006：39.

或斜，欲求其里数，皆可以弧三角法算之，法用各省北极出地高度减象限，其余为距地北极度。"① 此外，还对"古法"与"西法"测晷景的不同依据做了比较："按古法，测日景用八尺之表，每尺为十寸，每寸为十分。今西法用六十二度之表，每度为六十分，每分为六十秒，又有倒景之表，各用本法推之，皆可得各州县晷景长短。"②

道光《贵阳府志》略分野，重点着墨于极高偏度说。依照崇祯初西洋人推得贵州"北极出地二十四度，偏西九度半"③。而《五礼通考》云："贵州北极出地二十六度三十分二十秒，偏西九度五十二分四十秒。"④ 据《揣钥小录》载道光《贵阳府志》中各地的极高偏度分别为"贵筑县北极出地二十六度三十一分，偏西九度五十二分；定番北极出地二十六度五分四十秒，偏西十度；广顺北极出地二十六度八分，偏西十度十三分；开州北极出地二十六度五十九分三十秒，偏西九度四十七分；龙里北极出地二十六度二十四分，偏西九度三十七分；贵定北极出地二十六度三十分二十秒，偏西九度二十一分；修文北极出地二十六度四十四分二十秒，偏西九度五十分，则实测之数也"⑤。以"传统内容"嫁接"西学体系"的空间书写方式，实质上是近代中国本土地图谱系建构中"现代性"与"传统"之间的相互混杂与彼此交融。⑥

道光《大定府志》由于修纂于道光《遵义府志》和《贵阳府志》之后，其极高、偏度等西学新知的认识程度进一步加深，故《大定府志》中未像道光《遵义府志》那样对极高、偏度作基础性的解释，而是对极高、偏度理论在《大定府志》中直接加以运用，载大定府城"北极出地二十七度五分，偏西十一度……极东黄沙渡起，偏九度五十六分；极西牛栏江止，偏西十二度十分；极

① 平翰. 遵义府志（卷1《图说》）［M］//中国地方志编委会. 中国地方志集成·贵州府县志辑（第32册）. 成都：巴蜀书社，2006：39.
② 平翰. 遵义府志（卷1《图说》）［M］//中国地方志编委会. 中国地方志集成·贵州府县志辑（第32册）. 成都：巴蜀书社，2006：40.
③ 贵阳府志校注［M］. 贵阳市方志编纂委员会办公室，校注. 贵阳：贵州人民出版社，2005：569.
④ 贵阳府志校注［M］. 贵阳市方志编纂委员会办公室，校注. 贵阳：贵州人民出版社，2005：569.
⑤ 贵阳府志校注［M］. 贵阳市方志编纂委员会办公室，校注. 贵阳：贵州人民出版社，2005：569.
⑥ 李鹏，于诗琦：从地图史透视中国"现代性"问题——从晚清民国川江航道图的编绘谈起［J］. 形象史学，2018（1）：135.

南阿志河起，极高二十六度；极北两河岩止，极高二十七度五十四分"①。水城厅"北极出地二十六度三十八分，偏西十一度三十七分"②。平远州"北极出地二十六度三十七分，偏西十一度三十七分"③。黔西州"北极出地二十七度三十三分"④。威宁州"北极出地二十六度四十八分，偏西十二度十四分"⑤。毕节县"北极出地二十七度十分，偏西十一度二十分"⑥。

值得注意的是，《大定府志》把"疆土志"置于内篇，与邹汉勋参与的另三部府志相比"其体例随着晚清知识观念的转型而变得轻分野，星野失去了独立成目的地位，而被置于记载大定府城北极出地及偏西度数之后的注文中"⑦。《大定府志》把有关星野的内容被置于"疆里记"的正文夹注中的这种做法，使得星野在方志体例中失去了原有的重要位置。⑧ 纂修者特指出从略缘由："分野之说，虽原于《周官》《春秋左氏传》，然其说难徵信。周天三百六十度，包大地之外，中国为地无几，安能尽分二十八宿？况本朝幅员广远，古分野仅及其半，其余分野所不及者，又若之何？我高宗纯皇帝聪明天纵，著论力辟分野之谬，于《热河志》中竞芟去此门，实高出寻常万万。然今若竟依《热河志》芟去，恐无识者议其疏漏，谨仍其旧而明辨之。谨案《云南通志》之说极为妥善，今故略举分野诸说之关于大定者附之注中，其余繁引参井诸宿、占验及星之位次、图象，概从芟削云。"⑨ 上述史料表明：传统分野学说不足以含括清朝幅员辽阔的疆域，分野学说已被乾隆皇帝亲自否认，且《钦定热河志》芟而辟

① 黄宅中. 大定府志 [M] //中国地方志编委会. 中国地方志集成·贵州府县志辑（第48册）. 成都：巴蜀书社，2006：178-179.
② 黄宅中. 大定府志 [M] //中国地方志编委会. 中国地方志集成·贵州府县志辑（第48册）. 成都：巴蜀书社，2006：204.
③ 黄宅中. 大定府志 [M] //中国地方志编委会. 中国地方志集成·贵州府县志辑（第48册）. 成都：巴蜀书社，2006：207.
④ 黄宅中. 大定府志 [M] //中国地方志编委会. 中国地方志集成·贵州府县志辑（第48册）. 成都：巴蜀书社，2006：212.
⑤ 黄宅中. 大定府志 [M] //中国地方志编委会. 中国地方志集成·贵州府县志辑（第48册）. 成都：巴蜀书社，2006：213.
⑥ 黄宅中. 大定府志 [M] //中国地方志编委会. 中国地方志集成·贵州府县志辑（第48册）. 成都：巴蜀书社，2006：215.
⑦ 孟凡松. 清代贵州郡县志"星野"叙述中的观念与空间表达 [J]. 清史研究，2009，73（1）：10-20.
⑧ 孟凡松. 晚清知识、观念及其叙事转型——基于贵州五府名志星野志的考察 [J]. 贵州社会科学，2015（3）：62.
⑨ 黄宅中. 大定府志 [M] //中国地方志编委会. 中国地方志集成·贵州府县志辑（第48册）. 成都：巴蜀书社，2006：179.

之。咸丰《安顺府志》虽对传统的星野叙述持存疑态度，但并未详及极高、偏度理论。

咸丰《兴义府志》在《大定府志》的基础上，继续强调乾隆皇帝尝御制论，力辟其分野说之谬，《兴义府全境分野》中仔细考正十四中分野说不可通，面对分野岐论纷出，将何适从之困境，最后编纂者表明态度："宜《钦定热河志》之尽削之也。"① 则对极高、偏度理论的运用较为成熟，《兴义府全境偏度》载："郡境偏度，偏西十一度有半，故节气月食之时刻，差北京顺天府二刻有奇。"② 即偏度之数，以证郡之节气、月食时刻，无不符验其定度之法。③ 《兴义府全境距北极度数》载："郡地距北极二十三度，故夜观北斗较北京为低。"④ 此外，《兴义府志》亦如《遵义府志》对东西偏度和北极度数的基本理论进行详细的解释，与分野宜尽削的态度相反，主张"郡地距极度数，不可不志也。测距极度数，古法多疏，近法较密"⑤。

三、结语

道光《遵义府志》《贵阳府志》《大定府志》、咸丰《安顺府志》《兴义府志》在学术上被梁启超列为名志。贵州五府名志在舆图绘制技术上，一方面表现出对传统计里画方、图文并茂、地图符号的统一等方面的继承，《遵义府志》舆图在绘制时吸收了以裴秀制图"六法"为基本的舆图绘制方法，以计里画方为绘图基准，图中以黑字标出地理事物的名称，根据地域面积的大小来确定分率，或每格十里或每格二十里不等，继在舆图后附图说对舆图加以说明。邹汉勋在绘制四府志舆图时，除了对《遵义府志》舆图进行借鉴外，更多运用的是他在《宝庆疆里图说》中总结裴秀"六法"得出的"四要"，并且在四府志编撰过程中根据贵州各府的具体情况因地制宜、灵活调整。另一方面又表现出对极高、偏度地圆学说的接纳和改造。与传统星野等"旧学"知识相对应的是极

---

① 张瑛. 兴义府志（上）（卷首）［M］. 贵州省安龙县史志办公室，校注. 贵阳：贵州人民出版社，2009：66-68.

② 张瑛. 兴义府志（上）（卷首）［M］. 贵州省安龙县史志办公室，校注. 贵阳：贵州人民出版社，2009：68.

③ 张瑛. 兴义府志（上）（卷首）［M］. 贵州省安龙县史志办公室，校注. 贵阳：贵州人民出版社，2009：68.

④ 张瑛. 兴义府志（上）（卷首）［M］. 贵州省安龙县史志办公室，校注. 贵阳：贵州人民出版社，2009：68.

⑤ 张瑛. 兴义府志（上）（卷首）［M］. 贵州省安龙县史志办公室，校注. 贵阳：贵州人民出版社，2009：68.

高、偏度等具有近代西方色彩的天文学"新知"。《遵义府志》及邹汉勋编纂的贵州四府志，均对传统的星野学说持存疑的态度，在星野叙述部分运用了很大篇幅描述地圆学说和极高、偏度理论，在叙述上均表现出轻星野而偏重于极高、偏度理论，还强调利用极高偏度可在图上定出府州位置，这与现代测量经纬度基本原理相吻合，体现出方志编撰者对西方经纬度地理知识的接纳。

然而，值得注意的是，尽管五府名志的编纂者极力偏重着墨于极高、偏度理论，却仍然对传统的计里画方加以运用，这事实上反映了嘉庆、道光以后，随着清朝政治形势的转变，中国的学术思想界也受到西方思潮的冲击，在西学东渐的背景下，地图绘制开始运用近代西方经纬度、地圆学说等知识，使得方志书写观念亦发生了显著的变化，这体现出晚清方志编纂者在舆图绘制上中西融合的思想特点。从五府名志舆图绘制来看，其本质是一种"传统再造"，通过贵州五府名志舆图分析，以期为舆图绘制技术的研究提供新的维度。

此外，还应客观看待五府志舆图对后世舆图绘制的影响，在转型过程中，传统绘图方法的长期存在是一个值得思考的问题。五府志舆图在绘制方法上可以说已经集中国传统舆图绘制之大成，尤其是邹汉勋的"四要"，清代李兆洛的《历代地理沿革图》、杨守敬的《历代舆地图》都运用了邹汉勋的创举。

弃武修文：清代贵州土司的转型之路①

郗玉松*

元明清时期，中央王朝"因俗而治"，在西南等少数民族地区推行土司制度，"以夷治夷"，利用少数民族地区的首领进行社会治理。贵州是土司制度实施的重要区域，贵州古代史上发生的许多重大历史事件多与土司制度相关，明永乐十一年（1413 年），因思南、思州土司争斗，朝廷"改土归流"，废除思南、思州宣慰司，设置贵州布政使司，贵州建省。万历二十八年（1600 年），朝廷平定播州土司之乱，将播州土司属地一分为二，设遵义军民府和平越军民府，遵义军民府划给四川，平越军民府隶属贵州，到雍正六年（1728 年），遵义府划归贵州。清初，朝廷将水西土司"改土归流"。至此，贵州省内的宣慰司级别的土司均被"改土归流"，剩余的多为长官司级别的小土司。

据道光年间贵州黎平府属亮寨长官司家谱《龙氏家乘迪光录》所载，黎平竹枝词中有："土司也是一员官，老署萧条六月寒。案牍簿书无一事，阶前青草自雕刊。"② 这首竹枝词说出了清代贵州土司的凄凉场景。土司曾被土民称为土皇帝，在其辖区，享有政治特权、经济权和司法权、文化权等重要权力。清代，朝廷大规模"改土归流"，裁撤势力较大的土司，对于保留的土司，朝廷剥夺了他们的财政权、司法权等核心权力，土司势力日渐衰落，形同虚设。据亮寨长官司家谱载，"土司之在今日，官为冷官，署为冷署"③。为此，不少土司弃武修文，请求科举，土司的价值取向发生了转变。

---

① 本文是参加"贵州史学的回顾与展望暨纪念周春元先生诞辰 110 周年学术讨论会"的文章。本文是国家社科基金项目"边疆内地一体化视野下的清代改土归流与国家治理"（项目编号：20XZS015）的阶段性成果。

* 作者简介：郗玉松，男，遵义师范学院历史文化与旅游学院副院长，教授。

② 龙文和，龙绍讷. 苗族土司家谱：龙氏家乘迪光录（卷四）［M］. 龙泽江，点校. 贵阳：贵州大学出版社，2018：354.

③ 龙文和，龙绍讷. 苗族土司家谱：龙氏家乘迪光录（卷四）［M］. 龙泽江，点校. 贵阳：贵州大学出版社，2018：354.

一、清代贵州的土司

清代，贵州土司包括了武职土司和文职土司，到乾隆时期，贵州的武职土司包括了六十二个长官司和三个副长官司。据嘉庆《大清会典》载，文职土司职衔则包括"其世守厥土者，分别授以知府、同知、通判、知州、州同、州判、知县、县丞、巡检、驿丞等职"[①]。

此外，在开辟苗疆的过程中，地方政府官员将立军功的土著授予土守备、土千总、土把总等职衔，他们被称为土弁。这些土弁的设置也反映了清代贵州土司的变化。

（一）武职土司

关于长官司一词的由来，据《龙氏家乘迪光录》卷四《十二司沿革分属考》载："宋元边徼所司曰掌管，今为土司长官，长官即掌管也。"[②] 起初，长官司的权力并不大，"长官之职不过一酋长而已，与今之乡老无异"[③]。但随着土司制度的确立，长官司成为土司职官系列，成为管理一方的官员，管理地方的财政、赋税等，在其辖区内，拥有财政权、司法权等，许多土司被土民称为"土皇帝"。明代以来，土司职衔分为武职和文职，武职土司包括宣慰司、宣抚司、招讨司、安抚司、长官司、蛮夷司等，隶兵部武选司，省都指挥领之；文职土司包括土府、土州、土县等，隶吏部验封司，省布政司领之。

清代，贵州的武职土司多为长官司，据乾隆《大清会典》载："贵州巡抚（治贵阳县），所属府十有三、土司六十有五。"这六十五个土司包括长官司六十二个，副长官司三个，"长官司六十有二：中曹、白纳、养龙、虎坠、程番、上马、小程、卢番、方番、韦番、卧龙、小龙、金石、罗番、大龙、木瓜、麻向、新添、大平、平伐、小平、大谷龙、小谷龙、羊场、慕役、顶营、沙营、杨义、都匀、邦水、思南、丰宁上、丰宁下、烂土、平定、乐平、卬水、偏桥、蛮夷、沿河、朗溪、都坪、黄道、都素、施溪、潭溪、新化、欧阳、亮寨、湖耳、中林、八舟、龙里、古州、洪州、省溪、提溪、乌罗、平头、乖西、底寨、岩门。副长官司三：西堡、康庄、石阡"。其中，亮寨长官司隶属黎平府。

---

① 钦定大清会典事例·吏部·官制·各省土官世职（卷二十九）［M］.台北：文海出版社，1999：1297.
② 龙文和，龙绍讷.苗族土司家谱：龙氏家乘迪光录（卷四）［M］.龙泽江，点校.贵阳：贵州大学出版社，2018：429.
③ 龙文和，龙绍讷.苗族土司家谱：龙氏家乘迪光录（卷四）［M］.龙泽江，点校.贵阳：贵州大学出版社，2018：429.

清代，贵州长官司并非一成不变，既有因"改土归流"裁撤的长官司，也有后期新设置的长官司。上面所列，乾隆朝贵州长官司、副长官司"土司六十有五"，是最少的一个时期。康熙朝"贵州土官一百三员"，除却"水西宣慰使司宣慰使一员"（康熙《大清会典》）外，有长官司、副长官司一百零二个。到雍正朝，贵州土司"长官司七十六"（雍正《大清会典》）。到嘉庆朝"贵州长官司长官六十三人，副长官十六人，六品土官二人，七品土官五人"（嘉庆《大清会典事例》）。光绪朝，贵州长官司"八十有一"（光绪《大清会典》）。清代贵州土司动态变化的过程，反映了清政府推行土司制度的灵活性与适应性的特征。

上述数据显示，清代，贵州长官司数量最多的时期为康熙朝，超过了 100 人；最少为乾隆时期，只有 65 人。嘉庆朝、光绪朝一直维持在 80 人左右。清代贵州长官司的废除与设置，其变化反映了不同时代的需求。由于这些内容不是文章讨论的重点，在此不展开述说。

（二）文职土司

相对于武职土司，清代贵州文职土司的变化相对较小。与康熙朝相比，雍正朝废除了"都匀府独山州土知州一员"和"朗城司土吏目一员"，但增加了"威宁军民府土同知一员、土经历一员、土税课大使一员，普德驿土驿丞一员、在城驿土驿丞一员、周泥驿土驿丞一员、黑张驿土驿丞一员、瓦甸驿土驿丞一员、层台驿土驿丞一员"（康熙《大清会典》）。雍正朝大规模"改土归流"，在黔西北等地反而设置了"土同知""土经历""土税课大使""土驿丞"等文职土官。水西土司"改土归流"后，在基层社会中设置了这些土官，加强对地方社会的治理。这些新置的文职土司是临时设置的，很快就被废除了，在乾隆朝及嘉庆朝、光绪朝的会典中均未发现这些土职。

从乾隆朝，到嘉庆朝，再到光绪朝，贵州文职土司没什么变化，只是在书写的前后顺序上未必一致，贵州的文职土司包括，"镇远府、独山州，土同知各一人；镇远府，土通判一人，土推官一人；安化县、印江县、瓮水司、余庆县，土县丞各一人；安化县、余庆县，土主簿各一人；重安司，土吏目一人；盘江、安化县，土巡检各一人"（光绪《大清会典事例》）。

清代，土司制度发生了很重要的一个变化，将不管理村寨的土官只认定品级，不再授予职衔。乾隆五十年（1785 年），覆准："各省土官向无地方村寨管辖者，将原袭文职改授土官。如土通判改授正六品土官，土推官改授正七品土官，土县丞改授正八品土官，土主簿改授正九品土官，土巡检改授从九品土官。

遇袭替时祇准换给号纸，按照品级，填写几品土官，不必仍书通判、推官、县丞、主簿巡检等字样，向有给予印信者，将印信咨送礼部销毁，其有管理地方之土官，仍循旧制，毋庸改授职衔。"（嘉庆《大清会典事例》）

在统计土司数量时，不与其数，"其土官之不管理村寨者……贵州贵阳府属改授六品武土官一人，七品武土官一人，思南府属改授六品武土官一人，镇远府属改授七品武土官三人，石阡府属改授七品武土官一人，不与此数"（嘉庆《大清会典》）。这些数字与上文雍正朝武职土司中提到的贵州"六品土官二人，七品土官五人"是相符的。但有个问题是，乾隆五十年规定不理村寨管辖者，"原袭文职改授土官"，应为文职，而贵州不理村寨的土司，却记录在武职土司中。

（三）土弁

据李世愉先生考订，土弁的内涵包括"低级武职土司""对武职土司带有贬义和轻视的称谓"以及"专指按绿营职衔设置的土守备、土千户、土把总、土外委等武职"[①]。

在开辟苗疆的过程中，清政府设置大量的土弁，这些土弁就是李先生阐释土弁的第三层内涵，按照绿营职衔设置的土守备、土千总、土把总等。

据《黔南职方纪略》载，贵州土司、土弁共205人，其中传统意义上的土司有"贵州土司有土同知二、土通判一、土推官一、土县丞四、土主簿二、土吏目一、土巡检二，其承袭也，吏部给号纸；正长官十、副长官二十四，其承袭也，皆兵部给号纸"，共47人。土弁则有"外委土守备二、外委土千总四十五、外委土把总二十九、土舍二十七、土里目五，其承袭也，皆总督给委牌；黄平营外委土守备，其承袭时巡抚给委牌。土司、土弁共二百有五员"[②]，共108人。根据列出的土职数目，包括土司47人、土弁108人，合计为155人，与这段资料中所说的共205人，还有50人，不知是什么土职（对照历朝会典，可以发现，《黔南职方纪略》对长官、副长官的统计有误）。统计清代贵州土司数目是非常困难的，原因是土司、土弁的数量一直在变动，特别是土弁，有总督和巡抚直接给委牌，并不报部，在管理上也不严格，既有添设，也有裁撤，很难统计清楚。整体上看，这一时期土弁的数量远远超过了土司的数量，这是

① 李世愉. 土司制度基本概念辨析 [J]. 云南师范大学学报（哲学社会科学版），2014，46（1）：22-30.

② 罗绕典. 黔南职方纪略 [M] // 贵州省文史研究馆. 续黔南丛书（第二辑，上册）. 贵阳：贵州人民出版社，2012：386.

清代贵州土司制度的一个新变化，清代贵州"改土归流"，裁撤了一些土司，但在开辟苗疆的过程中，设置土弁，不再设置传统意义上的武职土司。

综上所述，清代贵州武职土司长官司、副长官司的数量是波动的，数量最少时为 65 人，最多时为 102 人，清代中后期，贵州长官司维持在 80 人左右。而文职土司则相对稳定，保持在 20 人左右的规模。土弁的数量波动很大，体现了清政府对土弁"因事而设"又"随时裁撤"的特征。

二、"官为冷官"：清代贵州土司的没落

清代，土司制度的专制性、封闭性等弊端日益显露，清廷对边远少数民族地区的整合能力大大提升，土司制度只是权宜之计，并非长久之策，一旦时机成熟，王朝就会"改土归流"，以满足大一统国家的政治需求。对于保留下来的土司，官府不断限制、剥夺土司的核心权力如财政权、司法权等，土司制度日趋没落。

（一）土司制度的弊端与"改土归流"

土司世代承袭，土司制度有封闭性、专制性等特征，清代，土司制度的弊端日益严重，"改土归流"成为历史必然。土司制度下，土民社会地位卑微，生命、财产毫无保障，其经济、政治地位如蓝鼎元在《论边省苗蛮事宜书》中所言。

> 愚闻黔省土司，一年四小派，三年一大派。小派计钱，大派计两。土民岁输土徭，较汉民丁粮加多十倍。土司一日为子娶妇，则土民三载不敢婚姻。土民一人犯罪，土司缚而杀之，其被杀者之族，尚当敛银以奉土司，六十两四十两不等，最下亦二十四两，名曰玷刀银。种种脧削，无可告诉。①

关于清代"改土归流"的根本原因，周春元先生指出："统一多民族的封建专制主义中央集权的国家的巩固和发展，土司制度的弊病和危害都日益暴露出来。"② 雍正皇帝任用鄂尔泰等人，对西南等地区推行"改土归流"，裁撤土司，设置流官。与明代的被动性"改土归流"相比，清代的"改土归流"，多为朝

① 蓝鼎元. 论边省苗蛮事宜书 [M] //蓝鼎元. 鹿洲全集（上）. 蒋炳钊，王钿，点校. 厦门：厦门大学出版社，1995：38.
② 周春元，王燕玉，张祥光，等. 贵州古代史 [M]. 贵阳：贵州人民出版社，1982：301.

廷主动性的"改土归流"。

此前，康熙朝就不断对贵州土司"改土归流"，废除土司，改设流官，"康熙五年，改四川乌撒军民府为威宁府，裁土知府一人，设流官，归贵州管辖，其原设土同知以下等官，并隶贵州省。二十六年，罢贵州贵阳安顺平越军民府之名……又裁贵州黄平州朗城司土吏目一人，设流官。又议准：贵州安顺府镇宁州属康佐司土官，承袭无人，以其地归镇宁州管辖"。此外，清政府还不断将土司所辖村寨划归流官管理，"又改贵州中曹土司所辖高坡等处四寨，归贵阳府管辖。又改贵州洪番土司地，归定番州管辖"（嘉庆《大清会典事例》）。清政府在贵州等土司地区"改土归流"，对保留的土司，则将土司所辖的一些村寨划归地方官府。

（二）限制、剥夺土司的权力

清政府大规模"改土归流"，废除土司。但在一些少数民族地区，由于实际情况的需要，仍保留了一批土司。在贵州，保留了长官司级别的小土司，对于保留下来的土司，清政府不断限制和剥夺他们的财政权和司法权等，土司制度日益没落。

康熙年间，贵州黎平府属欧齐苏等人不断控告亮寨等七个长官司滥征钱粮，康熙三十九年（1700年），经官府审断，"土司索派各情，均无实据。土民之意不过欲赴府领给粮单，以免土司之需索耳"。为此，官府规定，土司"不许干预民词，私征钱粮，勒折浮收"①。并且刊刻于石，立碑公示于众。

此前，土司的权力包括行政权、财政权和司法权等，管理土民，如亮寨长官司，在其之前，土司征收赋税，如《龙氏家乘迪光录》所载："司粮旧归土司收纳，因各户或抗延不速，或包揽入私，或自愿赴柜。长官叠次呈送归府，有前归府后归府。"② 这是土司家谱所载，土司将各村寨收纳钱粮的权力叠次交出，其实际情况如《石上历史》一书中所收碑刻所载，官府"严禁土司擅受民词及擅收钱粮"。在亮寨长官司客厅有一副对联，"地隘人繁，若要讼简刑清，消许多雀角鼠牙，非也容易；官卑职小，常与解纷排难，息若干蜂争蚁斗，那（哪）得安闲"③。可以看出，此前，土司的权力包括了财政权、行政权和司法权等，据道光《黎平府志》载，明代古州长官司发生争袭事件，"至七世杨正、

---

① 安成祥. 石上历史［M］. 贵阳：贵州民族出版社，2015：56.
② 龙文和，龙绍讷. 苗族土司家谱：龙氏家乘迪光录（卷三）［M］. 龙泽江，点校. 贵阳：贵州大学出版社，2018：349.
③ 龙文和，龙绍讷. 苗族土司家谱：龙氏家乘迪光录（卷四）［M］. 龙泽江，点校. 贵阳：贵州大学出版社，2018：383.

杨勇争袭讦告无休，黎平府张廷桂于嘉靖三十六年，将地方钱粮分为二转，详具题分袭古州长官司，令各料理地方钱粮土务，于是杨勇承袭古州司（住罗里），杨正承袭三郎司"，这些长官司均有"料理地方钱粮土务"的职责。黎平府所辖的长官司，康熙十九年（1680 年），各司"准领各司正副长官号纸各一道，正长官铜印一颗，只领回司，抚化苗蛮，催征钱粮，严缉盗匪，是其专责也"。可见，从明至清初，土司有管理地方钱粮等事务的权力。之后，清政府限制并剥夺土司的权力，土司的势力不断衰落，以致于"官是冷官，署是冷署"。

总之，清代国家对西南少数民族社会的整合能力大大提高，在"改土归流"的背景下，官府废除土司，设置流官。对保留下来的土司，官府则不断限制、剥夺他们的核心权力，边远地区与内地一体化的进程加速。"通过对土司的限制与对土司权力的剥夺，清政府强化了对土司地区的控制，土司地区与内地逐步一体化。"①

三、土司转型：无可奈何的选择

贵州的长官司，因军功而设置。朝廷任用这些土司，其目的为"以夷治夷""因俗而治"，让这些土司统领土兵的目的是对社会进行有效治理，并随时听从王朝征调。清廷对西南等少数民族地方治理能力大大提升，土司的权力被剥夺，武职土司呈请参加科举考试，实为无奈的选择，包含着对权威丧失的无奈，其目的是想通过中举获取功名，从而获得更高的社会地位，进入主流社会，寻求国家与社会的认同。

（一）武职土司与军功

从历史上看，朝廷任用的土司，多为武职土司，目的是"以夷治夷"和"以夷制夷"，前者多为地方社会治理，后者则为土司有带领土兵听从朝廷征调的义务，为朝廷平叛周边的叛乱。这些长官司对于祖先的追述，其祖先多来自中原内地，随朝廷远征有功而被授予各个级别的土司，管理少数民族地区事务。这个问题已有学者分析，多为土司后人对其祖先历史的虚构，目的是为其权力来源的合法性做出阐释，是一种"攀附"现象。但我们从中也可以看出，从一开始，土司权力的来源即为军功，依靠军功被朝廷封赐为各个级别的土司。黎平府所辖十几名长官司"各司图册，自汉朝以功授职者居多"（道光《黎平府志》）。所谓"功"，自然指的是军功。

---

① 郗玉松. 论清政府对土司的限制与土司权力的剥夺 [J]. 青海民族研究，2020, 31 (1)：23-30.

道光《黎平府志》中载，黎平府所辖长官司、副长官司多来自河南、江西等地。

黎平府辖各长官司军功情况一览表

长官司	军功
潭溪长官司	原籍河南祥符县，明洪武五年（1372年），石平和从将军吴良南征有功，授潭溪长官司，世袭
潭溪副长官司	原籍直隶沧州，明洪武五年，石满从以军功授潭溪司副长官，世袭
八舟长官司	原籍江西泰和县，汉时吴昌祚以功授八舟司正长官；明洪武二年（1369年）投诚，仍授前职，世袭
古州长官司	原籍江西泰和县，汉时以功授古州司正长官；明洪武五年投诚，仍授前职，世袭
洪州长官司	原籍江西泰和县，明洪武三年（1370年）随征铜关铁寨等处有功，授洪州正长官司，世袭
洪州副长官司	原籍江西泰和县，汉时以功授洪州司副长官，明洪武五年投诚，仍授前职，世袭
新化长官司	原籍江西泰和县，以功授新化司正长官；明洪武二年投诚，仍授前职，世袭
欧阳长官司	原籍江西泰和县，汉时以功授欧阳司正长官；明洪武二年投诚，仍授前职，世袭
欧阳副长官司	原籍江西泰和县，洪武三年以功授欧阳司副长官，世袭
亮寨长官司	原籍江西泰和县，汉时以功授亮寨司副长官，明洪武四年投诚，仍授前职，世袭
湖耳长官司	原籍江西丰城县，元时以功授湖耳长官司正长官；明洪武二年投诚，仍授前职，世袭
湖耳副长官司	原籍江西泰和县，洪武□年以功授湖耳长官司副长官，世袭
中林长官司	原籍江西泰和县，汉时以功授中林司正长官；明洪武二年投诚，仍授前职，世袭

续表

长官司	军功
龙里长官司	原籍江西丰城县，汉时以功授龙里长官司正长官；明洪武二年投诚，仍授前职，世袭
三郎长官司	古州长官司所分

（二）土司获得参加科举考试资格

明至清初，朝廷以"土司无用流官之例"，不准土司参加科举考试。康熙朝有一段时间，甚至土民也不准参加科举考试，为此，康熙四十三年（1704 年），贵州巡抚于准曾上疏，认为"即间有一二苗民志切上进，又以土人无用流官之例，不准考试科举，遂使若辈沉沦黑海，罔见天日"；因此，"自应照汉人之例，一体考试举贡，俾图上进"（乾隆《贵州通志》）。

雍正十二年（1734 年），贵州学政晏斯盛到黎平府主持考试，期间，黎平府属亮寨长官司正长官龙绍俭呈请参加科举考试。根据晏斯盛《楚蒙山房集》中的奏疏，我们可以考察龙绍俭呈请参加科举考试的来龙去脉。

> 臣晏斯盛谨奏，为奏请事。
>
> 窃臣上年十二月科试黎平，有该府属亮寨长官司正长官原系府学附生龙少俭呈称：恭逢圣朝，文教遐宣，家弦户诵，职叨沐教化，得厕宫墙，奈因父故着替祖职，遂致山鸡戢翼，莫同威凤云翔。然而地厚天高，情未甘于局蹐，前岁壬子勉赴秋闱，终以铩击未员观场，无自转思皇仁浩荡，作育无方，现在各学教职皆得赴科登甲，窃不自揣，恳求格外题达，援照教官科举之例，俯准观场等因。臣伏思边徼遐方，凡有下情即当上达。今该土司龙少俭有志观光，自请科举，盖以汉官之前途远大而土职之上进无阶，冀与汉人同列绅士，愿比教职，并与贤书。揆之向慕之殷，似亦嘉来之道，臣不敢壅于上闻，理合奏明，为此具奏，伏乞圣明睿鉴施行，谨奏。①

作为长官司正长官的龙绍俭，因承袭土司职位，不能参加科举考试，因而

---

① 晏斯盛. 楚蒙山房集·奏疏·土司乡试［M］//《清代诗文集汇编》编纂委员会. 清代诗文集汇编（第 270 册）. 上海：上海古籍出版社，2010：84.

呈书给贵州学政晏斯盛,认为"汉官之前途远大而土职之上进无阶",请求参加科举考试,获得"与汉人同列绅士"的机会。

雍正十三年(1735 年)六月,"礼部议覆:贵州学政晏斯盛疏奏:'黎平府属亮寨正长官龙绍俭呈称由生员出身,请应科举。'查龙绍俭既已承袭土官,不便准其乡试。得旨:土司龙绍俭原由生员出身,既有志观光,陈请科举,准其一体应试。若得中式,其土司世职着伊将应袭之人举出承袭"(《清世宗实录》)。礼部认为,龙绍俭已经承袭土官,不能参加科举考试,但雍正帝认为,龙绍俭"有志观光","准其一体考试",自此,土司获得参加科举考试的资格。

亮寨长官司正长官龙绍俭参加科举考试,前后两个阶段,第一阶段考了四次,中间修整十年,后又参加三次,共参加了七次科举考试,没能中举。这是科举考试中的常态,"怀才不遇",号为"遯园居士",逃避现实,却心有不甘。

龙绍俭没能考中举人,但土司可以参加科举考试,成为定例,之后,陆续有土司参加科举考试。

(三)由武及文:土司转型的意义

贵州的长官司,其设置的初衷是中央王朝对西南社会"因俗而治",目的是"以夷治夷"和"以夷制夷",前者是土司对辖区土民的管控,后者则多指土司听命中央王朝征调、协助官府平定叛乱等义务。从土司权力来源看,这些长官司均因其祖上为王朝立过军功,受到奖赏,其权力来源于武功,中央王朝"因俗而治",任命他们管理少数民族地区事务,在其辖区内,享有财政权、司法权和文化权等权力。推行这些权力、实施这些行政措施均需要武力作为保障,此外,他们还要听命于王朝的征调,保持一定规模的土兵是完成这些任务的前提,此阶段,作为武职土司的长官司,他们崇尚武力征服。

在雍正朝大规模"改土归流"背景下,贵州的许多土司被裁撤,改设流官。部分保留下来的土司,均为权势较小的土司,从级别上看,清代贵州的武职土司只保留了长官司。这些保留下来的长官司,其司法权、财政权等核心权力也被剥夺,正如竹枝词中说到的,"案牍簿书无一事",土司衙门成了冷衙门。

土司的财政权、司法权被官府剥夺。康熙十九年(1680 年),黎平府属十几个长官司领取号纸、官印,其职权为"抚化苗蛮,催征钱粮,严缉盗匪"。但到了康熙五十六年(1717 年),潭溪司苗民杨应科等十三人控告土司石飞雄滥派加征,请求到黎平府交纳钱粮。经审断,官府同意"新洞、桐关等寨钱粮,准其一例归府完纳",并严饬土司石飞雄,"小心供职,加意抚绥苗民,不许私征滥派;其有归府等寨,土司不得丝毫干预。倘若再犯,即行揭报参处。该府所收苗粮，与民一例征收，勿许胥役人等欺夺、包揽、代纳"①。并将上述内容刊刻于石碑，告知民众。这一时期，土司的财政权逐渐被剥夺。

道光八年（1828年），贵州巡抚和布政使发布文告，再次明确"钱粮、夫马、差役以及苗民词讼事件，俱归地方官经理，土司、土目、土弁不得干预"。并特别指出"苗民一切词讼，悉令地方官审断，（土司等）不得干预"②。这与亮寨土司家谱中竹枝词所载"案牍簿书无一事"是一致的，土司的司法权被剥夺。

清代，贵州土司的财政权、司法权不断被剥夺，土司制度日趋没落，在这样的背景下，雍正十二年（1734年），亮寨长官司正长官龙绍俭呈请参加科举考试考过，经贵州学政晏斯盛上奏朝廷，雍正帝批准了土司参加科举。还应看到，土司参加科举考试是明清以来，中央王朝在西南社会推行教化的结果。明代洪武年间即规定了土司应袭子弟到中央国子监学习文化、礼仪，不学习者不能承袭的制度。明清时期，出现了许多土司文化家族，如云南丽江木氏土司家族、湖广容美田氏土司家族都是著名的文化家族。黎平府属亮寨长官司，尽管是低级别的土司，但也非常重视文化，清代，亮寨长官司龙氏家族考中举人及副榜的就有龙亨极（康熙辛卯贵州乡试举人）、龙文埏（乾隆庚午贵州乡试副榜）、龙文和（乾隆癸酉贵州乡试副榜）、龙和（嘉庆戊辰贵州乡试副榜）、龙绍讷（道光丁酉贵州乡试举人）5人，生员则近200人，设置的书院、学校包括了纯一堂、双樟书院（旧名二樟堂）、平江书馆、敦寨公学等，由此可以看出，亮寨长官司也是土司文化家族。

读书学习、参加科考会获得较高的社会地位，享受优惠待遇，得到社会认同，如亮寨司家规规定："差徭既系同族，自应均派。但学宫碑刻所载，凡监生之家，一应差役俱免，原属优恤士子之意。嗣后族中差役不派生监，非异视也，勉子弟读书，以求上进，以荣祖宗耳。"③

四、结语

在"因俗而治"的理念下，元明清时期，中央王朝在西南等少数民族地区推行土司制度。贵州的长官司因军功而设置，为武职土司。其最主要的职能是"抚绥苗众"，不管"因俗而治"还是"因俗而制"，都需要这些长官司统领土

---

① 安成祥. 石上历史［M］. 贵阳：贵州民族出版社，2015：52.

② 安成祥. 石上历史［M］. 贵阳：贵州民族出版社，2015：53.

③ 龙文和，龙绍讷. 苗族土司家谱：龙氏家乘迪光录（卷三）［M］. 龙泽江，点校. 贵阳：贵州大学出版社，2018：386.

兵，对地方社会进行有效治理，并随时听命中央王朝的征调。

清代对土司大规模"改土归流"，裁撤土司，设置流官。对于未"改土归流"的土司，清政府不断剥夺其核心权力财政权与司法权等，土司权势日益没落，在这样的背景下，贵州黎平府属亮寨长官司正长官龙绍俭呈请参加科举考试，希望借助科举考试，弃武修文，跻身主流社会，提升自己的社会地位。

总之，明清时期，中央王朝在西南少数民族地区推行土司制度的同时，推行教化，伴随着雍正朝大规模"改土归流"，土司被裁撤，设置流官，对保留下来的土司，官府不断限制、剥夺土司的核心权力。国家对边远社会整合的能力大大提升，表面上看是土司呈请科举，实则是国家力量背后推动的结果，也是中央王朝文化策略的成功，靠武力"以夷治夷"和"以夷制夷"的时代终结，教化成为时代主题。土司的职能发生了转变，土司弃武修文，呈请参加科举考试，这一转型，反映了边远地区与内地在管理体系和文化领域等方面逐步一体化的趋势。

振恤嫠妇：清代贵州地区清节堂运营实态研究

秦　磊*

自明以来，妇女守节观念逐渐高涨，至清代这一贞节观念发展到极致，由此出现了以专门收养和救济孤贫节妇为目的的清节善堂，统称为清节堂，取"保全节操之意"，亦名尚节堂、敬节堂、全节堂、贞节堂等。有清一代，全国各地建立起的清节堂数不胜数，当前尚无确切的统计。目前，学界对于清代清节堂的研究成果斐然，产生了大量优秀的论文和专著，但其研究区域多关注于江苏、江西等地区，而对清代贵州地区的清节堂关注较少，已有的成果亦未进行专门性、系统性的研究。例如，中国台湾学者梁其姿的《施善与教化：明清时期的慈善组织》一书中对全国的清节堂数量进行了统计，认为有清一代全国共有 216 个救济寡妇的善会善堂，并在书后的附表二中列明贵州仅有一所清节堂。② 李思睿、李良品《论清代贵州民族地区民间慈善事业》一文以贵阳尚节堂、安顺施棺会为例探讨清代贵州民间慈善事业的创办、运营、管理，对于清代贵州清节堂的研究未系统展开。③ 秦磊、单啸洋《清代贵阳府恤政述略——以道光〈贵阳府志〉为中心》一文阐述了清代贵阳府实施恤政所建立的各类善会善堂的运营实态、区域特点、存在的问题与不足，其中对贵阳尚节堂的建置、管理进行了简要论述，但囿于篇幅的限制未深入展开。④ 可见上述论著并未对清代贵州清节堂进行专门性研究，且对清节堂的分布、数量等问题仍有缺漏。有鉴于此，笔者在依据地方志、文集、碑刻等史料的基础上，对清代贵州清节

---

* 作者简介：秦磊（1997 年生），男，汉族，贵州六盘水人，贵州师范大学历史与政治学院中国史专业硕士研究生。

② 梁其姿. 施善与教化：明清时期的慈善组织 [M]. 北京：北京师范大学出版社，2013：271.

③ 李思睿，李良品. 论清代贵州民族地区民间慈善事业 [J]. 贵州民族研究，2014，35（10）：180-184.

④ 秦磊，单啸洋. 清代贵阳府恤政述略——以道光《贵阳府志》为中心 [J]. 贵阳学院学报（社会科学版），2021，16（2）：77-81.

堂的创办缘由、建置概况以及善堂运营实态进行翔实的整体性考察，以求正于方家。

一、清节堂的创办缘由

在中国古代对"鳏寡孤独"者的关怀救济可追溯至先秦时期，《孟子·梁惠王下》提到："老而无妻曰鳏，老而无夫曰寡，老而无子曰独，幼而无父曰孤。此四者，天下之穷民而无告者。文王发政施仁，必先斯四者。"① 可见在孟子的时代或以前"寡"即被视为仁政所必须关怀施惠的对象。对于寡妇的救济关怀自古有之，发展至清代，出现了专门收养和救济贞节嫠妇的恤嫠会和清节堂，不同于南宋时期创设救济贫民的养济院，或者前身可追溯至宋代慈幼局所设立的育婴堂，此类专门救济节妇的善堂直至清代才得以建立，而非以往其他任何一个历史时期，可见其是当时历史环境所诞生的必然产物，亦具有独特的社会意义。

（一）清代贞节观念的强化

黔省清节堂的创建与传统贞节思想观念的强化并在清代达到顶峰关系极为密切。清人方苞曾说："尝考正史及天下郡县志，妇人守节死义者，秦、周前可指计，自汉及唐，亦寥寥焉。北宋以降，则悉数之不可更仆矣。"② 先秦至汉唐时期，妇女以守节就义者可谓寥寥，自宋以降风气为之一变，政府通过建立贞节牌坊以表彰妇女的守节，社会上的儒生文士亦通过大量笔墨不遗余力地宣扬守节思想，其原因在于宋代理学家程颐提出"饿死事小，失节事大"一说，随着宋明理学的不断发展，妇女守节之道义在明清时期被推到至高无上的地位，安顺知府冯澍在《冯太守筱陶全节堂碑记》中提到："生人之大端有二，男为忠臣，女为节妇，此两间之正气历久不磨者也。然忠或慷慨于一时，节必坚忍以终身，是节之难更难于忠矣。"③ 可见清代时人将"妇节"推至与"臣节"并重的局面，甚至相较忠臣之义犹有过之。贞女节妇的形象逐渐成为社会典范。

清道光十六年（1836 年），贺长龄奉旨抚黔，因黔省"民多菜色，衣又穿空，甚者不蔽体"，发出了"嘻，何贫也"的感叹，不曾想抵达省境后，看到"节坊贞碣林立道旁，乃叹天地正气"④，可见清代贵州虽地处西南偏隅，贞节

---

① 孟子. 孟子 [M]. 万丽华，蓝旭，译. 北京：中华书局，2007：32 –33.

② 方苞. 方苞集 [M]. 刘季高，校点上海：上海古籍出版社，1983：105.

③ 任可澄. 续修安顺府志辑稿 [M]. 安顺市人民政府地主志办公室，整理点校. 贵阳：贵州人民出版社，2012：416.

④ 贺长龄，贺熙龄. 贺长龄集·贺熙龄集 [M]. 长沙：岳麓书社，2010：511.

思想却极为浓厚，与经济发达的江南地区别无二致。政府虽不断旌表节妇，但贞节观却始终停留于道德的层面，随着清代社会妇女贞节观念日益强化并达到顶峰，极大地促进了清节堂的出现，正使得清节堂作为一个实质的载体承载了不断强化的贞节观。清代贞节观念的日益强化以及政府和地方官绅对妇女守节行为的大力推崇，使得妇女以守节为荣，亦促使了清节堂在贵州乃至全国范围内的广泛建立。

（二）复杂的现实问题与社会形势

清中后期，贞女节妇所面临的现实问题以及复杂的社会形势是清节堂创建的重要缘由。一方面，青年寡妇守节困难之处，在于需要克服生活中的诸多困难，其中最迫切的莫过于解决生计问题，育有子女或奉养父母者更是如此。清人余治在《得一录·恤嫠会规条》开篇叙述了青年妇女丧夫后之现实难处："少妇丧夫最惨事也。妇人以夫为天，所天既陨，依托伊谁，泣血椎心，殆难名状。即家本素封，尚难排遣，而况家无长物，生计无聊。或衰老翁姑相依为命；或伶仃弱息成立维艰。饮蘖茹茶，酸辛万状，不有以周之，而欲其自甘荼苦之死靡他也，难矣。"① 可见，守节妇女因现实问题而面临两难的境地，若因坚守节操而独自抚养子女和赡养父母，则物质上难以解决生活问题；若为解决生计夫死再醮，则道德上会遭到贞节观念乃至社会的谴责。时任云贵总督桂良作《尚节堂记》一文，其中提到："惟是柏舟苦节，其得于席丰覆厚者尚易，乃有三党无依，茕茕待哺，恐靡他之志，或者冻馁挠之。此耦耕中丞所以有尚书节堂之举也。"② 指出妇女守节若是在席丰覆厚的富裕之家则较为容易，如无所依靠则可能会因生计问题所屈服，也正是如此，巡抚贺长龄于省城贵阳奏设尚节堂"以防其饿死者，助其守节"。

另一方面，复杂的社会形势使得不利于守节妇女自身安全的社会因素增多，其压力已不单是纯粹来自本身的贫困。清中后期，民间抢醮、逼醮现象极为严重，地方无赖或通过散播谣言使寡妇背上奸淫的污名，或直接采取暴力手段强抢寡妇，逼迫其再嫁，最后向寡妇的本家勒索或者欲娶寡妇的家庭索取巨额钱财，不论如何，这种充满暴力的方式都是违背寡妇意愿的，往往也会造成一些守节妇女自杀的惨剧。清节堂的设置正是通过收养和救济节妇来打击此类暴力

---

① 余治. 得一录［M］//沈云龙. 近代中国史料丛刊三编（第92辑）. 台北：文海出版社，2003：106.

② 贵阳府志校注［M］. 贵阳市方志编纂委员会办公室，校注. 贵阳：贵州人民出版社，2005：836.

现象以保护节妇安全，维护社会秩序。正如《安顺全节堂记事录三次续刊记》文末感慨道："此堂虽经多故，而藉此名义抢婚、逼嫁等案潜息于城中者，不少得太尊此举知堂事定于永存，非地方之幸乎？"① 可见正因清节堂的出现使得威胁贞节妇女自身安全的不稳定因素得以减少。此外，梁其姿先生指出，尽管在较偏远的贵州，有组织的暴力罪行可能较少，但在道光十八年（1838年）由巡抚贺长龄所创建的贵阳尚节堂，也以保护寡妇，使她们不受暴力污染为目的。②

（三）战争的推动作用

清末爆发的大规模农民起义战争亦是清节堂得以创办的契机。咸丰元年（1851年）太平天国运动爆发，这场19世纪中叶中国最大的一场反清运动打破了清政府固有的统治秩序，战乱使得各类社会救济和慈善机构被摧毁和废弃，孤儿寡妇数量激增。因此，为恢复社会秩序救济孤贫，地方政府及官绅在战乱结束后开始重建或创设各类社会救济和慈善机构，部分清节堂正是在此背景下得以创办的。据梁其姿先生统计，恤嫠会和清节堂等救济青年寡妇的善会善堂，在1773—1774年江南地区创办后，很快普及各地；1851年太平天国运动爆发以前，全国至少有56个清节类善会善堂；然自战乱爆发至19世纪末这50年间，全国至少有132个清节类善会善堂先后建立。③ 这些数据虽不能说明清节堂是因战争而大量产生的，但也从另一个侧面反映了战争对清节堂创设的推动作用。

与此同时，在多民族杂居的贵州地区亦爆发了大规模农民起义，史称"咸同兵燹"，始于咸丰五年（1855年），迄于同治十二年（1873年），与太平天国运动相始终，这场长达十八年的起义运动影响范围遍及贵州全省一百五十余州县。例如，安顺全节堂的建立，正是在咸同兵燹战乱后所创设的。据《安顺县全节堂记事录》载，"吾郡全节堂之设，始于清同治十年，冯太尊、马县尊来官斯土，值兵燹之后，礼教陵夷，于提倡各善举外，以表彰节孝为移风易俗之要端，特与城中绅耆吴公寅邦、徐公启善诸前辈商酌，设局举办"④。知府冯澍到任安顺后，"目睹历年兵燹，各属残破"，虽将战乱后"殉难诸公创修慰忠祠于

---

① 任可澄. 续修安顺府志辑稿［M］. 安顺市人民政府地主志办公室，整理点校. 贵阳：贵州人民出版社，2012：427.
② 梁其姿. 施善与教化：明清时期的慈善组织［M］. 北京：北京师范大学出版社，2013：158.
③ 梁其姿. 施善与教化：明清时期的慈善组织［M］. 北京：北京师范大学出版社，2013：149.
④ 任可澄. 续修安顺府志辑稿［M］. 安顺市人民政府地主志办公室，整理点校. 贵阳：贵州人民出版社，2012：427.

东郊"，但是"城乡之苦而孤、而贫者"比比皆是，他认为战后节妇之境遇相较于因战乱殉难者更为苦难，遂同本城普定县事马中龙及当地士绅共创全节堂以赡媚妇。①

二、清节堂的建置及其分布

清节堂，又有"全节堂""敬节堂""贞节堂""儒寡会""恤隐局"等名目，是清代兴起专门为贫穷无力自养的守节妇女开办的慈善机构，堂内有院落房屋，供守节妇女居住。嘉庆十一年（1806 年），江宁（今南京）建成了全国首家清节善堂。② 自此，此类以专门救济寡妇为目的的清节堂遍布全国，据梁其姿先生统计，清代以来全国至少有两百多个救济寡妇的清节堂先后成立，这还没有包括兼济寡妇的综合性善会善堂在内，由此可见这个新兴的慈善组织在清末社会所引起的巨大共鸣。笔者依据相关史料记载，就清代贵州地区清节堂的名称、分布、创建年代、创建规模等进行初步统计，见表 1。

从数量上来看，清代贵州地区共设立 4 所清节堂，而非梁其姿先生在《施善与教化——明清时期的慈善组织》书后"附录二"所记载的只有贵阳尚节堂这一所。现从时间脉络上分别对其进行论述。

表 1　清代贵州清节堂建置与分布

府州县	名称	创建时间	筹办者	收养名额	史料来源
湄潭县	恤隐局	不详	不详	设额内孤贫七名，额外孤贫或八九名，或十数名	光绪《湄潭县志》卷四蠲恤
贵阳府	尚节堂	道光十八年（1838 年）	贵州巡抚贺长龄	定额优恤嫠妇百四十名	道光《贵阳府志》卷四十六恤政

---

① 任可澄. 续修安顺府志辑稿 [M]. 安顺市人民政府地主志办公室，整理点校. 贵阳：贵州人民出版社，2012：417.

② 夫马进. 中国善会善堂史研究 [M]. 伍跃，杨文信，张学锋，译. 北京：商务印书馆，2005：327.

府州县	名称	创建时间	筹办者	收养名额	史料来源
平远州	尚节堂	不详	平远知州冯澍	不详	光绪《平远州续志》卷三职官
安顺府	全节堂	同治十年（1871 年）	安顺知府冯澍、普定县事马中龙	额内、外堂三十名。现收内外堂二十八口	民国《续修安顺府志辑稿》第六卷善举门

（一）湄潭恤隐局

清代贵州最早创立的清节堂是湄潭恤隐局。康熙《湄潭县志》记载："恤隐局在城南养济院右"①，但并未说明其创建时间和筹办者。光绪《湄潭县志》有所补充："恤隐局……今废。原设额内孤贫七名，每口按月发给口粮盐菜等事，各给棉衣裤各一套。尚有领款，可请额外孤贫，或八九名或十数名不等，口粮盐衣等项历系地方官垫给"②，其创办目的在于"妇人生产不便者，皆于此给养"③。根据上述史料可知，湄潭恤隐局的创建年代，至少在康熙《湄潭县志》成书的康熙二十六年（1687 年）以前，因其善堂建于官办慈善机构养济院旁，且其额内额外孤贫妇人的口粮盐衣俱由地方官给予，可推测恤隐局应该是同养济院一样的官办性质的善堂，就其善堂功能而言可能亦与养济院类似，是专门为孤贫妇女所设置的慈善机构，就其收养孤贫妇女名额可知其创办规模较小，至清末光绪年间就已废弃。

（二）贵阳尚节堂

道光十八年（1838 年），时任贵州巡抚贺长龄"悯黔人之贫而嫠贞而困

---

① 杨玉柱. 康熙湄潭县志 [M] //中国地方志编委会. 中国地方志集成·贵州府县志辑（第 33 册）. 成都：巴蜀书社，2016：612.

② 吴宗周. 光绪湄潭县志 [M] //中国地方志编委会. 中国地方志集成·贵州府县志辑（第 39 册）. 成都：巴蜀书社，2016：478.

③ 吴宗周. 光绪湄潭县志 [M] //中国地方志编委会. 中国地方志集成·贵州府县志辑（第 39 册）. 成都：巴蜀书社，2016：478.

者"①, 以 "各省多有恤嫠之堂, 而黔中更属极贫之地, 乃此事缺然未举"② 为由, 向道光皇帝奏设尚节堂。堂名 "尚节", 意在 "所尚惟节, 故可以正人心, 扶风化"③, 其宗旨主要在于救济贫苦嫠妇。贵阳尚节堂设立于贵阳南门外箭道街, 利用原 "节孝祠" 加以扩建, 共有房屋一百四十间, 定额优恤嫠妇一百四十名, 堂之右下方建有谷仓, 可容纳谷粮千石, 堂外设柏舟、中河、河测三所义学, 道光二十三年 (1843 年) 又增设甘节义学, 为嫠妇之子解决教育问题。由于当时清政府财政困难, 创设善堂 "不敢妄请动帑, 又不忍视同隔膜, 再四筹商, 惟有捐办之一法"④, 故贺长龄写下《尚节堂劝捐序》一文, 倡导并率领为官同僚和地方绅民踊跃捐输, "共银一万七千九百九十三两", 除购置公馆、建设善堂和首年恤贫之银两外, 其余银两则交商生息, 以作为善堂后续运营之费用。为规范尚节堂的管理, 使其能够长久运营, 贺长龄因地制宜地制定了《尚节堂章程》十二则, 时任云贵总督桂良 "见所制度规划, 与他省恤嫠迥异。乃知仁人之用心, 忧深虑远"⑤。值得一提的是, 光绪年间任云南按察使、布政使的陈灿 (贵州贵阳人) 为筹措银两重建云南敬节堂, 报请云贵总督立案, "参以前贵州抚部院贺核定黔省尚节堂章程共成六条"⑥, 广泛借鉴了贵阳尚节堂的章程。

贵阳尚节堂其建堂规模为清代全省之最大, 收养孤贫嫠妇名额最多, 自建堂后房屋陆续有所增建, 现从查到的史料当中可知清代有增建一次, 光绪十八年 (1892 年) 左右, 曾任四川渠县、秀山、新宁等县知县的杜瑞徵 (四川江阴人), 年老辞官后定居贵阳, 因见尚节堂 "年久房屋狭隘, 名额不敷所求", 捐银六千两购地建置四合院一所, 称为 "杜家新堂"。⑦

(三) 平远尚节堂

据光绪《平远州续志》卷之三职官门载: "冯澍, 号筱陶, 四川三台县人, 举人, 同治六年任, 作尚节堂以赡孀妇, 每月考课给膏火以励寒士, 文风渐振,

① 田雯. 黔书 2 卷 [M]. 罗书勤, 等点校. 贵阳: 贵州人民出版社, 1992: 368.
② 贺长龄, 贺熙龄. 贺长龄集·贺熙龄集 [M]. 长沙: 岳麓书社, 2010: 109.
③ 道光贵阳府志校注 [M]. 贵阳市方志编纂委员会办公室, 校注. 贵阳: 贵州人民出版社, 2005: 1839.
④ 贺长龄, 贺熙龄. 贺长龄集·贺熙龄集 [M]. 长沙: 岳麓书社, 2010: 109.
⑤ 贵阳府志校注 [M]. 贵阳市方志编纂委员会办公室, 校注. 贵阳: 贵州人民出版社, 2005: 1839.
⑥ 陈灿. 陈灿集 [M]. 李黎, 点校. 贵阳: 贵州人民出版社, 2019: 73.
⑦ 李端棻. 杜公瑞徵墓志铭 [J]. 杜伯珣, 加注. 贵阳志资料研究, 1987 (11): 86.

士论翕然。"关于平远尚节堂当前仅有这一条史料记载，因文献记载较少，平远尚节堂其具体创办时间、运营状况暂不得而知，其筹办者应是时任平远知州冯澍。据民国《续遵义府志》记载，冯澍曾于同治三年（1864 年）担任遵义知县①，同治五年（1866 年）由于受到时任四川总督骆秉章的参劾，于同治六年（1867 年）调任平远知州，其在任三年，后同治九年（1870 年）升安顺知府。故平远尚节堂应该创建于同治六年至同治九年间，后冯澍与普定知县马中龙共同创设安顺全节堂，故从安顺全节堂之管理章程可对平远尚节堂之经营略窥一二。

（四）安顺全节堂

同治十年（1871 年），安顺知府冯澍、普定知县马中龙来任安顺后，因"丧乱之后，恐礼教陵夷"，遂后便委托吴寅邦、徐启善等城绅设局，采访节孝妇女的姓氏，请旌建立节孝总坊。后经筛查有节妇三十人，贫而无依倚，遂倡议仿照省城尚节堂之规章制度，创建安顺全节堂，"乃提复另筹他款，令城绅吴寅邦买有许衙街李姓民房一所，改建斯堂，定章程四条，俾孤贫节妇得所依归"。② 安顺全节堂设于安顺城西南许衙街，初设收养"内外堂大小二十八口，孝子一口"③，规定全节堂之口粮提取"毫戥局月抽之款，按月买米，每名给以一斗，照数发给"。④ 亦针对收养节妇设内、外二堂两种标准，有宗族亲戚可寄居者，准在外堂酌情给予口粮；而贫病无所归者，则收入内堂；携有幼弱子女者，亦给予其半分口粮。为规范善堂运营，知府冯澍与知县马中龙核定《安顺全节堂章程四条》，其内容包含嫠妇收养资格、嫠妇子女管理、堂内事务、经费支出等，其中后光绪十二年（1886 年）又增订章程四条，提高了收养节妇的口粮供给，"每名岁给米二石四斗"，即每月每名给米二斗，并规定每年正月、清明、中元"给谷三石为香烛祭宴费"，外堂不再定数，由年终所剩余银米再行分配。全节堂创办后，冯澍与马中龙都希冀后来之贤明官吏可以"扩大其规模，增广其人数"，而"不负予创始经营之苦心"。⑤

---

① 周恭寿. 续遵义府志［M］. 赵恺，杨思元，纂. 成都：巴蜀书社，2014：499.

② 任可澄. 续修安顺府志辑稿［M］. 安顺市人民政府地主志办公室，整理点校. 贵阳：贵州人民出版社，2012：416.

③ 任可澄. 续修安顺府志辑稿［M］. 安顺市人民政府地主志办公室，整理点校. 贵阳：贵州人民出版社，2012：418.

④ 任可澄. 续修安顺府志辑稿［M］. 安顺市人民政府地主志办公室，整理点校. 贵阳：贵州人民出版社，2012：416.

⑤ 任可澄. 续修安顺府志辑稿［M］. 安顺市人民政府地主志办公室，整理点校. 贵阳：贵州人民出版社，2012：418.

三、清节堂的运营实态

清节堂在经地方官绅协力创办后,其最重要的自然是善堂的管理和运营,为了维护善堂的正常运转,大多清节堂在创建后都会制定或增订严密且细致的善堂管理章程,亦有部分善堂在运营几十年后专门撰写类似于"年度报告"的"记事录",系统介绍善堂自创立以来的运营详情并供时人审阅后人铭记。这些章程和记事录对清节善堂的收养对象和收养标准、经费来源和支出、善堂事务管理等做了极为细致的记载和描述,使我们能够更加深入地了解清节堂的运营实态。

(一) 收养和救济标准

清代贵州所创建的清节堂大多出现在清中后期,其救济原则处处体现了对贞节观的重视。相较于清代创建数量最多、分布范围最广的养济院、育婴堂等慈善机构,清节堂最不同的地方在于收养的标准。贵阳尚节堂在收养嫠妇的程序上规定:"节妇报名,须其亲戚邻佑将该氏年岁、履历、夫某于何年月日身故、有无翁姑子女,开送到堂,绅董秉公查核实,系丧夫在四十岁以前,贫苦无以为生,贞守不肯他适者,方准收恤。丧夫在四十岁以后者不收,再醮再寡者不收,非穷苦者不收。"① 安顺全节堂亦在"节妇资格与名额"一章中提出:"节妇资格须年在三十岁以下,居孀守节在十年以上,贫苦无依者,由邻右团甲加具保结,报由本堂注册,依次升补。"② 据此可见,清节堂只收养年龄在三十至四十岁以下未再婚过的贫苦青年节妇,进入善堂的寡妇必须是坚心守节的,如果只是贫穷,则未必有足够的资格接受清节堂的救济。收养寡妇最主要的标准即在于她是否坚守贞节,以成为法律认可下的节妇,不同的善堂在制定章程时会对寡妇的年龄、守寡的年数有弹性的考虑,若申请入堂的寡妇年龄较低,尚处于青年,则日后成为受旌表的节妇的机会才较大;而年龄较大者,则不属于收养的范畴,例如,贺长龄在《官绅捐建尚节堂请量予甄叙折》中指出:"至丧夫已在四旬以外,即孤苦无依,亦仍归养济院,以免牵混,缘堂名尚节,所

---

① 贵阳府志校注 [M].贵阳市方志编纂委员会办公室,校注.贵阳:贵州人民出版社,2005:908.

② 任可澄.续修安顺府志辑稿 [M].安顺市人民政府地主志办公室,整理点校.贵阳:贵州人民出版社,2012:418.

以保全青年孀妇，与养老之义殊也。"① 可见清节堂在收养寡妇的标准上，贫穷与否反而是较为次要的考虑。安顺全节堂的筹办者马中龙在《马县尊宗龙月米碑记》中提到："积福之端莫要于恤孤贫，而节孝之孤贫者较之孤贫妇尤重。"② 清节堂对于节妇的收养主要符合贞节的标准，也就是说，道德上的考虑更为重要。

清代贵州地区的清节机构，无论是恤隐局、尚节堂，还是全节堂，收入堂内的救济标准亦根据其善堂规模、地域不同而有所区别。湄潭恤隐局分设额内、额外孤贫，额内孤贫七名，额外孤贫则视有多余领款而定，每口按月发给口粮盐菜，各给棉衣裤各一套。③ 贵阳尚节堂作为清代全省规模最大的清节善堂，收养嫠妇的规模也是最大，共定额优恤嫠妇一百四十名，其救济亦根据有无翁姑分为住堂和不住堂两种标准，有翁姑在不住堂者，"每月给银五钱，翁姑殁后有子及二十岁者住支，不及二十岁再行入堂。有祖翁姑者视此"。无翁姑者皆需住堂，"恤银七钱，进堂时另给银一两，以为针凿纺织资本"。④ 而安顺全节堂则分为内堂、外堂两种标准，无亲族寄居者归入内堂，不得随意外出；有亲族寄居者准为外堂，可不住堂酌情给予口粮。⑤

(二) 经费来源

稳定的经费来源是清节堂得以持续运营的基础，不同于官办的养济院和普济堂主要由政府进行拨款，清代贵州地区所创建的清节堂大多为官督民办的慈善机构，其经费来源表现出更加多样化的趋势，主要来自以下三个方面：

首先是来自地方官员和绅富的社会捐助。由于国家财力有限，地方官员在筹办善堂时一般不动用政府财政资金，而是提倡同僚官员、地方士绅捐资赞助。如贵阳尚节堂之筹办经费，"经本部院督同藩司筹发，倡率寅僚捐廉、绅宦集

---

① 贺长龄，贺熙龄. 贺长龄集·贺熙龄集 [M]. 长沙：岳麓书社，2010：109.

② 任可澄. 续修安顺府志辑稿 [M]. 安顺市人民政府地主志办公室，整理点校. 贵阳：贵州人民出版社，2012：417.

③ 吴宗周. 光绪湄潭县志 [M] //中国地方志编委会. 中国地方志集成·贵州府县志辑 (第39册). 成都：巴蜀书社，2016：478.

④ 贵阳府志校注 [M]. 贵阳市方志编纂委员会办公室，校注. 贵阳：贵州人民出版社，2005：908.

⑤ 任可澄. 续修安顺府志辑稿 [M]. 安顺市人民政府地主志办公室，整理点校. 贵阳：贵州人民出版社，2012：419.

腋，共成贵平银一万七千九百九十三两"①。安顺全节堂创办经年后，历年捐银者不在少数，《安顺全节堂之记事录》有："县尊覃五年十月到任，……六年七月卸任，捐银百两"，"七年前七月，云南藩宪吴过郡，传谕捐银一百两"，"九年癸未五月三日，学院孙捐银一百两"② 等捐资者慷慨解囊的记载。

其次是利用房产、田产所得租金、租谷作为善堂持续运转的经费。各级官员和士绅的慈善捐助虽然金额较大，但是为了维护善堂的持久运营，除购买善堂所需房屋和日常开支外，善堂的筹办者或者管理者一般会利用捐助款项的部分盈余购置房产或田产，以其所产出的租金、租谷供给善堂作为日常米粮、经费开支。例如，贵阳尚节堂"买六硐桥公馆银四千两""每年赁租银五百两"③；安顺全节堂"光绪十年，知县万黻堂谕将历年官绅捐款置买产业，吴寅邦、徐春阶经手，置有金澍堂二下刘许寨田一份，陈朱氏仡佬湾下坝老青山田一份。光绪十二年，置有吴光元科田一份、粮田一份"④。除善堂自行购置田产、房产外，还有一种形式，则是地方政府或官员将诉案所罚田房划拨清节善堂，例如，贵州巡抚贺长龄曾上奏将仁怀逆产请拨给贵阳尚节堂，《耐庵奏议存稿》卷四载有："奏为查明仁怀县逆产，估计租谷无多，承买乏人，现仍荒废，恭恳圣恩赏入尚节、及幼两堂，招佃耕种，借资养赡"⑤；安顺全节堂于"光绪元年，知县席时熙以郑家屯案拨尼僧本诚田租十五石入堂"⑥。

最后则是清节堂利用捐助资金和田房所得租金发商生息，以使善堂运营经费不断。发商生息，即是善堂将资金存放典当或钱铺等处，以收取利息获得经费，这亦是中国传统社会的慈善机构最主要的经费来源之一。例如，《安顺全节堂现行简章十二条》第四章经费记载："本堂即以所有租谷及城内各街住房佃金

① 贵阳府志校注 [M]．贵阳市方志编纂委员会办公室，校注．贵阳：贵州人民出版社，2005：907．
② 任可澄．续修安顺府志辑稿 [M]．安顺市人民政府地主志办公室，整理点校．贵阳：贵州人民出版社，2012：422-423．
③ 贵阳府志校注 [M]．贵阳市方志编纂委员会办公室，校注．贵阳：贵州人民出版社，2005：908．
④ 任可澄．续修安顺府志辑稿 [M]．安顺市人民政府地主志办公室，整理点校．贵阳：贵州人民出版社，2012：416．
⑤ 贺长龄，贺熙龄．贺长龄集·贺熙龄集 [M]．长沙：岳麓书社，2010：169．
⑥ 任可澄．续修安顺府志辑稿 [M]．安顺市人民政府地主志办公室，整理点校．贵阳：贵州人民出版社，2012：416．

暨余存款项所生利息为常年经费。"①

（三）运营管理

清节堂作为收养救济嫠妇的慈善机构，贺长龄认为此"恤嫠一举，宜办宜防者多"，其运营管理应由绅民主办，而官员协办，故清节堂在日常管理上，一般请当地绅耆担任善堂的"首士"即管理者，一方面，当地士绅作为善堂的捐助者乐于参与善堂事务的管理；另一方面，士绅在地方的威望影响较大，作为官员和民众之间的桥梁管理善堂事务效果更佳。贵阳尚节堂"经理堂务委派教官二人，于贵阳府、贵筑县二学及管书院义学教官内，择委董事绅士二人，乡绅公举四人，岁各给薪水银二十两，共给纸笔银四两"②；安顺全节堂"设置管理员四人，共同管理堂内外一切事务，由官厅遴委公正绅耆充之，遇有事故或更动时，仍由官厅遴委接替"③。

在对施救对象的管理上，清节堂一般要求入堂妇女纺织布匹以自助其生计，贵阳尚节堂对于初入堂者，"别予银一两，以为黹绣纺绩之本"④；全节堂要求节妇"皆自行纺绩以助薪水"⑤。民国《瓮安县志》亦有一首题诗《题尚节堂当窗夜织图》生动地再现了尚节堂中收养嫠妇的纺织生活，"砌下蛩鸣夜昏黑，当窗看月月无色。四邻寂寂都酣眠，独怜寡妇尚苦织。一尺一寸丝，祇有夜灯知。一抽一回断，莫教妾心乱。妾心与灯同样孤，灯余残炬心不枯，挑灯再把乱丝理，织成锦素好奉姑"⑥。除救济贞节嫠妇外，嫠妇的子女亦在收养救济的范畴，贵阳尚节堂准许守节妇女有子女幼者，携带三人及以下者，给予及幼堂口粮一分，四人以上给予两分，本堂则每月给米一斗八升，如若子及孙有年满二十岁者，则守节嫠妇可除名出堂就养；若子孙年满二十有所残疾可继续留堂，

① 任可澄. 续修安顺府志辑稿 [M]. 安顺市人民政府地主志办公室，整理点校. 贵阳：贵州人民出版社，2012：419.
② 贵阳府志校注 [M]. 贵阳市方志编纂委员会办公室，校注. 贵阳：贵州人民出版社，2005：907.
③ 任可澄. 续修安顺府志辑稿 [M]. 安顺市人民政府地主志办公室，整理点校. 贵阳：贵州人民出版社，2012：418.
④ 贵阳府志校注 [M]. 贵阳市方志编纂委员会办公室，校注. 贵阳：贵州人民出版社，2005：906.
⑤ 任可澄. 续修安顺府志辑稿 [M]. 安顺市人民政府地主志办公室，整理点校. 贵阳：贵州人民出版社，2012：418.
⑥ 李退谷. 民国瓮安县志 [M] // 中国地方志编委会. 中国地方志集成·贵州府县志辑（第25册）. 成都：巴蜀书社，2016：309.

出堂后子孙又死者，准其复入堂；针对无子孙子嗣者，节妇可终身居于堂内，死后由善堂施棺埋葬。安顺全节堂亦规定收养节妇"子女稍长，稍能自立，即报名出堂，自行奉养"①。可见清节堂对施救对象的灵活对待，并不强制节妇终身居于堂内，限制其自由。

四、结语

清代是中国古代历史上慈善事业发展最为成熟和完备的时期，清代的慈善事业在继承前代的基础上呈现出更加兴盛的局面。清节堂是清代设立的专门收养和救助贞女、节妇的慈善机构。传统的贞节观念和复杂的社会形势是刺激和推动清代贵州地区的清节堂建立的主要原因。清节堂的发展呈现出收养和救济标准严格、经费来源多元化、运营管理严密等特点。出于维护社会秩序和风俗道德的目的，地方士绅积极参与保护和救助寡妇、穷嫠，在清节堂的创建和发展过程中发挥了重要作用，清代贵州清节堂在救助和保护贞女、节妇方面亦取得了显著的成效。

---

① 任可澄. 续修安顺府志辑稿 [M]. 安顺市人民政府地主志办公室，整理点校. 贵阳：贵州人民出版社，2012：418.

贵阳商会与地方社会公益事业（1937—1949）

严 丹*

　　商会是近代工商业者协调与地方社会关系的桥梁，它继承了传统会馆、公所协助同业、参与社会公益事业、服务地方社会的传统。商会的社会公益活动成为凝聚同人信任、沟通商人与社会、协助政府维护社会秩序的重要力量，在一定程度上缓解了政府治理的疲惫，有利于各行商人的经营活动和商业的发展。贵阳是抗战救国的大后方，贵阳商会响应政府全民抗战的号召，积极参加赈灾救难，协助政府稳定地方社会秩序，以捐款捐物的方式支持抗战，在抗战救国和地方社会建设中发挥了重要作用。对于贵州社会公益事业的研究，学界大多是对政府或公益机构进行了分析。学界虽有对贵阳商会社会活动研究的论文，但仅有少数几篇。本文以贵阳商会在 1937—1949 年参与的社会活动为考察对象，分析其在地方社会事业发展过程中的作用及与地方社会的关系。

一、同业公益

　　商会是以各业商人为主体的经济组织，其宗旨是维护工商业者的正当利益，推动工商业的发展，为商会会员提供服务；其任务是组织生活用品供应，举办各项福利事业，参加社会公益活动等。② 商会的公益活动，首先是为会员提供服务，商会举办的公益活动是对会馆、会所公益角色的继承和发扬。贵阳市商会的同业公益活动主要体现在同业教育及创办报刊上。

（一）同业教育

　　同业教育是商会重要的同业公益活动，主要是创办补习学校。贵阳商会在1943 年就创办了商业职业补习学校，由商会常务理事吴禹丞兼任校长，共举办

＊ 作者简介：严丹，贵州师范大学历史与政治学院副教授，博士。
② 中国人民政治协商会议贵州省委员会，文史资料研究委员会. 贵州文史资料选辑（第6辑）[M]. 贵阳：贵州人民出版社，1980：57.

了八期，免收学杂费，向社会招考和各业保送学员参加，男女不限，学习毕业合格给发证书，推荐工作。第六期时分为初级班和高级班，初级班考试合格并希望继续学习者升入高级班。初级班课程：初级簿记学、高级簿记学、商业数学、商业常识法规、商业算术、统计学等。高级班课程：会计学、成本会计、政府会计、银行会计、工商管理统计等。从课程来看，以商业类课程居多，注重专业商业知识的传授，培养学员使用新式簿记方式，建立现代会计制度，这与当时贵阳的商业经济发展相适应。抗战时期，贵州的经济发展进入一个新时期，内迁至贵阳的工商企业增多，资本的增加和从业人数的增多及企业性质的变化要求提高管理者和从业人员的素质，传统的管理方式及记账方式已不适应经济的发展，创办商业职业补习学校正好解决这一问题。商业职业补习学校以现代簿记和会计制度为教学重点，训练学员使用新式簿记的记账方式，培养现代会计人员，以适应企业发展，这对加快人才培养效率、推进企业簿记改良来说具有实际意义。①

除了商会举办的培养商业人才的补习学校外，也有同业公会创办了专业性较强的讲习所，新药业公会举办的药学讲习所就是如此。药学讲习所由贵阳市新药业同业公会于 1943 年呈请创办，因为医疗保健工作关系种族发展，其创办目的是"造就初级药学人才，而利推行保健工作"，② "以作育药学人才，倡助职业教育"。③ 该所招收对象是具有初中文化及以上或有药剂经验的人员，免收学费，通过党义、国文、英文、算学、理化、口试等考试合格者入学，所授课程为党义、英文、无机化学、有机化学、制药化学、定性分析、定量分析、药物学、制药学、调剂学、药律概要、簿记。④ 药学讲习所先后举办 2 期，学制 2 年，每期学习 1815 小时，由具有大学本科和医专学历的本业公会会员执教，系统地培训新药业职（店）员，⑤ 学生毕业后可由讲习所向卫生署申请药剂生执照，执行药剂生职务。对于处于战乱及缺医少药的贵州而言，新药业公会举办的药学讲习所无疑为贵州医疗卫生事业的发展作出了重要贡献。

---

① 魏文享. 上海商会与 1930 年代的改良中式簿记运动 [J]. 浙江学刊，2010（2）：101-107.

② 为申请创办贵阳药学讲习所检具章程等件祈核备由 [A]. 贵阳市档案馆：43-1-649.

③ 贵阳市新药商业同业公会附设药学讲习所组织规程草案 [A]. 贵阳市档案馆：43-1-601.

④ 贵阳市新药商业同业公会附设药学讲习所招生简章 [A]. 贵阳市档案馆：43-1-603.

⑤ 中共贵阳市委统战部，中国贵阳市委党史研究室. 深刻的变革：贵阳市对资本主义工商业社会主义改造资料汇编 [M]. 内部刊印，1992：166.

（二）创办商报

创办报刊是社会团体表达自己诉求的重要方式，也是对同业进行教育宣传、信息交流的重要窗口。抗战期间，由于贵阳人口骤增，工商业者增多，经济出现战时繁荣，为适应时局发展，贵阳县商会决定创办一份介绍工商业情况的报纸，《贵州商报》应运而生。商报于 1940 年 12 月发行出版，最初为周报。抗战后期，由于物价高涨，法币贬值，商报所载商情未能及时赶上，应工商界要求和战时经济发展，1946 年下半年改为日报。该报除报道国内外新闻外，侧重于市场动态、商品流通、商业法规与习惯、各地重要商业消息等，每日有贵阳市主要商品物价行情。《贵州商报》报道的省内外重要经济消息，对各地行情、物价动态的报道，对市场行情的分析和述评，无疑增加了商人对商业情况的了解，适时调整经营决策以适应政府政策与经济发展变化，在开启商智、沟通商情、传播知识方面发挥了重要作用。

职业教育授业对象明确，教育目标清晰，针对性和实效性强，在培养近代工商使用人才方面发挥了重要作用，职业教育提高了从业人员的知识和技能水平，弥补了传统经营管理方式的不足，改变了传统的记账方式，服务了行业发展。商业补习学校培养的学生一般都能胜任商店或工厂的会计、记账工作，有的转入行政机关担任会计人员。① 面向社会招生，免收学费，为贫苦青年提供了一个生存发展的渠道，有利于社会的稳定。创办商报，传播信息，登载国内外大事和行业信息，分析经济发展趋势，使商业教育不局限于学校与学人，商报成为商业教育"有力之补助"。

（三）同业自救

1939 年 2 月 4 日，日军出动 18 架飞机对贵阳市区进行轰炸，据统计，这次空袭给贵阳造成的财产损失达 3880 万元以上。② 此次空袭的是贵阳的繁华地段，商铺林立，贵阳商人损失异常惨重。纸烟业公会的德兴昌损失 45000 元，永成商店损失 3 万元（不含不动产），利胜祥能记百货店店门被弹片打开，"一切货物被掳去三分之一，约计损失一千四百六十元"。理发业公会被炸 14 家，共计损失 38000 元。③ 永兴祥商店损失洋元 1485.50 元。酱酒业公会的任荣昌新记损失 5210 元。戴顺祥木器店损失 3 万元以上。饶洪发海味店损失 1000 余元，彭运

---

① 中国人民政治协商会议贵州省委员会，文史资料研究委员会. 贵州文史资料选辑（第 6 辑）[M]. 贵阳：贵州人民出版社，1980：71.

② 贵州省地方志编纂委员会. 贵州省志·民政志 [M]. 北京：方志出版社，1997：210.

③ 本市"二四"被炸受灾商民请求救济灾民调查表 [A]. 贵阳市档案馆：43-1-53.

鑫损失 1000 余元，张永和损失 2000 余元。益昌绸缎号损失 2800 元。向春堂医药房损失 3000 多元。颜料杂货业损失约洋元 62500 元。酱酒业公会 11 家商店被炸，损失房屋设备及存货共计 33570 元。华洋杂货同业公会 41 家店被炸，损失 165 万余元。堆栈业受损商店 3 家，损失 42600 余元。糖食海味受损商店 26 家，损失 77200 元。汽车业公会受损商家 2 家，损失 25240 元。靴鞋业受损 37 家，损失 163950 元。客栈业 1 家，损失 600 元。① 贵阳市商会对受灾商户调查统计后，商民组织成立救灾团，呼吁各界对筑市受灾民众进行救助。一方面商会向中央电呈受灾商民情况，请求中央拨款赈济；另一方面请省政府提供贷款，让受损商户重新营业。时任商会主席陈职民代表商会及各同业公会言，贵阳"市场粉碎，元气口丧，商民失业，虽承中央拨款赈济，然粥少僧多，款微灾重，务恳俯念黔民疾苦，受灾惨重，迅予再拨巨款口施赈济并乞指拨转款或饬筑市各银行发行信用借款贷与受灾商民，设立临时商店，以维善后而示抚恤"②。省政府虽同意贷款，但须严格按银行贷款手续办理，提供实物抵押。诸多受灾商家难以复业，只好另谋生路。商会了解这一情况后，帮助同业解决困难，发动商家打扫劫后余灰，将原疏散离城的货物搬运回来，就地设摊营业；对其被炸严重、烧光抢光，确实无力复业者，商会又劝导同业资助、设摊谋生。

二、社会公益

热心社会公益是商人回报社会的主要途径，商人以个人身份或商会（行业）名义参与社会公益活动，成为社会公益事业的重要资助者。商会的社会救济主要体现在两个方面：一是代会员转交捐款，这主要是会员响应政府号召捐助的，商会将会员捐助的汇集转交；二是代表各业商人进行社会救济，协助政府的社会公益事业。贵阳市商会的社会救济活动主要体现在以下四个方面。

（一）难民救济

军阀混战时期，社会动荡不安，社会救济主要靠"群善社""乐善堂""积善堂""华洋义赈救灾总会贵州分会"等慈善机构进行。1935 年国民政府正式主理贵州，社会救济由省政府社会处管理主办。贵阳是省市行政机构的所在地，工商业相对其他地区较为发达，也是难民进入贵州其他地区及云南等地的重要中转站。抗战期间，大批难民涌入贵阳，省政府设立救助站，为难民提供基本生活保障。对于涌入贵阳的难民，省政府认识到贵阳是军事政治中心，如果对

---

① 本市"二四"被炸受灾商民请求救济商民救济处报告［A］. 贵阳市档案馆：43-1-54.
② 市商会电呈中央请求救济（1939 年 2 月 9 日）［A］. 贵阳市档案馆：43-1-53.

难民处置不当，"使难民变为游民，则立刻影响后方社会治安"。① 要解决难民问题，政府财力人力有限，需发动社会力量参与到难民救济中，贵阳市商会成为政府难民救济工作首先考虑的社会力量。1939 年"二四"轰炸期间，贵阳市商会成立贵州省灾民救济处，下设总务、收容、卫生、掩埋四组并设立五个收容所登记调查灾民，至 2 月 16 日止登记灾民 8998 人。掩埋队掩埋人数 564 人。对收容所里的难民，每人每日发放生活费二角五分，对有亲属而无力安葬者，每名死者发给棺木费 4 元、掩埋费 3 元。对受灾民众发放安置费，壮年男子 7.5 元，壮年女子 11.25 元，老稚残废 15 元。"二四"轰炸期间，贵阳市商会发放伙食费 4 万元，安置费 86853.5 元，灾民安置费 2385 元，防护团员安置费 12377.5 元，伤亡慰恤金 3955 元，共计 134431 元。② 1943 年贵州省冬令救济委员会号召各界捐款 150 万元，帮助难民过冬，市商会承担冬令救济费 65 万元，贵阳市银行界捐募 25 万元。③ 根据会议决议各公会按照资本额进行捐款，酒精工业公会负担 33336 元，④ 糖食海味业负担 15300 元，⑤ 国药业公会分配 11350 元，⑥ 新药业公会分配 28020 元。⑦ 1944 年 11 月，商会要求绸缎业公会代办棉衣捐 3 万元，公会按资本额分配，最低捐款 300 元，总计达 396.45 万元。1946 年冬令救济国药业公会认捐 10 万元。1947 年冬令救济绸缎业公会认捐 30 万元、颜料业公会认捐 100 万元、绸缎业公会认捐 300 万元。

除了以商会名义参加社会救济外，个人也积极参与到难民救济中。如赖永初创办了"贵州私立永初教养院"，招收逃亡来黔的难童、阵亡将士遗孤和当地贫苦子弟进行培养，一切费用由赖永初个人承担，这一举动被称为"战时儿童之福音"⑧。冠生园食品公司在抗战期间向战时儿童保育会贵州分会捐助国币 1000 元，以资助抚养难童。⑨

（二）资助其他教育事业

贵阳市商会除培养商业所需人才外，对其他教育事业也积极进行捐助。大

① 秦孝仪，中国国民党中央委员会党史委员会. 革命文献（第九十八辑）抗战建国史料·社会建设（5）[M]. 台北：中央文物供应社，1984：59.
② 贵州省会灾民救济处报告 [A]. 贵阳市档案馆：43-1-54.
③ 卅二年冬令救济 [A]. 贵阳市档案馆：43-1-59.
④ 卅二年冬令救济 [A]. 贵阳市档案馆：43-1-59.
⑤ 各种捐款函件 [A]. 贵阳市档案馆：43-1-762.
⑥ 为转决议摊派冬令救济费 [A]. 贵阳市档案馆：43-1-591.
⑦ 为奉令摊派冬令救济费 [A]. 贵阳市档案馆：43-1-623.
⑧ 赖永初君创办贵州私立永初教养院 [N]. 贵州商报，1941-05-28.
⑨ 冠生园赞助儿童保育 [N]. 贵州商报，1941-06-18.

夏大学是战时迁到贵阳的重要学府，该校在贵阳期间经费困难，一方面向政府申请资助，另一方面寻求社会帮助，如大夏大学为纪念已故校长王伯群成立基金，商界主动捐助 30 万元，由各同业公会共同承担，如绸缎业公会捐助国币 1 万元，国药业公会 1 万元，新药业公会 1.5 万元，卷烟业公会承担 2 万元。汽车材料业公会捐赠中正学校基金 2000 元。① 绸缎业公会为工人子弟学校推销基金公演剧票，新药业公众为工人子弟学校筹集基金银元 50 元。1943 年宪兵子弟学校筹募基金，市商会筹募捐款 15 万元，各业按资本额分配应担经费，汽车业公会承担 5580 元，国药业公会 1980 元，新药业公会 5143 元。

　　除了直接捐助学校外，对其他教育活动贵阳市商会也积极参加。1943 年市政府为储备师资，筹集优秀师范生奖学金及优秀小学教师奖金 15 万元，通过戏剧公演、音乐舞蹈表演、球赛等体育表演及各种展览会进行筹集，并以训令的方式向各业公会筹集款项，仅新药业公会就筹集了 2000 元。1944 年在孔子的诞辰纪念及教师节庆祝活动中，贵阳市商会也是出钱出力，贵阳市商会参加教师节筹备会组织的游艺会，筹募招待费 25000 元。② 为大学生提供奖助学金是商会热心于教育事业的表现之一。1948 年市商会为贵州大学推销学生奖助基金公演剧券，并酌情分配给下属同业公会筹募，截至 5 月 31 日，共募集奖助学金 1055 万元，具体募捐金额见表 1。卷烟业公会推销剧票 36 张，未注明推销剧券的票面价值，无法统计其募捐金额。③ 贵阳市商会对教育事业的资助，解决了学校经费的不足问题，推动了贵州教育的发展。

表 1　部分同业公会推销贵州大学清寒学子奖助基金公演剧券金额表（单位：万元）

同业公会名称	募捐金额
绸缎业公会	200
新药业公会	100
国药业公会	90
图书教育用品业公会	100
苏裱业公会	30
糖食海味业公会	170
纸业公会	30

① 函送代募中正学校基金共二千元请查收汇转［A］. 贵阳市档案馆：43-1-17.
② 函复本会筹拨招待费二万五千元［A］. 贵阳市档案馆：43-1-79.
③ 贵州大学请推销筹募清寒学生奖助金公演剧券［A］. 贵阳市档案馆：43-01-89.

同业公会名称	募捐金额
银行业公会	5
酱酒业公会	60
百货业公会	300
共计	1085

资料来源：《本会函请各业拥戴监所修建事宜、贵州大学去请推销筹募清寒学生奖助金公演剧券》，贵阳市档案馆：43-01-89。

（三）参与城市防空及消防建设

贵阳的消防机构在清朝前基本空白，1912年贵州商务总会设立了义勇消防队，由各商户筹资购买消防器材，后在省市政府主持下逐渐完善消防建制，但消防设备缺乏，发挥作用有限。1939年"二四"轰炸损失惨重，其重要原因之一是防空和消防设施不足。"二四"轰炸后省政府认识到防空的重要性，购置了防空器材装备，修筑防空工程，所需费用除由政府拨付外，还向社会筹集，其中市商会成为筹集资金的重要对象。贵阳市商会根据贵州省防空协导委员会要求，向各同业公会筹募防空经费，全文转引省防空协导委员会公文，"本会鉴于贵阳市防空设备以及防空器材均感缺乏，故于第二次常会议决印成捐册分函送请各方捐输，以达成购置防空器材之目的，减少人民生命财产之损害。素仰贵会热心公益，忧护地方，用特将捐册贰拾本送请查收，敬请捐输并望广为募集助成其事"[1]。鉴于"二四"轰炸造成的火灾及贵阳市频发的火灾损失，为改善贵阳市消防设施、增强消防力量，贵州省警察局发动人民团体组织义勇消防队，并要求市商会督促每同业公会至少组织一队消防队伍。[2] 市商会成立消防委员会，由刘锦森担任主任。对于消防设施基金市商会一致坚持筹募，1944年市商会专门召开各业理事长联席会议，筹备消防基金，决议在贵阳大戏院募捐公演，各业担负票款。1945年市警察局要求商会"购备二号人力帮浦龙一架，其余各商店以购置铜水枪为原则"，[3] 市商会召集理事长联席会议同意按市警察局的要求办理。煤炭业为消防基金募捐法币12500元，纸商业公会销售消防义演剧票

---

① 贵阳市商会公函 [A]. 贵阳市档案馆：43-1-610.
② 统筹督促，设消防队 [N]. 贵州商报，1941-05-28.
③ 为函复购备消防器材已将函消防委员会查照办理 [A]. 贵阳市档案馆：43-1-30.

15300 元。① 汽车材料业同业公会筹集款项 34100 元。② 1945 年 8 月中华北路、乐群路等先后发生火灾，商会捐出法币 4 万元前往警察局、消防队慰问。1949 年河东路发生的火灾，商会筹募赈款银元 100 元、赈米 35 石。③

（四）资助军警机关

1943 年警察训练所向国药业同业公会函请捐赠夏季卫生药品，公会向各药号发出劝募通知，请各药号捐赠万金油、十灵丹、八卦丹、头痛粉、十滴水、清快水等药品，以帮助学员免罹病患，以表同业对教育事业之热心。④ 1944 年 9 月，贵州高等法院扩充贵阳监所并添置囚犯衣被向市商会分派经费，市商会按营房建设分担方案办理。1944 年贵州新兵营房建委会修建营房，要求工商界担负 200 万元，市商会按照各业资本额分配，每万元担任 200 元。⑤ 国药业承担 48600 元，新药业承担 78000 元，糖食海味业公会承担 9 万元，木商业公会承担 10600 元，汽车业公会承担 20 万元，后汽车业公会向市商会致函说明该会有停业或寻找无着行号，请市商会给予更正重新计算承担营房建设的款项。

贵阳市商会是政府筹集资金救济难民、市政建设的主要社会团体，商会从事的社会公益维护了良好的社会形象，为行业的发展创造了有利条件。政府借助包括工商界在内的社会团体的力量完成了社会救济，将社会行政与民间救济相结合，不仅缓解了财政压力，也使社会救济的能力和效力显著提升，化解了社会矛盾。

三、抗战捐款捐物

抗战迅速激发了商人的爱国主义与民族主义精神，商会作为工商界团体的代言人，组织商人捐款捐物，以实际行动对抗战予以支持。贵州是抗战的重要阵地，民众抗敌热情高涨，商人也投入其中。"我商界同人对抗战伟业虽已深切之觉醒，同时更以实际力量汇入整个抗战巨流之中。对于国家民族贡献之大，亦不容赘述，但是这种对抗战的贡献复是不够，我们今后不仅是要尽一己之力量，尤其需要以一人感化十百千万人同样尽国民之责。"贵阳市商会改组时，也强调了"非常时期市商会的组织，其目的与平时完全不同，依照非常时期人民

---

① 去岁筹募消防义演平剧券款［A］. 贵阳市档案馆：43-1-149.
② 为查消防基金捐款本会业已付讫相应函复即请查照［A］. 贵阳市档案馆：43-1-17.
③ 河东路火灾救济［A］. 贵阳市档案馆：43-1-92.
④ 为准警察训练所函请捐赠万金油等夏令卫生药品相应转请捐赠由［A］. 贵阳市档案馆：43-1-553.
⑤ 贵阳市商会公函［A］. 贵阳市档案馆：43-1-623.

团体组织纲要第一条规定：一切人民团体均应以抗日建国为共同目的"①。在市商会的组织领导下，各业捐款捐物，积极支持抗战。

（一）献机运动

中国空军落后，为提升空军装备，国民政府开展了献机运动。1941年7月7日，中国航空建设协会发出《告全国同胞书》，发起"一元献机运动"，以实现"航空救国"。贵州省的一元献机运动积极展开，有学者高度评价了贵州省中小学生的献机活动，指出中小学生的两次献机活动有力地带动了全省性的抗日募捐活动。② 在献机运动中，商人团体是捐献运动的重要力量。在1941年开展的一元献机运动中，贵阳市商会将市政府要求的大洋15万元金额按各业资本额进行分配，由各同业公会进行筹集。在商会和各业公会的努力下，各同业公会和商号尽其力办理一元献机，支持国家航空建设。在捐献活动中，棉花业同业公会虽同业家数有限，但仍捐款法币65元。

表2　贵阳市一元献机运动部分同业公会或商号捐献金额表（单位：法币/元）

公会/商号名称	金额	公会/商号名称	金额
西药业	1027	糖食业	258
菜油业	303	贵州火柴股份公司	110
图书教育用品业	770	万静波	1000
铁器业	100	吴智农	262
瓷器业	305	中棉公司	105
旅馆业	1568	久康	300
颜料杂货业	1200	济时	1000
棉花业	65	国香烟公司	100
卷烟业	975	梁功乃	620
首饰业	242	邹恒泰	620
典当业	182	同义号	116
堆栈业	274		

资料来源：《本会办理一元献机运动捐款》，贵阳市档案馆：43-1-58。

---

① 长期抗战与商人组织 [N]. 贵州商报，1941-05-11.
② 中国人民政治协商会议西南地区文史资料协作会议. 西南民众对抗战的贡献 [M]. 贵阳：贵州人民出版社，1992：37.

除参与一元献机运动，市商会还积极参加捐献滑翔机的活动。1942年11月贵州省滑翔机分会致函贵阳市商会，"素仰贵会对于是项运动，夙具热忱，拟请贵会联合各同业公会担任劝募滑翔机四架，以资倡导，并希早日劝募完成。"① 市商会的任务是捐款12万元，并于1942年12月底将捐款呈交贵州省滑翔机分会。百货业、汽车运输业先后函报各单独捐献一架，其余捐款按资本额计算分摊，"有公会组织者由公会照商会摊配数字分配，所属同业分担认缴，无公会组织之商店（如酱酒业等）由商会直接摊配"②。最后，贵阳市商界捐献的滑翔机达到六架。③

(二) 筹募志愿兵安家费及慰劳金

抗日战争中，投入抗战的黔籍部队有11个师，10万余人。除部队直接参加战斗外，还输送了大量的兵员。在吴鼎昌的《黔政五年》中用"如期如数"形容了贵州从1938年至1942年的征兵情况，总计本省五年来之征兵实征数457278名。政府实行役政需要大量资金，其中部分就是发动商会支持。1944年6月3日，贵阳市政府下发训令称："查抗战迄今历时七载，值此胜利降临之日，尤应提倡从军之风气，矧本市居西南中心，为后方重镇，请缨将士颇不乏人，兹为使志愿杀敌者由服役抗会起见，特着由本市各界大量发动志愿兵以酬其志，该会应即督饬各同业公会于令到五日内发动志愿兵五百名，造册报府，以凭核办。"④ 招募志愿兵600名，由贵阳市总工会负责，每名志愿兵慰劳金国币7000元，共需420万元，由贵阳市商会负责；志愿兵安家费每名5000元，由市政府筹集发给。市商会召开各业理事长联席会议决定"凡我商业同人自应慷慨捐输，仍按各业资本总额平均摊派，唯各商号成立日期均有先后，所报资本总额不免与实际相差，各公会于分配上项慰劳金时得揆诸实际，参酌秉公推算"⑤。1945年征志愿兵550名，安家费每名发给2万元，慰劳费每名发给4000元，共需1320万元，由商会筹集900万元。此次志愿兵安家费慰劳金众多同业公会表示过重，无力负担，恳请核减或豁免，以恤商艰。政府指定怡兴昌银号统一收取，截至1945年9月8日该号收到国币7772700元。⑥

---

① 贵州省滑翔分会公函 [A].贵阳市档案馆：43-1-55.
② 通知各业应捐献滑翔机捐请照规定办理 [A].贵阳市档案馆：43-1-55.
③ 市商会致商报新闻稿 [A].贵阳市档案馆：43-1-55.
④ 本会办理志愿兵 [A].贵阳市档案馆：43-1-47.
⑤ 本会办理志愿兵 [A].贵阳市档案馆：43-1-47.
⑥ 本会办理志愿兵 [A].贵阳市档案馆：43-1-47.

（三）慰劳抗战将士

抗战进程中，全国各界的捐献有相当部分直接汇送军队，慰劳抗战将士。商会作为民众团体之一，积极捐款捐物以表达慰军劳军之意。1941年元旦慰劳出征军人家属活动中，在慰问物品中，除食盐由政府准备，其他物品均由市商会组织各业公会负担。① 1942年贵州省举行文化劳军运动，贵阳市捐募金额为20万元，其中市商会承担10万元劝募金额，是所有捐献单位中任务最重的。② 1943年年底市商会奉令参与湘北慰劳及元旦劳军运动，需捐款10万元，市商会开会讨论组织贵阳市商界劝募队募集款项，并由各业公会推派常务理事三人担任小组领导。③ 1945年5月19日国民党贵州省党部召开慰劳湘西大捷将士暨青年远征军会议，会议议定慰劳金为1500万元，贵阳市工商界承担500万元。④ 1945年省党部召开慰劳湘桂大捷暨青年远征军全体委员大会，市商会当场认捐400万元。后省党部致函市商会，要求将应交之数于7月5日前如数交贵州银行。市商会致函各同业公会，"当经本会按照各业公会实际情形分配下去后，迄今将近三月，各业公会尚未缴解者甚多"⑤，市商会列出未缴款的各业公会，要求各业公会两周内如数交贵州银行核收。

在慰劳军队中，贵州省成立了伤兵之友社，贵阳商会是组织者之一。该社招募青年组成伤兵服务训练班，青年受训后，派往各后方医院服务。1940年省党部成立"各界抗日后援会"，筹募抗日捐款，陈职民、张荣熙、冯程南均是成员。商人也成立了"商人抗日救国会"，以卢晴川为主席，冯程南、王仲光为委员，举行仇货大检查，通知各商自动登记仇货，不买卖日货，配合学生的抗日运动。工商界以商会为组织结构，积极参与抗战，成为抗日民族统一战线的重要组成部分，商会的捐款捐物为政府汇集了大量的资金，对全民抗战、持久抗战发挥了不可或缺的重要作用。

四、结语

商会对同业公益和社会公益的重视有其思想根源和利益诉求，就同业公益而言，商会继承和发扬了公所、会馆同业互助的传统。而商会参与的社会公益

---

① 贵阳市商会各业联席会记录（1941年12月15日）[A].贵阳市档案馆：43-01-59.
② 为催速缴解文化劳军应募款额并抄送原劝募办法一份即希查照办理 [A].贵阳市档案馆：43-1-55.
③ 为呈报办理湘北慰劳及元旦劳军捐款情形敬祈鉴核 [A].贵阳市档案馆：43-1-59.
④ 慰劳湘西大捷将士暨青年远征军 [A].贵阳市档案馆：43-1-108.
⑤ 慰劳湘西大捷将士暨青年远征军 [A].贵阳市档案馆：43-1-108.

活动有利于树立行业重公益、关心社会和富有同情心的社会形象，良好的社会形象可以增加民众对行业经营者的信任感，从而增加对其产品和服务的信任度。商会参与的公益活动也给其带来一些困扰，募捐活动面临的首要问题是经费，商会及各同业公会经费来源于会费和会员捐赠。因战争影响及政府某些政策的不当，导致正常的工商业经营活动困难，商会的经费严重不足。在抗战和内战时期，各种募捐特别是政府及相关机构的募捐带有强制性分摊性质，持续的时间较长，各项募捐频繁，这给商会带来了相当的财政压力，各种捐献对许多行业和商家来说都是不小的负担，商家对此也颇感力不从心。从档案资料中，经常可以见到同业公会或商号向商会、政府提出营业不振，请求减少或免去捐款数额。从总体上看，商会参与到社会公益活动中，既是继承了行会、会馆热心公益事业的传统，也有其自身利益诉求。贵阳商会参与到社会公益事业中，既是商会民族情感的体现，也表现了商人团体重公益、富有同情心的良好社会形象。对政府来讲，商会的公益活动有利于社会稳定和协进抗战，有利于政府的社会行政。国民政府主政贵州后，将社会公益纳入行政管理之下，力图引导社会团体开展社会公益活动。但由于战争形势和政府部门行政能力的不足，社会团体仍是主要组织者和参加者，政府进行的社会救济仍需要包括商会在内的民间团体的协助和配合，从效果上看，商会的社会公益活动确实发挥了重要的保障作用，稳定了社会。

经济视域下的民国植树造林探析：
以战时贵州油桐为例

任艳云[*]

中国历史上植树的传统由来已久，从先秦到明清，都有记载。传统的植树造林由政府组织，但更多的是民间自发行为。民国时期由政府组织的植树造林规模之大、范围之广、影响之远在历史发展上是空前的。近年来，随着生态环境史研究的逐渐深入，对民国时期植树造林的研究也成为学界关注的热点，且对植树造林产生的背景、树种的采集、苗木的培育、植树的开展有了较多的研究。学界大部分成果以民国地方植树造林为研究对象，例如，闫晓玉的《民国时期甘肃省植树造林运动研究》[①]、王晓斌和于雪玲的《民国时期新疆墨玉县植树造林活动探析》[②] 等都对民国时期地方植树造林运动有了相应的研究，而对民国时期，尤其是全面抗战时期贵州植树造林的研究成果甚少，仅张文涛的《民国时期西南地区林业发展研究》[③] 涉及贵州民国林业发展状况，以及严奇岩的《从林木种类变化看明代以来贵阳森林资源的变迁》[④] 一文谈到民国贵阳植树状况，但对植树造林与经济关系的研究不够充分。基于此，本文以民国贵州种植油桐为例，力图对民国经济与植树造林的关系做一个大致的研究，以为今天提倡生态文明建设与林木经济发展提供些许借鉴意义。

一、民国植树造林兴起的经济原因

民国时期，频繁的战争对树木的摧毁、帝国主义对森林资源的掠夺以及经

---

* 作者简介：任艳云：贵州大学历史文化学院硕士研究生。

① 闫晓玉. 民国时期甘肃省植树造林运动研究 [J]. 山西农经, 2020 (7)：82-83.

② 王晓斌, 于雪玲. 民国时期新疆墨玉县植树造林活动探析 [J]. 内蒙古电大学刊, 2019 (5)：48-51.

③ 张文涛. 民国时期西南地区林业发展研究 [D]. 北京：北京林业大学, 2011.

④ 严奇岩. 从林木种类变化看明代以来贵阳森林资源的变迁 [J]. 农业考古, 2008 (4)：215-219.

济发展对林木的需求，都是该时期植树造林兴起的原因。森林在预防水旱灾害、保护生态环境方面固然重要，但发展林木经济、出口木材贸易则是民国时期发展植树造林的根本动力。

（一）植树造林的经济利益

中国历来有植树的传统。传统的植树或为宗教迷信，或为美化住宅，或为追求经济收入，不管最终的目的是什么，人们总是在实践中认识森林、利用森林。"森林思想在人类利用和改造森林的社会实践中产生，又成为指导林业和生态建设的灵魂。"① 应该指出的是，传统的植树大多为民间自发性行为，政府在植树造林工作中没有发挥太大作用。这种局面的打破源于民国时期。

民国时期，一些林业知识分子开始意识到森林在经济发展中的重要性：森林不仅可以美化环境、调节气候，更能促进经济发展。著名的林学家凌道扬（1888—1993）指出森林具有两种利益，即直接利益与间接利益。从经济角度看来，直接利益即森林出产的产品，通过在市场上进行售卖所获得的价钱，这也足以成为造林的直接目的。② 同时，凌道扬指出中国各行各业对木材的需求都大，但国内的木材却因战争以及人们滥伐的摧残而无所取，只能购诸于外国，"故近来香港、上海、天津、汉口等处所用木料，多由日本、高丽、美国、菲律宾运来"③。因此，凌道扬提倡振兴林政、组织造林即发展民国经济的重要举措。

1929 年，国民政府提出七项运动。"中央为集中下层党部工作，于地方自治起见，会有下层工作纲领之规定计分识字、造林、造路、合作、保甲、卫生、提倡国货等七项运动，并决定根据此纲领组织各种运动设计委员会，制定各种计划。"④ 七项运动的颁布，更是把植树造林提到了国家重大运动的地位，至此，全国掀起了植树的高潮。

民国三十八年（1949 年），林涪在植树节大会中谈到植树造林的重大功用，其中一点为植树造林可以发展经济建设。他说："经济为国家重要生命力，中央为加强国家的生命力起见，正在从事于经济建设。……一方面固然要注重于工业经济建设，另一方面尤其注重于农业经济建设。"⑤ 林涪指出，不管是设立工

---

① 樊宝敏，等. 中国森林思想史 [M]. 北京：中国林业出版社，2019：1.
② 凌道扬. 森林学大意 [M]. 上海：商务印书馆，1917：7.
③ 凌道扬. 森林与国家之关系 [J]. 东方杂志，1916，13 (11)：19-20.
④ 函中央执行委员会秘书处检送本部所拟造林运动计划大纲草案及中央造林运动委员会组织章程请查照文（二月廿八日）[N]. 农矿公报（南京 1928），1929-03-01 (10).
⑤ 植树造林的重大功用 [N]. 琼崖民国日报，1947-03-13 (2).

厂，还是开辟农场农田，抑或兴办一切水利，都离不开对木材的需要，因此要植树造林，经济建设才能发展，国家才能富强，民生才能康乐。

人民生活之基本需求乃衣食住行，几乎没有一种能离开木材。植树造林，既可以供给修筑房屋之木料，又可以制作器具、加工造纸，且林业副产品如蚕丝、药材都可来源于树木。植树造林的经济利益在民国时期已得到充分认识，在全国范围推行植树造林成为民国发展经济的重要措施之一。

（二）贵州植桐与全面抗战的经济关系

1937 年，七七事变的爆发，拉开了全国、全民族的全面、持久的中国人民抗日战争的历史序幕。所谓"兵马未动，粮草先行"，经济对战争的胜负有着至关重要的作用，"中国以一个贫而弱的农业国抵御日本这个现代化工业国的进攻，如何维系经济不至崩溃，为抗日战争提供基本的物质基础，成为中国能否坚持抗战的重要原因"①。

植树造林作为农林经济建设中的重要工作，为全面抗战时期的经济需求提供了重要保障。全面抗战以前，国民政府意识到林业对经济建设的重要作用，在全国范围内推行植树造林政策，为抗战时期的植树造林打下了基础。全面抗战爆发后，敌占区与国统区形成军事上与经济上的对峙，国民政府为了发展后方经济、稳固后方基地，采取了一些有利于发展经济的政策和措施，其中农林经济建设中的植树造林成为大后方建设的中心工作之一。

由于贵州处于抗战时期大后方特殊的地理位置，发展贵州农林经济，成为支持抗战胜利的重要任务。贵州位于云贵高原东部，地处亚热带湿润季风气候区，境内湿润多雨、山脉众多，地势西高东低，平均海拔在 1100 米左右。独特的"八山一水一分田"的气候环境与地形环境造就了贵州森林资源丰富、林木种类繁多的现象，素有"宜林山国"之称。② 因此，在贵州发展林业经济有先天的优势。贵州植树造林中的经济林木不仅解决了战时国内的物质需求，有的还作为出口货物，一定程度上促进了贵州经济贸易的发展。林业副产品中的桐油在抗战时期成为国际贸易的大宗产品，贵州由于独特的地理位置以及水路、陆路两通的优势使得自己的运输优势凸显出来，并逐渐形成"以贵阳为中心、遵义、铜仁、镇远、都匀、青溪等为支点的桐油统购统销网络"③。

① 罗平汉，齐小林. 经济：持久抗战的物质保证 [N]. 经济日报，2015-09-02 (5).
② 贵州省地方志编纂委员会. 贵州省志·林业志 [M]. 贵阳：贵州人民出版社，1994：1.
③ 胡蕊纯，张应强. 清至民国时期贵州桐油产销发展及其历史地位 [J]. 贵州社会科学，2019 (5)：163-168.

二、桐油在民国经济发展中的重要地位

桐油是一种淡黄色或深褐色的胶状液体，它由油桐树中的桐籽压榨所得，是十分重要的工业原料和军用物资。桐油具有广泛的用途，不仅可以照明、制漆制墨，还能制作油布、油纸、农药、医药等。

早在全面抗战爆发以前，桐油就已成为民国出口货物中最多的一项。《中国桐油贸易概论》一书中记载："中国桐油，其出产量之丰富与品质之优良，以现在情形而论，在全世界上，当无与其匹，其力量实足以操纵全世界桐油市场而有余。"① 在地理分布上，桐油生产区域与桐树生长区域有直接联系，民国油桐生长之区域主要为中国中部及西部，其中以长江上游流域为最盛，该区域的桐油生产在地理分布上不仅广，而且桐油品质也最佳。各省桐油生产情况如表1所示。

表1 中国桐油生产区域表

省份	生产桐油区域
四川省	扬子江流域、嘉陵江流域、乌江流域
贵州省	乌江流域之沿河，德江、思南、铜仁、镇远、黔西、黎平等县
陕西省	紫阳、北河、兴安、洵阳、汉中诸县
湖北省	以汉口为基点，分为扬子江流域及汉水流域
湖南省	澧水流域、沅江流域、湘江流域
江西省	玉山一带
安徽省	徽蜀、歙县、婺源、宣城、黄德诸地
浙江省	余杭、临安、新登、昌化、绍兴等
广西壮族自治区	桂江流域、象江流域、郁江流域
云南省	蒙自、简旧一带

（资料来源：李昌隆：《中国桐油贸易概论》，北京：商务印书馆，1934年，第6-8页。）

桐油在中国对外贸易的比重中独占一巨头。1937年以前，"世界各国所用的桐油，大半是我国所供给，国际的桐油市场是带着独占的性质"②。美国是中国

---

① 李昌隆. 中国桐油贸易概论 [M]. 北京：商务印书馆，1934：1.
② 朱美予. 中国桐油业 [J]. 中行月刊，1937（4）：27-38.

桐油的主要消费者，1936 年，中国桐油输出总数量为 867383 公担，价值为 73378456 元，其中以输入美国为最多，占总价值的 71.4%。① 总的说来，桐油贸易在全面抗战前就已凸显其重要价值，到 1936 年，桐油出口占出口货物总值的 10.4%，跃居首位。1912—1936 年的桐油出口数量及比例参见表 2。

表 2　1912—1936 年桐油出口数量及比例统计表

年份	数量（公担）	价值（元）	占出口总值百分比（%）	年份	数量（公担）	价值（元）	占出口总值百分比（%）
1912	352481	8734806	1.51	1925	540720	26173156	2.16
1913	280409	6002254	0.95	1926	452494	22443470	1.66
1914	265422	5604412	1.01	1927	545094	32956421	2.30
1915	187693	4518514	0.69	1928	661821	34953332	2.26
1916	311571	8267127	1.10	1929	646914	35279553	2.29
1917	242739	7258862	1.00	1930	705944	45820208	3.29
1918	295653	8963889	1.19	1931	503061	28322075	2.00
1919	371011	11941452	1.32	1932	485507	23161233	3.02
1920	327020	10105789	1.20	1933	754081	30261269	4.94
1921	253793	8199645	0.87	1934	652836	28216269	4.94
1922	450910	16332195	1.60	1935	738856	41582879	7.22
1923	506141	26216130	2.24	1936	867383	73378654	10.40
1924	541915	26572070	2.19				

（资料来源：严匡国. 最近我国桐油对外贸易分析 [J]. 贸易月刊，1941（8）：27-41.）

由表 2 可知，1912—1936 年的 25 年时间内，桐油出口贸易数量从 352481 公担增长至 867383 公担，占出口总值百分比从 1.51% 增长至 10.40%，可见桐油的生产和贸易，也为政府带来了巨大的财政收入。

全面抗战爆发后，作为经济贸易与军用物资的桐油，其地位愈发重要。抗战时期的桐油不仅作为贸易物资以提供战时经济援助，更为战时军事斗争提供

---

① 吴清泉. 民国二十五年我国桐油产销之回顾 [J]. 农报，1937，4（7）：30-33.

了作战物质基础。桐油贸易所带来的资金成为民国政府发展国民经济、购买军事武器、招募军队的重要经济来源，为中国抗击日本侵略贡献了重要力量。正因如此，抗战时期各地政府积极提倡种植油桐树以提取桐油，湖南省将桐油贸易实行政府统治，以防走私，争取外汇收入。广西省则为了推进经济发展，明令全省各县村街一律种植桐树，下定决心以政治与经济力量改良桐树品种，推行植桐。[1]

全面抗战时期的西南地区由于受国内外政治因素的影响，成为社会各界关注的重要区域之一，发展西南地区的经济也成为国民政府的当务之急。油桐作为林副产品中最具价值的经济林木之一，作为国民政府推行植树造林的政策中重点栽培的对象。1937 年以后，贵州也开始大力提倡种植油桐。

三、全面抗战时期贵州油桐种植情况

（一）植桐传统与全面抗战前贵州油桐种植

油桐是大戟科，属落叶乔木。油桐树春季开花后结果，果实初期是青绿色的，秋季成熟的时候会变为褐色或者黑色，果实多为不规则的圆形或者椭圆形，每个果实中都有数颗桐籽，桐籽即可榨出桐油。

在我国，种植油桐历史悠久。有研究表明，油桐种植可能源于魏晋六朝，唐宋时得到了较大的发展，到明代开始在南方各省得以规模种植。[2] 《农政全书》中记载了桐树的种植方法："乃将旁边山锄转，种芝麻收毕，仍以火焚之，使地熟而沃，再种三年桐。此桐三年乃生，首一年犹未盛，第二年则盛矣。"[3]油桐树的果实不仅可以榨油，其全身上下都是宝。《五溪蛮图志》中记载了油桐树的相关价值：桐树摘其果，"以小刀剜取其仁，研细蒸熟，入榨压之，即有金色桐油"，桐油"用以涂屋、涂船及各种木器均佳"[4]。除此之外，"碱以桐壳烧灰浸水中，提取其质，熬之即成。可以浣衣，可以制皂。"同时，"桐壳还可以浸成胶水，供造伞之用"，等等。[5] 桐油的各种价值必然导致其成为发展农林经济中最重要的一项，全面抗战时期，国民政府在大后方大力推行桐树种植，其

① 广西桐油业现状及今后改进之我见 [J]. 广西大学农学会刊, 1937, 1 (1): 4.
② 马国君. 清至民国沅江流域油桐业拓展与本土知识关联性研究 [J]. 中国农史, 2019, 38 (5): 86-96.
③ 徐光启. 农政全书（下册） [M]. 陈焕良, 罗文化, 校注. 长沙: 岳麓书社, 2002: 609.
④ 沈瓒. 五溪蛮图志 [M]. 伍新福, 点校. 长沙: 岳麓书社, 2012: 116.
⑤ 沈瓒. 五溪蛮图志 [M]. 伍新福, 点校. 长沙: 岳麓书社, 2012: 117.

中贵州的桐树种植就可见一斑。

贵州历来就有种植油桐的传统。贵州省桐油产地为乌江流域之沿河；如德江、思南、铜仁、清溪、镇远、安平、安顺、镇宁、黔西、都江、八寨、松桃、黎平、石堤诸县是也。① 因此上述地方都有栽植桐树的历史。贵州许多地方志中的物产志都有相关油桐的记载，如咸丰《兴义府志》对油桐的记载为："早春先开淡红花，壮如鼓子花，实大而圆，每实中或三子，或四子，其肉白，其味甘，而土人柞之为桐油，用以饰屋舟。"

同时，在长时期的桐树种植中，人们还探索出了成熟的植桐技术。光绪《麻阳县志》记载了提高桐油产量的桐树种植方法：桐树"改良加黑沙或瓦片沙和阳沟泥，即可望子有油矣，或以洗猪水淋之亦美"。《岑巩县志》载："油桐树，宜种湿润肥沃之地，山石瓦砾地亦可，黄瘠土则不宜。冬腊月至正二月间，以种子直接播之，俯置土种。长成后，高一二丈，叶类梧桐，柄长，春末盛花。桐每年立夏后至处暑前须锄一次，则枝叶繁茂，结实夥，而油汁亦多。"到全面抗战爆发以前，贵州的桐油就已成为出口的大宗产品。

总之，在全面抗战以前，贵州民间就已掌握了油桐的种植方法，并在历史发展的过程中趋于成熟。

（二）全面抗战时期贵州油桐种植情况

全面抗战爆发以后，贵州的重要地理位置凸显出来，传统的植桐方式或已不适应该时期对桐油的大量需求，因此，贵州省政府建设厅成立的贵州省农业改进所下设的森林系对油桐进行了科学的种子培育试验，以期达到贵州油桐种植的最大产量。

1937 年，吴鼎昌受国民政府委派到贵州主持黔政工作，为了革新贵州农业、繁荣农业经济、增进后方生产、加强抗战力量，1938 年 4 月 1 日，贵州省政府建立了"贵州省农业改进所"。贵州省农业改进所（以下简称"省农改所"）的成立，为贵州境内开展植树造林工作打下了坚实的基础。植树造林工作中最为重要的一点为种植经济林，油桐的重要地位成为该时期贵州发展农林经济中必不可少的一类经济林木。民国二十七年（1938 年），省农改所进行了相应的油桐发芽及适应性试验、播种时期试验、播种深度试验、浸种与发芽生长试验以及幼苗夏季移植试验，力图以科学方法种植油桐，增加产量。1942 年，省农改所"为谋黔省桐油品质之改进，产量之增加，自应责成植桐试验场继续进行

---

① 李昌隆. 中国桐油贸易概论［M］. 北京：商务印书馆，1934：6.

各项试验，以谋树立改进本省植桐事业之基础"①。

为了查清贵州省各地油桐品种，省农改所向全省征集桐种，共征得兴仁、镇远、黎平、铜仁、江口、贞丰、剑河、岑巩、平坝、雷山、遵义、罗甸、金沙、凤岗、独山等 15 个县的油桐种子，以供研究试验。到 1940 年，省农改所农业推广委员会与贵州省直辖区联合农场拟于定番县推广种植油桐面积 1800 亩，每亩以 60 株计，计划推广种植株数为 100800 株。② 同年，省农改所颁布了《贵州省推广植桐奖励办法》，规定：

1. 凡植桐在 10 亩以上 50 亩以下、成活满八成并曾实施除草施肥者，经本所查实后，由本所赠予奖状。

2. 凡植桐在 50 亩以上 100 亩以下、成活满八成并曾实施除草施肥者，经本所查实后，由所转呈建设厅核给奖状。

3. 凡植桐在 100 亩以上 500 亩以下、成活满八成并曾实施除草施肥者，经本所查实后，除由本所转呈建设厅核给奖状外，本所予以 50 元至 200 元之奖励金。

4. 凡植桐在 500 亩以上 1000 亩以下、成活满八成并曾实施除草施肥者，经本所查实后，除由本所转呈建设厅核给奖状外，并由本所予以 200 元至 400 元之奖励金。

5. 凡植桐在 1000 亩以上、成活满八成并曾实施除草施肥者，经本所查实后，除由本所转呈省政府核给奖状外，并由本所予以 500 元之奖励金。

省农改所以奖励的方式鼓励人民种植油桐，可见贵州省政府对油桐种植的重视程度之高。

全面抗战时期，贵州植桐取得了显著的成绩。省农改所推行的示范造林植树，所属第一林场和经济林场包括油桐在内就植树 116 万余株。③ 从 1938 年至 1940 年三年时间内，贵州省农改所实施推广植桐 15 万亩，同时还筹划将各县旧有桐林加以指导整理，以谋产量之增进。同时，省农改所扩大桐产共 179147

---

① 贵州省农业改进所 31 年度行政计划纲要说明［A］. 贵州省档案馆：62-2-62.
② 贵州省农业改进所农业推广委员会、贵州省直辖区联合农场推广油桐种植合约［A］. 贵州省档案馆馆藏档案，62-1-179-117.
③ 《贵州六百年经济史》编辑委员会. 贵州六百年经济史［M］. 贵阳：贵州人民出版社，1998：365.

亩，计 16363700 株。1940 年，贵阳花溪合作林场进行苗木培育以推广植树造林，移植油桐树苗约 1 万株，仅次于梓树。1942 年，省农改所在黔东之锦屏、天柱、剑河、黎平、黔东北之铜仁、江口、思南、印江及黔中之贵阳、清镇、平坝、定番等 12 县成立第一、二、三推广植桐督导区，以扩大植桐产量。

除了省农改所成立的林场以外，1944 年，贵阳市政府就水利林木事业造林数量进行了统计，合计油桐种植 18740 株，为造林树木中最多的一类；全面抗战时期平坝乾溪农场也曾种植油桐 2000 亩；民国三十三年（1944 年），麻江县全县 15 乡 2 镇共计 17 个油桐林场，总计有油桐树 194346 株；从民国二十六年至三十四年（1937—1945 年），麻江县造油桐 878300 株；同一时期，雷山县造油桐 50 万株。① 湄潭县的育苗树种更是以油桐为最多的一类，如表 3 所示。

表3　贵州省湄潭县忠睦乡公所民国三十二年（1943 年）度育苗报告简表

苗圃所在地	苗圃面积	本年度育苗株数（株）	树种名称
忠睦乡公所官山坡	5 亩	10000	桐、桊
第一保花园	1 亩	100	桐
第二保杨家堡	1 亩	90	
第三保十街子	1 亩 3 分	110	青杠
第四保十场	1 亩 2 分	100	桐
第五保□桥坪	1 亩	80	桊
第六保高桥	1 亩 5 分	120	桐
第七保杉顶□	1 亩	100	茶
第八保□□□	1 亩	100	桊
第九保万八坟	1 亩	100	青杠
第十保杜□林	1 亩 4 分	120	漆
合计	16 亩 4 分	11020	

（资料来源：馆藏：《贵州省湄潭县忠睦乡公所民国三十二年度育苗报告简表》，湄潭县档案馆：15-1-0350-021。）

① 贵州省地方志编纂委员会. 贵州省志 林业志［M］. 贵阳：贵州人民出版社，1994：20.

从表 3 中可以看出，湄潭县忠睦乡育苗树木中以油桐最多，对于全面抗战时期贵州省来说，这不是特殊现象，而是普遍现象。同时，民间自发的植桐也在该时期为贵州经济发展作了一定程度上的贡献。但应该指出的是，以发展经济为根本目的的贵州油桐种植，其主要表现形式为政府领导种植，有的甚至是强制性要求种植，民间自发行为的植桐虽有，但规模不大。

油桐的大量种植是贵州桐油业发展的前提条件。1938 年 7 月，贵州省成立了桐油购销委员会，专门负责桐油统制的相关事宜。在委员会成立的当年，便在全省范围内购得桐油 90.36 吨，之后又先后成立了 9 家桐油代理点，专门负责桐油收购事宜。在 1941 年《中央日报》刊载的文章中记载，仅黔北遵义地区的农副产品中，桐油年产达三万九千七百担。① 桐油购销委员会的成立一方面是全面抗战时期贵州大力推行油桐种植的结果，另一方面又促进了贵州油桐的种植，从而在推动贵州林业经济发展方面起到重要作用。

总体说来，当时被看成关系国计民生、富国富民的造林事业，无一例外地都把种植经济林作为植树造林的首要选择。这种以种植大量油桐作为经济林的主要树种，其选择与当时的国际环境和经济状况不无关系，也是贵州独特的气候环境与地理结构造就了该时期大举推行油桐种植的局面。

全面抗战时期，贵州在油桐种植上做了大量工作，成效颇大，但同时也存在局限性。就贵州省农业改进所而言，首先，由于科学技术有限，省农改所虽然在桐树栽培试验方面做了一定的工作，但大部分还是依据传统的种植方法，导致了"惜以栽培墨守旧法，不求改进，至生产量日减，品质日劣"② 的局面。其次，经费不足成为贵州植桐工作中最难以解决的问题之一。省农改所自成立时就时常出现"本所目前财力实有未能继续担负之处""本所限于经费难以继续如数支付"等问题。1940 年，花溪合作林场各事宜因经费有限，一时难以办理完整，至 1941 年，贵州省政府撤销花溪合作林场，经费不足是该林场撤销的主要原因之一。③ 最后，"只知植树，不知护林"也成为抗战时期阻碍油桐更大规模种植的原因。民国时期由于知识普及度不高，人们对于护林的意识不强，时常会发生放火烧山的事情。同时，树木还会因战时被驻军随意砍伐，油桐也不能幸免。

---

① 王坪. 遵义全貌 [N]. 贵州日报，1944-02-09.
② 贵州省农业改进所概况 [A]. 贵州省档案馆：MG5-26.
③ 花溪中正公园董事会的复函 [Z]. 贵州省档案馆：62-2-669.

四、结语

通过对全面抗战时期贵州油桐的种植情况进行相关研究，可以发现，民国时期植树造林的根本动力来自经济；贵州作为全面抗战时期西南大后方的重要区域，其植树造林的根本目的也是发展后方经济以支持抗战胜利。从某种程度上来说，在贵州进行油桐种植既支持了抗日战争，也使得贵州地方经济得到了一定的发展。但一味追求政府财政收入而忽视科学的种植方法以及不顾百姓的经济状况，是全面抗战时期，尤其是抗战胜利后贵州油桐种植不能更好发展的重要原因。十九大报告中强调"坚持绿水青山，就是金山银山"的生态建设理念，就是要以生态文明为主建设"绿水青山"，以经济发展为辅实现"金山银山"。保护贵州林业资源，发展贵州林业经济，是要我们将生态美景的"绿水青山"与惠及贵州人民的"金山银山"结合起来，在实现贵州经济发展的同时，劳苦百姓也能依山而富、傍水而悠。

试论明清至民国时期清水江流域的河道运输

杨育林*

河道运输研究属于地方性研究，研究成果在国内只有零星一些。主要著作有廖国平主编的《贵州航运史》一书，此书主要讲述了贵州省内几大水系，其中涉及各个时期清水江流域的水运状况。还有一些地方志《贵州省志·交通志》《贵州省志·地理志》《黔东南苗族侗族自治州志·交通志》《黔东南苗族侗族自治州志·地理志》，除此之外还有徐晓光的《清水江流域传统贸易规则与商业文化研究》，这些书对清水江流域的航道利用都有所提及。在论文方面直接写清水江流域航道运输的有罗美芳的《明清时期清水江水道的开辟与社会发展》，文章介绍了明清时期清水江流域航道运输的发展过程，以及航道运输对其社会的影响。杨有赓的《汉民族对开发清水江少数民族林区的影响与作用（上）》和方慧、徐中起的《清代前期西南边疆地区商品经济的发展》，从这两篇文章也可以窥见清水江航运的发展过程。本文在此基础上，对清水江水运做一个初步的概述性研究。

清水江有着很多的干支流，流域面积广，河道长度长，加之之前没有公路，所以其水运很早就兴起了。清水江的货物运输最早始于南朝，齐武帝永明三年（485 年）南平阳县（今锦屏）、东新市县（今瓮洞）以贡赋运输为主②。北宋嘉祐二年（1057 年），开始运输淮盐入内，供应给湘黔边界地区。明洪武三十年（1397 年）设置卫所之后，开始运输军粮。正统十一年（1446 年）洪州河疏导之后，开辟了从五开卫至靖州的漕运。成化十一年（1475 年）清水江下游土著民族起义，湖广总兵都督李震率军镇压，这时的漕运上溯止于排洞（今锦屏），这次战争扩大了水运，官兵取得了远口。到了明朝，三次派官员到清水江

* 杨育林，（1994—），男，侗族，贵州锦屏人，贵州省黔西南州兴义市文体广电局工作人员。研究方向：历史文献学。

② 黔东南苗族侗族自治州地方志编纂委员会. 黔东南州志·交通志［M］. 贵阳：贵州人民出版社，1993：76.

流域采"皇木",修建宫殿。至万历二十五年(1597 年)天柱县令开辟新市镇为码头,招商建馆,改善了水运条件,水运兴起。清代,清水江水运向中下游发展。雍正七年(1729 年)朝廷武力开辟苗疆,设"新疆六厅"①,镇远知府方显雇船只 145 艘,从湖南洪江运输食盐和粮食至清江(今剑河),这是清水江水系上远航运输的开始。之后商船直达都匀,至此,全河水运贯通。

一、清水江的支流分布状况

东清水江又名清水河,属于沅江水系,发源于黔南自治州贵定县斗篷山南麓青杠坡。在都匀称剑江,流至麻江县翁城约 1.5 千米,海拔 649.5 米,处入黔东南州境内,至卡乌段丹寨,麻江县界,经下司,流过州政府凯里,经旁海岔河口左汇重安江,始称清水江。② 清水江流经都匀、丹寨、麻江、凯里、黄平、台江、剑河、黎平、锦屏等县市。清水江河道在黔东南州境内长达 376 千米,流域面积约 14769 平方千米。清水江有很多的支流,据统计,10 千米以上的支流有 116 条,主要的支流有重安江、巴拉河、南哨、乌下江、六洞河、亮江、鉴江等。下面对其主要支流进行简单的介绍。

重安江,发源于斗篷山北麓麻江县境内的坝芒乡,由水头寨经乐坪向东北出境,入黔南州福泉市,经黄丝至凤山,凯里市界流经小岩折向黔东南入州境。之后又沿着黄平、凯里等地的边境,进入凯里市内,最后在岔河口的左岸注入清水江。重安江在州境内的长度约 45 千米,流域面积约 1294 平方千米。

巴拉河,流经台江、凯里、雷山等县境。源出雷公山西北麓。主河道西流折向北流,经雷山县丹江镇、凯里,台江二县之间,至台江县施洞口乡石家寨村入清水江。干流全长 141 千米,流域面积 2264 平方千米。

南哨,发源于雷公山东面,由雀鸟、格头分流汇于方祥乡。流经台江县交汇至大田角,流入剑河县境内,经返招流至南哨。干流长 88.9 千米,流域面积 1258 平方千米。

乌下江,发源于黎平县盘奴山和梅岭山洞。由高维、猛洞分流至孟彦汇合,改向东北流至乐里,之后转入经上八里进入锦屏境内,最后经瑶光河口汇入清水江。河流州境内长 83.2 千米,流域面积 728 平方千米。

六洞河,为清水江北岸一级支流。六洞河发源于贵州省镇远县金堡乡境内

---

① 《苗族简史》编写组. 苗族简史 [M]. 贵阳:贵州民族出版社,1985:86-89.
② 黔东南苗族侗族自治州地方志编纂委员会. 黔东南州志·水利志 [M]. 贵阳:贵州人民出版社,1998:33.

高曜坡、五爪坡东部山麓，从南、醇正、北三地向金堡、松明等地汇流，由东北流至三穗县城附近，穿城而过。上游称邛水，续向东流至六洞，方称六洞河，从六洞折向东南流，进入剑河县境内，至大洋称大洋河，再向南流至龙塘下段断剑河，天柱界称八卦河，向东段天柱、锦屏县界至锦屏县三江镇汇入清水江，该段称为小江。沿途有台烈河、贵央河、雪洞河、坦洞河、南明河、孟思河、磻溪河、汉寨溪等支流。主河道全长179千米，全流域面积2070平方千米。

亮江，支流多源，北源发于黎平县西部则柱坡东麓和岭计流山南，南源发于黎平县中部石井山岭。向北流经新化进入锦屏县境内，绕敦寨至亮江村，最后汇入清水江。河道长115.3千米，流域面积1638平方千米。

鉴江，发源于天柱县西北面高坡山涧。西源经号寨、平么寨，东源高车。经东南流经邦洞镇，绕过天柱县城，经等口村注入清水江。河道长95千米，流域面积861平方千米。

清水江流域的支流多而且长，加之贵州地区河道都比较狭长，雨量比较集中，清水江流域水资源比较丰富，这对其航运的发展有着得天独厚的有利条件。

二、清水江航道的港口码头分布

清水江上的港口多发源于明代，盛行于清末民初。清代、民国时期清水江是全国重要木材的来源地之一，也是西南地区重要商品桐油、茶油的主要生产地之一。随着该流域经济活动的不断发展，港口的数量和吞吐量也随着该流域经济活动的不断发展而逐渐扩大。下文将主要介绍清水江流域的主要港口，探究其港口的发展，窥探其航运发展的变化。

锦屏港，位于锦屏县城内。明洪武三十年（1397年）设置铜鼓卫，在此处屯兵运粮，是水路要冲。锦屏县内盛产木材，有"杉木之乡"之称。到清末已形成清水江水系的最大木材输出口岸。[1] 1914年锦屏县城由铜鼓坵迁入王寨，此后港务更加繁盛。港口周遭遍布木号百余家。锦屏港出港物资主要是木材、油茶、油桐、粮食等。从湖南运入盐、布、棉、农作工具、器皿等。

剑河港，位于剑河县城内，清雍正七年（1729年）王朝统治者在此设置了清江厅。港口初设时，主要是外地的一些货物、粮食入港，譬如楚粮、淮盐等。清末民初，港口的事物逐渐繁华。那些航运的船帮纷纷出现。该地的出港物资还是以木材为主，入港物资有盐、棉、布、器具等。

---

[1] 黔东南苗族侗族自治州地方志编纂委员会. 黔东南州志·交通志 [M]. 贵阳：贵州人民出版社，1993：74.

瓮洞港，瓮洞位于天柱县西北部、清水江下游，清水江出了瓮洞之后便进入了湖南地界。所以，雍正前期天柱被规划隶属贵州省之后，就成了湘楚入黔的必经之地。因为经济地位很重要，所以历代当地官员都十分看重此地。早在明万历二十五年（1597年）天柱建县之后，首任知县朱梓为繁荣贸易，在瓮洞设立新市镇，"建官司店，数十年间，募土著、聚商客，往来渔盐，木货泊舟于此"① 这是清水江上的第一个木材贸易市场。雍正时，木材税收就成为贵州财政来源之一。乾隆三年（1738年），当时为保证木材税收不漏，专门设置了关卡，抽收所有经过的木材厘金，称作"厘税局"。之后的瓮洞逐渐繁华，高峰时期，上下过往的商船达数百只，沿岸两边的人家也逐渐多了起来。到了光绪年间，瓮洞已成为清水江下游的重要商业集镇，有"小洪江"之称。②

远口港，位于天柱县远口镇，历来就是清水江上的重要港口。早在明万历二十五年（1597年）建县之后，第一任知县就在这立市，成为天柱县境内四大集市之一。木材是该港口出港的主要货物，清嘉庆年间，桐油之类的货物也逐渐出港，至中华人民共和国成立前，该地的桐油生产很多，许多的油作坊也都成立起来。

下司港，位于麻江县下司镇。清嘉庆十三年（1808年）麻哈州知州徐凤开辟下司，自此成为商埠。因为接近贵阳，伴随着贵州商业的发展，它逐渐成为贵州物资进出口的枢纽港口。湘、鄂、赣、闽、滇等几个省的商帮云集于此。

施洞港，位于台江县施洞镇。该港口南通台拱、北连镇远。自清雍正七年（1729年）开辟苗疆以后以军运、食盐、粮食、木材运输逐渐兴起，之后形成港口。清末民初，商业兴盛，民船结邦往来常达200~300艘，是施洞港务最繁盛时期。1940年，由黄河水利委员会整理清水江工程处建阶梯式码头1座，长63米，是清水江流域首建的船舶码头之一。

除了上面介绍的主要港口之外，还有凯里港、重安港、旁海港、白市港等，此外还有小码头若干。此外河道两岸及港口周围建了若干的旅店、会馆，譬如两湖会馆、江西会馆、靖会馆等③。这也是清水江流域水运贸易繁荣的一个象征。通过前文介绍的港口可以知道清代民国时期清水江上的航运已很是发达。港口的发展带动了当地经济的发展，使其逐渐成为清水江流域重要的商埠。从

---

① 徐晓光. 清水江流域传统贸易规则与商业文化研究［M］. 北京：社会科学文献出版社，2018：89.
② 王宗勋. 清水江木商古镇茅坪［M］. 贵阳：贵州民族出版社，2017：189.
③ 徐晓光. 清水江流域传统贸易规则与商业文化研究［M］. 北京：社会科学文献出版社，2018：88-89.

港口发展的过程也可窥视到，港口的不断发展，像是用一只无形的手推动中央王朝的行政规划。中央王朝"开辟新疆"，在该流域各地建立行政机构，对其经济活动有一个规范和引导的作用。

三、清水江流域的货、客运输状况

洪武三十年（1397年），自朱桢率30万大军由沅州伐木取道300里抵灵柱到锦屏镇压林宽起义之后，明清两朝官员、官商频繁往清水江征采国家战略物资，即朝廷专用的"皇木"，用来修建宫殿以及皇室寝宫。① 据《明实录·武宗正德实录》载：明正德九年（1514年）"工部以修乾清、坤宁宫，任刘丙为工部侍郎兼右都御史，总督四川、湖广、贵州等处采取大木（皇木），而以署郎中主事伍全于湖广，邓文壁于贵州，李寅于四川分理之"。嘉靖三十六年（1557年）又"遣工部侍郎伯跃器木与川、湖、贵"采办（《明史·食货志》）。在皇商来到清水江流域之后，民商也蜂拥而至，以锦屏为中心的清水江流域木材贸易兴起。木材贸易逐渐繁荣，沿岸两地的商铺、客栈等逐渐增多。

不管是"皇木"还是民营的木材贸易，由于有着得天独厚的水运条件，木材这时几乎都选择水运进行运输。清水江遍布商木船只，千百条溪河涌入数十条支流，然后，数十条支流汇集于数百里干流，形成了明清至民国时期清水江流域纵横交错的木材水运网络。根据江河的大小，木材水运方式有三种：一是小溪水道狭窄，为"赶羊"流送。② 所谓"赶羊"是一种形象的叫法，就是在大山上"盘山"完成后将木材沿着小溪流放而下，就像赶羊一样。二是支流河谷较宽，可以用绳子捆绑成小排流放。三是河流河床开阔，水面宽广，可以放江里排放。

除了木材运输之外，清水江最早开始水运的是贡赋运输。最早记录是南朝的齐武帝永明三年（485年）。由于贵州地区土地贫瘠，粮食产量很少，所以每年都会从外地运输一些粮食到这里供应其需求。这个时候主要是一些盐、粮的运输。之后还有一些军粮的运输，雍正十三年（1735年）贵州按察使介锡周调整黔东南粮食运道，让楚省每年额调贵州粮食两万石通过水运到清江厅，作为第二年的军粮使用。除此之外，还有矿产。乾隆三十一年（1766年）到嘉庆年间，清平县（今凯里）矿产丰富，这些矿产除了用于军用，其余的全部运输到下游地区。每年运输将近一二百万吨。民国初年，河系水运以木材、茶油、桐

---

① 单洪根. 锦屏文书与清水江木商文化［M］. 北京：中国政法大学出版社，2017：62.
② 单洪根. 锦屏文书与清水江木商文化［M］. 北京：中国政法大学出版社，2017：49.

油、烤烟、药材、粮食等出省为主。外地运入的物资主要有一些瓷器、百货、铁器、煤油、粮食等。这些物资主要由锦屏、重安、下司三大运输港将其运到各地。河系船舶时常达 2000 艘左右，载量达 3000 吨。① 客运，中华人民共和国成立以前清水江的客运记录很少，而且当时都是以货船附载。到了"二五"期间，开放了农贸市集之后，河系客运才逐年增加。

四、清水江运输中的制度

随着清水江水运的兴起，整个清水江水系成为一个很大的市场，规范清水江水运的各种规则制度也就随之建立起来。下文主要简述清水江木材采运的市场制度。

在清水江木材采运的核心制度之一应该是"当江"制度。该制度是由卦治、王寨、茅坪三个村寨轮流值年"当江"，是开店歇客、执掌市场交易的制度。"当江"制度的确立，源于这三个村寨有着很好的地理优势。卦治、王寨、茅坪三寨之间相距不到 10 千米，加上卦治之下有清水江支流小江自北向南在王寨附近汇入，而在王寨与茅坪之间又有另一条重要的支流自南向北注入清水江，这就使得三寨成为清水江下游最为便利的木材集散地。② 在清代也有文献记载"岁以一寨人掌其市易，三岁而周"，"三寨轮流轮值之年，谓之当江"。（《黎平府志》）由于"当江"带来巨大利益，在下游地区的各村寨之间出现了为利益分配和对市场权力控制的激烈纷争。在整个清水江木材采运中出现了一系列的"争江"事件。所谓的"争江"，主要是指嘉庆三年（1798 年）至嘉庆十一年（1806 年）清水江下游地区的怂处寨等地与前面提到的三寨之间发生的纷争。一系列的"争江"事件之后，"当江"制度更加稳固。

除了上文提到的"当江"制度之外，还有"江步"制度。这是木材在清水江上支流运输时有的规则。简而言之，就是每个村寨根据自己的远近不同，对利益要求的不同，在各溪、各河形成分段掌握市易的木材运输格局。最著名的"江步"案应该是由黎平府审理的鬼鹅寨和高柳之间的"江步"案。现存高柳下寨锁口桥头的石碑《永定江规》，也称其为"江步碑"，③ 记录了黎平知府对

---

① 黔东南苗族侗族自治州地方志编纂委员会. 黔东南州志·交通志 [M]. 贵阳：贵州人民出版社，1993：77.

② 张应强. 木材之流动：清代清水江下游地区的市场、权力与社会 [M]. 北京：生活·读书·新知三联书店，2006：51.

③ 锦屏县政协文史资料委员会，锦屏县志编纂委员会办公室. 锦屏碑文选辑 [M]. 姚炽昌，点校，1997：54-55.

高柳和鬼鹅寨纷争做出的裁决。

五、清水江木材水运运价

清水江水运中的木材运输是一个备受关注的问题。上文已经从河道的干支、港口的简单介绍到货客运输以及相关运输制度介绍。下面将对其水运运价进行简单的讨论。笔者将引用两则告示浅析清水江流域的水运运价。

一是嘉庆七年（1802年）六月初一日黎平府水运运价文告。

特授贵州黎平府正堂加五级记录十次又军功加三级记录五次程为晓谕事

照得黎平各处出产木植，民苗类以赀为生，乃有沿河地棍藉木植经过，雇夫运放，昂取工价，或藉以冲坏桥梁，场坝为词，勒索银两，或溪河水发，木被冲散，任意捞取，重价勒索；甚至将木客斧记削除，私行售卖，以至讦讼无休。尝经本府严禁在案。今据木贩龙万才、杨廷光、黄顺利、杨万金具控瑶光寨姜在奇等多索放排工价，擅设江规。本府当堂查讯，瑶光以下一带河道并无桥梁车坝，无从藉端勒索。向来木植运至该处，在该处雇夫转运。自乾隆四十二年排夫工价定有章程：瑶光运至卦治每排取工价银四两八分；运至王寨每排取工价银五两六分；运至茅坪每排六两四分。较之四十一年以前每排加增银一分。施行二十余年，相安已久，现在并无加价之事。其在瑶光雇夫运排，向由木贩住歇店之家弋（代）雇，并不往该处头人之手，无从无索。

诚恐章程不定，或有地棍把持勒诈，或有流民极端煽惑，客主夫民讦讼，合行出示晓谕。为此示，仰瑶光及沿河民苗等知悉，嗣后木植到境，任其投店雇夫运放，排夫工价沿四十二年所定，不许分厘索。

嘉庆七年六月初一日示①

从前文讨论的"江步"制度中我们了解到木材运输是分段运输的，木商只能雇用该河段的排夫，排夫与木商因水运夫价时常发生争端，这则告示支持了木贩龙万才等人的诉求，并重申旧规即："瑶光运至卦治每排取工价银四两八分，运至王寨工价五两六分，运至茅坪工价六两八分。"还有文中也提到了"斧

---

① 贵州省编辑组. 侗族社会历史调查 ［M］. 贵阳：贵州民族出版社，1988：62.

印"，又被称为"山印"，这是一种归属的标志①，有利于遇到大水将木材冲走之后将其赎回。该印记如果被消除，被视为违法行为。

二是光绪三十四年（1908 年）五月二十七日黎平府公议运价章程文告。

> 钦加任候补道特授黎平府正堂卓异加一级记录十次王为出示晓谕以杜争竞事
>
> 据茅坪、王寨、卦治总理龙道成、王先相、龙常化、王泽红，纲首文名彰……是以三寨总理纲首等公用会议：不能论夫之名数，只能照排给钱。如内帮所买之木，每一挂由卦治放至茅坪，水力钱一百文，王寨放至茅坪，每挂给水钱五十文；外帮所买之木，每挂由卦治放至天柱县属之宰贡水力钱一百三十文，王寨放至宰贡，每挂给钱六十五文；茅坪放至宰贡每挂给钱六十文。业经数月之久，遵议无异，亦无争斗等情。但该夫等乃系三寨农民，贤愚不等，议乃三寨公议，无袒无偏，而三寨排夫不致有伤和好。突于四月二十五、六等日，茅坪排夫齐集百余人。各执长矛洋炮，在该处将卦治放下之木，概行截止，不准放行，希图加增夫价。而王寨、卦治放排之夫，见势猛勇，任凭截阻，不与争斗。当经胡总办得知此情，恐生事端，又恐激成别变，即传三寨首人凭夫等面谕开导：由卦治放至茅坪等每挂外加钱二十文，放宰贡外加钱二十文。该夫等彼时遵依无异，将所阻之木即日放行。职等窃恐贪心不足，日久生变，是以不揣冒昧，公恳赏准出示立案永垂久远而杜后患商民均感等情到府，并据胡委员来函亦大略相同。
>
> 右谕通知。
>
> 光绪三十四年五月二十七日告示②

上文告示介绍了水运价格是以排数来计算的，并且明确指出了每段河段的水运价格。同时也阐述了排夫与木商之间的争斗，最终迫于压力，木商以及官府同意了增加水运工的工价。决定水运的价格有两个主要因素：一是距离，距离越远或者水道越险阻价格越高；二是根据木材的数量，木材越多工价越高。水运的价格是随时变化的，根据水夫的利益需求以及当时的物价等，工价也会随之改变。

---

① 潘志成，吴大华，梁聪. 林业经营文书［M］. 贵阳：贵州民族出版社，2012：179.
② 贵州省编辑组. 侗族社会历史调查［M］. 贵阳：贵州民族出版社，1988：6.

六、结语

通过对明清至民国时期清水江水运的探讨，了解到清水江流域水运起源很早，而且很有当地的民族特色，以木材交易和粮食等主要货物为主要货运。通过对其运输规则的介绍和运价的剖析，我们可以了解到当时清水江水运的全貌，很生动形象地勾画出一幅清水江流域人们的生活场景，这对于我们深刻了解清水江流域的历史文化有很大的帮助。同时，要深挖清水江流域的历史文化、风俗习惯还得对其做进一步研究。

贵州民间文献研究

碑刻所见瑶光苗族神树崇拜的文化内涵
及其社会功能

严奇岩*

树崇拜起源于原始先民们对世界万物的有灵信仰，广泛存在于世界各民族日常生活的拜树习俗或仪式中，成为各民族宗教与民间信仰中共通的文化现象。目前学界多从"局外人"的视角对树崇拜的内涵以及所体现的价值观、思维方式等进行了客位研究，但因缺少树崇拜现象的"局内人"表述，以致相关研究缺少主位立场的视角。贵州省锦屏县瑶光苗族村寨有棵"倒插"的枫树，被当地视为神树而披红挂彩，长年受人祭拜。神树下有清末和民国时期两通祭拜神树的碑文，是苗族对神树崇拜的"自我"表述，为我们研究苗族神树崇拜提供了生动的案例。

一、从碑刻看瑶光神树的文化内涵

贵州省锦屏县河口乡瑶光村，地处清水江与乌下江的交汇处，是典型的苗族村寨。全村由中寨、里寨、上寨、白泥坳、党艾、九项等 6 个自然寨组成，有姜、范、张、李、龙、潘、饶、谢、周、杨、常等 11 姓，总户数 422 户，共 1856 人，其中姜姓占总人口的 80%。[②] 瑶光苗寨崇拜枫树，寨内现存的古枫树多达 200 多棵，特别是瑶光上寨"后百景"龙脉处有棵倒插的古枫树，被当地苗族视为神树，长年有人祭拜。倒插枫树下立有祭祀神树的青石牌位及两通祭拜神树的石碑。一通为光绪五年（1879 年）的《合村保障碑》[③]，另一通为民

---

* 作者简介：严奇岩（1971—）男，汉族，江西萍乡人，贵州师范大学历史与政治学院教授，博士，博士生导师，历史地理研究中心副主任，主要从事西南民族史和历史地理学的研究。

② 河口乡瑶光村民委员会. 瑶光志［M］. 瑶光村委内部编印，2010：38.

③ 锦屏县志地方志编纂委员会. 锦屏县志（1991—2009）（下册）［M］. 北京：方志出版社，2011：1517.

国三十年（1941 年）的《地灵人杰碑》①。碑文附后。

碑文一：

> 合村保障
>
> 尝谓不可负者生成之德，而当报者呵护之恩。故在人有功被当时者，妇孺难忘，每流千载之歌颂。而在物有灵镇一方者，士民沐德，常崇百代之馨香。要皆取其有济于我村后龙枫木神者，精华秉之于日月，瑰之于山川。其木跨石而生，龙盘直上。其石顶木而伏，龟贮为概貌，妖娇难拟议，颖秀实无比方。固一望而知地脉之钟灵，木石之有知者。然不受其帡幪，亦无由知其神异。惟咸丰六、七年间，寇气未静，尝蒙显威，以得保民灾祲无闻，时叨垂光于本境。迄今合村共享升平，虽叨上天之庇，而要莫非枫木岩神之灵所致也。用是志切酬功捐资约会，祀义不一，以岩神会统之。会期无常，以三月朔定之。惟愿众心合一，绵百代之馨香。神德宏施，流千载之歌颂。将民安物阜，群安鼓腹之风，岂非懿哉。
>
> 姜兴国、姜德宣、潘邦清、姜兴湛、姜乔庚、周德丰、姜福临、姜吉盛、姜开仕、姜恩高、姜尚文、张东长、姜兴学、姜乔保、姜应兴、姜丙祖、姜恩仁、姜兴禄、姜兴卯、姜起凤、周佑生、饶永茂、姜德贵、姜作智、姜培厚、龚占兴、姜安邦、姜宣铎、姜安□、姜成荣、姜成美、姜成黼、姜三隆、姜作善、姜安仁、饶为玉、姜成仁、姜成周、姜发明
>
> 光绪五年岁次己卯　又三月谷旦立

另外，神树下原有祭祀神树的牌位，但在"文化大革命"期间遭到破坏。近年重立青石质的龙神牌位，中间镌刻"本境后龙镇山上府龙神位"，两边碑联："镇固后龙兵不犯，保全阖境贼难侵"；"常保林茂护村寨，永佑平安启子孙"，并有在两侧各增加一段序文（下详）。②

碑文二：

> 地灵人杰

---

① 河口乡瑶光村民委员会. 瑶光志 [M]. 瑶光村委内部编印，2010：264.
② 2015 年 1 月 21 日笔者在瑶光寨调查抄录碑文。

吾乡耸翠层峦，西南干脉龙形之伟，势压群峰。由广东经广西入黔出湘，环绕数千余里，蔓延四省。自朗硐者练分枝出乌周，高峰经十二盘达凤形山，巍巍壮起，入接吾乡。上开天池九十九眼，下临清河二水交流，绕前环抢如玉带。然观音成形，后龙有古树，大小列立，实称至灵，历为吾乡保障。凡乡中遭变乱，均显神威佑，为正者逢凶化吉，为邪者神不相拥助。先人创会于前，吾人既沾其泽，又当此国危寇深，人心离乱，应当继会于后。一系酬神魏德，二可团结我地人心，作相应准备自卫地方。是为序。

智夫题

姜培俊、姜启琼、姜启瑶、姜光铨、姜振贤、姜永清、饶增贤、姜金泽、张炳衡、姜希永、姜希杰、潘恭富、姜思礼、姜万椿、姜凤标、张炳煌、姜廷杰、姜起翰、潘定湘、姜世模、姜合富、姜灿明、饶增贵、姜廷敏、姜明福、姜永臣、姜万祥、姜炳辉、姜通干、姜万章、姜吉清

中华民国三十年岁次辛巳

两通石碑及神树牌位为当地苗族有关神树来历、神树显灵及祭拜等真实写照，具有丰富的文化内涵，是我们研究树崇拜的典型个案。

从两通石碑看，瑶光神树之所以神，表现在三个方面，一是来历神奇，二是树形奇特，三是树神显灵。

（一）来历神奇

用树占卜的树卜习俗，是苗族预测吉凶的一种方式。村寨选址时也往往靠栽植枫树、杉树等卜测该地是否适宜居住。倒插枫树占卜选址是苗族村寨选址的生态智慧。① 清水江流域民族村寨有许多卜居的倒插杉或倒栽枫树。如锦屏启蒙镇者模寨倒插枫树、启蒙镇地茶村倒插杉树、河口乡瑶光上寨的倒插枫树、台江县交片倒栽杉、剑河县久仰乡毕下村倒栽杉等。在这些倒插杉或倒栽枫树中，最典型的是河口乡瑶光苗寨的倒插枫树。

瑶光苗寨的倒插枫树下有青石质的龙神牌位，其中有一段序文，专门介绍神树的来历及祭树节的由来。

"吾先祖为测试瑶光能否长久居住，便在此倒插无根枫树，祈祷此树若能成

---

① 麻勇斌. 苗族村寨选址的生态智慧与历史情结 [J]. 贵州社会科学，2011 (10)：85-88.

活，则永远定居；果然，树不仅成活，而且根深叶茂。自此，先人便以此为吾后龙。龙神显灵，树是神灵之化身，于是安神祭祀。"①

从神树牌位的序文可知，瑶光姜姓先祖迁居瑶光时，为测此地能否居住，以栽植枫树来卜居，该枫树的来历有两大不同凡响之处：一是树倒插且无根而活，这是神树最神奇之处；二是神树位于后龙龙脉处，苗族本身崇拜后龙，并有诸多后龙禁忌，故神树所在的龙脉处，被赋予"本境后龙镇山上府龙神位"。由于此处为龙脉，有地脉灵气，倒插枫树都能成活，因而适宜人类居住，姜姓先祖于是定居下来，后发展为千户苗寨，倒插枫树被奉为保佑子孙的神树。"倒插"的神奇来历无疑使古树蒙上了一种神秘的色彩。

（二）树形奇特

神树外形奇特也是其与众不同的地方。光绪《黎平府志》也记载瑶光倒插枫树奇特的外形："府属瑶光山后五里，一枫树大数围，枝干盘曲，夭娇如龙。经冬，叶黄如金，不凋。春风初拂，一日内即落尽，次日发嫩叶纯青色。"即《黎平府志》记载倒插枫树的枝干盘曲如龙，树叶经冬不凋，叶黄如金。光绪五年《合村保障碑》则认为神树"其木跨石而生，龙盘直上。其石顶木而伏，龟贮为概貌，妖娇难拟议，颖秀实无比方"。碑文也提及倒插枫树"跨石而生，龙盘直上"，正是因为倒插枫树外形似龙，神树下便设有龙神位。同时，碑文还特别强调，"其木跨石而生""其石顶木而伏"。神树与石共生，相互依靠，让人联想到瑶光寨倒插枫树附近"树石交媾"的奇景，人们以为树石两神交媾，是地方的造化，神树与石神共生，因而碑文中称倒插枫树为"枫木岩神"。

同样，神树外形奇特的例子比比皆是。锦屏县钟灵乡展金村南端旧桥址边有棵五百多年的古松，树形奇特，传说不时转向，乡民奉为神树，四时祭拜。②台江县交片村新寨南侧松铚山上曾有一棵远近闻名的倒栽杉，树干顶端平齐如削，中心下凹，坑深约 1 米，常年积水，盛夏不竭，常有蛤蟆游息其间。水凹旁分生两巨干枝，大亦合抱，与群枝下垂相反，直拨向上，为世所罕见。③

（三）树神显灵

如果说来历神奇和外形奇特是神树的外在表现，那么神树显灵则是神树的灵魂所在。

两通神树碑文重点记载神树显灵的现象。瑶光光绪五年《合村保障碑》载：

---

① 2015 年 1 月 21 日笔者在瑶光寨调查抄录碑文。
② 王宗勋. 乡土锦屏 [M]. 贵阳：贵州大学出版社，2008：105.
③ 贵州省台江县志编纂委员会. 台江县志 [M]. 贵阳：贵州人民出版社，1994：675.

"然不受其幞幪，亦无由知其神异。惟咸丰六七年间，寇气未静，尝蒙显威，以得保民灾祲无闻，时叨垂光于本境。迄今合村共享升平，虽叨上天之庇，而要莫非枫木岩神之灵所致也。"①

石碑记载神树神异在于咸丰年间神树显灵保寨之事。这在光绪《黎平府志》中也有记载，"乙卯苗乱，获一苗云：每与我军战，恒见此树下屯兵甚夥，戈甲鲜明，遂不敢逼。乡人以为神，岁于三月朔祀之，此树之灵，足庇闾里，固宜祀以报功，语云：'草木皆兵'，或其验乎"。这是讲清咸丰年间，黎平府调动瑶光团防壮丁，赴黎平府保城，瑶光上营首领姜吉瑞率领姜贤卯、周德丰等 36 个弟兄，连夜出发，发现村寨一枫木身披铠甲、腰系红绸、手执大旗，率领雄兵千万，一夜轰轰隆隆，前呼后拥随团迎战。因得枫木神助，团防上营凯旋。神树护佑团防的传说流传至今。②

在"万物有灵"的原始宗教影响下，人们相信"老树护村，老人管寨"，因而流传许多神树护佑的故事。如流传于瑶光的民间故事《神树》，正是反映咸丰年间倒插枫树显灵护寨的历史。③

光绪《合村保障碑》只记载咸丰年间神树显灵保寨一事，而 1931 年《地灵人杰碑》则进一步强调只要社会动荡，神树无不显灵保寨，认为"凡乡中遭变乱，均显神威佑，为正者逢凶化吉，为邪者神不相拥助"④。枫木神树是地脉之所钟，凡有天灾人祸总会通过异象显现出来，提前告知村民做好防范，并保佑全村安宁。

神树本身象征着神灵又充当人类与某种神灵联系的纽带，通过祭拜神树而获得神灵的赐福。弗雷泽在《金枝》中指出："树神具有造福于人的能力。"⑤神树不但具有避邪消灾的功能，还有祈福的神奇力量，因而神树的功能是庇护村寨。瑶光神树下的青石牌位，两边碑联："镇固后龙兵不犯，保全阖境贼难侵""常保林茂护村寨，永佑平安启子孙"，既表达了瑶光寨民对过去神树保佑的谢意，也反映了民众希望今后神树继续保佑的愿望。

瑶光寨留存的两通祭拜枫树的石碑体现了瑶光民众对枫树深深的崇敬心理，

① 锦屏县志地方志编委会. 锦屏县志（1991—2009）（下册）[M]. 北京：方志出版社，2011：1517.

② 杨昌清. 苗光"枫树文化"调查 [C] //黔东南州苗学会. 榕江生态文明建设研讨会论文集. 北京：中国文化出版社，2010：223.

③ 河口乡瑶光村民委员会. 瑶光志 [M]. 瑶光村委内部编印，2010：142.

④ 河口乡瑶光村民委员会. 瑶光志 [M]. 瑶光村委内部编印，2010：264.

⑤ 弗雷泽. 金枝（上册）[M]. 汪培基，徐育新，张泽石，译. 北京：商务印书馆，2013：201.

反映了瑶光民众对神灵的敬仰与渴求庇佑之心。

二、从碑文看瑶光苗族神树崇拜的社会功能

从历史文化角度看，瑶光倒插枫树，是久负盛名的名木古树，蕴藏着丰富的历史人文信息，是宝贵的民族文化遗产。神树下祭拜神树的几通碑文，体现了当地苗族普通百姓朴素的心理认知和务实的生活哲理，是苗族的人生观、世界观和生态观的真实写照，而苗族通过祭拜神树，发挥敬宗崇祖、文化认同和生态保护的社会功能。

（一）增强慎终追远、敬宗崇祖的思想感情

瑶光倒插枫树蕴含苗族祖先丰富的历史信息，自然有其独特之处。

一是祖先卜居而插，将枫树与瑶光苗族祖先密切联系起来，枫树自然成为瑶光苗族祖先灵魂的依附或化身。倒插枫树是全寨的祖先树，蕴含丰富的历史记忆和祖先迁居的历史信息，体现了苗族的祖先崇拜。

二是倒插的枫树正是苗族崇拜的对象。苗族认为枫木是万物之源，枫木是人类的始祖。苗族三大方言区都将枫树称为妈妈树，枫树是苗族的民族图腾。[①]传说苗族祖先是从枫树里生出来的，有了枫树才有了苗族的子孙后代，所以苗族人民对枫树是作为始祖来尊崇的。枫树是苗族崇拜的图腾树和祖神树。

从碑文看，瑶光苗族所祭拜的枫树是多种神的化身：树本身是苗族崇拜的枫树，因其显灵而成为枫木神；因倒插处有地气龙脉，故也是龙神的化身；因"其木跨石而生"，还是岩神的化身，故又称"枫木岩神"。正因如此，光绪时期成立岩神会这一节日专门祭祀神树。此外，倒插枫树因是全寨的祖先树，故又是瑶光苗族的祖先神。

我们从瑶光苗族祭拜神树的碑文可清晰看出，瑶光苗族的树崇拜是枫木神、龙神、岩神和祖先神的多神崇拜，包括原始的自然崇拜、图腾崇拜和祖先崇拜。同时，在各种神的祭祀中，瑶光苗族以祖先崇拜为最终目的。

光绪五年《合村保障碑》记载了岩神会的来由："迄今合村共享升平，虽叨上天之庇，而要莫非枫木岩神之灵所致也。用是志切酬功捐资约会，祀义不一，以岩神会统之。会期无常，以三月朔定之。"也就是说，祭祀神树的节日在清代是在每年农历三月的岩神会。

其实，瑶光苗族历来有专门祭祀祖先的鼓藏节，也就是说瑶光的岩神会和鼓藏节曾经并行不悖。

---

① 吴晓东. 苗族图腾与神话［M］. 北京：社会科学文献出版社，2002：53.

可能因两节并行开销太大，近代以来，瑶光苗族公议改革，将两节合二为一，即把每年交"大雪"后的第一个"辰"日，定为瑶光苗寨一年一度祭祀枫树的"枫树粑节"。节日里，瑶光寨家家户户要打制糯米粑，用枫树枝串起糯米粑做成"枫树粑"，献三牲，烧香纸，祭祀"神树"，表达对枫树的崇拜之情，以示纪念先祖及祈求"神树"护佑村寨。这样岩神会逐渐消失，取而代之的是每年冬天的"枫树粑节"，因此，"枫树粑节"也是传统意义上的鼓藏节。瑶光苗族把祭祀神树和祭祀祖先的节日合二为一。这种节日的演变，反映了瑶光苗族崇拜的枫木神、龙神、岩神和祖先神等多神信仰，更突出了枫木神和祖先神的崇拜。由于苗族认枫树为祖先，枫木神崇拜也就是说祖先崇拜，因而，归根结底，瑶光苗族的枫树崇拜也是祖先崇拜。

瑶光人通过对枫树的崇拜表达对先祖的怀念和敬仰，同时祈求得到祖灵的保佑。借神树崇拜的仪式，不仅可以延续宗族亲属关系和谐均衡，也增强了苗族慎终追远、敬宗崇祖的思想感情。

苗族祭树习俗很普遍。清水江流域定期集体性祭树的村寨有：台江县台拱镇小寨村，每年农历二月二日祭树；雷山县丹江镇猫猫河村，每年春节大年初一祭树；锦屏县钟灵乡高寨村，每年春节时祭树；凯里市旁海镇屯寨村，每年农历二月二日红蛋节祭祀守寨树和龙脉树。这些树祭拜都有祖先崇拜的内涵。

（二）增强民族文化认同的心理

各种宗教的或巫术的仪式是社会制度的组成部分，强调宗教仪式的社会功能与社会价值。神树祭祀的宗教仪式不仅可以教化个人情操，也可以增强社会内聚力。

倒插枫树是瑶光寨荫庇一方平安的保护神，也是瑶光兴旺发达的标志，自然成为瑶光寨的精神支柱。神树周围的区域成为寨子的宗教活动场所，神树也成为维系寨民日常联系的重要纽带之一，凝聚着村寨的精神力量。

瑶光是典型的以宗族血缘为纽带建立的村寨。瑶光倒插枫树本为瑶光姜姓祖先手植，自然为姜氏后人所祭拜，但瑶光寨光绪五年《合村保障碑》上署名的39人，包括姜、潘、周、张、饶、龚等6姓；而民国三十年《地灵人杰碑》上署名的31人，包括姜、饶、张、潘等4姓。这些人名几乎涉及瑶光寨的主要姓氏，说明神树崇拜不仅已超越姜姓宗族范围，而且扩大到瑶光苗寨所有各姓的村民。

前后两碑文强调，神树显灵保佑的不单是姜姓宗族，而且是全村各姓的百姓。如光绪五年《合村保障碑》记载树神显灵保佑寨民，"尝蒙显威，以得保民灾祲无闻,时叨垂光于本境,迄今合村共享升平"。姜姓始祖倒插的枫树开始为姜氏后裔所祭祀,因树神显灵,保佑的不单是姜氏后裔而且是全寨村民;又因瑶光苗族都崇拜枫树,枫木神树因而成为全瑶光寨民祭拜的对象。这样,神树从姜姓宗族祖先神成为当地苗族的地域神。瑶光神树与其说是祖神树,倒不如说是瑶光苗族的社树。在记载创建岩神会目的时,《合村保障碑》强调"惟愿众心合一,绵百代之馨香";1931 年瑶光《地灵人杰碑》认为"先人创会于前,吾人既沾其泽,又当此国危寇深,人心离乱,应当继会于后。一系酬神魏德,二可团结我地人心,作相应准备自卫地方"①。碑文特别强调创建岩神会的目的是"团结我地人心"。

定期举行的岩神会,使瑶光全寨人聚集在神树下进行祭拜活动,能有效地加强族人的联系,从而促进村寨的团结,维系家族的稳定性。神树不仅是为全寨提供娱乐、祭仪的场所,更是凝聚全寨人民的精神纽带。

岩神会开始以信仰组织的形式出现,但后来演变为一种村寨的自治组织,甚至在战乱年代承担起号召民众保卫村寨安全的职责,变为一种地方自治武装组织。② 以祭祀神树为目的而创建的岩神会跨越了姜姓宗族和血缘的范围,成为瑶光寨各姓参与的民间组织,起到了凝聚苗族人心、增强社会内聚力的作用。因此,瑶光寨的神树崇拜增强了民族文化认同的心理。正如 2012 年 11 月 19 日瑶光寨村委党支部、瑶光寨村民委员会立《祭树天梯碑》,也表明"通过祭树凝聚人心"。

瑶光枫树节类似于苗族的招龙活动,在凝聚人心的作用方面不可小觑。美国学者沙因将招龙和龙船节比较,认为招龙富于意义的宗教仪式与龙船节的世俗娱乐性质之间形成了鲜明的对比,招龙仪式的特征是"内在化",即加强群体内的凝聚,而龙船节却带给不同的群体之间相互影响的机会。③

(三) 强化生态环保的理念

神树崇拜作为图腾崇拜,其思想基础是万物有灵;而万物有灵思想认为人与万物同源,主张人与万物和睦相处,体现出敬畏生命的生态伦理观。

西方现代环境伦理学的生态学,主张生态中心的平等原则和自我实现原则,认为所有的生命都是平等的,所有的自然物都具有内在价值,反对从人类利益

① 河口乡瑶光村民委员会. 瑶光志 [M]. 瑶光村委内部编印, 2010: 264.
② 朱晴晴. 清代清水江下游的"会"与地方社会结构 [J]. 开放时代, 2011 (7): 54-65.
③ 沙因, 杨健吾. 贵州苗族文化复兴的动力 [J]. 贵州民族研究, 1992 (1): 26-32.

出发的人类中心主义，反对人类对自然的统治，强调人与自然的和谐共处。①神树崇拜源于万物有灵思想，成就了善待生命、善待自然的朴素生态观，是理解深生态学的典型材料。敬神、畏神是我们保护环境和保护生态的文化心理基础。

对树的崇拜，蕴含着对天地万物的敬畏，便在潜意识中产生了主动保护树木的愿望与禁忌，进而产生保护树木的规约和行为，有效地保护当地的自然生态环境。

瑶光枫树节通过娱神、娱人的祭树仪式拉近了人与人、人与自然之间的距离，传承了崇尚自然、敬畏生命的理念，形成了朴素的植树、爱树、护树的传统，展现了人与自然和谐相处之道。

瑶光枫树倒插成活后，先人遂认为枫树是能佑护子孙的神树，因而大力提倡寨内外栽植枫树，并规定以后凡进入瑶光居住的人均要先栽一株枫树，故至民国时期瑶光寨古枫参天。瑶光寨现尚存七株大枫树，人称"七公树"，传说是由最先入住瑶光的七位祖先所栽的。瑶光通过神树信仰鼓励人们植树造林，并借神的力量使人人懂得乱砍滥伐是要遭报应并受惩罚的，这些习俗或禁忌客观上传承护树爱树的环保观念，对民众爱林护林行为起了"惩恶扬善"的规约作用，从而使得整个村落古木参天、青山常在。

为方便祭祀神树，2012年瑶光寨村委组织民众新建一条从寨中蜿蜒而上直达后龙山神树的青石板路，即"祭树天梯"，并立有前文所提到的《祭树天梯碑》，碑文强调要通过祭树，"使人懂得爱护古树，保护树木，功德无量，佑启后人。毁坏森林，乱砍滥伐，必遭报应惩罚。通过爱树护树行为，树立村民环保生态理念，让绿色的瑶光苗寨更加美丽，实现人与自然的和谐共处"。②《祭树天梯碑》说明祭祀神树的习俗传承环保观念，具有生态保护的功能。

三、结语

树崇拜来源于万物有灵的信仰，是世界各民族宗教与民间信仰中共通的文化现象，广泛存在于世界各民族日常生活的拜树习俗或仪式中。

贵州省锦屏县河口乡瑶光苗族村寨有棵"倒插"的古枫树，是远近闻名的神树，神树下保留的清末和民国时期的两通祭拜神树的碑文，是苗族对神树崇

---

① 胡军. 西方深生态学述评 ［J］. 济南大学学报（社会科学版），1999（6）：31–35.

② 此碑立于锦屏县河口乡瑶光村委办公楼前的公路边。旁边并立的还有《修复青石板街碑记》，系同期竖立。碑文撰稿人：姜述熙；书写、篆刻：王述刚.

拜的"自我"表述，为我们研究苗族树崇拜提供了生动的案例。

瑶光神树以其独特的文化内涵和社会功能而蕴含着丰富的文化价值，值得我们深入挖掘和研究。

瑶光神树之所以神，表现在来历神奇、树形奇特和树神显灵等方面。瑶光苗族所祭拜的枫树是枫木神、龙神、岩神和祖先神等多种神的化身，即瑶光苗族的枫树崇拜是自然崇拜、图腾崇拜和祖先崇拜的统一体。不过，枫树是苗族崇拜的图腾树和祖神树。在祭祀神树中，瑶光苗族以祖先崇拜为最终目的。瑶光苗族通过对神树的崇拜表达对先祖的怀念和敬仰，增强民族文化认同，树立生态理念，传承环保观念。

原文载《宗教学研究》2019 年第 2 期。

岂是文献不足征

——贵州民族文献综论①

罗正副 *

相较于中原和江南其他省区，贵州"文献不足"甚为明显。这种观念并非只有本省学人熟知，外省学界亦认为如此，一般民众更深信不疑。然而，笔者以为，"文献不足"实源于汉籍文献的单一视角。

如果我们放宽视野，不以汉文献标准为标准，不以汉字（文化）为唯一准绳，换句话说，不以自己的眼界和认知能力衡之于"他者"，而是涉及贵州本土民族的文献典籍，情况是否仍然如此？历史的偏见有其客观的史实或事实依据，当前不必深究。但时人的偏颇，一直像经济滞后一样视贵州为文化欠发达区域，实乃视野单一、认识不足，缺乏开放的文化观念和多元的文化视野所致。贵州文献以民族性和地区性为两大特点，二者既交汇重叠、风格迥异，内部又存在诸多各有旨趣的文化特征。具体表现为黔中、黔北的汉族文献，黔西北的彝族文献，黔东南的苗、侗文献，黔南、黔西南的布依族文献以及黔南的水族文献等。其文献语言内容之丰富、文化之多元、族群之复杂，明显与中原、江南省区不同，显现其价值之珍贵。

贵州民族文献语言内容之丰富，与族群复杂有关，决定了文化的多样性。汉族、苗族、布依族、侗族、水族、仡佬族和彝族等民族语言及其内部方言或土语，体现出丰富而多元的语言特点。语言不仅是"入手"的工具，更是文化本身的构成部分，甚至掌握语言成为一些学科的基本要求和立论之本。就贵州民族文献的语言基础而言，不难看出其重要的学术价值和深沉的文化意义。贵州民族文献的内容构成，均具有百科全书的性质和特点。如汉籍的《黔南丛书》、苗族的古经、布依族和彝族的摩经、侗族的"款"等，无所不包，凡人类（民族）的一切行为，如政治、经济、历史、哲学、物理、科技等均有所涉及，

① 基金来源：国家社科基金重大招标项目"清水江文书整理与研究"（11&ZD096）。
* 作者简介：罗正副，贵州大学历史与民族文化学院教授。

即物质、制度和精神层面皆囊括其中。仅毕节彝族文献研究中心所收藏的文献就分为哲学、政治、军事等 40 大类，可见其内容之丰富。诚然，一个民族的典籍，岂不蕴含该民族的方方面面？这也就是所谓的"百科全书"。民族成分的复杂，语言内容的丰富，奠定了贵州文化的多彩多样。

从贵州民族文献数量来看，除了千余部汉籍文献外，仅近年备受关注的苗、侗清水江文书，征集入馆的已达 13 万余份（加上民间存世者不下 40 万份）。据统计，目前征集到的水书 2 万余册，其中三都水族自治县档案馆 1 万余册、荔波县档案馆近 1 万册、黔南民族师范学院水书文化展览馆 100 余册、都匀市档案馆 200 余册、独山县档案馆 200 余册、黔南布依族苗族自治州档案馆 30 余册、黔南布依族苗族自治州图书馆 60 余册。而布依族摩经，大多数布依族聚居的村落均有珍藏。散见于不同文章的不完全统计显示，荔波县现存 5000 多册，大河十三寨存 300 余册，贵阳地区散存 168 册，安顺市经书有 1 万余册，黔西南望谟桑郎、石屯镇四个村寨发现 200 多册等。彝族文献从民国时期丁文江编印《爨文丛刻》始，一直受到学界关注，最典型者为毕节彝族文献研究中心，自建立以来从未间断过搜集、整理与研究，成果受世人瞩目。据统计，贵州总共有 16 个收藏彝文古籍的单位，收藏彝族文献 8000 余册。仅上述列举的贵州主体民族文献，已见贵州民族文献之一斑，其他民族兹不赘举。贵州民族文献除收藏于贵州省图书馆、国家图书馆、中国民族图书馆、贵州省档案馆、贵州民族文化宫图书馆及清华大学、北京大学等高校图书馆外，主体仍散存于民间，可见其数量之多，将贵州视为文献大省亦不为过。

贵州民族文献不仅数量多，语言内容丰富，其文献价值也格外珍贵。除贵州省图书馆及贵州省博物馆等珍藏黔省汉籍善本、珍本和抄本等大量珍贵文献外，仅近年历四届列入国家珍本古籍名录的水书就达 69 部，贵州参加二届入选名录的彝族和布依族古籍分别为 12 部和 10 部，相关文字学家更确认布依族为中国第 18 个有文字的民族，足见其影响重大。贵州民族文献的生成和流传时间可谓源远流长，据相关领域的专家研究，水书的起源研究堪比甲骨文，有"活的甲骨文"之美誉，可追溯到夏商时期；彝族文献则多有叙述夜郎甚至更早者，时间至少可以推到先秦两汉时期；布依族摩经成文时间下限不低于唐代；而苗、侗清水江文书自明清民国以来，直至当代，绵延 500 余年不曾间断。如此看来，中国的文字或文献发展史，仅贵州而言，亦存在汉文字文献和少数民族文字文献两大平行系统。

《论语·八佾篇》孔子云："夏礼吾能言之，杞不足征也；殷礼吾能言之，宋不足征也。文献不足故也，足则吾能征之矣。"常言贵州乃蛮荒之地、缺乏文化之区者，其实是不知贵州文献之故也，若能取用贵州各民族之文献，总体考察贵州社会、历史、文化，黔省多元、丰富而深厚的文化面貌当如实呈现，岂是文献不足征？

（原文发表于《光明日报》2014 年 12 月 29 日第 11 版）

史源学视野下《百苗图》中竹枝词史料的利用问题①

——以张汝怡《诸苗考》为例

严奇岩　杨锐*

史源学是史学大师陈垣先生提出来的。他强调要弄清史料的源流，注重考证史料的源流和真伪，以确定史料记载的实际价值。史源学强调文献的原创性和可靠性，主张从史料文本以外的诸如史料来源、背景、成囚、修撰意图等多个取向，深入解读并反思史料，实现史料的再阐释和历史图景的再构建。②

竹枝词以吟咏风土为其主要特色，保存着丰富的社会史料，具有重要的史料价值。但竹枝词作为史料利用要慎重，须从史源学角度考察其取材来源。

张汝怡《诸苗考》成书于道光时期，全文不足 1 万字，包括序言和正文两部分。"序言"交代写作背景或缘由，而正文部分分别叙述贵州 81 种"苗蛮"文化习俗（因 1 种重复，实际只有 80 种）。每种"苗蛮"的文字表述又包括"诗"与"注"两部分，其中"诗"部分用 1 首类似七绝的竹枝词歌咏该"苗蛮"，而"注"部分用文字补充说明其习俗。

目前，笔者所见到的张汝怡《诸苗考》的版本是由四川民族出版社影印出版的《中国少数民族古籍集成》所收录的③，影印原件为中央民族大学图书馆善本库典藏的道光 21 年（1841）手抄本。此外，《清代苗疆风俗史料》④ 也收

① 基金来源：贵州省 2019 年度社科规划重点项目"明代至民国时期云贵地区竹枝词资料搜集整理研究"（编号：19GZZD13）。

* 作者简介：严奇岩（1971— ），男，汉族，江西萍乡人，贵州师范大学历史与政治学院教授，历史研究院院长，博士，博士生导师，主要从事西南民族史和历史地理学的研究。

② 孙正军. 通往史料批判研究之途 [J]. 中国史研究动态, 2016 (4)：34-39.

③ 徐丽华. 中国少数民族古籍集成（第 85 册）密宗：画谱 [M]. 汉文版. 成都：四川民族出版社, 2002.

④ 张双智, 陈洪毅. 清代苗疆立法史料选辑 清代苗疆风俗史料（第 6 册）[M]. 北京：北京联合出版公司, 2018.

录此文，但错漏较多。

学界有人据此将其当重要史料来利用。学界认为《百苗图》中的"补笼仲家"实为康熙时期田雯《黔书》中的"青仲家"，属于张冠李戴的误用①。而李德龙不认为陈浩误指"青仲家"为"补笼仲家"，即"二者谁是谁非？只有靠第三种文献才可以得到证实。这第三种文献就是张汝怡的《诸苗考》"。② 其实，《诸苗考》只算是《百苗图》的翻印版，《诸苗考》根本不能用来证实《百苗图》，也不能算是第三种文献。故有必要探讨《诸苗考》的史料来源及其文献价值。

一、《百苗图》与竹枝词

《百苗图》系清代《八十二种苗图并说》一系列抄本的总称，是清代少数民族衣饰及生产、生活等风情场景的真实写照，是珍贵的历史民族志。

传世《百苗图》的藏本，从图文形式看，分三种类型：一是"图""说"型，"说"即是对"图"的文字解说，长短不一；二是"图""说""诗"型，"诗"即七言四句的竹枝词形式，附在"图""说"之后；三是有"图"无"说"型。《百苗图》为彩绘或素描，多数没有注明作者和创作年代，每图之后附有简要的文字说明，形成一"图"一"说"。即在苗图旁附有"说"解说"图"中内容，有些"图""说"后还配有一首竹枝词风格的"诗"，形成一"图"一"说"一"诗"，运用图文并茂的形式介绍清代各民族的生产和生活概况，从而使《百苗图》锦上添花。③"苗图"中配竹枝词是后来形成的。清末日本学者鸟居龙藏认为，"有《黔苗诗说》一书，其文与《黔苗图说》同，仅一一附之以诗"，且在《苗族调查报告》中多次引用《黔苗诗说》中的竹枝词，觉得"颇饶趣味"。④

《诸苗考》作者张汝怡在序中记载：

辛丑（1841）夏，有画工携《苗图》二本求售，故昂其值。予传观，而手录之，会其词，通其义，开卷之际，尽在目前，又何借丹青图画为哉。昔每疑凿齿雕题之言，今而知凿齿雕题之果有其人也。昔曾闻跳月吹笙之俗，今而知

---

① 李汉林. 百苗图校释 [M]. 贵阳：贵州民族出版社，2001：137.

② 李德龙. 黔南苗蛮图说研究 [M]. 北京：中央民族大学出版社，2008：81.

③ 严奇岩.《百苗图》中竹枝词的资治功能 [J]. 中央民族大学学报（哲学社会科学版），2020，47（6）：123-131.

④ 鸟居龙藏. 苗族调查报告 [M]. 国立编译馆，译. 贵阳：贵州人民出版社，2019：25，191.

跳月吹笙之果有其事也。昔未见椎髻跣足之图,今而知椎髻跣足之不一而足也。其人既殊,其心亦异,因志其目,曰《诸苗考》,略以当所历一境必有一得之义云尔。道光辛丑季夏,古乐陵郡张汝怡记①。

作者在序中交代《诸苗考》的写作缘由或史料来源。即道光时期张汝怡是依据《百苗图》而作的《诸苗考》,即在《百苗图》中"说"的基础上题咏81首竹枝词。序中蕴含其他重要信息:

一是说明道光时期《百苗图》在市场上很常见。道光辛丑年(1841)作者张汝怡见到市场上有画工靠画《百苗图》谋生。同样,道光丁未年(1847)秋,湖南举人毛贵铭在《贵阳水口寺寓居别去留四首》中感叹"明日别汝去,城中看画图",其下注云:"黔城多张卖诸苗图状者"。② 这两位作者都提到道光时期见到市场上卖《百苗图》,说明道光时期《百苗图》已成畅销品,成为人们争相购买、观览或收藏的对象。清代《百苗图》是外界了解贵州的主要参考书,可以充当贵州旅游指南,"是以游黔者必购《苗图》一本或数幅以备观览"。③

《百苗图》的市场需求大,画工生意好,形成一条产业链,造纸、绘画、书法、装裱、流通和收藏等环节兴盛,难免鱼龙混杂,质量参差不齐,甚至有赝品出现。因此,流传于世的《百苗图》版本100多种,其中不乏赝品。

二是张汝怡见到市场上二册《百苗图》而购买,"予传观,而手录之",作者抄录《百苗图》,且其版本是有竹枝词题咏的版本。

有竹枝词题咏的《百苗图》版本较多。如哈佛燕京图书馆藏清彩绘本《黔苗图说》,有图57幅,右图左文,每幅图左有文字解说,且各附竹枝词一首,计57首。哈佛燕京图书馆藏清彩绘本《苗蛮图说》,有图41幅,每幅右图左文,图末有竹枝词一首,计有41首。④ 中国历史博物馆藏清代《百苗风俗图》,有图82幅,每幅图旁边配有诗文,计82首⑤。此外,英国不列颠图书馆《黔省诸苗说共八十二种》、意大利社会地理学会藏《黔省苗图全部》和《百苗图》、日本东洋文库藏《苗族风俗图》、中央民族大学图书馆藏《贵州苗民风俗图》、贵州民族研究所藏《百苗图咏》等"苗图"中都附有类似七绝的竹枝词。

---

① 张汝怡. 诸苗考 [M] //徐丽华. 中国少数民族古籍集成(第85册)密宗:画谱. 汉文版. 成都:四川民族出版社,2002:312.

② 毛贵铭. 西垣诗钞二卷附黔苗竹枝词一卷 [M] //徐丽华. 中国少数民族古籍集成(第89册)密宗:画谱. 汉文版. 成都:四川民族出版社,2002:24.

③ 张汝怡. 诸苗考 [M] //徐丽华. 中国少数民族古籍集成(第85册)密宗:画谱. 汉文版. 成都:四川民族出版社,2002:312.

④ 乐怡. 百苗图八种(下册)[M]. 影印本. 桂林:广西师范大学出版社,2018.

⑤ 李露露. 一部珍贵的《百苗风俗图》[J]. 民族研究动态,1994(2):29.

尽管《百苗图》中题咏竹枝词的版本较多，但多没有署名，创作时间也不详。不过，这些"苗图"中的竹枝词文字表述大同小异，大多是后人在前人竹枝词基础上略作改动或丝毫不动照抄的。这些竹枝词的原创者当是同一作者。

《百苗图》中题咏的竹枝词是何时出现的？谁是《百苗图》中竹枝词的原创者？这些问题至今仍是谜。

《百苗图》研究资深专家杨庭硕教授告诉笔者，《百苗图》流传于世的有100多个版本，附有《竹枝词》的《百苗图》大多没有署名和日期，且多为清末民国时期伪造的版本。其实，清代《百苗图》中较早出现了竹枝词题咏。

在乾隆时期曾任贵州丹江通判的程浩，曾"手绘《苗疆风土》百册，各系之诗，以寓劝戒，名曰'黔中竹枝词'"。① 由此可知，"苗图"中配竹枝词至迟在乾隆时期就已出现。可惜，此书失传，无从查证。估计，《百苗图》题咏竹枝词的原创者出现在乾隆时期。嘉庆时期李宗昉在《黔记》中载"兰坡又题余所绘黔苗图诗"。道光时期江苏诸生张文虎《题滇黔苗图》等说明苗图中有题诗的传统，并不是清末民国时期才出现。清末鸟居龙藏的《苗族调查报告》中引用《黔苗诗说》中的竹枝词。《百苗图》多个版本中都出现类似七绝的竹枝词文本。

二、《诸苗考》对《百苗图》的抄袭

道光时期的《诸苗考》无论是"诗"还是"注"都与其他版本的《百苗图》基本相同。即《诸苗考》无论是"诗"还是"注"，纯粹是张汝怡抄袭他人成果。

《诸苗考》也透露作者信息。如咏大头龙家"龙家之类杂吾州，此种缘何号大头。只为丝螺盘若盖，殊名侪辈诘无由"。序文为"大头龙家，男子戴竹笠。妇人穿土色青衣。短裙。敛马鬃杂于发，盘髻如盖，故名大头龙家。男子勤耕力作。在镇宁、普定"。既然大头龙家在镇宁、普定，而书中"杂吾州"三字，清代镇宁为州、普定为县，故诗中的"州"是镇宁州，说明竹枝词的作者可能是镇宁州人。而《诸苗考》的作者在序文中署名"古乐陵郡张汝怡"，即张汝怡既不是贵州人，也没有在镇宁当官（光绪《镇宁州志》中无记载）。换言之，该书的竹枝词并不是作者张汝怡原创的。总之，"龙家之类杂吾州"补充了"注"的信息，对考证竹枝词的作者籍贯有一定价值。

《诸苗考》全文记载黑保僚、白保僚、女官、宋家苗、蔡家苗、卡尤仲家、

---

① 孙衣言.《瓯海轶闻》（下册）［M］. 上海：上海社会科学院出版社，2005：841.

补笼仲家、青仲家、曾竹龙家、狗耳龙家、马镫龙家、大头龙家、花苗、红苗、白苗、青苗、黑苗、东苗、西苗、夭苗、侬苗、打牙仡佬、仡兜苗、红花仡佬、水仡佬、锅圈仡佬、披袍仡佬、木佬、仡僮、犺人、土人、峒人、傜人、杨保苗、佯僙苗、九股苗、八番苗、紫姜苗、谷蔺苗、克孟牯羊苗、洞苗、菁苗、伶家苗、侗家、水家苗、六额子、白额子、冉家蛮、九名九姓苗、爷头苗、洞崽苗、八寨苗、清江黑苗、楼居黑苗、黑山苗、黑仲家、高坡苗、平伐苗、黑生苗、清江仲家、里民子、白儿子、白龙家、白仲家、土仡佬、鸦雀苗、葫芦苗、洪州苗、西溪苗、车寨苗、生苗、黑脚苗、黑楼苗、短裙苗、尖顶苗、郎慈苗、罗汉苗、六洞夷人等 80 种"苗蛮"的文化习俗。《诸苗考》也是按照《百苗图》中这些族群名称出现的先后，即从清初典籍已载、乾隆《贵州通志》所载、嘉庆文献所载的族称的次序编排①。

与《八十二苗图并说》比较，《诸苗考》中出现的族称有些差异。《八十二苗图并说》的族称中"剪发仡佬""阳洞罗汉苗"2 种族称没有在《诸苗考》中出现，而"花仡佬"和"红仡佬"在《诸苗考》中分别称为"仡兜"和"红花仡佬"。由于《诸苗考》只是在《百苗图》的基础上抄录多个版本的竹枝词，作者也没有补充新材料，且存在抄错之处，史料价值上没有超越《百苗图》，故不能以此为史料进行证史。

《诸苗考》正文包括"诗"和"注"两部分，都是抄自《百苗图》。

（一）《诸苗考》"注"对《百苗图》的抄袭

倮㑩。在《百苗图》中载："在大定府属。有黑、白二种。黑者为大姓。其人皆深目长身，黑面钩鼻，留髯，其俗尚鬼，故又名'罗鬼'。蜀汉时，有济火者，滋武侯破孟获有功，封罗甸国王，即今安氏祖。世长其土，分四十八部。部之长曰'头目'，其等有九，最贵为'更苴'，不名不拜，赐镂银鸠杖，凡大事悉取决焉。次则'慕魁'、'勾魁'以至'黑乍'，皆有职守。文字类蒙古书。男以青布笼发，束于额，若角状。短衣大袖。"②

《诸苗考》咏倮㑩"昔年济火长南夷，蔓衍倮㑩偏水西。地属鬼方人信鬼，蛮文蚓结总无稽"。诗中注倮㑩："有黑、白二种，黑为大姓。人皆深目长身，黑面钩鼻，剃髭而留髯，以青布为囊，笼发其中，束于额，若角状。短衣大袖，俗尚鬼，名'罗鬼'，有文字，好畜善马，习射猎。蜀汉时，有济火者，从武侯破孟获有功，封罗甸国王，即水西安氏远祖也，在大定府属。"可见，《诸苗考》

---

① 杨庭硕，潘盛之. 百苗图抄本汇编 [M]. 贵阳：贵州人民出版社，2004：1，257.

② 刘锋. 百苗图疏证 [M]. 北京：民族出版社，2004：276.

有关倮㑩的资料全取自《百苗图》，只不过文字顺序有所调整。

花仡佬和红仡佬是两种不同的族群，花仡佬即仡兜苗，属于苗族支系；红仡佬属于仡佬族支系。乾隆《贵州通志》将两者合在一起，"仡佬，其种不一，所在多有。男女以幅布围腰，旁无襞积，谓之桶裙。花布曰花仡佬，红布曰红仡佬，各有族类，不通婚姻。敛以棺而不葬，置崖穴间或临大河，不施蔽盖树木主于侧，曰家亲殿。屋宇去地数尺，架以巨木，上覆杉叶如羊栅，谓之'羊楼'。其人皆悍而善奔，轻命，死党得片肉厄酒，即捐躯与之"。（《贵州通志·卷7》）

《百苗图》在乾隆《贵州通志》的基础上，已经将花仡佬、红仡佬分开，专记红仡佬，"在广顺、平远、清平。勤耕。亲死，殓以棺木而不葬。置岩[穴]中，或临大河，不施蔽盖，而傍树木为主，其名曰'家亲殿'"。①

《诸苗考》仍沿袭《贵州通志》的错误，将花仡佬与红仡佬混在一起题咏："高架羊楼结构新，层层遮盖绿衫匀。腰围幅布分名色，青白花红各有伦。"诗中注"仡佬其种不一。男女腰围幅布，名曰桶裙，花布曰花仡佬，红布曰红仡佬，各有族类，不通婚姻。屋去地数尺，架以巨木，上覆衫叶，谓之羊楼。在威宁州属"。

在有关"花仡佬与红仡佬"的记载，中国台湾历史语言研究所藏《番苗画册》与《诸苗考》一样，皆是将两者合一起，且题咏竹枝词也完全一样。② 估计，《诸苗考》作者张汝怡此处参考《百苗图》的版本与中国台湾藏《番苗画册》一致。也就是说，《诸苗考》还是抄袭《百苗图》，只不过没有注意其版本。

在诗注方面，《诸苗考》与《番苗画册》有关六洞夷人的表述也一样，只是个别文字有差异。

《番苗画册》载："六洞夷人，穿短衣色裙，细花尖头鞋。胫卷以布至胯。未婚男女剪衣换带，则卜而嫁之。邻近女子，邀数十人各执蓝布伞往送，曰送亲。至男家欢唱饮和，凡三昼夜，携新妇同归母家。新男每夜潜入女家与妇同宿，及生子后方归夫家。在黎平府属。"③

《诸苗考》载六洞夷人"穿短衣窄裙，细花尖头鞋。胫裹以布及胯。未婚男女剪衣换带，则卜而嫁之。邻近女子，邀数十人各执蓝布伞往送，曰送亲，至

---

① 刘锋. 百苗图疏证 [M]. 北京：民族出版社，2004：249.

② 杨庭硕，潘盛之. 百苗图抄本汇编 [M]. 贵阳：贵州人民出版社，2004：163.

③ 杨庭硕，潘盛之. 百苗图抄本汇编 [M]. 贵阳：贵州人民出版社，2004：613.

男家欢饮唱和，凡三昼夜，携新妇同归母家。新男每夜潜入女家与妇同宿，及生子后方归夫家。在黎平府属"。

比较两者发现，《诸苗考》只是将《番苗画册》的"色裙"中的"色"改为"窄"，"胫卷"中的"卷"改为"裹"，"至胯"中的"至"改为"及"三个字。《诸苗考》与《百苗图》版本之一《番苗画册》几乎一致。《苗蛮图说》也与《番苗画册》记载一致。

水、伶、佯、僮、徭、侗六个族称合为一条加以介绍出现在乾隆《贵州通志》中，即"水、伶、佯、僮、徭、侗六种，杂居荔波县。雍正十年自粤西辖于黔之都匀府。其俗，衣服虽有各别，语言、嗜好不甚相远，岁首致祭盘瓠，杂鱼肉酒饭。男女成列，连袂而舞。相悦者负之而去，遂婚媾焉。皆编入版籍，略供赋役"。（《贵州通志·卷七》乾隆《贵州通志》这种自乱其例的编排方法目的在于强调这六种人群是新近才归属贵州的。[1]

《诸苗考》也沿袭乾隆《贵州通志》，用竹枝词咏水、伶、佯、僮、徭、侗六种："土风岁首奉盘瓠，侗水伶佯别类呼。祭罢合群连袂舞，淫奔不禁俗同污。""注"为：水、伶、佯、僮、徭、侗六种，杂居荔波县，服色虽别，风俗略同。岁首祭盘瓠，男女连袂歌舞。相悦者负之而去。盘瓠，高辛氏畜狗名。

《诸苗考》的安排存在三个问题：一是"诗"与"注"不吻合。作者本意是想将水、伶、佯、僮、徭、侗六种崇拜盘瓠的"苗蛮"放在一起，可是"诗"中只论及四种，而"注"中谈到六种。二是这种分类，在《百苗图》中只有中国历史博物馆藏清代《百苗风俗图》、中国台湾历史语言研究所藏《番苗图册》以及光绪时期的《黔南苗蛮图说》有此情况，文字几乎相同。三是上、下文重复。在《诸苗考》中，伶即"伶家苗"，今瑶族；佯即"佯僙苗"，今毛南族；侗即"侗家苗"，今瑶族；水即"水家苗"，今水族；僮即"伢僮"，今壮族；徭即"徭人"，今瑶族，在《诸苗考》中已有专条介绍和题咏，仍将水、伶、佯、僮、徭、侗六种作为一个整体进行歌咏，显得累赘重复，无非是强调这些族群是来源于传说中的盘瓠之种，都分布在荔波县而已。

可以说，张汝怡《诸苗考》完全与《番苗画册》一致，而且，《番苗画册》虽署名为清初外籍宫廷画师郎世宁所绘，实为清末民初书商为谋利炮制而成的赝品。[2]《诸苗考》与《番苗画册》伪造本性质一样，用于证史更应小心。

① 刘锋. 百苗图疏证［M］. 北京：民族出版社，2004：242.
② 杜薇. 台湾新版《番苗画册》真伪及价值考辨［J］. 民族研究，2000（4）：95-100.

（二）《诸苗考》"诗"对《百苗图》的抄袭

清代歌咏贵州少数民族的各种"黔苗竹枝词"，如康熙时期田榕的《黔苗竹枝词》、乾隆时期余上泗的《蛮洞竹枝词》、嘉庆时期舒位的《黔苗竹枝词》和张澍的《黔苗竹枝词》、道光时期易凤庭的《黔苗竹枝词》、毛贵铭的《西垣黔苗竹枝词》和熊绍庚的《黔苗竹枝词》、光绪时期王锡晋的《黔苗竹枝词》等近千首。而题咏《百苗图》的竹枝词也有千首之多，但各版本中的竹枝词基本雷同。"苗图"中的竹枝词都与"黔苗竹枝词"不同，说明他们并不是抄袭"黔苗竹枝词"的。

《百苗图》各版本中的竹枝词，都是抄袭他人的，文字大同小异，似为同一作者所作。如咏洪州苗的诗"勤耕力作志不休，少女称丝技更优；适市平交多得售，迄今葛布美洪州"在《黔苗诗说》《百苗风俗图》《苗蛮图说》等都有出现，且文字表述完全相同。

咏披袍仡佬的诗在《诸苗考》与《番苗画册》中基本一致。即"冶铁炉边种又分，铸犁为业最殷勤。妇人无事披袍坐，细染羊毛织彩裙"。①

咏六洞夷人，《苗蛮图说》为"六洞夷人俗亦靡，剪衣换带不须媒；知书知识犹堪取，八十二中最有才"。《诸苗考》中为"六洞夷人俗亦靡，剪衣换带不须媒。知书知织犹堪取，女子送亲绝世奇"。只是最末一句"八十二中最有才"改为"女子送亲绝世奇"。

三、《诸苗考》对《百苗图》抄袭的错漏

《诸苗考》还要参阅其他版本的《百苗图》，而在抄袭中还出现错漏的情况。

《诸苗考》咏侗家"勤俭由来只古侗，聚盘过岁犹嫌丰。种花自织衣仍短，木刻为凭类古风"。诗下注"侗家，衣长不过膝。岁首杂鱼肉酒饭于盘瓢而聚食。择近水而居。善种棉花。女则自纺织。男子虽通汉语，而不识文字。以木刻为信。在荔波县"。"诗"中"只古侗"三字不通。而《黔苗图说》咏侗家苗"勤俭由来只古同，聚盘过岁犹嫌丰；种花自织衣仍短，木刻为凭类古风"。②可见，咏侗家的竹枝词在《诸苗考》中"只古侗"为"只古同"之误。

"重裙无裤漫相嘲，彩线横斜缀袖稍。青箬裹盐搏糯饭，掬泉细嚼胜佳肴。"其注为："狄家苗，男子四围长衣。以裙为裤。女子短衣，花边窄袖，重裙无

① 杨庭硕，潘盛之. 百苗图抄本汇编［M］. 贵阳：贵州人民出版社，2004：198.
② 乐怡. 百苗图八种（下册）［M］. 影印本. 桂林：广西师范大学出版社，2018：90.

裤。食惟糯米饭，无匕箸，以手搏之。渴则饮水。在荔波县。"① 这是《百苗图》中水家苗的习俗。可见，《诸苗考》中"狄家苗"为"水家苗"之误，即将"水"② 字误写成"狄"字。

《诸苗考》咏郎慈苗"人情最谬惟郎慈，夫逆（逸）妇劳甚可疑。摒挡不闻稍告瘁，莫夸洪案有齐眉"。注"郎慈苗，其俗甚异，妇人产子，必夫在房抱守，不逾门户，弥月乃出。产妇出耕作，为饮食供夫，一日除乳儿外，悉无暇刻。父母将死，俟气既绝时，将亲手扭反向背，曰'好看后人'。今则俗风节（即）息矣。在威宁州"。而《黔苗图说》咏郎慈苗"人情最谬惟郎慈，夫逸妇劳甚可疑；摒挡不闻稍告瘁，莫夸鸿案有齐眉"。在"注"中提到"今则风俗即息"③，即《诸苗考》将"逸"误写为"逆"，"俗风即息"误写成"俗风节息"。

张汝怡《诸苗考》咏东苗"只留顶上发毵毵，明月秋中享祀谙；少妇花衣多缺袖，一生露背又何堪"。诗中注"东苗，有族无姓。妇人衣花衣，无两袖，以两幅遮前覆后，穿细褶短裙。男子留顶发，短衣背甲。中秋合寨延鬼师，祭祖屠牛，以木板陈馔，循序而呼鬼之名。祭毕，集亲戚畅饮尽夜。每春猎于山，获禽兽必荐祖而后食"。从《百苗图》中"图"和"说"看，东苗"有族无姓，妇人衣花衣，无两袖，以两幅遮前覆后，穿细褶短裙"。因此，东苗衣无两袖，应为"露臂"而不是"露背"，故该诗与注不符；而且，"注"是讲中秋祭祀，而"诗"中为"秋中"祭祀，"秋中"可能是"中秋"之误。同样，中国历史博物馆藏《百苗风俗图》中竹枝词有关"露背"的表述也是错误的。可见，该版本也不是善本。

咏洪州苗的诗，在《黔苗诗说》与《诸苗考》中一样，只是在《百苗风俗图》中将"不休"改为"勤耕力作志无休"中的"无休"，一字之差。

《诸苗考》咏罗汉苗"男儿头上一狐毛，披发诚心礼佛劳。每至暮春三月候，家家歌舞焚兰膏"。兰膏，是古代用泽兰子炼制的油脂，可以点灯。此处泛指灯火。按此诗，暮春三月，罗汉苗要家家点灯。事实上，其"注"部分很清楚，罗汉苗三月三不点灯有寒食之意，即"罗汉苗，男子头戴狐毛，披发于后，最敬弥勒佛。每三月三日，男女携食物供佛，歌舞三日，不火，似有寒食之意也。在八寨、丹江"。

① 刘锋. 百苗图疏证［M］. 北京：民族出版社，2004：236。
② 原文"水"字带有"犭"旁。
③ 乐怡. 百苗图八种（下册）［M］. 影印本. 桂林：广西师范大学出版社，2018：78.

《苗蛮图说》咏罗汉苗"男儿头上一狐毛，披发诚心礼服劳；每至暮春三月候，家家歌舞禁兰膏"。① "说"介绍罗汉苗："男子头代（戴）狐毛，披发于后，最敬弥勒佛。每三月三日，男女携食物供佛，歌舞三日不火食，似有寒食之意也。在八寨、丹江。"《诸苗考》咏罗汉苗与《苗蛮图说》的诗中只有一字之差，即《苗蛮图说》中的"禁"，在《诸苗考》中改为"焚"。罗汉苗每年三月三日有寒食之意，不生火、不点灯，当为"禁"，怎么能"焚"呢？故《诸苗考》明显又抄错了。

结语

竹枝词作为史料，从史源学角度对其进行考证是资料利用的基本前提。《诸苗考》全文包括序言和正文两部分。"序言"交代写作背景或缘由，而正文部分用81首竹枝词分别叙述贵州81种"苗蛮"文化习俗。每种"苗蛮"的文字表述又包括"诗"与"注"两部分。该书名为《诸苗考》，实为对《百苗图》的题咏，只不过删除了原图而已，《诸苗考》可名之为《诸苗竹枝词》。而且，其诗和注皆不是作者原创。《诸苗考》的诗和注，取材于《百苗图》，且不是同一版本，至少有两个版本。故《诸苗考》除了序文有一定价值外，其"诗"和"注"并无多大文献价值，引用时需要慎重。

---

① 乐怡. 百苗图八种（下册）［M］. 影印本. 桂林：广西师范大学出版社，2018：203.

从《德庄文书》所载两件命案看
清末赤水河流域的乡村社会

郭 旭*

发源于云南镇雄的赤水河，经数百千米的湍急奔腾后，在一个叫德庄的小村庄，拐了一个弯。离此仅数千米的茅台，其声名远超德庄，甚至也远远超过了赤水河流域的任何一个地方。这个叫茅台的渔村，由于 1935 年中国工农红军长征经过而闻名，更因数百年来不朽的茅台酒产地而闻名中外。但因特殊的际遇，可能让德庄在茅台乃至仁怀甚或赤水河流域人文方面的地位，达到一个前所未有的新高度。

2015 年 4 月 30 日，一场罕见的冰雹袭击了德庄，击坏了村中一所建于清道光二十三年（1843 年）的老宅。此宅已有 170 余年的历史，属于遵义市市级文物保护单位。茅台镇主要领导为了保护文物，闻讯后亲临现场组织买瓦翻盖。6月 12 日，茅台镇太平村原党支部书记蒋宗仁在组织实施翻盖工程时，在老屋的天楼上发现一个竹编箱子，里面有契约文书若干份。蒋宗仁支书凭借丰富的阅历断定，这是极为难得的珍贵资料，于是第一时间通知房屋的所有人陈果先生。听闻此讯后，陈果亦随即赶到，亲自上楼取下这些珍贵文书。因楼板朽坏，从2.4 米高处跌下，已 65 岁的陈果先生竟奇迹般毫发无损。这或许暗示了这批珍贵文书的重要经历：陈氏先祖陈大常，在 65 岁时方获选岁进士，其后陈氏家族历经艰辛，却仍兴旺发达。陈果先生得以从文字笔墨中触摸先祖遗迹，亦是在其 65 岁时，这不能不说是一个绝妙的巧合。经陈果先生整理，这批契约文书共计 48 份，内容涉及银两借据、纠纷调解、土地买卖、抵押借贷等方面，时限从清乾隆三十八年（1773 年）至新中国建立后的 1954 年，时间跨度达 180 余年。经地方文史专家整理，将这批文书命名为《德庄文书》。在这些珍贵文书中，有

* 作者简介：郭旭（1985—），男，贵州仁怀人，博士，贵州商学院经济与金融学院副教授，中国社会科学院·贵州省社会科学院博士后工作站在站研究人员，研究方向中国近代史、区域社会史。

六件文书涉及了两个特殊的案例，是发生于光绪十八年（1892年）六月的命案及其调解。这几件文书基本能够还原事件真相，并能借此了解清末乡村社会及乡绅在基层社会治理中的作用，颇值得做一番深入的研究。

一、在历史深处：一月内发生的两起命案

光绪十八年，即公元1892年，只是历史刻度上一个极为普通的年份。当然，若是较起真来，也能数出一些独特的事例。比如，奥地利人劳曼设计成功了世界上第一支自动手枪，美国人詹姆士·奈史密斯博士发明了篮球，孙中山在中国香港西医书院毕业正式成为一名医生，郭沫若、蔡廷锴、张云逸、陈公博、赵元任、刘伯承等一大批影响近代中国历史进程的人物诞生。具有更深远影响的则是此年法俄军事协定签订，标志着两大军事同盟的对抗正式形成，这与第一次世界大战的爆发关系匪浅。而在中国，两年后爆发的中日甲午战争，给中华民族带来了空前的危机和挑战。与其相比，这一年，却显得相对平静。

但在中国西南贵州省赤水河中游遵义府仁怀县安乐里茅台村的一个寨子里（今仁怀市茅台镇德庄），却并不平静安宁。这年六月，沿河一带水田里的稻子，虽有烈日暴晒，却仍在茁壮成长；山地里的玉米，已经成熟。青黄不接的村民们，早就已经将地里的玉米掰来，嫩一些的直接煮着吃，再老一点的，放到手推磨中磨碎，筛去皮壳，用水和湿上甑蒸熟。远在山坳里，也能闻到玉米饭的阵阵清香。但这样的玉米饭，吃起来却毫不可口。自从四月小麦收割后，村民们即将等来一年最大的收成。一切都似乎如常，与往年并无任何不同。但在月初和月底发生的两件事，彻底打破了山村的宁静，活生生地夺走了两条人命。初四，村民陈天华的长子陈春林掰了刘家地里的几个玉米，发生纠纷后激忿自杀。二十八日，村民王蚕的妻子因与人发生口角，也激忿自杀身亡。这两个案件，在历史发展的滚滚长河中、在号称拥有四万万同胞的中国，并无什么重大的历史意义，故湮没不彰。百余年后，就是事件当事人的后人，也早已遗忘。随着档案文献再现世人面前，我们才得以了解到此村庄的历史上，曾经发生过这样两件命案。文件读来比较沉重，然从研究的角度，还是值得剖析一番，我们先从现存文字记载入手。

（一）陈春林自杀案

据一份写于光绪十八年（1892年）六月十一日的文书，基本能够了解到事情发生的因由和结果。文书云：

具出永登和息了结文。约人陈天华、刘焦氏二比，情因本年又六月初四日，有陈姓之长子陈春林，搬得刘姓之包（苞）谷数个，有刘姓之降父、子刘诗与伊抓扯殴伤，伊含忿服烟毒毙命。陈姓意欲进城具报，当即凭团勘验，团绅等悯念两下家贫年老，不忍两拖累，苦劝两下在团了息，免误收成。两下不愿滋事，甘心具出请字，请团绅等说和了结。团绅等饬刘姓出具衣衾棺椁全付（副），并出钱贰拾柒千文与陈姓作伤埋忍泪灵纸之资。自和息了结之后，系实两下心甘意愿，绅首等并无压迫等情，两下老稚人等，亦不得妄称异言。倘有别故悫意，首等将纸付公禀官究治，两下自甘重罪，无得异言，恐口无凭，是以具出和［息］了结乙纸，付绅首等存团实实为据。

光绪十八年壬辰岁又六月十一日具出和息了结文永登杜惠文约人陈天华（画"十"）、刘焦氏（画"圈"）

和息 了结 为

永登 杜惠 据

凭亲族、团绅、邻里等王正安、欧辅廷、陈瑞廷、赵坤口、陈与庚、严锡三、李用平、向荣宗、王海滨（依口代笔人）、王泽三同在①

同日，陈天华并签下另一份文书：

具出请字人陈天华。情因本［年］又六月初四日，余之长子陈春林，自行不法，窃得刘老幺家之包（苞）谷数个，刘老幺即与子肆闹抓扯，意欲凭团剖论，迨至晚来，子母将子责逼，子复与刘老幺争殴，延至次日，以致忿激毙命。余自思家贫无资，又况秋成在迩，余夫室相商，不愿具报拖累，甘心具出请字。请得团绅陈与庚、赵坤口、严锡三、刘金山等，与余说和了息。余情愿领忍泪灵纸之赏，自请之后，系余夫室心甘情愿，并无套哄挪移等情。倘有别故翻悔悫意，首等禀官究治，余自甘重罪，不得异言，恐口无凭，请字实实为据。

光绪十八年壬辰岁又六月十一日具出甘心请字人陈天华（画"十"）

请字 为据

凭众 陈瑞廷、王正安、陈与周、李用平、欧辅廷、王海滨（笔）

① 大茅台系列丛书编委会. 茅台德庄［M］. 上海：文汇出版社，2016：211.

同在。①

十二日，陈天华签下另一份文书，领尸安埋。文书云：

> 具出领尸安埋文，约人陈天华。情因长子陈春林与刘老幺殴伤毙命，已经凭团说和，口口口具出领结乙纸，在团绅等陈与庚、赵坤口、严锡三三台名下，将子春林口口口埋，其有衣衾棺椁并及忍泪灵纸铜钱贰拾柒千文，亦并在绅首名下领明，并无少欠分文。自领之后，系实陈姓心甘情愿，首等并无压逼等情，陈姓老稚人等，亦无别言称说，倘有翻悔，自甘重究，问中不虚，领结实实。
>
> 光绪十八年壬辰岁又六月十二日具出领尸安埋文约人陈天华（手印）
>
> 领结　为据
>
> 凭众　向荣宗、陈与周、陈瑞廷、唐汝楫、欧辅廷、王正安、徐心田、王海滨（笔）同在②

根据这三份文书，可以还原事件真相。陈天华长子陈春林，在初四日掰了刘老幺家的几个玉米。刘老幺父子与陈春林抓扯殴打，陈春林回家后又被家中人责逼。便再去与刘老幺理论争执，延至次日，被殴打致伤。陈岔激之下，服烟毒自杀身亡。团绅在命案发生后即前往勘验，陈天华意欲进城报官。却由于两造均甚贫困，加上秋收在即，遂请团绅、地邻等说和了结。刘氏出钱二十七千文，陈氏领回尸首安埋。口说无凭，故立下字据，由此我们才得以大致了解命案经过及处理结果。

（二）"夷佃"王蚕之妻杨氏自杀案

光绪十八年七月初，村民郭遐昌请立字据。其文云：

> 具出请字文约人郭遐昌，情因本年六月二十八日，余妻张氏与夷佃王蚕之妻，为小分口过嚷闹，伊妻遇邪服烟毒来家坐骗至夜毙命，当即凭团勘验，王姓欲行具报。余夫室商议，正值成秋收在途，兼以家贫，不愿拖累，情愿具出请字，请得团绅　陈与庚、赵坤口、王纪

---

① 大茅台系列丛书编委会. 茅台德庄 [M]. 上海：文汇出版社，2016：212.

② 大茅台系列丛书编委会. 茅台德庄 [M]. 上海：文汇出版社，2016：213.

三等与余说和了息。余甘心出钱六十四千文，以作安埋之资、财礼并一切花费之资。自请之后，系余夫室心甘情愿，并无套请挪移等情，倘有别故，问中不虚，余自甘重究。事了之后，自然重谢，恐口无凭，请字实实。

光绪十八年岁序壬辰七月初口日具出甘心请字人郭遐昌（画"十"）

请字　为据

凭中人卞畏三、郭玉昌、李桂芳、熊明山、付文喜、王海滨（笔）同在。

①

七月初六，在团绅和地邻的调解下，郭遐昌和王蚕签了一份契约。云：

具出永登杜患和息了结文。约人郭遐昌、王蚕。情因于［本年］又六月二十八日，二比之室，为小分口过嚷闹，王蚕之妻遇邪服烟毒毙命。口口口，王姓欲行具报，绅等悯二比家贫，兼之秋成在迩，恐误收成，不忍二比拖累，苦劝二比在团了息。二比情愿具出请字，请绅首等与伊说和了息。绅首等饬郭姓出具衣衾棺椁全付（副），猪牛共四只，铜钱拾式千文与王姓作安埋除荐财礼之资。王姓情愿领尸安埋，其［所］有猪牛鸡酒铜钱，亦并在绅首名下领明。自和息了结之后，系实二比心甘情愿，首等并无压逼等情。于茶前酒后，王姓老稚人等，无得妄称异言，郭姓亦不别说。倘有别情，二比自甘重究，恐口无凭，故具出永登杜患和息了结乙纸，存团实实为据。

光绪十八年岁序壬辰七月初六日具出永登杜患和息了结文约人郭遐昌（画押）、王蚕（画押）

和息

为据

凭团绅、地邻、夷民亲族卞畏三、王纪三、赵坤口、陈与庚/周、李桂芳、口口口、口口口、口口口、口口口、王乔、杨正槐、王学友、杨三、熊四春、王海滨（笔）同在。

②

---

①　大茅台系列丛书编委会. 茅台德庄［M］. 上海：文汇出版社，2016：210.
②　大茅台系列丛书编委会. 茅台德庄［M］. 上海：文汇出版社，2016：214.

同日，王蚕也签了一份文书，领取安埋银。云：

> 具出请字人王蚕，因于本［年］又六月二十八日，余妻杨氏与主母张氏，为小分口过嚷闹，不料余妻遇邪服烟毒毙命，当即凭团勘验。余自思秋收在迩，兼以家贫，不愿具报拖累，情愿请得团绅陈与庚、赵坤口、王纪三等，与余说和了息。余情愿领安埋除荐财礼之资，自请之后。系实余心甘情愿，绅首等并无压逼等情，余亦不得套请挪移。倘有翻悔，余自甘重究，问中不虚，恐口无凭，立出请［字］乙纸，实实为据。
>
> 光绪十八年壬辰岁七月初六日具出甘心请字人王蚕（画押）
>
> 请字　为据
>
> 凭中人　杨正槐、王学友、杨三、王海滨（笔）同在①

与前一个案件类似，都是三份文书。王蚕之妻自杀案大致情形如下：王蚕之妻杨氏与郭遐昌之妻张氏发生口角，最后忿激之下服烟毒自杀。因出人命，郭遐昌愿意出钱六十四千了结。经过团绅调解，郭遐昌"出具衣衾棺椁全付（副），猪牛共四只，铜钱拾贰千文与王姓作安埋除荐财礼之资"。王姓领尸安埋，永无怨言，并立下文书为据。

二、自杀：两件命案所反映的乡村社会问题

在研读这两件命案相关的六件文献的过程中，引起了我们深刻的思考。因无其他资料可资佐证，我们只能以这几件文书为基本线索，通过其他史料或今人的研究成果，重构事件发生时其地的社会文化样态。

（一）"服烟毒"：自杀的工具

这两件自杀案件所采用的自杀方式，都是"服烟毒"。文书中所谓的"烟毒"，就是鸦片。如众所知，鸦片与吗啡、海洛因一样，都是罂粟属植物果实的制成品。鸦片种植的起源时间和地区尚难论定，最早在中东种植，其后传入欧洲。阿拉伯商人将鸦片种植及与其功能有关的知识传播到东方，在唐代鸦片已传入中国。近代以来，葡萄牙商人最早对华输入鸦片。18世纪60年代后，英国对华贸易逆差日益严重。遂在印度广泛种植鸦片，经东印度公司输入中国，以

---

① 大茅台系列丛书编委会. 茅台德庄［M］. 上海：文汇出版社，2016：215.

扭转贸易逆差。①

鸦片战争前，在我国西南及东南部分地区，就有人开始种植罂粟，生产鸦片。整个近代，鸦片种植在总体上呈现出不断扩大的趋势，种植面积越来越大，分布区域越来越广。② 清末贵州是鸦片种植的重要区域。鸦片战争后，鸦片传入贵州，种植地域遍及十三府。贵阳、安顺、兴义、大定、遵义数府鸦片弥山跨谷，唯有黎平因是苗疆，栽种较少。19 世纪 80 年代，贵州鸦片产量猛增，1879 年出产 1 万到 1.5 万担，1897 年增加到 4 万担左右，居全国第三。罂粟的广泛种植，提供了较为廉价的烟土，出现了大量的鸦片吸食者。有人估计，19世纪末 20 世纪初的贵州，每 10 人中就有 1 人吸食鸦片。大的鸦片商号遍及全省，就是在穷乡僻壤，零星小贩肩挑背运者也是络绎不绝。③

茅台一地，扼川黔交通要津。乾隆十年（1745 年），贵州总督张广泗奏请开凿赤水河，茅台成为川盐入黔要道。清末四川总督丁宝桢的盐政改革，使得茅台的区位优势更加突出，社会经济得到更进一步地发展。④ 到 20 世纪 20 年代，商人周秉衡在茅台开设酿造烧坊，便是利用其经营鸦片生意所积累的资本。事件发生地在赤水河中游，我们尚不知导致二人毙命的烟毒为购买还是自种。但有一点可以肯定的是，仅仅数十年时间，鸦片便已经蔓延到了这个十分宁静的贵州偏远村落。以前曾听老人们言及，在德庄附近村落大姓中，中华人民共和国成立后仍有偷偷吸食鸦片者。年纪较长者能详尽地道出罂粟种植及烟膏提炼技术。时至今日，仍不时有警察抓捕私自种植罂粟的村民。当然，现今的种植者可能是以罂粟幼苗入食（其幼苗细腻鲜嫩异常，入清汤火锅为妙品），但或亦与早先多年种植历史有关。在这两件命案中，鸦片成了自杀的武器，而且是出现在贫困之家（文书中谓"家贫无资""二比家贫"），充分说明了鸦片在清末乡村中的流行性。

（二）赔钱和解：自杀案的处理

赔钱和解，这两件人命案的处置方式是否合适？刘邦入关，约法三章云：

---

① 庄国土. 茶叶、白银和鸦片：1750—1840 年中西贸易结构 [J]. 中国经济史研究, 1995 (3)：64-76.

② 方骏. 中国近代的鸦片种植及其对农业的影响 [J]. 中国历史地理论丛, 2000 (2)：71-91.

③ 莫子刚. 略论庞鸿书抚黔时期的禁烟政策与措施 [J]. 贵州文史丛刊, 2002 (2)：16-18, 22.

④ 黄萍. 清代建制变更与赤水河开凿改写茅台区位历史 [J]. 西南民族大学学报（人文社会科学版）, 2010, 31 (5)：237-242.

"杀人者死，伤人及盗抵罪。"（《史记·高祖本纪》）俗语说：杀人偿命，欠债还钱。但这两个案件还有一个特殊之处，从现存文书来看，两位死者都是"服烟毒"毙命的。导致其死亡的因素较多，比如，陈春林是因为被殴伤，遭到家中长辈责逼太甚，服烟毒身亡。而王蚕之妻杨氏，是因为与主母郭张氏因小事发生口角，内心激忿，服烟毒身亡。从结果来看，虽两者都出了人命案，但都属于自杀，并非是为人所杀。当然，作为当事的另一方，也要负一定的责任。陈天华长子陈春林死后，对方"出具衣衾棺椁全付（副），并出钱贰拾柒千文"了结。而王蚕之妻杨氏死后，郭氏愿意出钱六十四千文了结。最后是"出具衣衾棺椁全付（副），猪牛共四只，铜钱拾式千文"。在此，我们暂不讨论两家所出钱物价值数额上的差别，只讨论丧葬赔偿这样一种处理方式，是否有相应的法律依据。在漫长的中国法律史上，对人命是至为重视的。一般刑事案件即便要判处凶手死刑，也有一系列复杂的程序设定，最后也要由皇帝核准。

在古代，命案发生后私自和解，是一项重罪。"一方面觉得国法所在，不能任子孙随意私自报复，另一方面却又受了礼经父仇不共戴天的影响，认为父母被人杀死，子孙不告官请求伸（申）冤而私自和解，实非人子之道。违法报仇，尚不失为孝子之心。从理论上来讲，并不为非，私自和解，便是忘仇不孝。……单从法律的立场上来讲，私和罪至满徒，明、清律擅杀杀父母之仇人不过杖刑，登时杀死，且可无罪。"明清律规定：子孙私和祖父母、父母之仇杖一百徒三年，期族之仇杖八十徒二年，大功一下的递减一等；卑幼被杀而尊长私和则各依服制减卑幼罪一等，私和缌麻卑幼之仇杖九十，小功杖一百，大功杖六十，徒一年，期族杖七十徒一年半，祖父母、父母私和子孙及子孙之妇之仇则杖八十。"若是受财私和，贪利忘仇，无骨肉情，其情可恶，自更不可恕了，所以处分更重。唐、宋、明、清律受财私和是计赃按盗贼从重论罪的。"①

但在实际生活中，中国社会又不乏出了命案后赔钱赔物的做法。史料表明，早在战国到秦时期，西南民族中就有杀人赔钱的习惯，唐五代时期又有杀人赔牛马的做法，并逐渐成为"赔命价"习惯法流传下来。② 而从操作层面看，"赔命价"制度产生时能够节约社会财富，在其发展过程中能够降低交易成本，是经济理性的一种表现形式。当然，这一制度和实践的形成，也与民族传统及文

---

① 瞿同祖. 中国法律与中国社会 [M]. 北京：中华书局，1981：83-84.
② 孔玲. "赔命价"考析 [J]. 贵州民族研究，2003，23（1）：102-105.

化背景相关。① 两个命案均未报官便私下调解，一方面符合传统法律中"私和"的潜流，在操作中更能节约相关成本（"家贫无资……不愿具报拖累"）；另一方面，又是由于两个命案中的直接致死因素，都是自杀。故从这个角度来讲，似亦并无不妥。

（三）"遇邪"：自杀的借口

在这两个案例中，我们还能透视晚清乡村中的自杀现象。从这两个案例来看，或许有偶然因素。我们尚难掌握具体的资料，在这个村庄中当时究竟有多少人选择用自杀的方式结束自己的生命。但还是从一个侧面揭示了乡村中自杀现象较为普遍地存在。所谓的"自杀"，我们赞同这样的定义："无论是以何种形式，只要是以'自毁生命'的方式结束人生，均称为'自杀'。"② 郭双林和李华丽进一步解释为：无论自杀者本人是否清醒地意识到自己的行为所带来的后果，也不管自杀者采取何种方式结束自己的生命，只要表现为自己结束自己生命的行为，都是自杀。③ 在我们分析的这两个案例中，死者以"服烟毒"的方式结束了自己的生命，不管其诱因如何，均可认为是自杀身亡。但从深层原因上分析，还是能够剖解出更多相关信息。

第一，乡村社会艰难的生存状态决定了人们对生命的态度。在中国传统文化中，除了极少数所谓的"杀身成仁，舍生取义"者外，主流文化对生命是十分重视的。无论是荀子提倡的"天地之间人为贵"，还是《孝经》所倡导的"身体发肤，受之父母，不敢损伤"，都对人及其生命的地位予以充分肯定。但在具体的社会生存中，这样的价值观念却受到了一定程度的挑战。如前引郭双林对晚清底层社会自杀老人的分析，因贫自杀及因邻里、家庭矛盾自杀为重要原因。及至民国时期，虽然中国社会已经发生了极大的变化，但生计问题导致的自杀行为仍较常见。④ 在这两个案例中，无论是陈春林还是王蚕之妻杨氏，可以肯定都处于社会底层。文书中的"两下家贫年老，不忍两拖累"等语，绝不是套语，而是当时村庄中的生存实态。特别是在陈春林的案例中，陈春林是

① 游志能. 民族习惯法产生、发展中的经济理性——以"赔命价"制度的产生、发展为主要考察对象 [M] //何明. 西南边疆民族研究（第9辑）. 昆明：云南大学出版社，2011：117-125.

② 薛岚，石倬英. 自杀行为的剖析与研究 [M]. 石家庄：河北教育出版社，2001：2.

③ 郭双林，李华丽. 晚清底层社会老人自杀及其生存状态分析 [J]. 晋阳学刊，2010（1）：86-92.

④ 周锦章. 角色危机与社会紧张：民国时期北平平民自杀样本研究 [J]. 北京社会科学，2009（4）：84-89.

因为偷盗了刘姓的几个玉米，最后冲突加剧，加上家庭内部的压力，自杀而死的。若非因为家贫，则双方不会因为数个玉米，就反复大动干戈，最后闹出人命案。在艰难的生存压力下，人们对生命价值的态度难免会受到影响，这也是乡村中动辄出现自杀的一大因由。

第二，乡村中缺乏相应的纠纷调解机制，导致事件进一步恶化。纠纷调解起源甚早，在中国传统文化中占有重要的地位，大致可分为民间非诉讼调解、半官半民的庭外调解和官方调解等类型。"中国古代的调解不仅是一种有别于通过公堂审判解决民事纠纷的方式，而且其本身的机制也是多元化的。在这种多元的调解机制中，纠纷当事人对纠纷的解决方法和调解人有着较为灵活的选择，而调解人的调解方式也可以多种多样。"① 但就算是这样的调解（如这两个案例所显示的，就属于"民间非诉讼调解"），也是在纠纷已经发生或已造成严重后果之后做出的。而在纠纷发生的过程中，我们很难看到有其他力量的介入。如陈春林案，从初四日窃得别人玉米发生纠纷，晚间复争执斗殴至次日，方服毒身亡。从文书中，我们没有看到邻里或其他社会力量的介入，家人"将子责逼"，最后忿激自杀身亡。杨氏亦是与主母因小事争吵，服毒身亡。文书中确认了郭遐昌所提出的"伊妻遇邪服烟毒来家坐骗至夜毙命"之说。其实，设想一下，如果在纠纷或争吵发生的过程中，有一定的力量介入，进行适当的引导和劝解，或不至发生失去两条生命的惨剧。

第三，动辄自杀可能与当时的社会风气有一定关系。德庄在赤水河流域中游，与黔北等地一样，民风彪悍。如现存嘉庆年间钞本《仁怀县草志》记仁怀风俗云："喜佩刀剑，斯固刚劲之风也。至安杨雄据，愈益尚武。以千里之地，为兵者，三万人，虽牛犊乎，刀剑之矣。近约文教，此风已戢。然尚有以竹弩守门，畲刀自卫者。"稍后的郑珍在《遵义府志》中引旧志所记仁怀风俗云："仁怀俗淳土瘠，人性犷悍，类分四种，好战斗，以劫杀为事。刀耕火种，不善丝蚕。疾鲜用医，惟事巫祝。婚姻世结，丧葬用乐。"而就在德庄一地，1864 年加入团练与号军战斗致死者，达近百人，这还不算号军一方的伤亡。团练领袖陈于逵之妻在出门寻夫听闻噩耗后，即刻自杀身死。这既是传统贞烈观的一种展现，是一种对亲人的挂怀，也是一种独特的生命观。特别是在经过战乱后，一个小小的村庄，就有上百人死亡，伤者无算。无疑会对人们的生命观造成冲击和影响。见惯生死，便无所谓生死。在面对和经历各种死亡之后，人们对死亡显得更为麻木。

---

① 曾宪义. 关于中国传统调解制度的若干问题研究 [J]. 中国法学，2009（4）：34-46.

当然，在这两件自杀案中，直接原因还是冲突与纠纷。这也说明，在当时的乡村中，远不够和谐与稳定。即便是在今日，乡中亦常发生各种纷争，诸如引水灌溉、牛入稻田、顺走别家物什农产等，生活和生产中的琐事，都能引起较为剧烈的冲突，最后甚至演化为刑事案件。但从根源上来讲，还是缺乏社会保障机制和纠纷调解机制。在生存权难以得到很好保障的时候，人们对"物"的重视，要远远超过人。这在 60 岁左右的一代，当有万分切身的体会，或更能理解此点。在这两个案例中，不止一次地出现"忿激""遇邪""服烟毒"毙命等字样。"遇邪"一词，将事情的过错，推诿到了死者身上，只是借口"邪"这一神秘力量。这正如今日乡中，如若有人做出逾越常矩的行为，便会被人认为是"撞见鬼了"一般。这也说明，当时的人们尚未能去探寻更深层次的因由，只能留与今人思索了。

三、乡绅：纠纷调解人及其权力来源

黄宗智指出，清代的诉讼案件是很少的，一般纠纷大多都通过调解来解决。"对家庭和邻里纠纷，没有中间人可以求助，村民们通常找第三者来解决冲突，特别是社区里那些在调解纠纷方面有威信的人士。这是一个具有很大灵活性的民间纠纷处理系统，易于适应各种情况。"① 在这两件命案调解的过程中，有两个重要人物反复出现，那便是作为团首的陈与庚、陈与周兄弟。这是陈氏家族乃至德庄的核心人物和灵魂人物，也是这两件命案的调解人。关于陈与周，我们所知不多，陈与庚的记录则相对多一些。在穆升凡所著的《茅台德庄人物交游考》中，有"恩骑尉、郡庠陈希龄"小传一篇。略云：

> 陈希龄（1856.6.14—1894），字与庚，号寿彭，郡庠（秀才）。陈
> 以观之子。世袭恩骑尉（四品武职），享受紫袍金顶。
> 陈希龄自幼警敏好学、品学兼优，怀阳书院修业后，又入遵义府
> 学，未几，获郡庠。
> 及长，受祖父荫泽而袭恩骑尉，享受紫袍金顶。
> 陈希龄受袭封，荣耀有加，在地方上可为仰慕至极。但是，陈希
> 龄尊崇颍川之源远，发扬义门之精神，宽怀仁爱，遍布德行。珍惜荣
> 誉，愧感空袭，便于乡办教育、兴文事、创家业、输秋会，为地方之

---

① 黄宗智. 清代的法律、社会与文化：民法的表达与实践［M］. 上海：上海书店，2001：
57.

贤达、梓里之楷模，深受世人尊重。为地方团绅，悉心团务，释解地方纷争，多付勤劳之德，世人为之称颂。

配丁氏，系茅坝马鞍山老房子贡生丁德昭之女，温良贤淑，内助称贤。可谓是满门吉庆，合族咸膺。

清光绪十五年（1889 年），陈希龄为父陈以观除灵追荐，感父之恩深，欣然撰写"言念"，列于经簿。①

此段文字为今人所著，其表述前后掺杂，条理欠缺，对传主生平事迹，描述过于简略单薄，难以一一述评。然这些文字，还是透露出一些有价值的信息。我们所关注者，不是其传记和经历，而是作为地方乡绅的陈与庚，如何获得名声、威望，并如何将其运用于地方治理的。

第一，乡绅陈与庚参与地方治理的权力及威望，来自父祖余荫。陈氏一支，亦属外来移民阶层。其详细世系因年代久远，不甚可考。然其大致历程如此：宋仁宗嘉祐年间，江西德安义门陈奉旨分为 291 庄，其中一庄为湖北麻城孝感麻城庄。其后迁徙不定，一支落户古蔺县百家寨，后迁仁怀德庄。至陈与庚曾祖陈大常起，成一方望族。陈大常，清道光二十一年（1841 年）岁进士。其时年已六十五，虽获取功名较晚，然由此得以步入主流社会。道光二十九年（1849 年），于遽、于书为其父陈大常营建生茔，时任贵州提学使翁同书制序，地方文士卢治安等撰写铭联。陈大常所营建之木架构房屋及坟茔今存德庄，为遵义市级文物保护单位。而陈与庚得以恩荫的关键，则是其祖父于遽（大常之子）。据《贵州通志·人物志》记载："陈于遽，己酉拔贡。杨凤党据县城，于遽与举人韩文开等联团御贼，颇有功。逮是年，白号复陷城，匪首谭八等据白云寨，擒于遽，逼之降，不屈；诱作书，不应，痛骂愈甚。贼怒，支解其尸。妻向氏，往寻夫，至中途，闻耗，遂自到。"陈于遽被号军执杀后，贵州提学使黎培敬提请朝廷优抚。后经贵州巡抚岑毓英查明咨复，于光绪六年（1880 年）十月二十四日奉旨"从优加赠都察院经历衔，照四品阵亡例，给云骑尉职袭，完时以恩骑尉世袭罔替。"② 陈于遽之子陈以观，于光绪七年（1881 年）袭职，殁后传与与庚。虽则，陈与庚所世袭的，只是武职虚衔，但在讲究等第的传统中国社会，四品衔无疑是非常具有吸引力的品第。从陈大常—陈于遽—陈以观，到陈与庚一代，经过科举入仕，以忠烈得朝廷圣旨旌表，已经积累起了丰厚的

① 大茅台系列丛书编委会. 茅台德庄［M］. 上海：文汇出版社，2016：60-61.
② 大茅台系列丛书编委会. 茅台德庄［M］. 上海：文汇出版社，2016：58.

遗产，为其参与地方治理做了政治上的准备。

第二，通过科举途径，取得了参与地方治理的文化资源。陈与庚本人，在怀阳书院修业。据嘉庆年间钞本《仁怀县草志》载："怀阳书院 乾隆二十四年建。"据同书所载，是时仁怀尚有培基书院"嘉庆八年知县陈熙建"。郑珍等纂修、成书于道光二十一年（1841 年）的《遵义府志》，其卷二十四《学校三》所载略同。说明在道光时期，仁怀仍只有这两家书院。至于陈与庚修业时期，是否有其他书院与怀阳书院并存，因史籍缺乏，尚难断定。但能入书院修习者，在地方上亦是出类拔萃的人物。至于遵义府学，尤为一府之最高学府。陈与庚之父陈以观，自幼受业于岁贡罗仕唐门下，研习四书五经诸子百家。咸丰三年（1853 年）县学第一名，六年（1856 年）补廪生。以观之父陈于遾（陈与庚祖父），从小濡染儒学，在县中怀阳书院修习，学业颇优，道光六年（1826 年）列诸生。数次参加科考不第，道光二十九年（1849 年）拔贡，遴选州判，分署直隶州分州知州，正五品衔。任满回籍，受聘怀阳书院讲席。陈于遾之父陈大常（陈与庚曾祖父），道光二十一年（1841 年）岁进士。虽以高年方获功名，且未入仕，然其得列翁同书门下，相与交游者，均一时俊彦。今人对传统社会晋升阶梯的了解，多着眼于已获较高层级的功名者，如进士、举人之类，甚或是其在科场上表现绝佳者（如状元）。然对于绝大多数孜孜于科场，但最后无所斩获者，我们缺乏认真严肃的了解与同情。如果不理解传统社会的学额之制，就难以理解传统社会运行的某些规则。如遵义府学额：进十八名，廪生三十六名，增生三十六名，一年一贡。遵义县学额：进十五名，廪生二十名，增生二十名，二年一贡。正安州学额：进十二名，廪生三十名，增生三十名，三年两贡。绥阳县学额：进十二名，廪生二十名，增生二十名，二年一贡。桐梓县学额：进八名，廪生二十名，增生二十名，二年一贡。仁怀县学额：进六名，廪生十六名，增生十六名，二年一贡。（《遵义府志》）与遵义府及仁怀周边各县相较，仁怀一地之学额，相对较少。故能得入学籍，是极为难得的事。学额资源的匮乏，导致地方上对能入学籍者的崇敬程度，可以说是到了无以复加的地步。即便是没有获得进士、举人等高阶功名者，通过在各级书院对经典的研习以及乡间私塾（或各级书院）讲学，也能获得传统社会的崇敬。这可以说是地方乡绅参与地方治理的文化资源（或文化权力），前述陈与庚便是一例。

第三，陈氏家族拥有的丰厚家产，则为其在地方上发挥协调、治理作用准备了重要的经济影响。陈氏家族拥有的地产及其他财富，缺乏相应的史料记载，但从其他一些文书、碑记等材料中，还是能够看出其家产丰厚。陈氏家族所居的德庄，处于赤水河右岸的贵州地界。与上游两岸之陡峭逼仄迫使河水湍急不同，赤水河在茅台之太平、德庄一带变得极为舒缓。两岸均是红壤，土层较厚，物候较离德庄仅数千米的油沟坝等地，要早出一周到十天时间。且处河边，灌溉便利，可谓是旱涝保收。当油沟坝等地在遭受旱魃肆虐颗粒无收之时，德庄等沿河诸地，毫无影响。有利的地理条件，孕育了陈氏家族的财富。在发现于赤水河边的一块咸丰二年（1852 年）所立的修路碑上，就有陈大常与陈于逵、陈于书父子捐款白银八百六十两的记载。① 若非有丰厚的家产，则如此大笔的捐赠，无从谈起。这从一个侧面证明了陈氏家族乃地方上的殷实之家。在一张乾隆三十八年（1773 年）的官契中，陈氏祖上陈琦购买张子明价值一百八十七两五钱的水田一块，税银五两六钱二分五厘。② 乾隆五十七年（1792 年）陈琦复买得张荣、张帝亨叔侄田土价银二百四十五两整。在整个陈氏家族的发展历程中，从现存契约文书来看，都在不断地买入田土。现存陈琦买入的两手田土，都算得上是大手笔。其后各代，均有不同程度的买入。从陈以观到陈与庚，乃至到民国年间，陈与庚子侄辈仍在不断买入田土。而陈与庚之曾祖陈大常在道光二十三年（1843 年）营建的房屋，今天已经成为茅台乃至仁怀的一大文化坐标。其恢弘的格局、宏阔的进深，楼宇重叠，雕梁画栋，仪仗陈列。在当时既是陈氏家族祖居之地，更是其财富的象征。可以这么说，陈与庚及其同辈人所拥有的丰厚物质财富，是其发挥地方治理作用的坚实的经济基础。

第四，帝制时代独特的政治结构，是陈氏族人积极参与地方事务、实现地方治理功能的重要原因。有一种观点认为，传统中国社会，皇权虽然无所不在，但在其对基层社会的控制与治理方面，正如吴晗所指出的，"官僚是和绅士共治地方的"③。从某种程度上讲，皇权是通过对各级官吏的选拔、任用和考核而实现对整个帝国的治理的。但整个帝国的官僚体制，其运行的最低层级是县一级。所谓的从中央到地方，无非就是从朝廷到各行省（行省本身亦较后起），再到各府州县，每一层级官吏的任用和管理，都由朝廷负责。作为勤政的典型，早期唐太宗能够记住每一个县令的名字，已然是异数。在整个帝制时期，中国约有两千余个县，虽废立无常，然其总数却大致不差，约略与今日相类。在 19 世纪，根据瞿同祖的研究，全国大约有 1200 到 1300 个县。④ 在更低一级的地方，帝国官僚体制的触角虽有所延及，却只能属于非正式的、游离于帝国官僚体制之外的一套运行机制在起作用。在一般的县级机构，朝廷只任命和考核县令

---

① 大茅台系列丛书编委会. 茅台德庄 [M]. 上海：文汇出版社，2016：197.
② 大茅台系列丛书编委会. 茅台德庄 [M]. 上海：文汇出版社，2016：219.
③ 吴晗，费孝通，等. 皇权与绅权 [M]. 上海：上海观察社，1948：50.
④ 瞿同祖. 清代地方政府 [M]. 范忠信，晏锋，译. 北京：法律出版社，2003：5.

（作为地方政务及刑事司法方面的长官）及儒学训导（主管地方教化）等职官。而对于基层事务的管理，不同程度地交给地方自主处理。如此一来，就给乡绅参与地方基层社会治理留下了相当大的空间。即使是在风云激荡的20世纪上半期，乡绅对基层地方治理也起着重大的推动作用。作为最为稳定的政治治理体制之一，郡县制无疑是中国传统社会政治结构留给世人的伟大遗产。加上科举选官制度以及考核升迁制度，共同构成了中国官吏选拔、任用、考核及流转的基本政治制度。在县以下，中华人民共和国建立以后的相当一段时期，都交由地方处理，诸如宗族（亲族）、里甲（保甲）、团绅（清末以来尤甚）、行会等各类势力。从陈氏家族来看，确实亦与此趋势相一致。其参与德庄乃至茅台地方社会事务，固然有其拥有的独特政治身份、科举身份、经济地位等因素，但极为重要的一个因由，则是传统中国独特的社会治理结构，为其发挥相应的能量，留下了极大的空间。特别是太平天国起事之后，为了应对蜂起的叛乱行为，清廷在面临八旗无力、绿营无恃的特殊历史背景下，允许地方兴办团练。在维护清廷（即"中央"）的前提下，给予地方乡绅以极大的权力参与或主宰地方事务。关于此点，或为近代劣绅兴起的一大动因。特别是进入20世纪后，随着科举制的废除、新教育的兴起以及城乡社会发展的进一步分化，乡村士绅也出现一定程度的分化。① 然从普遍意义上讲，其积极作用仍不容否认，如陈氏家族之所参与者。无论是直接组织团练保卫邻里，还是转型调解地方纷争、居中处置命案，还是作保调节诸如借贷、买卖等事务，都是发挥积极作用的一面，其历史意义不容低估。

当然，陈与庚在乡间所拥有的调解和处置纠纷的权力，还来自清代以来独特的团练制度。传统中国对基层社会的控制，主要是采用保甲制度。清中叶以后，面对地方民变的激烈与外敌的不断入侵，以地方士绅为主导、得到朝廷支持的团练成为地方社会的主流。"团练是一种以保甲为基础，以守望相助、武装自保为目的而建立起来的基层社会控制组织。作为一种由官方督导、地方士绅组织建立的地方自卫武装，它在清代动荡变幻的历史过程中产生过重要影响。"② 孔飞力指出："团练与保甲之间的另一重要区别是文人—绅士所起的作用不同。如萧公权所指出的，有功名的名流不应担任保甲制度中的职位，部分

① 罗志田. 科举制废除在乡村中的社会后果 [J]. 中国社会科学, 2006 (1): 191-204.
② 李光明. 近代云南团练与基层社会控制变迁 [J]. 文山学院学报, 2016, 29 (2): 14-20.

原因就在于保甲起着抵销名流支配地方权势的作用。"① 孔飞力认为，除了少数例外，一般来讲保甲职位都是委派给普通百姓的。团练的情况却大不相同，名流的合作是必不可少的。官方也认为领导团练是绅士的职责，名流在乡村中的支配地位能够经受反复的冲击，成为稳定乡村社会的一大重要力量。当然，有研究者根据巴县基层档案材料研究指出，孔飞力的结论也不能绝对化："一、从档案资料来看，各团领袖由两类人组成，即具有科举功名的绅士担任的监正及普通百姓充任的团首，如咸丰八年（1858 年）五云团在办理团练时'各乡设一监正、团首'。如团为复合团，则称为总监正、总团首。二、我们还看到，不是每个团都有取得功名的绅士，尤其是农村各团。"② 不管其首领是否完全来自绅士阶层，清末团练对百姓日常生活的影响是全方位的。虽然团练的主要职责是保卫地方安全，但在税费征收、纠纷调解、乡规民约制定及执行等方方面面，都发挥着重要作用。

在我们所讨论的这两个案件的调解中，乡绅（即文书中的"团首""团绅""绅首"等）发挥着重要的作用。但在调解的过程中，我们还是能够看到，团首陈与庚等人在行使调解权力时，是非常谨慎的。如调解陈春林一案的文书中，就有"自和息了结之后，系实两下心甘意愿，绅首等并无压迫等情，两下老稚人等，亦不得妄称异言。倘有别故怼意，首等将纸付公禀官究治，两下自甘重罪，无得异言。恐口无凭，是以具出和［息］了结乙纸，付绅首等存团实实为据"。又有陈春林之父陈天华出具"余情愿领忍泪灵纸之赏，自请之后，系余夫室心甘情愿，并无套哄挪移等情"字样。陈天华领尸之后，也出具如此字据："自领之后，系实陈姓心甘情愿，首等并无压逼等情，陈姓老稚人等，亦无别言称说，倘有翻悔，自甘重究，问中不虚，领结实实。"一方面，乡绅们反复强调，两造在团和解，全是自愿，且在调解过程中并无欺压逼迫等情形；另一方面，也要求调解双方在事情了结之后，不得有任何异言，也不允许翻悔。否则"禀官究治""自甘重究"。这也说明，乡绅在行使调解权力的时候是极为小心的。

四、结语

光绪十八年（1892 年）六月发生的两起命案，其起因都是微小的琐事，最

① 孔飞力. 中华帝国晚期的叛乱及其敌人：1796—1864 年的军事化与社会结构［M］. 谢亮生，杨品泉，谢思炜，译. 北京：中国社会科学出版社，1990：63-64.
② 梁勇. 清代中期的团练与乡村社会：以巴县为例［J］. 中国农史，2010，29（1）：105-118.

后都未对簿公堂，只是在地方团练的勘验劝和下了结了。陈春林案的起因是其偷窃了刘姓人家的几个玉米，故发生抓扯殴打，回家后又被长辈责逼，忿激之下服烟毒自杀身亡。王蚕之妻杨氏则是因与主母张氏发生口角，亦是在忿激之下服烟毒毙命。在自杀的方式、自杀的因由、最后的调解处理等方面，这两个案件都有着诸多相似之处。而且发生的时间非常集中，发生地也是在小小的村庄中（德庄）。当事人、参与者、调解者，都是同庄中人。这为我们了解清末赤水河流域乡村社会及乡民生态，都提供了重要的资料。从两位死者在自杀方式的选择上，我们可以看到鸦片在清末中国的流行程度；从命案最后的调解处置方式上，我们能够了解到这不但是一种权力运作机制，更是当事各方最为经济的选择；而以小事导致命案发生，与乡村社会的艰难生存状态和人们对生命的态度、缺乏相应的纠纷调解机制有关，也可能与仁怀一地的民风及咸同年间大动乱之后人们的心态有关。而在命案的调解过程中，以陈与庚等团首所发挥的作用为最大。我们以陈与庚为中心，剖析乡绅在乡村社会中发挥治理与调解作用的权力来源。就陈与庚而言，其权力既来自父祖余荫、通过科举途径取得参与地方治理的文化资源，也因其拥有的丰厚家产及帝制中国独特的政治结构，更因为其作为地方团练的首领。当然，在他们发挥调解作用的时候，也还是极为小心的。就所发现的德庄文书而言，其与德庄一地的地域文化联系紧密，已经引起社会各界的关注。① 从学术研究的角度切入，相信对推进我们对近代以来赤水河流域乡村社会文化的了解，将起到更大的作用。

---

① 陈连忠，周山荣. 德庄——茅台酒镇的人文注脚 [N]. 贵州日报，2016-07-08 (5).

论契约文书视域下清水江流域房地经营①

安尊华*

在清水江流域，房屋地基经营是村民社会经济生活中比较常见的现象，我们通过契约文书所载，大致可以得到房地经营的方式和单位面积的房地卖价。当然，这属于历史时期，我们应当忠实于历史事实，通过有限的数据，提出粗略的看法，以期抛砖引玉。

一、房地经营

（一）活卖

活卖房屋地基的方式有典、当与抵押借贷。相对而言，出典房屋换取资金和粮食较多，如《1-3-1-001 姜严三等典约（乾隆二十六年二月初八日）》。

> 　　立当约人姜严三、姜柳富、姜维乔、姜明宇四人，为因家下缺少银用，自己问到本寨姜文相、姜□□、姜文海、姜三保四人承典。姜严三□东田一丘作当五两，姜柳富园地一块、黄牛一边作当五两，姜维乔考屋地场期（基）一间作当五两，姜明宇三人当面仪（议）定作当。恐有误者，凭从四人人上发卖，今恐欲凭，立此当约为据。
> 　　代笔　杨宏先
> 　　乾隆二十六年二月初八日　立②

---

① 基金项目：2018 年度国家社会科学基金一般项目《清水江流域民间借贷契约文书研究》（18BZS139）。

* 作者简介：安尊华，男，苗族，博士，贵州师范大学教授，贵州民间文献研究中心主任，博士生导师，主要研究方向：中国文化史、历史文献学。

② 张应强，王宗勋. 清水江文书（第一辑，第 7 册）[M]. 桂林：广西师范大学出版社，2007：1.

房地的附属物阳沟之类亦可活卖。嘉庆二十二年（1817 年）十二月二十九日石发照弟兄四人为了解决费用，将其所占阳沟一股典卖与石化鹤名下，得银 2.6 两，约定以后不限定时间赎回，原文如下。

> 立典洋沟约人石发照弟兄四人，为因缺少费用无出，自愿将洋沟本名四人占一股，今当凭中出典卖与石化鹤名下得典为业。当日三面议定价银贰两陆钱整，即日交清。其洋沟自典这后，不拘远近续（赎）取，弟兄四人亲凭异愿。今欲有凭，立此典字为据。
>
> 凭中　湖相乾
>
> 代笔　石永珍
>
> 嘉庆廿二年十二月廿九日　立　典①

房地典卖后，遇到物价变化，卖主会要求买主补价，以图弥补价格上涨造成的损失。比如，光绪三十一年（1905 年）七月十三日胡德元领取其祖父名下房屋价典钱 15000 文，并订立清白字据，"日后白（伯）侄不得议论"（《贵州清水江文书·三穗卷》），以杜绝以后的争论。

活卖，即典卖，卖主有权赎回房产，机动性大，而且获得的资金可以暂时缓解困难。相对而言，房地活卖所占比例非常少，采用断卖与拨换等其他方式直接转移所有权对于村民来说更可靠。其中，断卖是房地经营的主要方式。

（二）断卖

清水江流域一些地域，断卖直接称为卖，少数地方称为绝卖。买卖仓屋基地是清水江流域的房屋类契约的重要内容之一。契约一般写作"立断卖仓屋地基字人某某"，另外写明仓屋的数量、大小、坐落和四至，以及中人、卖价、约定，最后还有落款。同治九年（1870 年）一月吴开焕与吴开煌将祖遗地基以钱 2200 文卖与房孙吴会贤，约定"其地基任凭买主竖造房屋居坐，日后不得言论。如有人等言论，不干买主之事"②。本约指出地基的前、后、左、右位置。关键手续是凭中、房亲和卖主都画押，虽然契约开头未写"断卖"二字，但实际上这份契约属于断卖房屋地基契约。

再如《光绪四年二月三日吴会泽、吴会河卖屋地基契》：

---

① 凯里学院，黎平县档案馆. 贵州清水江文书·黎平文书（第 5 册）[M]. 贵阳：贵州民族出版社，2017：48.

② 张新民. 天柱文书（第一辑，第 3 册）[M]. 南京：江苏人民出版社，2014：246.

立卖屋地基契人吴会泽、吴会河，今因家下要钱用度无从得处，是兄弟商议将到自己分上忠心平屋基请中间到堂兄会贤叔侄名下承买为业。当日言定价钱壹仟九佰文正。其价随契领足，领不另书。其地基贤拔日（与）神喜竖造房屋居坐，日后不得言论。如有人等言论，不干买主之事，卖主相（向）前理落。今幸有凭，立此卖契为据。［下略］①

吴会泽、吴会河将地基 1 坪以钱 1900 文卖与吴会贤叔侄修建房屋，标明四至，买卖双方皆画押。光绪六年（1880 年）二月十三日吴会通、吴会进卖塘边屋基，价钱 1620 文，开明四抵。② 光绪七年（1881 年）四月十二日姜克贞断卖屋地基，自占三股之一，价钱 4120 文。③ 民国六年（1917 年）四月二十一日，由于"为因缺少钱用无处所出"，吴会昌把地基 1 排拍卖给本房侄吴恒德，得钱 13660 文。其地基四至写在正文后另起一段，并强调古路通行无阻，注明解除字数、添加字数。补充说明钱已随契领清，不另外书立领字。此约完备。民国六年四月二十一日吴会昌卖屋场地基 1 排，价钱 13660 文，亦约定"前古路通行，不得阻当（挡）"。④

为了能够卖更多的钱解决经济困难，村民把房屋、地基以及房屋附属物全部变现，"百并在内"，如宣统元年（1909 年）十二月十八日伍华恩、伍华卓、伍华能兄弟三人卖老屋堂屋半间，卖价钱 9288 文。⑤ 民国十一年（1922 年）三月二十六日吴恒珍、吴恒钊卖房基地 2 间并板壁瓦盖柱檩（磉），卖价钱 32180 文。⑥ 民国十一年十一月二十二日龙清田将房屋 2 间断卖与龙荣富，卖价 24800 文，合银 12.4 两。⑦ 民国九年（1920 年）九月十八日吴会昌卖屋场并园地坪屋场、园场 1 所，卖价钱 19680 文。⑧ 村民将屋场与园地基一起出卖或卖地基及其所有附属物，卖价相对较高。当然村民亦用米、谷作为通货，如同治五年

① 张新民. 天柱文书（第一辑，第 3 册）［M］. 南京：江苏人民出版社，2014：251.
② 张新民. 天柱文书（第一辑，第 3 册）［M］. 南京：江苏人民出版社，2014：253.
③ 张新民. 天柱文书（第一辑，第 7 册）［M］. 南京：江苏人民出版社，2014：247.
④ 张新民. 天柱文书（第一辑，第 3 册）［M］. 南京：江苏人民出版社，2014：261.
⑤ 张新民. 天柱文书（第一辑，第 12 册）［M］. 南京：江苏人民出版社，2014：119.
⑥ 张新民. 天柱文书（第一辑，第 3 册）［M］. 南京：江苏人民出版社，2014：263.
⑦ 张新民. 天柱文书（第一辑，第 1 册）［M］. 南京：江苏人民出版社，2014：252.
⑧ 张新民. 天柱文书（第一辑，第 3 册）［M］. 南京：江苏人民出版社，2014：262.

（1866年）六月二十四日刘恩沛卖地基1坪、园地2屯①，得大米1斗2升，约合银0.5两（钱300文）。

值得一提的是房地买卖中的特殊情形。

一是卖房屋不卖地基。这种方式可以看作村民把房屋的居住权暂时出卖，如果买方要拆除旧屋新修房屋，必须再次与原卖主协商地基的产权转移。倘若卖方不同意转让地基，那么买方是没有任何权利重修房屋的。这种出卖方式非常独特，卖主拥有很大的自主权。毕竟村民的地基牢牢在握，地权才是交易的核心。比如，道光二十一年（1841年）闰三月十一日龙艳谱卖房屋的契约明确写作只卖"房屋一间与林邦琼"，卖价钱4000文，并强调"其余地基出外未卖"。

> 立卖房屋人隆寨龙艳谱，情因要钱用度，无从得处，自愿将到地名春花寨林邦鳌所还前账立卖一契三间房屋，仅将一间转卖与林邦琼承买。当日三面议定价钱肆阡（仟）文正。其钱亲手领足。其房屋一间任买主居坐，其余地基出外未卖。恐后人心不古，立此卖契存照。[下略]②

二是卖阳沟。道光二十四年（1843年）十一月初二日石林盛，为解决用费断卖阳沟1口，获得0.98两。道光二十四年十一月初二日石林盛将"祖遗之业洋沟乙口出断卖与堂弟石山辉"③，获元银9钱8分；又于同年十二月二十一日洋沟1团的二股之一断卖堂兄石山辉与获银9钱。"不卖百了，今断永不回头"④，买主管业，房族不得争论。这类产业在农村社会中具有重要的价值，即便亲人之间亦必须使用货币交易并书立字据，以免除争端。某种意义上说，阳沟是房屋的一部分，为此，有的村民把阳沟与房屋一起卖，书立契约，比如，咸丰五年（1855年）五月二十九日石山翠断卖地基阳沟十八股之一股，"自愿将本名共十八股所占一股出卖与本黄（房）石山辉名下承买为业。当日三面议

---

① 张新民. 天柱文书（第一辑，第19册）[M]. 南京：江苏人民出版社，2014：38.
② 张新民. 天柱文书（第一辑，第18册）[M]. 南京：江苏人民出版社，2014：11.
③ 凯里学院，黎平县档案馆. 贵州清水江文书·黎平文书（第5册）[M]. 贵阳：贵州民族出版社，2017：102.
④ 凯里学院，黎平县档案馆. 贵州清水江文书·黎平文书（第5册）[M]. 贵阳：贵州民族出版社，2017：105.

定价元银七钱三分"①。卖价很低，仅 0.73 两，这其中原因可能是象征性地支付费用，关键在于标的物转移产权是通过买卖方式而非其他，重在确认事实而非钱财数量多寡。光绪十一年（1861 年）正月二十三日石伍花断卖屋地基阳沟②交易中，包括阳沟在内，该宗屋地共卖 2.88 两，阳沟作为附属物未单独计价。

三是卖契分关。通过检图方式，查实家族房产图册，弄清产权人、数量、面积等有关信息，为家庭处理房屋剩余地块提供依据。这时的房屋余地卖契，采用的是卖契分关的方式，既有房产分析的内容，又有产业多寡不均，通过估价，获得房屋地基继承权当事人用补钱、未获得房屋地基继承权的人收钱来平衡剩余房产的公平分配。弟兄数人分产业或叔侄再分产业等均可用到此类契约。看起来比较烦琐，但这是清水江流域村民解决房屋地基剩余产业的比较科学的方式。这里的余地，一般包括猪圈、牛圈、龙门地块、房屋周边空地以及竹木等。有的产业若真正诸子均分，那是不可能的，武断切割之后，根本不可能使用。所以卖契分关方式在处理房屋地基余留问题时具有较强的实用性，如《光绪九年六月九日杨占鳌、杨占春、杨占芳等兄弟四人卖坐屋基地余地契》。

> 立卖坐屋基地余地契人杨占鳌、占春、占芳，今因我等弟兄四人住坐房屋狭窄，难以居安，请凭房族议论捡图为实。今我一房占盈捡得坐屋并基地周围余地，又并屋前屋后菓树竹木以并在内，当日凭族议作补价钱，杨占春该得钱三千柒佰伍拾文，杨占芳进钱叁仟壹佰伍拾文，杨占鳌进钱叁仟叁佰五拾文，其钱当日房族补清。其坐屋基地任三房杨占盈住坐耕管，永发无休。外有长房占鳌分得猪圈乙架，任凭当即拆去，四房占芳分得牛栏乙架，也凭我等拆去，不得异言。惟有二房占春半业（列）猪圈牛栏，杨占春不得□□。我等房族议定，多补钱文以作竖造之费。恐后无凭，立此卖契分关一纸，三占盈存收为据。
>
> 　　　　　　　　　　　　　　　　　　　　戚　　罗公梅
> 　　　　　　　　　　　　　　　　　凭
> 　　　　　　　　　　　　　　　　　　　　房族　杨秀谱
> 　　　　　　　　　　　　　　　　　　　　　　　开顶

① 凯里学院，黎平县档案馆. 贵州清水江文书·黎平文书（第 5 册）［M］.贵阳：贵州民族出版社，2017：186.

② 贵州清水江文书·黎平文书（第 5 册）［M］.贵阳：贵州民族出版社，2017：241.

开举

　　光绪九年陆月初九日　请房叔杨秀来代笔　立①

　　这宗卖契分关涉及当事人钱物的交换。领钱人一般书立领字，说明"照契关我二人之钱以（一）并领清"②。

　　（三）其他方式

　　1. 拨换房屋基地

　　第一，用房屋基地交换房屋基地。

　　比如《光绪十九年十一月四日龙万泮与龙世焕、龙万□父子换屋地字》：

　　　　立换屋地字人龙万泮有屋地一间，在我叔龙世焕、万口父子屋内边一间，侄万泮自愿将世焕屋内边一间换与世焕父子永远为业。自换之后，不得异言。恐人心不古，立有换字为据是实。

　　　　内添玖字。外批：照□为□。

　　　　　　　　　　　　　　　　　　　　　　　　　　官保

　　　　　　　　　　　　　　　　　　凭中　龙万里

　　　　　　　　　　　　　　　　　　　　　　　银珠

　　　　　　　　　　　　　　　　　　请笔　龙显禄

　　光绪十九年十一月初四日　立换③

　　本契中，龙万泮将屋地一间自愿换与龙世焕、万口父子屋内边一间，双方达成协议，永远居住。再如光绪四年（1878 年）二月三日吴神喜兄弟四人拨换屋基，"今因拨到忠星平屋地基于半拨塘坎上分得祖遗地基拨与堂兄会贤叔侄名下承拨竖造房屋居坐"④，找价钱 3030 文，开列四至，凭证中、代笔人、拨主全部画押。找价是房屋地基拨换的重要环节。民国二十年（1931 年）六月六日伍绍先拨换屋基 1 间与伍绍全"今承当面言定价钱捌千文整"⑤。当然双方自愿、标的物四至清楚亦是不可或缺的。

　　第二，用田换房屋基地。

---

①　张新民. 天柱文书（第一辑，第 3 册）[M]. 南京：江苏人民出版社，2014：114.

②　张新民. 天柱文书（第一辑，第 3 册）[M]. 南京：江苏人民出版社，2014：115.

③　张新民. 天柱文书（第一辑，第 16 册）[M]. 南京：江苏人民出版社，2014：90.

④　张新民. 天柱文书（第一辑，第 3 册）[M]. 南京：江苏人民出版社，2014：250.

⑤　张新民. 天柱文书（第一辑，第 12 册）[M]. 南京：江苏人民出版社，2014：5.

民国十一年（1922 年）十月二十九日龙先翰将屋却（脚）秧田拨换与龙廷珍名下为业起造房屋，此时田地产权转移到龙姓名下，同时龙廷珍把干桥田丘和另一屋脚田半边拨还龙先翰。实际上，将田地变作屋基地，再用田地归还原主，这种现象在清水江流域有一定的比例。

> 立拨换田作为屋地字人龙先翰，情因土名黄峭屋却（脚）秧田，……四至分明。廷珍请中向（上）门问到合（和）平商议，全（同）意拨换。将秧田付龙廷珍名下为业起造房屋。廷珍将干桥田乙丘，……又土名屋却（脚）田半边，……拨换与龙先翰为业。廷珍造屋，要留水沟与他人通行。[下略]①

第三，用房屋基地换田。

民国三十四年（1945 年）八月十八日龙锦才、龙锦元、龙俊辉等将老屋基两间半拨换汤克荣产量为 4 挑谷，龙氏补汤氏钱 6000 文。

> ……情因先遗下大窑（寨）大毫老屋基贰间半，……四至分明。自请中商议，同意将屋基贰间半付与汤克荣永管为业，克荣愿将冲从路边龙氏坟□壹丘，收花四挑，……四至分明。自愿将此田付与龙锦才元、后辉祥、后安武等人为业，龙氏付汤氏钱陆吊。②

用屋地换田并补钱 6000 文（折银 1 两），说明该田面积比屋两间半大得多且价值略高。这种情形并不多见。

第四，用园地调换房屋基地。

由于修房时需用地基，村民用园地拨换地基。比如，刘先甲占地基被占大约 3 尺，妻粟氏翠咸及子定乾自愿补园地大 3 坪。《民国十五年八月二十二日刘先甲拨换字》。

> 立拨换字人刘先甲，情因先年族弟刘东甲建屋误占我地基约三尺余，今东甲已亡故，伊妻粟氏翠咸及子定乾自愿凭凭中将伊园地大三坪将补于我，以作拨换。自补之后，二比各管各业，无得长言短语，

---

① 张新民. 天柱文书（第一辑，第 14 册）[M]. 南京：江苏人民出版社，2014：33.

② 张新民. 天柱文书（第一辑，第 14 册）[M]. 南京：江苏人民出版社，2014：151.

以生异议。恐后无凭，立有拔换字约，各执一纸为据。[下略]①

再如道光十九年（1839 年）十二月二十五日姜三绞、姜丙生和姜丙午先年佃栽姜之毫、姜开让之山，其山分为五股，三绞父子占栽手二股，又将四至清楚的先年栽福宗福之山，此山土栽分为四股，三绞父子占栽手一股。三人用栽手股份与姜之毫、姜开让换屋一间半，约定"其木任从之毫、开让管业，日后不得异言翻悔"②。实际上姜三绞等运用栽手股份交换屋地。

2. 租佃房屋

清水江流域的房屋租佃起源时间不能确定，道光年间有此类契约，那说明至少在道光时期该流域就出现了房屋租佃的交易。《姜世儒佃仓脚字（道光七年九月十六日）》。

> 立佃字人本寨姜世儒，为因佃到姜世荣、姜世泰兄弟仓脚三间居住贸易，后日不要柱（做）错乱行。如有乱为自甘罪，不与主家何甘（干）。所佃是实。
>
> 姜世洪笔
>
> 道光七年九月十六日　立③

本契约显示，姜世儒佃仓三间用于贸易，约定"不要做错乱行"，否则自甘领罪。不过租佃房屋并不发生产权转移。

民国时期房屋租佃亦存在，由于缺乏地块修建房屋，村民租佃房屋以作商业贸易用。比如，民国三十四年（1945 年）九月十八日龙盛荣用 140 斤谷（16 两老秤）租得屋地一间。但龙盛荣不能充当二地主，即契约中双方已经约定承租人可以创造营业，以后有变更，不论地主有无能力均不可以作为第二人"固定法定以阻地价"，原文如下。

> 立租店基字人隆寨龙盛荣，情因生逢商战时代，无地起造营谋，亲自上门到演大寨龙令钦名下有地可以创造，应允出租一间，……今

---

① 张新民. 天柱文书（第一辑，第 19 册）[M]. 南京：江苏人民出版社，2014：63.

② 张应强，王宗勋. 清水江文书（第一辑，第 5 册）[M]. 桂林：广西师范大学出版社，2007：390.

③ 张应强，王宗勋. 清水江文书（第一辑，第 9 册）[M]. 桂林：广西师范大学出版社，2007：220.

愿当一间租谷，议定十六两老称（秤）共一佰四拾斤正。其谷限每年
九月二十日完付，不得今三明四延拖。其基任凭承租人创造营业。倘
后若有更变，先问地主有无能力，亦不得擅常地上权私作第二人固定
法定果实以阻地价。[下略]①

3. 分关调整房屋基地

分关是产业分析的方式，房屋地基通过分关，过户到新的业主手中，新业
主与原业主多数为父子关系。分关使房地产权发生转移，是房屋契约中的重要
内容。严格意义上讲，分关不是一种经营方式，是家庭发展壮大的必然过程，
是家庭经营的方式。毕竟订立分关书，重新分配房屋基地，是中国传统家庭中
的大事，清水江流域亦然。这为核心家庭的发展开辟了道路，亦为房屋地基的
交易创造了条件。为了修建房屋而订立的比较早的合约，比如，康熙三年
（1664 年）李还楚等为屋场地基起造房屋称为"孝义合约"。

> 立孝义议（义）请（清）白基场人李还楚，今因尊贵有长坪并黄
> 家龙贰处屋场基地，还楚、玉楚、华楚壹半，茂楚、大洪一半，今还
> 楚坚意要在长坪创造，有兄玉楚、华楚凭亲家涂长卿、曾玉珍公同说
> 明，其长坪屋场还楚创造屋三间，横三丈六尺，通前至前还楚起造，
> 茂楚不得异言。其黄家龙屋场基地听茂楚、大洪起造，还楚、玉楚、
> 华楚不得异言。立此孝义合约一样贰纸，各执一纸□□为据。 [下
> 略]②

该份合约明确说明当事人还楚在地名长坪所修建的房屋为三间，占地面积
为"横三丈六尺"，包含屋地基前面地块。村民涉及屋地基调整，十分慎重，除
了凭中，还有胞弟、房侄、亲家、凭证人等。

同治十年（1871 年）十月初二日姜凤仪把地基分为三股，强调分到地坪的
人绝不可弄错产业。③ 这种情况当事人订立分合同，书明原因，房至地来源、
四至、分股情况，约定"不得再生异议，今欲有凭，立此合约三纸，各执壹纸
永远管业发达存照"，如《1-2-8-159 姜元贞、姜元瀚、姜元灿兄弟三人分房

---

① 张新民. 天柱文书（第一辑，第 16 册）[M]. 南京：江苏人民出版社，2014：55.
② 张新民. 天柱文书（第一辑，第 18 册）[M]. 南京：江苏人民出版社，2014：222.
③ 张应强，王宗勋. 清水江文书（第一辑，第 3 册）[M]. 桂林：广西师范大学出版社，
2007：380.

屋并地基股份合同（民国十七年二月初五日）》。

> 立分合同约人姜元贞、元瀚、元灿兄弟三人，情因二哥元贞于民
> 国十四年七月二十八日买获本房凤峡公与灿成叔之房屋兼地基贰股，
> 当日凭中姜梦松议定买价元钱每股三十四千八百八十文，又乙丑年十
> 月十一日买获义成之一股价元钱三十八千零八十文。……共有先时买
> 价，而元瀚元灿亦按照三股摊派，如数补清，不得短少分文，日后成
> 修或补以及居住均为三人管业……永远管业发达存照。[下略]①

民国后期，如民国三十四年，村民买卖房屋地基使用时使用钞洋交易。民国三十四年一月十九日刘定杰出卖屋地一宗，卖价为大洋 13580 元，原契文如下。

> 立卖屋地字人刘定杰，今因要钱使用，无所出处可得，自愿将到
> 地名平墓屋地壹坪，右抵刘灿模的山，左抵买主的屋，上抵买主的圈，
> 下抵买主并灿模园地。自（四）至分明，要钱出卖。问到本族刘定环
> 承买。当中议定价洋壹万叁仟伍佰捌拾元整。其钱领清。其园地卖与
> 买主耕管为业。自卖之后，不得异言。恐口无凭，立有卖字为据。[下
> 略]②

房屋地基契约中的相关信息，折射出官府的管理情形。比如，国民政府重视对屋基地的管理体现在文书中。其方式是勘察准确，下发谕令与产权所有人，使所争的产业物归原主，从而解决土地产业纠纷。国民政府主要通过验证伪造的契约，然后下达谕令，付与产权人收执。其中证人有保长、父老等。这种方式避免了伪造契约侵吞他人地基等产业的行径。比如，《民国二十四年四月七日伍永福与杨承勋、杨秀元真假土地买契纠纷谕令》。

> 讯得伍永富管有地名括冲铁录冲地土壹团，内有地基荒坪荒田等，
> 系叔华恩于民国拾柒年以（已）将卖与侄永富认纸管业，历管无异。

① 张应强，王宗勋. 清水江文书（第一辑，第6册）[M]. 桂林：广西师范大学出版社，2007：338.
② 张新民. 天柱文书（第一辑，第19册）[M]. 南京：江苏人民出版社，2014：68.

殊至今春突有邻村杨承勋、杨秀元二人用计扬言假造伪纸，吾有契据，即请保长及父老呈阅。伍永富所书系伍绍南凭笔契据，以与保长父老等呈阅。此书笔迹无二，则此山地基、荒坪田等为伍华恩所得卖已。其杨承勋、杨秀元二人之契一为华卓、华能于民国贰拾年所书，其兄华恩既卖之后，自不生效，系欲侵占此山，故为造此契，而杨姓自伪造无疑。踪（综）上各情，应当伍永富照契管业，其杨姓永远不能侵占此山。恐后无凭，立有谕令一纸付与伍永富手执为拠（据）存照。

凭　保长　龙再贞

父老　胡国藩　伍永钧　杨宗城

校　　绍江　龙连三　吴代兴等

民国贰拾四年四月初七日　　立①

本契中，通过保长、父老等笔迹比对，认为契约中笔迹无差别，荒山、地基、荒坪田等为伍华恩所得卖属实。杨承勋、杨秀元的契纸中的字是华卓、华能在民国二十年（1931 上）书写的，这些产业是伍华恩已于民国十七年（1928年）卖与伍永富的，产权转移在三年前，杨姓伪契产生在后无疑，其目的是欲产业。这类伪造极不高明，但毕竟是土地产权纠纷，地方政府自然认真处理，通过谕令方式确认产权。一次下令并不能完全奏效。第二年四月再次下达谕令。《民国二十五年四月七日伍永福与杨承勋、杨秀元真假土地买契纠纷谕令》。

讯得伍永富笔（管）有地名括冲地土乙团，内有地基四坪，系杨铁禄于光绪十年所卖，有契与伍华恩。恩于民国二十一年又将卖与侄伍永富认纸笔（管）业，历来无异。不料至今春突有邻村杨承勋、杨秀元二人用计扬假造伪纸，吾有契据，即请父老呈阅。伍永富所呈、族侄伍绍南凭笔契据将与父老呈阅，永富所书笔迹无二，则此山坪为伍华恩所卖已。而杨承勋、杨秀元二人之契据一为伍华卓、伍华能于民国贰拾叁年所书，其兄华恩既卖之逶（后），自不生效，系欲侵占此山坪，故为造此契。杨承勋、杨秀元二人伪造无疑。踪（综）上各情，应当伍永富照契笔（管）业，而杨承勋、杨秀元二人永远不能进占此山坪。恐后无凭，立有谕令手执为拠（据）存照。［下略］②

---

① 张新民. 天柱文书（第一辑，第12册）［M］. 南京：江苏人民出版社，2014：136.

② 张新民. 天柱文书（第一辑，第12册）［M］. 南京：江苏人民出版社，2014：146.

一年之后，当地政府再次下谕令，重申内含有地基四坪的产业归伍永富永远管业，此份地权的转移从中可知。光绪十年（1884 年）杨铁禄曾把这宗土地卖与伍华恩，当时即书立有卖契。民国二十一年（1933 年），时隔 47 年之后，伍华恩将此业卖与侄伍永富管业，亦立有卖契。这时该宗土地所有权转移到伍永富手中。国民政府判断产权依据的是买卖双方订立的契约，与是否为官契纸无关。那么伪造的契约不攻自破，昭然若揭。

二、房地卖价

1. 房地亩价

根据该流域一般木房一间长约为 1.5 丈，合 5 米，进深（纵向）2.4 丈，合 8 米，则一间房屋面积为 3.6 平方丈，合 0.06 亩。我们可以估算出房屋地基的每亩卖价。清代的房地价大约每亩 34.16 两，民国房地价大约每亩 77.72 两。19 份文书所反映的房地价大约平均每亩 47.92 两。见表 1。

表 1　清水江流域房地买卖亩价

文书年代	标的物	卖价	折银（两）	亩/两
乾隆二十六年（1761 年）	屋场一间		5	83.33
乾隆三十九年（1774 年）	仓 1 间地		1	50
咸丰二年（1852 年）	屋基 9 尺一幅	3230 文	2.15	59.80
咸丰九年（1859 年）	仓地 1 间	600 文	0.40	16.67
同治三年（1864 年）	1 间	200 文	0.13	5.56
同治八年（1869 年）	1 间	2170 文	1.45	24.11
光绪二年（1876 年）	1 间地	3268 文	2.18	36.31
光绪四年（1878 年）	1 间地	4100 文	2.73	45.56
光绪十一年（1885 年）	1 间地	2160 文	1.44	24
光绪十三年（1887 年）	6 尺	580 文	0.39	25.80
光绪二十一年（1895 年）	1.5 间		17.20	19.11
光绪二十六年（1900 年）	地基 1 向		5.52	30.67
光绪二十八年（1902 年）	1.5 间		20.90	23.22
民国三年（1914 年）	1 间		4.28	71.33
民国十年（1921 年）	1 间	1500 文	1.07	17.86

续表

文书年代	标的物	卖价	折银（两）	亩/两
民国十五年（1926 年）	2 间	32.8 元（光）洋	21.87	182.25
民国十六年（1927 年）	典地基	27800 文	4.63	77.22
民国二十三年（1934 年）	典地基	20800 文	3.47	57.83
民国二十七年（1938 年）	1 间 9 尺	3230 文	2.01	59.80

资料来源：张应强、王宗勋：《清水江文书》（第一辑），桂林：广西师范大学出版社，2007 年，第 7 册，第 247 页；第 3 册，第 4 页。张应强、王宗勋：《清水江文书》（第二辑），桂林：广西师范大学出版社，2009 年，第 5 册，第 13 页，以下依次为：6 册 5、6、38 页；5 册 29 页；2 册 278 页；5 册 278、39 页；6 册 17 页；5 册 292 页；6 册 18 页；5 册 67、390、475、503、505、249 页。

明清时期，徽州休宁县的住宅基地价格，嘉靖十四年（1535 年）为每亩 664.21 两，嘉靖十九年（1542 年）为 541 两，嘉靖二十四年（1545 年）为 220 两；歙县，雍正七年（1729 年）每亩 200 两，乾隆二十三年（1758 年）为每亩 350 两，乾隆二十四年（1759 年）为每亩 900 两。[①] 此地基亩价达 900 两，原因是所卖之地与买主的屋宇相连。清水江流域房屋基地的每亩价比徽州休宁县的住宅基地价格低。

2. 按照朝代顺序讨论房地买卖价

我们以加池苗寨姜绍卿家族清代土地买卖契约略做分析，可知姜绍卿家族自 1774 年至 1872 年近 100 年时间里，先后卖房屋基地等 9 次，平均每宗交易银 6.37 两，如表 2 所示。

---

① 彭超. 明清时期徽州地区的土地价格与地租 ［J］. 中国社会经济史研究，1988（2）：56-63.

表2　加池苗寨姜绍卿家族清代卖房屋基地统计

文书题名	年份	出卖物	卖价	折银（两）
1-1-6-004 姜柳包断卖屋地基仓约（乾隆三十九年十月初四日）①	1774	地基、仓	银11两	11
1-1-2-026 龙长生断卖住屋并地基约（道光二年十二月十二日）②	1822	屋、地基	银8.48两	8.48
1-1-8-021 姜开元等断卖园地基字（道光二年十二月三十日）③	1822	园地基	银3两	3
1-1-8-024 姜奉琏，姜长琏弟兄卖屋与地基契（道光四年十二月二十一口）④	1824	屋地基	银7.5两	7.5
1-1-2-036 姜厌生断卖山场杉木屋地坪约（道光十四年三月十二日）⑤	1834	山林屋地坪	银17两	17
1-1-8-038 姜成忠断卖仓与地基字（道光十八年十一月十八日）⑥	1838	仓、地基	银1.55两	1.55

① 张应强，王宗勋. 清水江文书（第一辑，第3册）[M]. 桂林：广西师范大学出版社，2007：4.
② 张应强，王宗勋. 清水江文书（第一辑，第3册）[M]. 桂林：广西师范大学出版社，2007：135.
③ 张应强，王宗勋. 清水江文书（第一辑，第3册）[M]. 桂林：广西师范大学出版社，2007：331.
④ 张应强，王宗勋. 清水江文书（第一辑，第3册）[M]. 桂林：广西师范大学出版社，2007：334.
⑤ 张应强，王宗勋. 清水江文书（第一辑，第1册）[M]. 桂林：广西师范大学出版社，2007：147.
⑥ 张应强，王宗勋. 清水江文书（第一辑，第3册）[M]. 桂林：广西师范大学出版社，2007：348.

续表

文书题名	年份	出卖物	卖价	折银（两）
1-1-8-054 姜凤仪断卖仓柱并地基 1 契（道光三十年四月初五日）①	1850	仓、地基	银 7.4 两	7.4
1-1-8-056 姜明仁断卖仓坪约（咸丰九年六月二十五日）②	1859	仓坪	银 0.6 两	0.6
1-1-8-073 姜晚乔断卖屋地基约（同治十一年十一月初一日）③	1872	屋地基	钱 1200 文	0.8
合计 57.33 两				平均 6.37 两/宗

资料来源：张应强，王宗勋：《清水江文书》（第一辑）［M］. 桂林：广西师范大学出版社，2007.

根据银钱比价和清代的朝代，我们把清代的房地买卖分为十二个时期：顺治、康熙、雍正年间（1644—1735）、乾隆（1736—1795）、嘉庆（1796—1820）、道光（1821—1850）、咸丰（1851—1861）、同治（1862—1874）、光绪（1875—1908）和宣统（1909—1911）。民国虽短，但各时段的房地卖价比较复杂，故分为四个时段，即民国一至九年（1912—1920）、民国十至二十四年（1921—1935）、民国二十五至三十四年（1936—1945）、民国三十五至三十八年（1946—1949）。

整体考察的契约文书共 508 件，交易介质为银、钱、谷、米，从朝代分布来看，乾隆以前很少，仅 1 份，乾隆 5 份，嘉庆 11 份，道光 36 份，咸丰 16 份，同治 36 份，光绪 111 份，宣统 9 份，民国 283 份。

我们采取具体一阶段的房地卖价的平均价，作为此时段的每宗房地卖价，

---

① 张应强，王宗勋. 清水江文书（第一辑，第 3 册）［M］. 桂林：广西师范大学出版社，2007：364.

② 张应强，王宗勋. 清水江文书（第一辑，第 3 册）［M］. 桂林：广西师范大学出版社，2007：366.

③ 张应强，王宗勋. 清水江文书（第一辑，第 3 册）［M］. 桂林：广西师范大学出版社，2007：383.

然后对这个参数进行比较，主要分析它们之间有何异同，大体得出清水江流域自清初 1644 年到 1949 年的房地单宗卖价的大致情况。

表 3　清至民国清水江流域房地买卖统计

单位：（银）两

朝代	宗数	折银	均价
顺、康、雍（1644—1735）	1	3	3
乾隆（1736—1795）	5	34.86	6.97
嘉庆（1796—1820）	11	42.08	3.83
道光（1821—1850）	36	453.34	12.59
咸丰（1851—1861）	16	54.14	3.38
同治（1862—1874）	36	164.88	4.58
光绪（1875—1908）	111	618.99	5.58
宣统（1909—1911）	9	51.71	5.75
民国一至九年（1912—1920）	58	461.48	7.96
民国十至二十四年（1921—1935）	141	4314.44	30.6
民国二十五至三十四年（1936—1945）	64	2719.14	42.49
民国三十五至三十八年（1946—1949）	20	825.51	41.28
合计	508	9743.57	19.18

资料来源：《清水江文书》（第一辑）、《贵州文斗寨苗族契约法律文书汇编——姜元泽家藏契约、文书》《贵州清水江流域明清土司契约文书·九南篇》《天柱文书》（第一辑）、《贵州清水江流域明清土司契约文书·亮寨篇》以及锦屏县文斗寨姜启贵家藏契约。

　　顺治、康熙、雍正年间（1644—1735）房地价平均每宗 3 两。乾隆（1736—1795）房地价平均每宗价格为 6.97 两。嘉庆（1796—1820）房地价平均每宗价格为 3.83 两。道光（1821—1850）房地价平均每宗价格为 12.95 两。咸丰（1851—1861）房地价平均每宗价格为 3.38 两。同治（1862—1874）房地价平均每宗价格为 4.58 两。光绪（1875—1908）房地价平均每宗价格为 5.58 两。宣统（1909—1911）房地价平均每宗价格为 5.75 两。民国时期，一至九年（1912—1920）房地价平均每宗价格为 7.96 两。十至二十四年（1921—1935）房地价平均每宗价格为 30.6 两。二十五至三十四年（1936—1945）房地价平均每宗价格为 42.49 两。三十五至三十八年（1946—1949）房地价平均每宗价格为 41.28 两（见表 3）。

在这些房地契约中，最高一宗卖 900 两，最低 0.13 两。两者相差 6923 倍。然后每宗卖价依次为 645 两、390 两、339 两、310 两。100 两以上仅 15 宗。平均每宗 19.18 两。中位数为 5.48，众数为 2。每宗卖价不足 1 两者达 49 项，占 10.37%。也就是说，近一成的房地交易不足一两。2 两以下占 122 宗，占 24%。这些交易中，近四分之一不足 2 两。8 两以下占 302 项，近 60%。10 两以下有 336 宗，占 66%。从这些数据我们可以推断，清水江流域的房地单宗买卖大约七成处于 10 两左右，总数额比较小。由此带来的经济收益总量也偏小（见图 1）。

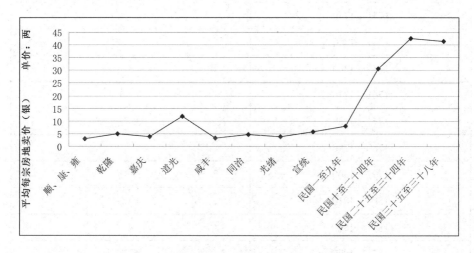

图 1 清至民国清水江流域房地买卖均价图

从交易的币种上说，道光以前的房地买卖，全部使用银两作为介质。道光时期开始出现银两、铜钱和谷物并用，几种介质混合使用，一直持续到 1950 年。从 1946 年到 1949 年，银币、谷、米并用，成为这时期的主要交易媒介，而铜钱则很少使用。

3. 以十年为段估算房地卖价

为了比较清水江流域房地买卖的变化，探讨房地买卖的变化规律，我们以十年为段进行分析。

508 份房屋基地契约卖价共计 9743.57 两，平均每宗 19.18 两。中位数为 5.72 两，最高 900 两/1800 千文，最低 0.13 两，超过平均数的有 97 宗。单宗超过 100 两的有 17 宗。从 1701 年至 1949 年，共计 249 年，整体房价平均每宗 10.63 两，考察文书累计有 508 份。基于上面的讨论，我们认为，清水江流域 1701—1949 年的房地平均卖价，总体上呈现一定的规律，一是随着时间的推移，每宗房地的卖价由高向低变化；二是交易的宗数自道光以降逐渐增加。房地卖价变化的总趋势表现为由低到高、由高到低，再到高的高低起伏变化（见表4）。

表4 1701—1949年清水江流域分段房地买卖均价

起止时间	平均卖价（两/宗）
1701—1710	3
1711—1720	
1721—1730	
1731—1740	
1741—1750	
1751—1760	5
1761—1770	2. 75
1771—1780	3. 77
1780—1790	
1791—1800	1. 83
1801—1810	4. 60
1811—1820	4
1821—1830	15. 79
1831—1840	5. 61
1841—1850	17. 15
1851—1860	3. 70
1861—1870	3. 56
1871—1880	3. 87
1881—1890	4. 58
1891—1900	8. 46
1901—1910	4. 56
1911—1920	8. 03
1921—1930	28. 21
1931—1940	33. 65
1941—1949	50. 41

起止时间	平均卖价（两/宗）
平均	10.63

资料来源：《清水江文书》（第一辑）、《贵州文斗寨苗族契约法律文书汇编——姜元泽家藏契约、文书》《贵州清水江流域明清土司契约文书·九南篇》《天柱文书》（第一辑）、《贵州清水江流域明清土司契约文书·亮寨篇》以及锦屏县文斗寨姜启贵家藏契约。

其一，从 1701 年至 1820 年，平均每宗房地卖价大体在 1.83 两到 5 两范围变化。从 1821 年至 1850 年的 30 年里，平均每宗房价由 4 两上升到 15 两余，再下降，之后又回升到 17 两余。这一时段的平均房价呈现较高的态势。如果从大的经济环境来看，18 世纪中叶是中国经济大变动时期。"以乾隆十年代至二十年代（1746—1756）为中心的各物价的上涨，曾经被全汉称作'中国的物价革命'"，虽然不太适合，"但是 1750 年前后谷物价格的上涨，在很多地区得到了确认"。① 清水江流域的房地价在 1850 年以后缓慢地上升，与中国经济的发展有一定的关系。

其二，从 1851 年起，平均每宗房价回落到不足 4 两，这可能与当时的国内的政治背景有关，时会太平军活动的高峰时段，清水江流域又毗邻湖广，村民添置产业的欲望受到军事、政治因素的影响。从这时起，较低的房价一直持续到 1890 年。这 40 年里的房价平均每宗介于 3.5 两至 5 两之间。换言之，这是一个房地价的（从平均每宗卖价看）低迷期。

其三，从 1891 年至 1920 年，房地平均每宗卖价维持在 8 两左右，其中 1901 年至 1910 年下降到不足 5 两。相对于 1820 年以前，这个时期是一个房地价的较低期（见表 3）。从 1920 年到 1950 年，清水江流域的房地价平均每宗持续在 28 两以上。慢慢上升，到 1941 年至 1949 年达到 50 两左右。可能还有另一种原因导致民国时期的平均每宗房地价高于清代，也就是赋役征收逐渐规范化。

其四，清水江流域的房地买卖，相对于林地买卖、田地买卖而言，活跃程度位列最后，但作为不动产，它具有一定的稳定性。但它亦是该流域农村经济的一个支柱。在这 249 年里，房地平均每宗 10.63 两，最低为 1.83 两，最高为 50.41 两，且较高的房地价主要分布在民国年间。这其中的原因，一是该流域人口在民国时期增长较快，对房地需求量日益增多；二是房地的周转周期比林地、

---

① 岸本美绪. 清代中国的物价与经济波动［M］. 刘迪瑞，译. 北京：社会科学文献出版社，2010：185.

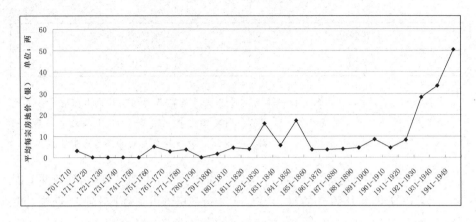

图2 清至民国清水江流域分段房地买卖均价图

田地都长，这自然影响了房地买卖的数量。当然，村民自身的经济基础也是房地买卖活跃与否的因素之一。与田地买卖相比，房地更便捷，房地不受天气影响，受干旱与水涝的影响极小。从该流域的发展史来看，房地买卖是家庭经济的重要来源。

清水江流域房地买卖与中国历史的大背景有密切关联。从"改土归流"、苗民起义、封建王朝国家大一统政治军事等势力到对该流域的逐渐控制与管理、国民政府对区域的管理、抗日战争等，都对房地买卖产生一定的影响。任何村民的经济活动皆与他们所处的政治经济条件有重要的联系。房地买卖价的变化大体上反映了这些因素的影响。

整体而言，房屋基地买卖的平均卖价变化起伏不大，249年里，围绕每宗10两上下波动（见图2）。

三、结语

清水江流域两百多年的房地价格变化呈现一定的规律，表现为由贵到贱、再由低回升到高的变化。变化的原因一方面是国际环境和国内的政治格局、经济制度、社会背景、社会结构等发生了深刻的变化，另一方面是银两与铜钱、银圆与铜元等通货的比兑关系不断地发生变化，国际国内、省县际之间，通货市场变化亦是导致房地价升降的重要因素。这些变化通过房地契约文书凸显出来，见证了该流域经济社会发展的重要轨迹。房地经营随着时代的发展而发生变化，虽然未形成比较宏观的房地市场，但它是区域经济社会发展的重要推动力之一。

　　透过清水江流域的房地契约文书，我们不难发现，苗、侗村民的房地买卖这一经济活动，具有民间传统经济活动的特质，从一个侧面体现了中国经济具有区域结合的特点。区域性的经济活动与其他区域的互动，虽然交通并不便利，但清水江流域村民设法通过不同渠道，与外域的经济往来越来越密切，吸引了更多的外来资金，促成了资金的频繁移动，显示出了十分活跃的特点。经济发展是近代化的主体，① 房地契约属于传统社会中经济发展的组成部分，其作用是不可忽略的。清水江流域房地契约文书为我们展现了房地买卖和地权流动的实态，再现了比较强韧的区域经济特点，为中国活跃的近现代区域经济补充了一个鲜活的例子。

　　（本文原为《清水江流域土地契约文书研究》第三章"房地阴地契约文书"的部分内容，有改动。北京：科学出版社，2019 年版。）

---

　　①　滨下武志. 传统经济与现代化问题 [J]. 近代中国史研究通讯, 1988（6）：116.

清至民国时期清水江流域家庭老人赡养问题

——以《天柱文书》为中心

张欣欣*

自清水江文书大量现世后，历史研究者就对其十分关注，文书的研究成果也日渐增多。目前，研究者们对清水江文书的研究大概有以下几个方面：林业经济、地权转移、纠纷解决、字词释读等。在林业经济研究方面，林芊认为研究明清时期清水江流域社会经济是从林业契约开始的，对该流域社会经济的研究最先也是从林业生产开始的。① 他在其文章中系统地梳理了此前学术界对清水江文书中林业契约的研究成果，也对清水江流域是否是明代皇木采办地提出了自己的思考。在地权转移研究方面，安尊华将清水江流域反映地权转移的文书进行梳理，归纳出地权转移的方式有买卖、典契、抵押、分关（家）、拨换、赠送、租赁等几种情况，认为该流域村民灵活的土地所有权转移方式，促进了当地社会经济生活的稳定和发展。② 在纠纷解决研究方面，邓建鹏、邱凯将清水江流域的纠纷文书，根据其注明的文书名称以及纠纷性质分析，可以分为清白字、认错字、悔过字、戒约、和息字、鸣神文书、诉状和其他纠纷文书，并且，对当事人不同的主观过错及其造成的社会危害程度，也反映了在纠纷解决过程中当事人间意志自由到强制的多样性。③ 在字词释读研究方面，姚权贵对清水江文书中的"钱""银""断""事"等常见俗字及其变体进行分析，有助

---

* 作者简介：张欣欣（1997—），女，贵州遵义人，贵州师范大学历史与政治学院中国史硕士研究生。

① 林芊. 明清时期清水江流域林业生产与木材贸易研究的思考——清水江文书·林契研究之一 [J]. 贵州大学学报（社会科学版），2016，34（3）：91-99.

② 安尊华. 试论清水江流域的民间地权转移——基于文书的考察 [J]. 贵州大学学报（社会科学版），2013，31（3）：44-53.

③ 邓建鹏，邱凯. 从合意到强制：清至民国清水江纠纷文书研究 [J]. 甘肃政法学院学报，2013（1）：24-35.

于考察汉语俗字的源流演变。① 此外闫平凡②、唐智燕③、肖亚丽④等学者亦对清水江文书俗字有过研究。

虽然，学界对清水江文书的研究成果渐丰，但对该流域家庭老人赡养问题还未曾展开研究。赡养老人，是国之重任，也是每个家庭的重任，是社会生活中不可忽视的一个环节。由此，本文将以清至民国时期天柱县的文书为研究对象，探讨清水江流域苗、侗族人民对老人的赡养问题。

一、族内过继

"孝"是传统文化的重要内容之一，自孔子开创儒家以来，它受到重视，逐渐成为中国人传统观念中最重视的品德。当个人被人称作孝子，即是别人对自己品德的极大肯定，不顺父母就会遭人非议甚至被处以刑罚。因此，"孝文化"深深地植根于中国人的内心。

明清以来，清水江流域一带已深受儒家文化的浸染，当地人民宗族观念十分浓厚，如果无后，就意味着家族家支会出现断裂危机。因此，在宗族观念强烈、孝文化浓厚的环境下，一些老人家庭中如果没有后代，他们不仅要背负起家支断裂、不孝父母的名声，没有子嗣为自己养老送终也是他们要面对的十分现实的问题。在这样的状况下，家族内部过继就成了最好的解决方式。这不仅可以解除他们内心深处因为孝悌观念浓厚而产生的"不孝"精神压力，也成功地处理好了将来会面临的谁为自己养老的问题。下面一份文书，就反映了当时族内过继的现象。

文书例1：《光绪十四年六月四日龙宗耀将长子龙大猷过继与叔父龙玉清字》

> 立过继字人龙宗耀，兹因我叔父玉清年迈无儿，单生一女，宗祧
> 无托，侄已幸生育二子，长子名唤大猷，次子名唤大恩，今凭房族亲
> 朋等，自愿将长子过继与叔父为孙，承祀宗祧。因以祖遗及己续置一

① 姚权贵. 清水江文书俗字丛考［J］. 安庆师范大学学报（社会科学版），2019, 38（1）：8-11.
② 闫平凡. 清水江文书整理与研究笔谈：浅析清水江文书俗字的价值［J］. 贵州大学学报（社会科学版），2012, 30（2）：71-74.
③ 唐智燕. 文字释读规范与清水江文书整理［J］. 贵州民族大学学报（哲学社会科学版），2013（5）：100-103.
④ 肖亚丽. 清水江文书语言学研究综述［J］. 原生态民族文化学刊，2017（4）.

切田园屋宇等项，大猷应授管业，叔将圭闷冲田壹坵，收花五十秤，付与次子大恩耕管，以为事奉双亲之情。自继之后，不得异言，惟愿螽斯蛰蛰，承百世之先祖，瓜瓞绵绵，接万代之宗枝。恐后无凭，有过继字约为据。

承寿

凭房族龙　海堂、贞荣、贞贵、承富、振华

凭亲戚　杨日耀、罗全普

代笔　杨松龄

光绪十四年六月初四日立①

　　从这份文书中可以看出，龙宗耀因为他的叔父年迈且膝下无儿，此生仅得一女，面临着"宗祧无托"的困境。因此，作为叔父血亲的龙宗耀，且自己得幸生育两个儿子，于是自愿将长子大猷过继给叔父为孙，以接续香火。此外，叔父还将自己的"祖遗及已续置一切田园屋宇等项"一并交于人猷管理。传统中国社会的立嗣习惯通常为嫡长子继承制，长子承担着家族管理、延续的责任，同样也享受着继承家族财产的权利。所以，一般长子是不出继的。清水江流域的宗法制度虽已有广泛的社会文化生存基础，但未必都受到"长""次""昭""穆"名分的严格限制，两个宗支的共同兴盛发达才是更优位的目的，毕竟二者三代之内都属于一个共祖。② 因此，当地的立嗣方式已呈现出多元化和灵活性的特征，龙宗耀将自己长子过继给叔父为孙并无不妥。叔父将一切家产悉数交于长子大猷的同时，也将"圭闷冲田壹坵，收花五十秤"，交于龙宗耀的次子大恩耕种管理，以补偿大恩一人侍奉双亲的辛苦。过继后，大猷继承家产，承担起养老送终的责任，宗耀叔父"宗祧无托"的不孝压力得以解除，并且无人为自己养老的问题也得到解决。

　　上一份文书是以过继人的角度订立的，而下面一份文书则是以承继人的角度来书写的，同样也反映了清水江流域无子家庭如何解决养老的问题。

　　文书例 2：《民国十三年十二月十二日龙绪堃夫妻与堂兄商量将其次子龙大株、次媳罗氏爱蕊承继为嗣字》

① 张新民. 天柱文书（第一辑，第 10 册）[M]. 南京：江苏人民出版社，2014：333.

② 张新民. 晚清至民国时期乡村社会生活的出继立嗣文化现象——以清水江流域天柱文书为中心 [J]. 贵州大学学报（社会科学版），2015，33（3）：55-68.

立承继字人高鲁寨龙绪堃同缘刘氏安凤夫妻二人，情因年老无儿，如同伯道之惨。今堂兄龙绪渊、堂嫂杨氏云爱，夫妻之幸生三子，长子大标，次子大株，三子大金。堃、凤夫妻二人商议，请凭房族亲戚人等，愿与兄嫂商量承继次子龙大株、次媳罗氏爱蕊过继与堂弟绪堃、刘氏夫妇二人承宗为嗣。堃凭族戚人等，将家产赀财、山场田园、房屋地基、家中牲畜什物等项，概付与继男龙大株管理。自备聘金礼物迎聘壹媳与兄三子龙大金婚配为妻，系远□□媳。此系应□□□□□等契，亲□房内人等，毋得妄争觊觎。父慈子孝，努力撑积，克勤克俭，大恢宗祖之基。相爱相亲，勿伤父子之雅。父宜置家创业，子当养老送终。两无反悔异言。但愿子孙昌盛，家道兴隆。恐后无凭，立有承继合约二纸，各执一张存照。

　　凭房族人　龙绪祥、龙绪灼、龙绪显、龙绪江、龙绪宾、龙绪恩

　　凭亲戚人　杨绍荣、杨绍球、杨绍柏、杨绍绪、杨胜均、杨胜坤、□胜□、龙彦松、龙彦禄、刘选青

　　房族人　龙振恒、龙彦寿、龙大清、龙大海

　　龙大乾　笔

　　中华民国十三年岁在甲子阴历十二月十二日　　立字①

　　这一份文书同上一份文书相比，除了订立者身份是过继者与承继者的区别外，其承继的内容也更加翔实。从这一份文书中我们可以看到龙绪堃与妻子刘氏安凤，因为年老无儿，形容自己"如同伯道之惨"。如今堂兄绪渊与堂嫂杨氏云爱夫妻二人生有三个儿子，想请凭房族亲戚等与堂兄、堂嫂商议，将次子大株、次媳罗氏爱蕊过继与自己继承香火。同时，龙绪堃还请凭族戚人等"将家产赀财、山场田园、房屋地基、家中牲畜什物等项"都交付给大株继承。除此以外，还自备聘金礼物为堂兄三子大金解决婚配问题，这是对堂兄过继次子给自己为子嗣的感激之情。此后，嗣子大株与嗣媳罗氏爱蕊，将承担其二老的养老责任，并且要求要在家庭中"克勤克俭、相亲相爱"，共同努力使家族繁荣兴盛。

　　以上两份文书均是夫妻年老无子，需要嗣子继承宗桃。那么下面这份文书则又从另一个角度为我们展现了夫亡妇在，遗孀是如何通过承继子嗣来解决未来养老问题的。

---

①　张新民. 天柱文书（第一辑，第12册）[M]. 南京：江苏人民出版社，2014：238-239.

文书例 3:《民国八年二月七日刘潘氏丁香抚继承祧字》

　　立抚继承祧字人刘潘氏丁香，兹因其夫常炳先年去世，无子承祧，蒙阿翁、阿姑不忍余夫妇无嗣，以故请凭房族亲戚与夫兄刘常元并其妻龙氏较商，将伊长子刘和周过继余夫妇接嗣。蒙夫兄慷慨承认，氏志愿抚育和周承祧，教读婚配，田宅家资在所掌持，养老追祭，为其子肩，此乃合□皆愿。今幸有凭，立此抚继一帋并彼出继二帋、三帋合铃，此帋付与常元为据。
　　凭房族亲戚　刘期富、刘德龄、□□□、龙信开、潘万江、龙□德
　　请笔　潘通前
　　中华民国八年己未岁二月初七日　立①

　　刘潘氏丁香因为其丈夫刘常炳早些年间去世，且夫妻二人也没留下子嗣，自己娘家的阿翁、阿姑不忍坐视不管，便请潘氏族戚以及刘常炳的哥哥刘常元和其妻龙氏商议，将常元长子和周过继。刘潘氏丁香也愿意好好抚育和周，并承担教育和婚配等责任，"田宅家资"等也都交与和周继承，同时和周也必须承担起未来刘潘氏丁香生时养老、死后追祭的责任。由此可见，嗣子对承继人赡养的责任，为其养老固然重要，同样也要履行为该家支扫墓祭祀的职责。在这里我们还可以看出，刘潘氏丁香在丈夫去世后，要想承继子嗣仍是以去世丈夫亲族人员后代为选择，而出继人刘常炳也"慷慨承认"。一方面由于出嫁妇女是归属于丈夫宗族的，在改嫁前，仍是作为亡夫遗孀的存在，管理着亡夫财产。另一方面，为了使同族人的财产不外流至外族人，通常出继人都会同意请求，以保护本族财产。

二、预先提留

　　清水江流域是苗族、侗族等民族的聚居区域，当地的社会形态是一种大宗族小家庭的模式，父母分家析产、儿子各立门户也是该流域居民家庭生活十分普遍的社会现象。在分家时，家庭中通常会订立分契约，称作"分关书""分关合同""分产分居合同""分关分发管理合同"等。选择分家的原因有多种情况：

---

　　① 张新民. 天柱文书（第一辑，第 5 册）［M］. 南京：江苏人民出版社，2014：207.

一是父母年迈，诸子成家或者立业后会提议分家。

二是父母或者兄弟去世，处理遗产时也会分家。

三是因为家庭人丁日渐增多，不宜同居时选择分家可以避免一些日常矛盾的发生。

此外，家庭人员不和睦、家务纷纭、父母没有精力照料等都是家庭分家的因素。一旦分家，必然会涉及赡养老人的问题，在一些家庭分家时，父母会预先提留一部分家产出来，作为自己养老的经济保障。下面一份文书，便反映了这种情况。

文书例4：《民国二十七年三月一日潘光林子潘积文、潘积禄、潘积寿等五人分关合同》

立合同分关字人，潘光林仝缘吴氏，所育五子，积文、积禄、积寿、积福、积德。兄弟五人均已成立婚配，人口增加，兼之国难当头，抽丁在急。今余年迈，一切家政实难完顾，只得请凭房族将旧、新房屋及多处田坵、油森、竹山、昌□均分。若将未登分关等，日后均按股均分。已经分等，以天地日月星五字号，上凭祖宗，下凭房族，拈阄为定。自分之后，各自掌持，声家丕振，而父母总除膳俸当报效劳之恩。兄弟即日分居，应尽手足谊，勿得横争霸占，辍短较长，兄友弟恭，永敦和好，自然房房发达，户户兴隆。空口无凭，立此合同，各执一纸存照为据。

计开所除膳养业列左：一除土名冲脚寨水田三坵，又土名尾窑冲塝，上各田陆坵，又土名园头冲左边塝上水田弍坵；一除土名壕架□油树一块，又土名口水坡桐油一山块；一除尾窑塝脚新开□田肆坵，以着兄弟五人之清明会田。以上所除之养老业待二老百年之后，仍将均分。

计开潘积德拈得星字号，多年之业列左：一土名马油榨脚各田弍坵，又土名壕烈尾冲水田肆坵，又土名□□冲□□弍坵；一老屋右边外半间，新屋左边内半间，又新屋第四间，第一个宏门□田砍边，壕沟多自宏门进；一土名尾窑塝油森壹块，又土名园头冲左边路坎，上油森壹块；一土名园头冲左边路坎脚竹山，由上派下第五截。

加进新旧中堂及槽门仍是五兄弟共有

凭房亲潘　光世、光旺

继并　笔

民国廿七年戊寅岁囗三月初一日 立①

文书中记载到，潘光林与妻子吴氏生有五子，且兄弟五人都已经成家，家庭内部人口繁多，在加上处于国难时期，面临着抽丁入伍的状况。不仅如此，自己也已年老，家务事缺乏精力去完顾，是时候该分家了。于是，请房族将自己的产业按股均分，以"天地日月星"为字号拈阄为定。此外，又预先提留一部分资产作为自己的养老费，这部分养老资产在自己和妻子百年之后，仍然再次均分。这种分家合同的内容，既清晰且公平地明确了诸子分到家产的内容，同时也为自己养老的问题制定了一份保障。在天柱文书《民国八年一月吴会斌、吴会汉、吴会先分关书（吴会斌人字号）》（5）中也记载到："……内除埂冲洞脚水田乙间，计谷拾陆笋，亲养老之费，一议每年敬奉谷子拾贰笋，父亲费用不得有误，如误任凭族长将除出之田出卖，不得异言……"② 在此份分关文书中，不仅将父亲养老田除出，还额外增加了每年敬奉父亲十二笋谷子，以保障其食膳。由此可见，这种预先提留的方式在晚清至民国的清水文书中还是较为常见的。

接下来这份文书，是在原先分家之后的基础上再次进行的分家活动，对曾经赡养老人的事务重新制定。

文书例5：《民国二十年七月六日刘期珍付与长子刘荣江家产并祀香火字》

> 立付约人刘期珍，所生二子，长子荣江、次子荣济，所有产业完经凭人均分，今有所除之膳业，土名洞上水田壹垙，并上牛行之油树壹块，完全付长子荣江管理，次子荣济不得争夺，但日后归世之烧香等费，亦归荣江一人负担，不关荣济之事，此系双方情愿，并无压迫等情，故立此付约为据。
>
> 凭房亲 荣淮、荣富、荣早、荣汉
>
> 凭笔 荣懋押
>
> 民国三十年七月初六日立③

从这份文书中我们可以看到，老人刘期珍生有二子，大儿子刘荣江，二儿子刘荣济。在此份文书签订之前已经进行过一次分家活动，上一份合同中除了

---

① 张新民. 天柱文书（第一辑，第4册）[M]. 南京：江苏人民出版社，2014：199.

② 张新民. 天柱文书（第一辑，第5册）[M]. 南京：江苏人民出版社，2014：138.

③ 张新民. 天柱文书（第一辑，第5册）[M]. 南京：江苏人民出版社，2014：37.

留给刘期珍老人的养膳田，又将进行再次处理。这一次，将养膳田交付给大儿子管理，二儿子不许争夺此田。并且，在刘期珍去世之后，烧香祭祀等产生的费用便由大儿子承担，不关二儿子的事。这种再次分产的做法，是将老人曾经除了的养老田进行再次划分，也是对赡养老人责任做最后明确。这里的赡养责任，同样也是包括生时养老、死后祭祀的义务。同时二儿子因未能分到最后的家产，日后父亲去世后所产生的花销都由大哥负责，也是一种平衡家庭内部关系的表现。

此外，一些情况特殊的家庭，订立分家合同是解决当下家庭矛盾的手段，是自己日后养老的保障，也是预防未来发生矛盾的方式。

文书例6：《民国十三年一月二十五日龙作焕、龙永芳、龙流芳等分产分居合同》

> 立分产分居合同字龙作焕，今因前妻龙氏生子四人，长永芳、次流芳、三荣芳、四连芳，均已长大成立当家授室。因前妻亡后，诸姊贤愚不齐，时有滋闹，念一母所生，尚难保全爱。情况继妻龙氏今已初生一男煜芳，如异母同产，焉能免其后患。特请房族将田土、山场、地基、屋宇一一分定，永断争端。凡前妻之子四人，分居流利祖宅。凡附近流利之田，除送永芳长子田式拾挑，送流芳辛苦田柒挑，又除流利门口滥泥冲田壹坵为祭祀田。不分外余，共田壹仟壹佰式拾余挑及流利屋基园地山场，均归前妻四子分派四股，拈阄为业。凡继妻之子后来，不论多少，分告邦寨新宅。凡附近邦寨之田，共叁佰玖拾余挑，皆我同继妻现时养膳之田，后日尽归继妻之子为业。所有邦寨屋宇、屋基、园地、山场尽归继妻之子享受，惟油山两处多寨不一，今将邦寨已开油山提出，分送前妻四子。其油山块数及田亩坵数另纸详载，自今分派之后，各管各业。如能兴创新业者，亦各创各得，不得混争。今立合同五张，以四张交前妻四子，以壹张交与继妻执照为据。
>
> 凭族龙　祥亨、荣识、远祥、昭灵、灿祥、灿斌、德培
>
> 代笔　龙祥椿
>
> 民国十三年正月二十五日　立①

这份文书中记载了龙作焕一家分家的情况，他们一家与上面两份文书的家

---

① 张新民. 天柱文书（第一辑，第18册）[M]. 南京：江苏人民出版社，2014：362.

庭不同。龙作焕有一前妻，他与前妻生有四子，长子永芳，二子流芳，三子荣芳，四子连芳。后因前妻早逝，便续弦了现在的继妻。现在继妻初生了一儿煜芳，为了避免将来五子因家产问题产生矛盾，且"诸婶贤愚不齐，时有滋闹"，分家的事宜就不得不提上日程。在文中，龙作焕分别提前对前妻的四子和继妻的一子所能继承的产业做出分配，同时也在合同里安排了自己和继妻养老的产业。文中提到，"凡附近邦寨之田，共叁佰玖拾余挑，皆我同继妻现时养膳之田，后日尽归继妻之子为业"，这里可以看出，龙作焕和继妻的养老田，在自己和继妻百年之后由煜芳继承。因前妻之四子"均已长大成立"，自己同继妻、与继妻子幼仍然需要这笔产业生活。再因不知以后自己与继妻谁先终老，如果自己先继妻去世，继妻之子必然承担继妻的赡养义务，这些养老田自然而然应归继妻之子所有。

这种预先提留养老财产的方式，在清水江流域是比较常见的，在相当数量的文书中也有记载。为了进一步说明问题，以下将用表格的形式进行阐释。

年号/朝代	数量（份）	有赡养条文（份）	无赡养条文（份）
康熙	1	0	1
雍正	1	0	1
乾隆	2	0	2
嘉庆	3	0	3
道光	6	0	6
咸丰	2	1	1
同治	3	1	2
光绪	25	7	18
宣统	5	2	3
民国	127	37	90
不详	3	0	3
合计	178	48	130

资料来源：张新民主编《天柱文书》（第一辑），共 22 册，南京：江苏人民出版社，2014 年版。

此表是清水江天柱文书中的分关文书，除了新中国成立后的几份文书没有记录在内外，其余均做整理列表。从此表可以看出，一些家庭在分家后，合同中明确规定有赡养父母条文的占 27%，无赡养条文的占 73%。其中，民国时期的分关文书中立有赡养条文的就占 21%。由此可见，清水江流域的一部分家庭将在分家时，为自己或为父母提留一部分"养老田"出来的现象还是比较普遍的。这样的做法，不仅是老人给自己的一份养老保障，也是子女对父母"孝"的体现。

三、卖田鬻产

土地，是中国农民自古以来赖以生存的根基，是农民视为"生命"一般的存在。在清水江文书中，卖土地、房屋等买卖契约数量众多，该流域地权转移现象十分普遍。其地权转移的方式主要有买卖、典卖、抵押、分关家、拨换、赠送和捐补。① 该流域居民出卖田地通常有以下几种原因：缺少丧葬费用、宗族内的相关费用、嫁娶费用、官司费用、生意费用，偿还债务、缺少粮食、移居他地、报恩、孤老无依等。② 在文书中，因为缺少养老资金而鬻产的情况也是存在的。下面将抄录文书一份以此说明问题。

文书例 7：《民国九年八月五日潘仕坤卖园场地契》

> 立卖园场地契人潘仕坤，今因年迈七旬，家下缺少用度，无从得处。自己商议情愿将到土名高坡寨油榨坎上园场壹登，上抵潘仕油园，下抵买主，右抵卖主，左抵古路。四抵分明，欲行出卖。无人承买，自己请中上门问到堂侄潘通爵名下承买。当日凭中言定价钱贰仟伍佰四十八文整，其钱亲手领用，领不另书。其业□从买主永远子孙耕管，日后不得异言，恐口无凭，立此卖契为据。
>
> 凭中　潘光朝
>
> 笔　潘积森
>
> 房亲潘　来善、加善
>
> 民国九年庚申岁八月初五日③

① 安尊华. 清水江流域土地契约文书研究 [D]. 武汉：华中师范大学，2016：11.

② 谢开键，朱永强. 清至民国天柱农村地区土地买卖原因探析——以清水江文书为中心的考察 [J]. 贵州大学学报（社会科学版），2013，31（5）：92-98.

③ 张新民. 天柱文书（第一辑，第 4 册）[M]. 南京：江苏人民出版社，2014：333.

此份文书是一份卖园场契约文书，立卖契人潘仕坤因"年迈七旬"，缺少养老费用，便将一园场出卖给自己堂侄潘通爵承买，共卖得"贰仟伍佰四十八文整"，所得资金以维持日常生活开支。

此外，下面还有一份文书也记载了以典田的形式来解决赡养母亲的问题。

文书例 8：《民国三十一年四月十五日游义和典田契》

> 立典田人游义和，今因家下要钱使用，无从得处。夫妻母子商议，自愿将到土名襄氏门首田段上田一坵，计谷柒提，计开田四至，上抵希邦田，下抵义柏田，左抵刘必进田，右抵原龙田，四至分明，要行出典。请中招到胞兄游义儒名下承典为业，当日三面言定典价市用钞洋伍百（佰）元正（整），即日钱契两交，无欠分文，领不另立。其钱每年秋收付粿谷叁石以为母亲养膳之费，年付年清，不得拖欠。并令为母亲百年毕世，本利以作安葬之资。此洋义儒不得私行领取，今欲有凭，立典是实。
>
> 凭中　蒋景孝、杨承发
>
> 游　义芳、义堂、义福
>
> 自请希邦代笔
>
> 民国卅一年壬午岁四月十五日　　立典①

上述文书中写到，典田人游义和因家中缺钱使用，与妻子、母亲商议典卖家中一块田，而承典方则是他的胞兄游义儒。这块田典卖了伍佰元整，游义和在收到钱后，每年的秋收时期还要付粿谷三石作为赡养母亲的费用。并且，在母亲百年之后，连本带利作为安葬母亲的费用，这笔钱游义儒也不能私自领取使用。这份文书中我们可以看出，游家老母是跟随游义和夫妻一起生活的，游义和承担赡养母亲的主要责任。在家庭经济拮据的状况下，赡养母亲的问题就成了困难。因此，将田典卖与胞兄，不仅是一种家庭资金内部流动的表现，同时游义儒也在此过程中尽到一部分赡养责任。

清至民国时期清水江流域的居民，当家庭中出现老人养老困难时而选择鬻产的情况也是时有发生的。有时鬻产方是面临养老问题的老人自己，有时则是老人的后代鬻产赡养老人。而承买方有时是直系亲属，有时是旁系亲属，偶尔

---

① 张新民. 天柱文书（第一辑，第 8 册）[M]. 南京：江苏人民出版社，2014：197.

也会出现卖与外族人的情况。鬻产的方式有时是典卖，有时是绝卖。归根结底，当清水江流域家庭老人养老出现困难时，鬻产虽不是唯一解决困难的方式，但却是一种快速且灵活地获取养老或赡养资金的办法，帮助老人度过晚年生活。

四、结语

综上所述，清水江流域的家庭老人赡养方式，主要是以过继、分家合同中预先提留养老资金、卖田鬻产的方法解决养老问题的。自古以来，中国香火观念甚浓，一些无子家庭通过过继房族后代为自己儿子或孙子，确保自己家支族系不会惨遭断裂。同时，继子或继孙继承自己财产，为自己养老送终。

此外，一些多子家庭，在诸子成家立业后便不得不进行分家，一旦分家，就面临着财产的分配问题。将大部分财产分与各个儿子后，一些老人会为自己提留一部分田地资产作为养老保障，这部分财产待自己百年以后在房族的见证下再次分配。

最后，某些家庭因为经济困难，老人的养老问题出现危机时，会将资产出卖，以此来缓解生存压力。清水江文书不仅是该流域人们日常生活的记录，也是为我们重现当时政治、经济、思想文化等方面的宝贵资料。一直以来，中国人就十分强调"孝悌"观念。"大孝尊亲"①"老吾老，以及人之老"② 等思想都表明中国是一个尊老和孝文化盛行的社会，赡养老人更是每个家庭践行"孝道"最直接的方式。

清水江流域家庭赡养老人的方式，既是对传统"孝文化"的传承，也是老人对现实养老问题的一种应对措施。

---

① 祭义［M］//陈澔. 礼记集说（卷八）. 上海：上海古籍出版社，1987：262.
② 梁惠王章句上［M］//朱熹. 孟子集注（卷一）. 上海：上海古籍出版社，1987：6.

清水江文书财产划分问题探析

——以 19 世纪至 20 世纪中期的加池寨"分合同字"为例

杨道会*

明太祖洪武三十年（1397 年）后，清水江流域的林木开始以"皇木"或商品木的身份进入京城及其他地区。雍正六年（1728 年），张广泗出任贵州巡抚，着力开辟苗疆，在清水江流域设置"苗疆六厅"，并疏通了原来堵塞的清水江中流河段。① 至此，以木材为媒介，以清水江为通道，清水江流域对外开放的进程大大加速。人们在处理对外贸易中权利意识增强，现存的大量清水江文书是该时期这一地区经济发展的见证者。其中，分合同字是人们划分财产的重要凭证。近年来，随着对清水江文书的关注度提升，其研究广度日益扩大。对清水江文书中财产划分问题的探讨，学者们大多从分关字入手，如吴才茂《清代以来苗族侗族家庭财产划分制度初探——以天柱民间分家文书为中心考察》（凯里学院学报，2013 年第 2 期）与李士祥《18 至 20 世纪中期清水江地区分家析产探析——以〈清水江文书考释·天柱卷〉分关文书为中心的考察》[贵州大学学报（社会科学版），2013 年第 2 期] 两文。本文拟从加池寨分合同字入手，通过类型与特征分析，探究该地的财产划分理念。

一、研究缘起

在清水江文书中，无论是山林土地的买卖租佃还是解决纠纷的文书，无一不体现了苗侗人民对财产的态度。财产划分是初始财产的关键来源，又是对自己既有财产的重要保护。如何在划分财产的双方甚至是多方博弈中取得最大化的利益，同时固定此利益，这便是清水江文书中"分合同字"在乡规民约社会下所要解决的核心问题。

---

* 作者简介：杨道会（1997—），女，汉族，贵州遵义人，贵州大学中国史在读硕士研究生。研究方向：清水江学，阳明心学。

① 罗美芳. 明清时期清水江水道的开辟与社会发展 [D]. 贵阳：贵州大学，2007.

一般的视域下，财产划分并不是一个十分特殊的问题，毕竟财产也只是人们生活中的基本问题。但是，清水江文书就是围绕流域内苗侗人民的日常生产生活而展开的，"它们写下来，本来就不是为了记录历史，而是为了处理当事人当时要面对的事情和问题"①。因此，在研究清水江文书时要注意联系历史乃至现代当地人民的社会生活，从基础问题入手。基于清水江文书的这一特点，通过分合同字对财产划分进行研究才有了开展的意义。将财产进行划分是为了更好地分配资源、利用资源。在清水江文书分合同字中，标的物一般较大，例如大片的山林，一个人很难独立完成并高效利用。此时，多人共同经营不失为一种好办法，正如商鞅命令"民有二男以上不分异者，倍其赋"②的目的一样，财产划分有利于资源精细化管理和财富增长。

可以看到，与"分合同字"的起源相似，近代的合同法也是商品经济催生而出的产物，但"分合同字"与合同法却又有着天壤之别。"分合同字"其实是在乡规民约的调整下，使当事人双方或多方达到心服口服的契约文书。明清时期，清水江流域对于纠纷问题的解决通常会采取民、神、官的三维结构。③一般情况下，苗侗人民的基本问题都是由当地有公信力的人来调节的，官方政府发挥了最后防线的作用。因此，人们对于财产划分事务的处理也不例外，也就是在社会力量的中和下，将问题调至平稳状态。即是说，分合同字既是调解纠纷的记录，又是划分财产的结果。

以下内容基于锦屏县加池寨的48份"分合同字"对清水江流域财产划分问题进行探析，这48份文书均来自《清水江文书》第一辑中的加池寨文书。尽管这些契约文书都是"分合同字"，但它们也是种类不一的。因此，需先将这48份文书分类整理，以便于进一步了解"分合同字"的具体情况。

二、分类研究

分合同字在契约链中位于中偏后部分，有了前期的佃字、抵字，才会产生其后的分合同字。④通过整理48份文书观察到，这些文书虽然有着较为固定的

①　刘志伟. 从"清水江文书"到"锦屏文书"——历史过程和地域文化结构中的县域价值 [J]. 原生态民族文化学刊, 2021, 13 (1): 1-7.

②　司马迁. 史记 [M]. 长沙: 岳麓书社, 1988: 523.

③　邓建鹏, 邱凯. 从合意到强制: 清至民国清水江纠纷文书研究 [J]. 甘肃政法学院学报, 2013 (1): 25-35.

④　徐晓光, 程泽时. 清水江文书研究争议问题评述 [J]. 原生态民族文化学刊, 2015, 7 (1): 45-62.

模式，但若仔细加以辨别，文书之间存在着某些差异，应该对其进行分类研究。现将根据它们的内部特征（即文书的具体内容）与外部特征（即文书的具体名字）进行分类总结，具体可分为四类。

（一）栽手地主分合同字

在 48 份文书中，栽手地主分合同字占据了 54%，即 26 份。也就是说这类文书在 48 份文书中占有绝对地位，这说明木材的确是清水江流域人民的重要生计来源。此类文书，一般会以"立分合同字人某某"作为开头，接着再说明栽手、地主、佃栽山场地名、山场四至、划分股数等要素，例如，范□连佃种姜之豪等山场的契约。

> 立分合同字人剪宗寨范□连，为因先年佃到加池寨姜之豪之模开明三人之土，名冉在丹下去的右边岭，种地栽杉，其有界至，上凭文盛朝英之山为界，下凭大河左凭岭典之毫之山至河为界，右凭大冲为界，四处分明，其木今已成林，二比邀约，分立合同，照依佃帖四大股，均地主占叁股，栽手占乙股，二比自愿，分立合同二纸，各执一纸为据。
>
> 　　　　　　　　　　　　　　　　　　　　　　文
>
> 外批：地主分为三股之毫之连占乙股之模一人占乙股开占乙股。
>
> 　　　　　　　　　　　　　　　　　　　　　　明
>
> 　　　　　　　　　　　　　　　　　凭中姜文玉
> 　　　　　　　　　　　　　　　　　代笔姜开渭
> 　　　　　　　　　　　　　道光三年二月十五日立①

栽手是佃种他人山场的人，从文书内容来看，栽手的工钱是在栽种工作完成且"木已长大成林"后，才能在卖木后按照合同获得报酬。只有木植已经长大，一方或者"二比邀约"才会订立分合同字。这一点就与普通的佃栽契约有所不同，佃栽契约中，佃栽者与地主关系的确定主要分为两步。首先，"签订好租佃契约"；其次，"订立佃种合同"，确立分成比例。② 佃栽契约往往会在事前确定分成比例，使之成为日后具体比例的主要参照。以此看来，此种分合同字

---

① 张应强，王宗勋. 清水江文书（第一辑）［M］. 桂林：广西师范大学出版社，2007：114.

② 袁轶峰. 清代清水江流域租佃关系与社会变革［J］. 农业考古，2021（3）：64-73.

订立的前提或为佃栽契约。另外，栽手获得此报酬的前提不仅是栽种山林，栽手还应对地主履行其他义务，也就是负责修理山林以及出卖栽手股份时要先问过地主，例如，姜老龙佃种姜之模等人山林时合同中提出"栽手修理，不可荒山废□，如有废□□，栽手并无股分"①，又如姜恩焕叔侄二人佃种姜源淋等人山场的合同中提出"倘栽手出卖，先问地主，后问别人"②。栽手与地主在合同中的股份划分可以说是合同中最重要的组成部分，在 26 份文书中，一般有 2：3、3：4、1：1、1：3 的利益划分比例，其中 2：3 的文书有 15 份，具体情况如下表。

序号	栽手	地主	时间	比例
1	不详	范德贤	嘉庆二十年（1815 年）	
2	陆通模	姜朝英弟兄	嘉庆二十二年（1817 年）	
3	姜老凤	姜秀魁	嘉庆二十五年（1820 年）	
4	张必龙弟兄	姜成凤等	道光二年（1822 年）	
5	姜老龙	姜之模等	道光二年	
6	张必龙弟兄	姜之连等	道光二年	
7	姜开明	姜奉兰弟兄	道光十八年（1838 年）	2：3
8	潘长明	姜奉兰弟兄	道光十八年	
9	龙愿宗	姜□年等	同治九年（1870 年）	
10	龙运宗	姜□麟	同治九年	
11	姜老旺	姜凤德等	民国二年（1913 年）	
12	姜继琦、姜继贤	姜永道等	民国十二年（1923 年）	
13	姜恩焕叔侄	姜源淋等	民国十三年（1824 年）	
14	不详	姜源淋等	民国二十五年（1936 年）	
15	不详	姜源淋等	民国二十八年（1939 年）	2：3
16	不详	姜开明等	道光十一年（1831 年）	3：4

① 张应强，王宗勋. 清水江文书（第一辑）［M］. 桂林：广西师范大学出版社，2007：111.

② 张应强，王宗勋. 清水江文书（第一辑）［M］. 桂林：广西师范大学出版社，2007：383.

序号	栽手	地主	时间	比例
17	老养	龙兴文、杨之秀	嘉庆六年（1801 年）	
18	老养	龙兴文、杨之秀	嘉庆六年	
19	陆廷交父子	不详	嘉庆十二年（1807 年）	
20	张和弼父子	姜朝俊、姜朝英	嘉庆十三年（1808 年）	1:1
21	唐德芳父子	姜佐兴等	嘉庆十四年（1809 年）	
22	张必龙父子	姜之连等	嘉庆二十年	
23	姜世璜	不详	道光八年（1828 年）	
24	范炳相	姜源淋	民国十年（1921 年）	
25	范□连	姜之模	道光三年（1823 年）	1:3
26	范□连	姜之模	道光三年	

从上表可以看出，2∶3 的栽手地主分股比例是较为常见的，这说明即便是在少数民族地区，地主对农民的剥削情况依然存在，地主凭借着土地所有权便可直接获得利润。这与大多数佃栽契约中预设的分成比例吻合，即佃户二股、地主三股。根据上表所反映的实际情况来看，在有些时候，这种窘境也会有所好转。栽手与地主采用简单的比例分成，相互之间关系也较为简单，人身依附力弱，这与清水江流域外其他地区农民与地主的关系形成鲜明对比。不仅地主可以雇用多名栽手，栽手也可以服务于多位地主，而且，同一栽手多次服务于同一地主也是常见现象。

（二）分清单合同

这类合同在 48 份文书中有 19 份，占 40% 左右，一般而言，文书中有两种情况，那就是出卖杉木给他人砍伐后将卖木银按照股份进行划分，对山场存在争议后经中间人理论再对山场进行重新划分。合同中涉及的人数众多，这种合同字会对参与者所占据的股数进行详细列举，因此在很多合同中又会将其文书名书写为"立分清单合同字"。此类合同以"立分合同字人某某等"开头，然后再讲明地名、四至、早年交与谁砍伐树木、卖木后所得银两划分为多少股，每人持几股，例如姜珍银与姜东成的山场分股合同。

> 立分合同字人加池寨姜珍银与□洞寨姜东成，所有共山壹块，地
> 名党周姜纯义田砍（坎）下界止，上凭田，下凭冲，左凭姜源淋共山，

右凭姜梦熊等之山，四抵分清，此山□民国戊辰年卖与□□姜作文砍□你贸，二比争持，经中理论，蒙中劝解，将此山作为二股均分，姜珍银占壹股，姜东成占壹股，二人各自愿了息无争，恐后无凭，立此合同字为据。

凭中姜梦熊姜作干姜成顺姜继元笔

立分合同二纸，各执一纸。

民国戊辰年十月廿六日立①

"经中理论"，即是说中间人的裁决是分合同字成立的重要环节之一，但有时中间人似乎也难以做出令双方满意的划分结果。因此，人们会选择"投城隍老爷台前"进行鸣神，并且约定好不许反悔，例如，姜开文叔侄与姜世道弟兄的分合同字。另外，人们在进行按股划分时还会依据"老契"，也就是根据以前的字据进行重新整理。虽然立下字据时会说明永不反悔，但随着时间推移，人们还是会依据实际情况进行重新划分，"老契"的重要性就在于它的现实保障性，例如，姜东成等人的卖木分银合同就曾提及这一问题。在这十多份文书当中有一份并不是划分山场或者卖木银，而是划分文斗河边场市的，姜恩宽等人在加池寨所占的十分之一股中进行十股划分。清单合同表明，清水江流域地区的确存在着家族共有下的股份制，② 但尚不清楚的是家族共有股份制中比例的划分标准及其存在的具体时间。

（三）分窖堆坟冢合同字

此类合同字有两份，占 4% 左右，出现频率低，它涉及当事人较多，因此也是采用分股的方式进行的。与此前两种合同相比，这种分合同字颇为特殊的是划分场地还附有具体图示。分合同字会写明股数，每人占多少股，而图示则会将每个人所得的场地仔细标明，十分直观准确。此类文书中有一种特殊的中间人叫作凭地师，应是与风水有着密切关系的人。从坟茔的整体分布来看，有着中国传统的山水格局。文书最后还会写明不准任何一家随意使用其他当事人所有场地，如果有人违反，其他几方当事人可持本合同字予以反驳，例如，姜之连等七家的分合同字。

---

① 张应强，王宗勋. 清水江文书（第一辑）［M］. 桂林：广西师范大学出版社，2007：178.

② 徐晓光，程泽时. 清水江文书研究争议问题评述［J］. 原生态民族文化学刊，2015，7（1）：45-62.

分窨堆坟冢合同字姜之连、开文、开义、开让、开运、克昌、凤仪等七家，因有祖遗坡金爪形一幅，我等择吉凭地师，内契分为六排，共取拾四冢，各家各占贰冢，各立牌绘图为据，日后□此，毋得移易窨□，此茔地自分之后，止（只）许各葬本名现号之堆，不准何人滥易添葬，私贪一穴□，一人暗起歹意，另行滥葬，六家定不□之甘休，此立合同并绘图，付后七家各执一纸，永传子孙为代，传照是实。

凭地师杨光礼族人姜开渭

内戚姜士俊笔

道光二十二年五月廿七日立合同封禁①

（四）分家产合同字

此类文书共 1 份，占比 2%左右。事实上，仔细观察可以发现，这一合同与分清单合同字当中的分祖遗山场十分相似，它们都详细列举了如何对家族或家庭传承财产进行划分。这份文书不光对普通百姓最重要的财产——田地做了规定，甚至还对农业用具都有涉及。从文书所要达到的目的而言，分家产合同字与分关字是相同的，但分家产的合同字却不会将分家产的原因说明。分家产不是意味着一个家庭的结束，而是一个新家庭的开始，因此人们对这项活动都十分重视。可以说，分家产其实是一个新生家庭积累原始财富的重要方法之一。

三、特征分析

对这些分合同字进行分类研究，以便更好地认识其共性特征。可以看到，这些文书虽然内容不一，但总体来说这些文书在划分方法、书写原则、作用上还是有许多共通之处的，对这些共性实施研究有助于更好地了解当时该地百姓是如何划分财产的。

（一）按股整分

由于财产的重要性，在划分时必须要兼顾各方利益。如何做到以一种简单而又慎重的方式划分财产显得格外重要，此时人们采用的是按股数进行划分。在栽手地主分合同字中，栽手与地主往往会将山林佃种所得"整分"为几股，再按照一定的比例进行重新分配，例如，"地主栽手作伍股均分，地主占叁股，栽手占贰股"。需要注意的是"整分"并不是指每一股都是整数，它指的是无论

---

① 张应强，王宗勋. 清水江文书（第一辑）[M]. 桂林：广西师范大学出版社，2007：47.

有多少块山场或者土地，当事人或中间人都会将财产整个地划分为几股。例如，"此山土股划分为叁股"。因此，"整分"其实指的应是无论好坏，"品搭皆分"。另外，均分指的也并非是每个参与的当事人都可以得到相等份额的财产，它指的是将标的物均分为特定股数。在清水江文书当中许多分关字采取的都是"诸子均分"①"拈阄为定"②的原则，但这些分合同字却并没有完全采取这种原则。当标的物变为卖木银后，人们的处理方法比较多元，第一是直接划分山场面积股份，第二是将卖木银按股份划分，第三是直接划分卖木银，但第三种方法出现得较少。总的来说，按股整分仍是主要的方法，按股的标准至少应当综合物价与老契两大因素。

此时的"股"主要应用于生产与生活领域，而不是投资领域。③把财产划分为股的目的也不在于增值，而是对既有财产的合理分配。这种按股订立合同的方法可能来自中原，也可能是当地内在演化而来的体系。这表明，清水江流域与中原文化具有一定的相似性，与当时中央王朝在清水江流域深入的现状吻合。

（二）时效长

分合同字的标的物是人们日常生产生活的重要来源，人们"恐日后无凭"，不愿以口头的方式简单订立，而必须"特立此分合同"。这些分合同字作为一种契约，其时效有别于现在的合同，它们的时效往往用"子孙永远存照""永传子孙来表示"。由于契约文书的时效较长，因此这些契约具有超脱于字面的现实法律依据，而这种现实性也正是它得以保存完整的原因之一。清水江文书之所以能够被大量发掘，就在于这些文书的完整性。文书是民众用于区分财产的历史凭证，它所指代的标的物至今仍清晰可辨。这种时效并没有用现代合同中的具体年限予以规定，只是用子孙的概念来表达时间之长久，这就是说子孙后代都要以这个契约为准。此类契约的标的物划分结果尽管时效长，但人们也会在后来根据自己的具体情况进行修改。在这个修改的过程中，已经变为老契的分合同字依然起着参照物和证据的作用，例如，姜东成等人卖山分银时必须参照老

---

① 李士祥. 18 至 20 世纪中期清水江地区分家析产探析——以《清水江文书考释·天柱卷》分关文书为中心的考察 [J]. 贵州大学学报（社会科学版），2013，31（2）：73-79，137.

② 李士祥. 18 至 20 世纪中期清水江地区分家析产探析——以《清水江文书考释·天柱卷》分关文书为中心的考察 [J]. 贵州大学学报（社会科学版），2013，31（2）：73-79，137.

③ 朱荫贵. 试论清水江文书中的"股" [J]. 中国经济史研究，2015（1）：16-25.

契才能重新得出令众人满意的结果，又如栽手出卖栽手股时也必须将原来契约作为比照。如此一来，无论时间如何变化，这些契约在不同的语境下都会起到独特的作用。

（三）事主各执一纸为凭照

观察以上四类文书，发现这些文书所涉及的当事人范围较广、人数较多，当事人和中人都不愿采取分股划分的方法，似乎这样会容易造成混乱。实则不然，当一份分合同字无法满足当事人的需要时，多份合同就变得至关重要，也就是"立此合同六纸，各执壹纸"。例如，嘉庆六年（1801 年），栽手老养与地主龙兴文、杨之秀的分合同字就有两份，根据其内容可知，应当为栽手、地主各一份。不过多份分合同字并不意味着当事人都能得到一份，在人数较多的情况下是多人或多家共有一份。在一些内容详细的文书中，不仅将标的物如何按股划分的具体情况详细列出，还将合同分为多少纸，每一纸由哪些人持有，都墨书写明。多人持相同契约可以起到互证作用，当某人出现蓄意造假时，其他人可凭另一纸加以佐证。除了契约的开头有"分合同字"的字样外，在文书的末尾也有，但是却只能看到一半，有部分契约则是将时间只书写一半。其实，这就好比是虎符一样，将两部分合拢便可知晓真假。因此，一半的文字便可将真假辨明，例如剪宗寨范同连佃种地主姜之模等人山场的两份文书，此两份末尾的半边字样刚好是一左一右相互印证。此外，多份分合同字还可以起到互补的作用，很大程度上避免了一份合同消失，财产划分结果就出现混乱的情况。正如清水江流域的诉讼文书一样，人们对同一例案子的记录就有各种各样的文书。分合同字也是对同一事件的记述，不同之处就在于，诉讼文书的视角不一，而分合同字每一份字据的内容其实是一样的。文书份数的增加就意味着其存世概率的增加，这成为分合同字保存较好的重要原因之一。值得注意的是，清水江文书中的租佃契约多以一纸为主，像此类分合同主要是两纸甚至是多纸，但徽州文书的租佃契约则以"两纸"为主。[①]

（四）指向性明确

分合同字的标的物大多是山场或与山场相关的财产，这种标的物范围十分广泛，因而，对此范围予以界定成为文书的要素之一。此外，与一般契约相比，分合同字的标的物价值较高，当事人和中间人都必须慎重对待。可以看到，在

---

① 徐晓光，程泽时. 清水江文书研究争议问题评述 [J]. 原生态民族文化学刊，2015，7（1）：45-62.

提及山场时一定会指明山场的地名、山场的四至边界，将其范围具体化；若为卖木银，则会指明某某年经中凭议，卖于"某某砍伐下河"所得银钱数额，写明银钱的具体来源。在划分窨堆坟冢时，不仅会将坟场形状写出，还会以绘图的方式将坟场划分结果附在契约后面。分家文书中，对于家具数量、田地地名与范围也是记载明确的。事实上，清水江流域的其他文书也有类似的情况，只要涉及财产，便会对财产的具体情况予以说明。指向性明确使得后世子孙可以利用这些契据，判定财产归属问题。

（五）地缘性、亲缘性强

由于政府的介入，这一地区在明清时期已开始走向对外开放的道路，但这种开放程度是有限的，与外人的互动主要为木材交易。并且，这些购买木材的水客停留时间较短，只与木行、山客等发生交集。由于中央的权力难以完全覆盖清水江流域，该地区仍然具有较大的封闭性。这些分合同字从嘉庆六年（1801 年）一直延续到 1951 年，跨越了一个半世纪。清水江以外的世界日新月异，但它们却依旧保持相对稳定的模式，原因之一就是流域内的封闭性很大程度上缓冲了外在的部分变化。它不仅对外封闭，就连流域内各个村寨之间、各个家族之间也是有距离的。也就是说，封闭性其实是基于地缘与亲缘的，在闭环结构中还有许多互斥元素，分合同字当中就常常会对地缘、亲缘加以说明。当栽手与地主都是本寨的，合同就不会出现对居住地名的特别说明。一旦出现外寨人，合同便会特意写明，无论是栽手还是地主，都不会例外。在分合同字中，常常可以发现"中仰寨""会同县""岩湾寨""党央寨""剪宗寨""文斗寨"等地名，这些都是为了区别于加池寨。作为一份严谨的分合同字，将当事人居住地写明的确有助于更好地保障财产。而在分山场，卖木银、坟场、家产时，当事人是否为本族，以及出卖财产时是否最先考虑本族也应当说明，这种情况在断卖土地、山林的文书当中表现得更为明显。毕竟，出于家族利益考虑，一整片的土地、山林或坟场更容易经营，也不容易发生矛盾。文书中所涉及的多方当事人常常会采取简写的方式记录名字，其他的具体信息则较少，但人们却丝毫不会担心发生混乱，因为人与人之间关系密切。地缘与亲缘的叠加，出现的是一个熟人社会，这种"抬头不见低头见"的生活环境使乡规民约具有很大的约束性。因此，一份简单的分合同字也是民众不敢轻易打破的。

（六）社会力量占据主导地位

在清水江流域，对于纠纷的解决是一个"从合意到强制"① 的过程，合意与强制的变化取决于纠纷事件的严重程度。普通的民事纠纷在地方上就可以得到解决，只有在事情十分严重的时候，官方政府才会出面料理。因此，一般事件的解决权力实际上归属于地方，不仅是那些寨老、侗首，还包括普通百姓都有权力自己解决当地的事情。而人们日常的财产划分问题，更是官方无暇理睬的对象。在这些分合同字中，当事人对于财产划分选择的是他们信任的亲朋好友或者有道德威信的人来墨书、理论、见证，几乎没有看到官方的影子，就连其他契约文书中提到的日后若有特殊情况可以将契约作为证据送官治罪的相关记录也没有。而且，清水江流域人民不习惯到官府解决问题，对他们来说去官府成本高、风险大。② 当事人除了将问题诉诸熟人外，还有可能因为纠纷解决得"二比不平"而选择到城隍老爷那里鸣神，但这也是在中间人调节失败后才选择的另一种解决方法。可以说，此类鸣神应该是问题升级后的解决流程之一。另外，鸣神会导致结果的不稳定性，当事人有可能会损失得更多，所以鸣神很少作为一种单独的解决方法出现。③ 绝大多数的财产划分问题其实在中间人或者当事人自己这一环节就得以终结，这一过程汇入了社会力量，并以其为主导。

（七）角色的多样性

现代民法调整财产关系与人身关系的前提是主体之间的平等性，这是基于主体的权利与义务而言的。清水江文书中的分合同字也体现了主体的平等性，不过，分合同字中的平等与现代法律意义上的权利与义务并没有紧密的联系，更多的是通过角色的多样性得以彰显。在分合同字中，一般有当事人和中间人（凭中、代笔），但也有一部分文书连中间人都没有，契约的书写直接由当事人之一亲笔完成，不过这属于个别情况。这是因为当时人们的文化水平有限，很难独立完成一份分合同字的书写。在当事人中有一对特殊的关系，那就是栽手和地主，栽手是佃种他人山场获得报酬的人，而地主则是凭借自己的山场所有

---

① 邓建鹏，邱凯. 从合意到强制：清至民国清水江纠纷文书研究 [J]. 甘肃政法学院报，2013（1）：25-35.

② 徐晓光. 锦屏林区民间纠纷内部解决机制及与国家司法的呼应——解读《清水江文书》中清代民国的几类契约 [J]. 原生态民族文化学刊，2011，3（1）：52-58.

③ 邓建鹏，邱凯. 从合意到强制：清至民国清水江纠纷文书研究 [J]. 甘肃政法学院报，2013（1）：25-35.

权而享有权益的人。如果把传统意义上的地主与租佃者的关系运用到这里来，似乎会认为栽手与地主之间具有不平等性，但分合同字中看到的其实是地主与栽手之间角色的流动性，地主与栽手的身份不是一成不变的。此外，清水江流域的土地买卖虽然频繁，但流动中的土地以小面积的为主，很难形成真正意义上的地主阶级。因此，此处的地主指的应该是山林或者田土的所有权人，而不是通过土地兼并达到"田连阡陌"的无情剥削者。例如，道光十一年（1831年），某栽手与地主姜开明订立分合同字，而道光十八年（1838年）时，姜开明却作为栽手租佃了姜奉兰弟兄的山场。那些同族之间划分卖木银或山场，抑或分家、分窨堆的人更是处于流动状态。事实上，这种流动性还发生在当事人与中间人之间，例如，姜梦熊、姜文玉、姜元瀚、姜成凤、姜之连、姜朝英、姜开明等人就曾多次在当事人与中间人之间转换角色。而中间人也并非专门从事这一行业，无论是代笔还是凭中，他们不仅仅是局外人，还是有文化或有公信力的人，由他们参与的分合同字相对更加公平。人物角色的多元化流动，形成了角色的多样性，而这种多样性不光使契约本身更具公平性，还体现了主体之间的平等性。基于主体的相对平等性，才给了地方百姓自己处理简单事物的权力，当主体之间超脱了平等性，调整者就不再是地方百姓，而是官方政府。

那么，分合同字的"分"字至少暗含了三层意思，第一，从目的上来说，该字据是用于划分某一标的的，通常为山林等财物；第二，从方法上来说，划分财物所实施的方法是按股数份额；第三，从结果上来说，合同最后会形成多份。

四、结语

分合同字是契约文书在财产划分这一日常视域下的产物，与当地的乡规民约联系紧密。在48份文书当中，标的大多与山林相关，间接说明了加池寨地区林业经济的重要性，林业收入已然成为人们的生活来源之一。除了标的外，必要元素还有当事人信息、价款、时间，这些是分合同字当中的固定内容；而外批是其中相对灵活的部分，它可以补充文书应该说明但却有意或无意遗漏的部分，例如，山林的四至范围，可以不写在正文部分但却需要在外批中予以说明。总之，外批给了当事人灵活发挥的空间。在一系列相关活动中，分合同字和其他类型的文书一样，都有一套相对固定的书写模式，只是在具体内容上存在差异，多次的运用造就了一个更加完善的清水江文书。当然，分合同字只是观察清水江流域财产划分问题的一个视角而已，还可以从其他类型的文书加以发掘，例如，分关文书和清单文书等。了解财产划分问题有助于更好地探索清水江域内人民生产生活的基本情况，走近清水江文明的世界。与多个类似于财产划分等问题的有机融合，将会使该区域的风貌日趋立体。

贵州摆金冗锄清代晓谕碑考析

代云红 *

一、碑刻概况及碑文校释

摆金镇位于惠水县东北部，是县东北部政治、经济、文化中心区。在历史发展进程中，该地形成了一个特定文化区域，主要包括摆金坝子及周边几个寨子，笔者将其称为"摆金地区"，该地留存有不少清代的碑刻，对研究区域社会历史文化的发展具有重要价值。立新村冗锄寨东侧寨脚入村道路的古树下方立有一块清代告示碑，碑高 186 厘米、宽 76 厘米、厚 22 厘米，碑刻下方有碑座，上部呈圆弧形状，结合相关碑文信息，笔者将其命名为《冗锄晓谕碑》。据调查，此碑刻原立于寨中，后因倒塌，村民将其重新立于此处。碑刻主要刊刻了乾隆二十七年（1762 年）与嘉庆二十一年（1816 年）政府为禁止官差下乡扰民、乱派夫役草料等事而下发的禁止告示，前者为上级官员对下级进行巡查，发现问题进行处理整改而下发的告示；后者为民众不满官员无端苛派，到官府进行诉讼，官府在审查之后而发布的告示。同一碑刻刊刻两个不同时期的告示，这在摆金地区的碑刻中是唯一一块，两份告示相距 54 年，皆对差役害民问题严革禁止，可见当时差役下乡滥派草料与夫役等问题的严重性。

在田野调查中笔者对冗锄寨这一通碑刻进行了清理、抄录，但因为石碑年代久远且风化严重，部分字迹已经无法识读。查阅相关史料文献，在惠水文史资料中发现曾由吴永福抄录断句的碑文，碑文较现有碑刻上的文字相对清晰，因此碑文的校释主要以此碑文为基础，结合田野调查中的资料进行分析。碑文所用字体皆为繁体，还有一些常见的异体字和俗字，笔者在录入时尽量保持碑文原貌，用"□"表示残缺无法识读的文字；用"｜"符号表示碑文在石碑上另起一排。

---

* 作者简介：代云红（1996—），男，学生，贵州民族大学民族学与历史学学院。

图1　摆金冗锄晓谕碑

告示一：

总督吴大人示

署贵州贵阳府分驻长寨理苗府兼署定番州正堂贵定县正堂示诚理
苗府王抄奉"

云贵总督部堂吴，为严行禁革教，照得"本部院查勘河道，来黔
巡问苗疆营伍，按临定番，闻该州有浮收艮粮，短价勒买谷石情弊，
除具疏"参外，尚闻文武官保买食茶，亦派苗收买且纳，并与役多有
差使往摆金买路篦羊、摆坑等处，照户派艮（银）供给酒"饭鸡肉，
又派夫背送行李某，一切诉讼，差役下乡，或索马脚钱，或过番事，
索铺堂使费书差人等，拘分授累，除已"往不究，并滥设头役，除
□□□，使本部批贵阳黔省府厅州县，一切陋弊查明开单，饬勒石
方□

342

□□出示晓谕，为此示，仰文武官员、差役人等知悉，嗣后，务道□禁示□无端苛派，倘若阳奉阴为（违），一经查出"，当立即参役拿仗毙，凛之毋为，特示。

右谕通知"

乾隆二十七年二月初五日示"

告示二：

提督蔡大人示

特授贵州广等地方协镇都督府提调汉立官兵控制苗彝据为"

剀切晓谕，以革陋习事，照得协属地方，僻外边彝分防各汛弁所管之汛塘，概系与苗民寨落相依，该苗民等共获谧宁，金类汛"塘之保卫，与从前乾隆二十七年已告，滥派收苗户草料之事，久经禁革在案。今有方番汛属摆金八寨苗民陈国发、吴世经、吴阿路、吴阿合"陈国明、唐德龙、吴世俊、陈阿户、杨阿派、韦阿享、唐德文、吴阿卯、陈阿旺、杨阿胖、吴阿玉、韦阿乔等，因料草与兵丁口角辄敢以苛派等请控词上控，已经"定番州审出坐诬，但此项派收草料之事，虽经禁革，然恐日久弊生，仍沿前习，除行知方番汛弁目遵照外，合行出示"晓谕。为此，仰各寨苗民人等遵照，嗣后，如有苗目以及不法之徒藉端苛派草料、夫役。尔苗民等概毋供给。尔等亦"宜各寨本分，不得恃习矣！为辙滋事，倘有不遵定，即移请定番州究治，各宜凛遵毋违，特示"

嘉庆二十一年闰六月初十日右谕通知"

告示实刊晓谕"

　　告示一记载了总督吴大人在贵州巡查期间，发现定番州官员有浮收银粮、低价勒买民众谷物现象，文武官员进行采买也要求当地民众缴纳，官差下乡办事竟向当地民众索要酒肉饭食，让民众派夫相送和索要铺堂使费等内容，这些行为都极大地侵害了当地民众的权益，政府官员便对这些问题进行严查，并发出告示，要求当地官员遵守相应制度，不得欺压百姓，如有违反，一经查处即参役拿杖毙。总督吴大人即瓜尔佳·吴达善，满洲正红旗人，乾隆元年（1736年）进士，乾隆二十九年（1764年）调任湖广总督，"总督从一品，掌釐治军民，综制文武，察举官吏，修饬封疆"。① 此次巡查发现的问题不仅在定番州存在，周边临近的长寨理苗府、贵定县皆存在同样的问题，因此公文是三方官府共同签署公示的，以防止出现类似的现象。长寨原为广顺州辖地，雍正四年（1726 年）长寨苗民叛乱，鄂尔泰讨长寨仲苗，平定之后割广顺州地设立长寨厅，移贵阳府同知一员驻长寨，管理地方事务，后改称长寨理苗同知，长寨理苗府即指管理长寨少数民族事务的官府衙门。民国《贵州通志·前事志》载："割广顺地为长寨厅，移贵阳同知驻之，改为理苗同知。"② 长寨理苗府其主要职能为"专驻苗疆，有绥理地方，缉捕奸顽之责"。定番州隶属贵阳府管辖，明万历十四年（1586 年）设定番州，管辖原程番府地域，下辖程番、石番、方番等十六个长官司辖地。贵定县为贵阳府下辖一县，明万历三十六年（1608 年）设置，析新贵县（花溪）和定番州之地，设县于平伐司地，取新贵县之贵、定番州之定，合称贵定县，县衙设在今旧址，领新添、平伐、小平伐、大平伐四长官司。碑文中"正堂"是对定番州、贵定县地方正印官的称呼，因地方官员处理政务的大厅称为正堂，故对知县（正七品）多用正堂代称。

公告二重申了乾隆二十七年（1762 年）告示的要求，虽前有告示严行禁止，但是官差和苗目还是存在滥派草料、夫役的现象，摆金地区苗民不堪其重负，联合起来上诉控告，官府在对案件进行审理之后，再次刊发告示进行禁止，但在碑文中除对官员提出要求之外，也希望当地各寨苗民各安本分，不得恃习，为辙滋事。提督蔡大人即蔡鼎，嘉庆十六年（1811 年）由河北协镇调任贵州提督，嘉庆二十五年（1820 年）改任巴里坤为贵州提督。提督全称为提督军务总兵官，为武职官名，负责统辖一省陆路或水路官兵，《清史稿》载："提督军务总兵官，从一品，掌巩护疆陲，典领甲卒，节制镇、协、营、汛，课第殿最，以听于总督。"③ 碑文中协镇都督府为当地军事将领处理军务的地方行政机构，协镇为清代对副将的别称，协、镇皆为清代绿营官兵军事组织机构，主要职责是负责地方军事防守。汛弁指汛地的官兵，一般指驻守在城镇经济、政治中心的官兵，此处应是对所有官兵的统称。汛塘是清朝在完善和发展了明代镇戍制中已经出现的汛地概念，并改造明代各地的哨所和关隘，将两者结合起来发展产生的一种具有军屯性质的兵戍制度，在贵州全省分设汛、塘、关、哨、卡于险要山区，招募士兵戍守。汛是在明代镇戍制中产生的一个概念，指某一个兵

① 赵尔巽，等. 清史稿（第 12 册，卷 116）[M]. 北京：中华书局，1976：3336.
② 刘显世，谷正伦. 贵州通志 [M]. 成都：巴蜀书社，2006：188.
③ 赵尔巽，等. 清史稿（第 12 册，卷 117）[M]. 北京：中华书局，1976：3389.

营负责戍守的区域，这一区域就称为"汛"，塘是比汛小的一级戍守机构，人员相对较少。清朝时期，在今摆金地区设置方番汛进行管辖，方番汛属大塘城下属的三汛之一，西南距定番州五十五里，东南距大塘城四十五里，人员设置有把总一员、马战兵两人、步战兵十五人、守兵十七人，共有汛弁三十四人。管辖这些驻守兵员的头目被称为弁目，是清代低级武官的统称。

二、碑刻中所反映的社会问题

（一）官吏腐败、差役害民

地方官员为官是否清廉公正是其社会经济是否发展、社会环境是否稳定的重要考量因素，当一方官员贪污腐败，必然加重对当地人民的剥削与压迫，导致社会矛盾激化，以致社会经济发展缓慢，社会动乱不安。在告示一中，主要体现了云贵总督吴达善在对定番州进行巡查过程中，发现当地官吏在赋税的征收过程中出现浮收银粮、短价勒买谷石、官员采买派苗买纳、差役索要酒肉饭食与马脚钱等腐败现象，遂发布告示对此行为严行禁革。清初社会吏治清明，社会逐渐走向恢复与繁荣，赋税不断增加，但自乾隆中期开始，社会由盛转衰，清朝在赋税征收过程中腐败现象也日益严重，正如何平所述"赋税征收弊端就作弊主体而言，几乎从征之于民的经承直至解送到省藩库中的各个环节的相关人员都有"①。对于贵州田赋征收之弊，早在雍正六年（1728 年）贵州提督杨天纵就指出："从前各该地方官，每年钱粮皆签委胥役催征，名曰排年，又名催差。此役到乡，不管正供之有无，必先需索手钱、鞋脚钱。此催差之弊也。至征收条马等银，明加之外，又有暗加。且多置大柜横栏库门，重等称收，民莫能窥。又复勒取票钱，稍有诘问，即劈面掷还，不行收纳。民虑守候需要盘费，又畏比责难堪，只得任其称收。及至交官，则又止照正额轻等封入。余即分肥私囊，此库吏之弊。征收米谷，正耗之外又有高收者、私折者，此仓书斗级之弊也。"② 由此可见清朝在赋税征收过程中的腐败已经渗透到各个环节。

清代地方官员设置只有县一级的正式官员，对于县境的治理只得依靠大量的差役和设置在乡村的里甲、保甲组织。如此一来，差役在地方官府与民众的联系中发挥着重要的作用，当需要拘捕罪犯、催收田赋、征发徭役等事项皆由

---

① 何平. 清代的时势变迁、官员素质与赋税征收的失控 [J]. 社会科学战线，2004（2）：145-151.

② 何平. 清代的时势变迁、官员素质与赋税征收的失控 [J]. 社会科学战线，2004（2）：145-151.

差役来进行。但差役没有官方发放的俸禄，只有微薄的差补。差役下乡遂利用职务之便为自己谋取利益，或者与官员勾结，贪污舞弊，这也导致差役在赋税征收过程中以乱用计量单位、重戥多收、银钱胡乱作价等方式攫取利益，更有甚者文武官采买食茶，亦派苗收买且纳；差役下乡，照户派银供给酒饭鸡肉、派夫背送行李、索马脚钱、索铺堂使费等谋取利益。这一系列行为都严重侵害了民众的利益，加深了统治者对民众的剥削与压迫，同时也在不断激化着社会矛盾。

官吏腐败、差役害民历来是各个朝代无法避免的问题，当统治者政策得当时，吏治相对清明，百姓尚能安居乐业；当统治者政策失当时，国家则逐渐开始衰弱，社会问题层出不穷。从碑文中我们可以看到，清朝中期摆金地区的"官吏腐败，差役害民"社会问题非常严重，以至官府多次发布告示严行禁革。

（二）重兵镇压、汛弁扰民

雍正时期，清政府为追求良好的社会治安与社会环境，在贵州地区大力推行保甲制度，驻军加强军事防守，在这一过程中就开始了大规模的"改土归流"。雍正三年（1725 年），清政府采纳云贵总督高其倬的建议，在贵阳府仲家族村寨建立营房，增设营汛进行防守，受到当地土舍的阻挡，在营房建好之后，当地土舍于雍正四年（1726 年）春放火焚烧营房，清政府意识到事态的严重性，决定出兵长寨，这也是清王朝以武力开辟苗疆、对土司地区进行大规模"改土归流"的开端。在改流之后，为了镇压当地民众的反抗斗争，清王朝不得不设置众多汛塘，用重兵进行防守，众多汛塘的设置及兵员，给清王朝带来了巨大的军费开支。在摆金地区，清代设置有方番汛进行防守，道光《贵阳府志》载："方番汛……把总一员，马战兵二人，步战兵十五人，守兵十七人，共三十四人。存汛者十九人，安塘者十五人。"① 这些驻守在摆金地区的兵员，名义上是维护地方社会稳定，实际上是统治者为进一步控制和镇压当地少数民族反抗斗争而建立的军事据点。这些官兵驻守在外，军规军法很难对其行为进行约束，加之驻地官兵草料一般由当地民众供给，官兵为满足自己生活需要即马匹草料，向当地民众乱派夫役之事时有发生。在碑刻告示二中，摆金地区苗族群众对官兵无端苛派草料进行控告，从官府发布的禁革告示中"与从前乾隆二十七年已告，滥派收苗户草料之事，久经禁革在案"可知，滥派收苗户草料已经日久生弊，禁革不止。

清朝中后期的定番州，地方官吏、差役以及驻地官兵对人民的压迫和剥削

---

① 周作. 贵阳府志 [M]. 成都：巴蜀书社，2006：73.

已经非常严重，在今惠水县地区留存的清代碑刻就是最好的见证。除《冗锄晓谕碑》外，位于惠水县雅水水镇头寨的《永垂万古碑》、断杉镇满贡寨的《执照碑》、摆金镇砂锅寨的《万古流传碑》、岗度镇扁街的《明定章程碑》与《示谕事碑》、摆榜高寨的《永垂千古碑》等碑刻中都对官吏腐败、差役害民、汛弁扰民等社会问题进行禁革。由此可见，当随着土司制度及其社会经济的瓦解，清王朝的统治得到进一步巩固，贵州社会经济虽然取得了一定的发展，但由于地方官员的腐败与国家政策措施的不完善，致使社会问题频发，社会矛盾不断激化，最终演化为雍乾嘉时期贵州人民的大起义。

三、碑刻所见汛塘制度辨析

《冗锄晓谕碑》中共有两份官府告示，告示二由地方群众状告官差，相关机构下发告示对其行为进行禁止，此次民众状告的对象是驻守在当地的官兵，其受理机构则是地方协镇都督府，其告示也只是对自己所管辖之汛塘官兵进行要求。汛塘制度作为一种由明代镇戍制度中哨所、关隘发展而来的具有军屯性质的卫戍制度，对保护来往行人、商旅以及地方社会治安都发挥着重要的作用，在雍正时期对贵州进行了大规模的"改土归流"，清政府在改流地区强迫人民接受"缴军械""立保甲""编户口""征钱粮""定规约""设重兵""修城垣""安塘汛"等措施，① 这些措施虽然有利于维护地区的社会稳定，但极大地损害了人民的利益，汛塘的设立表面上是为了维护地方社会的稳定，但实际是为了进一步控制和镇压各族人民的反抗斗争。众多汛塘的建立，需要安置人员进行防守，这也在无形中增加了清政府的财政负担，而这些负担又最终落到普通民众的头上，社会矛盾不断激化，人民反抗斗争不断。

摆金地区在清代属定番州管辖，清朝初期便在定番州和广顺州设置定广营负责这一地区的防务，康熙三年（1664 年）改置定广协。雍正四年（1726 年）鄂尔泰讨平长寨仲苗，设置长寨营，遂将广顺地区的防务改属长寨营，史载"定广，自国初既已置副总兵驻定番州，而分防广顺诸汛，故而谓之定广营。及长寨设营，广顺之地皆改属焉"②。定广协最初的兵制为 900 人，康熙二十四年（1685 年）裁撤 240 名，雍正十三年（1735 年）增兵 140 名，乾隆二十年（1755 年）增兵 200 名，当时整个定广协共有兵 1000 人，此后屡有增损。值得注意的是，在清朝前期定广协兵制九百名，到了康熙年间进行裁撤，但到了雍

---

① 周春元，王燕玉，张祥光，等. 贵州古代史 [M]. 贵阳：贵州人民出版社，1982：302.
② 周作. 贵阳府志 [M]. 成都：巴蜀书社，2006：71.

正末年和乾隆时期两次增兵，这与当时的社会政策有着密切的联系。康熙时期，虽然对贵州地区进行了军事征讨和"改土归流"，但他始终认为"改土归流"不是最好的办法，其政策整体采取了息事宁人的方略。如此一来清政府与地方势力和土著民众的矛盾得以缓和，加之清政府无力承担庞大的军费开支，自然采取了裁军的策略。康熙五十一年（1712 年），清王朝针对丁银和地粮赋税的征收进行改革，并颁布自康熙五十年（1711 年）之后"滋生人丁，永不加赋"的政策，这些在一定程度上缓和了社会矛盾，驻守重兵进行镇压的情况稍有缓和。雍正时期对土司进行了大规模的"改土归流"，"改土归流"在触动了地方势力利益的同时也给当地的民众带来了深重的灾难，"改土归流"加强了清政府对人民的剥削和压迫，各族人民开始进行反抗。雍正二年（1724 年）定番州、广顺州"仲苗"首领阿近进行抗争；雍正四年（1726 年）广顺州梁陈屯青苗莫阿庆起义；雍正五年（1727 年）黎平廖冲花苗反抗清政府压迫；雍正十二年（1734 年）古州苗民老包组织苗族群众进行起义。进行反抗斗争的苗族人民受到了清政府的强制镇压，唯有古州苗民的起义以官府释放老包而取得胜利。此起彼伏的反抗斗争，严重威胁了清政府在贵州地区的统治，为了加强对这些地区基层社会的控制，清政府在"改土归流"后的土司地区大力实行保甲和汛塘制度，这也是雍乾时期对汛塘不断增兵的原因之一。

清朝在定番州、广顺州地区设置定广协进行防守，雍正四年，长寨地区苗民叛乱，清政府在平定之后遂设置长寨营管辖广顺州地区。雍正"改土归流"之后，以定广协为统辖，下设汛塘负责定番州防务，定广协下辖共有 9 个汛，62 个塘，设副将一员统领，下设协标左、右营都司，左、右千总，左、右头司把总，左、右二司把总等人员进行管理。协标左营都司驻守在定番州城，总兵员 433 人，在城汛兵员 334 人，安塘人员 99 人。汛塘兵员主要分防五汛：威远汛、改窑汛、断杉汛、青岩汛、龙里汛；三十二塘：姚家塘、赤土塘、洞口塘、土桥塘、长田塘、小山塘、谷脚塘、高寨塘、在城塘、麻子塘、龙从塘、大坡塘、三都塘、龙洞塘、犀牛塘、黄瓜塘、阿思塘、青藤塘、木星塘、抵良塘、所那塘、花山塘、崇明塘、大华塘、冷水塘、王子塘、沙子塘、乾桥塘、鼠场塘、翁贵塘、箐口塘、保和塘。协标右营都司驻守在大塘城（今平塘县西北），总兵员 427 人，在城汛者 327 人，安塘者 100 人。汛塘兵员员主要分防三汛：罗斛汛、方番汛、明通汛；三十塘：虎狼塘、摆榜塘、幺雪塘、下坝塘、打华塘、鸡窝塘、高寨塘、平寨塘、藤茶塘、尝拱塘、通州塘、降隆塘、摆别塘、巴羊塘、抵塘、花山塘、板庚塘、罗路塘、木星塘、那关塘、八达塘、凤亭塘、杨里塘、昂者塘、沟里塘、罗悃塘、罗苏塘、桑朗塘、那夜塘、那桑塘（不安兵）。①

碑刻中告示二是由方番汛设防的摆金地区民众，因不满驻防官兵下乡滥派草料和夫役，状告到协镇都督府，都督府发文要求方番汛下属的各塘汛弁禁止下乡滥派草料夫役，同时也要求定广协下属其他各汛塘遵照。道光《贵阳府志》载："方番汛，在定番西南五十里，西南距大塘四十五里。"② 首先，由前面碑文可知，方番汛在摆金地区滥派草料、夫役，受到当地民众的状告，而摆金地区位于定番州东北部，如要到此征收草料，显然不太方便，且古代草料、夫役的征收多以就近原则进行；其次，大塘城在今平塘县西北部地区，方番汛需同时在定番州西南，也在大塘城西南，这显然不太可能，因此，道光《贵阳府志》方番汛地理位置的记载应是错误的，应为"方番汛，西南距定番州五十里，东南距大塘四十五里"，即在今摆金地区。由此可见，结合碑刻历史文献不仅对我们认识区域社会历史文化具有重要的价值，而且对于纠正史书记载的错误同样重要。

四、碑刻所见摆金地区姓氏考

摆金地区早在唐代就有苗族群众在此居住，此后在明朝中后期更是有大规模的苗族群体迁入此地，形成大小不一的村寨。据调查，摆金地区今石头寨早在唐朝就有苗族在这里繁衍生息，冗贡寨、冗章寨、冗麻寨、冗锄寨、孔引寨、摆角寨、摆驾寨、砂锅寨、卧马寨、高寨寨、扪摆寨等地则是在明朝中后期迁徙定居的苗族群体。随着社会历史的发展，人员不断繁衍生息向外迁徙或外来人员迁入，遂形成现今摆金地区的村落分布格局。碑刻中控告官兵无端苛派草料的摆金八寨苗民一共五个姓氏，即陈、吴、唐、杨、韦，现结合相关田野调查就碑刻所见摆金地区苗族姓氏与当下摆金苗族姓氏稍做辨析。

陈姓苗族在今摆金地区相对集中的村寨主要有冗贡寨、杨梅坡寨、掌林寨、孔引寨等，据冗贡寨陈氏族谱记载，其先祖从今广西柳州迁徙到此居住，时间大概在明朝中期，最开始定居祖先为"散旺散甫"，经过一定时间的发展，陈氏家族出于避难或其他原因开始向外迁徙。杨梅坡陈氏、掌林寨陈氏是在清道光年间向外搬迁形成的村落。孔引寨现今是一个苗汉杂居的村落，其姓氏除陈姓

① 定广协下辖各汛塘名称由道光《贵阳府志·武备略》整理而来。参见：周作. 贵阳府志[M]. 成都：巴蜀书社，2006：71-74.
② 周作. 贵阳府志[M]. 成都：巴蜀书社，2006：73.

外，还有汪、官、张、杨、周等姓，据调查，孔引寨在清朝时期是一个陈姓苗族聚居的村落，后因战乱，陈姓人员减少，外来姓氏得以定居。据冗章吴氏族谱记载，冗贡寨先祖"攘当蒋坎"在明朝中期就已搬迁到此居住，现今冗贡寨、杨梅坡寨、掌林寨的陈氏皆认为他们属同一家族后裔，其家族字辈也基本吻合。因此碑文中所指"摆金八寨苗民"中的陈姓应属冗贡寨、杨梅坡寨、孔引寨等地的陈姓苗族的先祖。

吴姓是今摆金地区苗族最多的一个姓氏，主要分布的村寨有冗章、冗麻、冗锄、马鞍井、水淹凼、楼房、摆驾、钢金、小龙寨等自然村寨。据调查，这些村寨的吴氏都认同自己是同一个先祖繁衍而来的，其字辈基本吻合"朝廷国士起，世上发文光"的记载。除以上村寨外在卧马居住的苗族也为吴姓人员，字辈与冗章相同，但双方不是同一先祖，甚至可以开亲。马鞍井、水淹凼、楼房、钢金、小龙寨的苗族基本是从冗章或冗锄搬迁出去的，当地群众因为原居地承载力有限、躲避匪患与战乱等，清中后期的迁徙活动较频繁。摆驾吴氏是由吴、唐联姻后，吴启恒搬迁到摆驾繁衍生息，形成现今分布局面，时间大致在乾隆后期。另据冗章吴氏族谱记载，在明朝中期冗章吴氏在先祖"爸祖绒"的带领下搬迁到冗章，同一时期冗麻先祖"的样闹"、冗锄先祖"的果闹"、卧马先祖"寡国寡襲"都迁徙到摆金定居繁衍。碑文中所记述的"摆金八寨苗民"中吴姓遂为冗章、冗锄、摆驾等地吴姓苗族的先祖。

唐姓在今摆金地区，只有摆驾一个苗族村寨，细分可分为上摆驾和下摆驾，上摆驾为最初唐氏定居生活的地区，下摆架则是由人口繁衍向外搬迁形成的新区域。摆驾唐氏在明朝中期其先祖"谢昌浅"迁徙定居于此，在此地已经繁衍生息近六百年，家族字辈为"兴明开起世，德正发文光，大智承天赐，祥瑞应国昌"，碑文中所载唐德龙、唐德文即今摆驾唐氏德字辈祖先。

杨姓在今摆金地区相对集中的苗族村寨主要有栗木寨、砂锅寨、扪摆寨、小龙寨、烂木桥、钢金、高寨等地区，栗木寨、砂锅寨、扪摆寨、烂木桥现属于扪摆村管辖，钢金属长新村管辖，高寨属清水苑村管辖。据调查，今栗木寨、砂锅寨、扪摆寨部分杨氏属于同一个家族，其族谱记载其先祖系江西人士，于明洪武年间"调北征南"来到贵州，清朝初年其先祖从平塘迁徙摆金定居，此地杨氏字辈与平塘克里克度杨氏相吻合。据吴光荣介绍，在光绪年间，其祖父吴阿开到小龙寨杨家帮工，遂在小龙寨定居，此时小龙寨只有杨姓六户、吴姓一户，结合杨氏先祖墓碑考察，小龙寨杨氏在此定居时间应在道光年间之后，小龙寨、桐木哨杨氏为同一家族，桐木哨杨氏从小龙寨迁徙而去，至今不过百余年时间。烂木桥、钢金、高寨、砂锅寨部分杨氏属于同一家族，立于高寨东侧山脚的《敬宗奉示》载："特念始祖自洪武年间，生自江西，来至黔南，住居定邑高寨、纲经，庆集蠡斯，贻谋燕翼，□□承承，生生不已，由是，一分于贵筑猫峒，一分于罗甸、定水及谷衍巫山，具载谱牒，俱有明征。"碑文所载"纲经"即"钢金"。另据冗章吴氏族谱记载，在明朝中后期高寨杨氏先祖"阿公"迁徙到此居住，砂锅寨杨氏由"阿卷"迁徙到此居住，现今在高寨东侧杨氏墓地中，仍有其先祖坟墓，每年清明节钢金杨氏会到这里扫墓。通过对摆金苗族以往通婚圈的调查，碑文中记载的"摆金八寨苗民"中的杨姓应指代今烂木桥、高寨、砂锅寨杨氏先祖。

韦姓在今摆金地区主要分布在马道寨马道小区。据调查，韦氏原居住于扪摆村烂岩寨，因此处地质环境不稳定，随时有滑坡的危险，在政府进行全面脱贫攻坚时，遂将其整体搬迁到马道寨居住。据砂锅寨杨永富老人介绍，烂岩寨韦氏与烂木桥杨氏，两个家族在历史上曾经是结拜兄弟，因此约定双方互不通婚，烂岩寨韦氏与烂木桥杨氏至少在清中期以前便定居于此。碑文中所在韦氏应为今马道寨韦氏先祖，但因缺乏相关史料文献记载与田野实物，碑文所载韦姓人员是否即今马道寨韦氏先祖，仍值得商榷。

综上所述，摆金地区作为一个苗族聚居的地区，早在唐朝便有人定居于此，随着社会经济发展以及官府政策的影响，在明朝中期大量的苗族民众迁徙到摆金定居。清朝在摆金地区设立方番汛进行防卫，导致大量的官兵到这一区域滥派草料、夫役，引起了民众的不满，摆金八姓苗民在陈国发、吴世经、吴阿路、吴阿合、陈国明、唐德龙、吴世俊等人的带领下，前往协镇都督府进行状告，协镇都督府为了平息民怨，发布告示严厉禁止各汛塘官兵下乡扰民的问题，这是摆金地区苗族同胞为维护自身利益使用理性手段开展反抗斗争以及清政府为缓解地方社会矛盾的历史见证。

五、结语

《冗锄晓谕碑》揭示了摆金地区一段时期的社会历史面貌，雍正时期大规模的"改土归流"触动了土司的利益，加重了统治者对人民的剥削与压迫，为了进一步控制和镇压人民的反抗斗争，统治者在"改土归流"地区设置众多的屯堡、汛塘作为军事据点，以资镇压。重兵镇压给清王朝带来了巨大的财政负担，这些负担最终又转嫁到了人民身上，驻地官兵与来往差役为满足自身的利益与需要，遂演化为差役"浮收银粮，短价勒买谷石"、官兵下乡滥派草料与夫役的现象，社会矛盾激化，人民反抗不断。碑文所见看似是差役害民的问题，其实是国家政策的失衡，雍正时期以极端激进的方式解决土司与苗疆问题，加强对这些地区的控制，虽然有利于区域社会历史的发展，但中央王朝缺乏缓和社会矛盾的措施，地区必然动乱不止。碑文本身是对官兵与差役扰民问题的禁止，但实质是在缓和社会矛盾，正如碑文所载"尔等亦宜各寨本分，不得恃习矣！为辙滋事，倘有不遵定，即移请定番州究治"。很显然，这些公文并没有使社会矛盾得到缓解，反抗斗争仍然此起彼伏。乾隆时期松桃人民起义、"桐梓民变""铜仁苗民暴动"，乾嘉时期更是出现石柳邓领导苗族人民大起义；嘉庆时期王囊仙、韦阿信领导布依族人民起义。这些反抗斗争严重冲击了清王朝在贵州的统治，对贵州社会历史的发展影响深远。

碑文有关摆金八寨苗民和方番汛的记载，对我们认识摆金地区苗族村寨发展的历史提供了有益的资料，通过结合碑文信息与田野调查，对清朝中期摆金地区苗族村寨的分布及其姓氏有一个较为清晰的认知，这对于研究摆金区域社会历史的发展大有裨益。